U0898648

秦前红

著名宪法学家，教育部“长江学者”特聘教授，武汉大学法学院教授、宪法与法治国家研究中心主任，中国宪法学研究会副会长，《法学评论》主编。主要研究领域为宪法基本理论、比较宪法、地方制度、人民代表大会制度、国家监察体制改革和司法体制改革问题等。著有《宪法变迁论》《宪法原则论》《法律能为文化发展繁荣做什么》《走出书斋看法》《国家监察制度改革研究》《监察法学教程》等。

监察改革中的法治工程

秦前红 著

译林出版社

图书在版编目（CIP）数据

监察改革中的法治工程 / 秦前红著. —南京：译林出版社，2024.1
ISBN 978-7-5447-6741-5

Ⅰ. ①监… Ⅱ. ①秦… Ⅲ. ①监察－体制改革－研究－中国 Ⅳ. ①D630.9

中国国家版本馆 CIP 数据核字（2023）第 234665 号

监察改革中的法治工程　秦前红 / 著

责任编辑　黄　洁
装帧设计　今亮后声・小九
校　　对　王　敏
责任印制　单　莉

出版发行　译林出版社
地　　址　南京市湖南路 1 号 A 楼
邮　　箱　yilin@yilin.com
网　　址　www.yilin.com
市场热线　025-86633278
排　　版　南京展望文化发展有限公司
印　　刷　苏州市越洋印刷有限公司
开　　本　850 毫米 ×1168 毫米　1/32
印　　张　17.625
插　　页　4
版　　次　2024 年 1 月第 1 版
印　　次　2024 年 1 月第 1 次印刷
书　　号　ISBN 978-7-5447-6741-5
定　　价　89.00 元

目 录 | Contents

第一编 | 监察改革中的法理探幽

第二编 | 宪制结构中的国家监察

第一编　监察改革中的法理探幽

导　论

“监察权”一词的流变和现实观照

所谓监察权，从该词的语义层面来分析，可以理解为“监察机构（监察官）的权力、权限或职责”之意。以此而言之，中国古代的御史、古罗马时代的监察官（censor）和西方封建社会作为国王代理人的检察官（procurator）或监察官（intendant）等的权力似乎都可以称作“监察权”。不过，皇权或者贵族政体下的监察权与现代宪制框架下的监察权不可等而论之。现代的监察权必须符合权力法定、功能优化、边界清晰、运行独立等特征，这些都是近代以前的监察权所不具备的。

监察一词在古汉语中很早就已出现。根据东汉文字学者许慎所著《说文解字》一书的考据：“监，临下也。”《周礼·太宰》有察“立其监”之表述，意谓公侯伯子男各监督一国，又有“何用不监”之说法，其中“监”字与现代汉语同假，有监督、察看督促、登临之意。察，原初指屋檐向下覆盖。郑知同在《商义》一书中认为“察乃屋宇下覆之名”。“覆之义引申为自上而下，察义亦然。”故监察一词，就是意指监督、督察。

揆诸监察的制度实践，如果追根溯源，它在中西都有很久远的历史。百代皆行秦政制，中国实施监察制度的历史发轫于秦朝。秦首创三公制度，即设宰相统领百官，设太尉掌管军事，设御史监察百官。自秦朝以降，监察制度即分成两种体系发展：一为“给谏制度”，二为“御史制度”。“给谏制度”是为针对皇帝的施政以及德行进行规谏而设置的职位。这个日后被通称为“谏官”或者“言官”的职位，自秦汉时代设立“给事中”与谏议大夫后，为后来历朝所效仿。例如，给事中之名称沿用自清代，谏议大夫沿用自宋代。御史制度设立之鹄的则是监察百官有无违法失职，易言之，系为皇帝整饰法纪、匡治官箴、纠察违失，以稳固君权为目的的官职。自秦朝开始，已在中央层面设置御史大夫、御史中丞、侍御史，而在地方设置监御史。唐宋时期，制度未变，名称稍改。到明清时期，大体上仍沿袭旧制。直至乾隆以后，谏官与监官才合二为一，御史之名甚至赓续至清末、民国政府初建时代。

西方监察官的历史可以追溯到古希腊的斯巴达时期，但历史上影响最大的是古罗马共和国的监察制度。监察官是罗马共和国官员体系中仅次于独裁官的职位。监察官的职权从最初的人口普查，后来扩展到维护公共道德和社会风气，监督政府财政和公共工程预算等。到了西方封建贵族时代，监察官制度差不多与检察官制度同源共流，他们作为“国王的代理人”，主要起着维护王室利益、保障中央集权和律令统一的作用。

“监察权”作为一个专有名词出现，来自孙中山思想的创见，他认为中国人致力奋斗的制度必须是西方行之良好的制度与中国古代传统优良制度的结合。对此，孙中山的经典设想是：“美国独立之后便实行三权分立，后来得到了很好的成绩，各国便都学习美国的办法。不过外国从前只有三权分立，我们为什么要五权分立呢？其余两个权从什么地方来的呢？这两个权也是中国固有的东西。中国古时举行考试和监察独立制度，也有很好的成绩。……中国在专制政府的时候，关于考试权和监察权，皇帝还没有垄断……我们现在要集合中外的精华，防止一切的流弊，便要采用外国的行政权、立法权、司法权加入中国的考试权和监察权，连成一个很好的完璧，造成一个五权分立的政府，像这样的政府，才是世界上最良善的政府。”天不假年，孙中山生前并没有看到他的构想转化成具体制度而付诸实施，直到1925年，广州国民政府才正式成立监察院，试行监察权制度。依据1947年颁布实行的《中华民国宪法》以及其他有关法律的规定，监察院的监察权主要涵盖调查权、纠正权、弹劾权、纠举权、巡察权、监试权、审计权和受理公职人员财产申报等八种权力。

中华人民共和国甫一成立，即开始探索符合党治国理政需要和人民根本利益的监察制度。1949年9月27日通过的《中国人民政治协商会议共同纲领》第19条规定：“在县市以上的各级人民政府内，设人民监察机关，以监督各级国家机关和各种公务人员是否履行其职责，并纠举其中之违法失职的机关和人员。”同日通过的《中华人民共和国人民政府组织法》规定在政务院下设人民监察委员会。以此为依据，1949 年 10 月 19 日，中央人民政府人民监察委员会正式成立。人民监察委员会成立之初，主要职责是：监察全国各级国家机关和各种公务人员是否违反国家政策、法律、法令或损害人民及国家的利益，并纠举其中违法失职的机关和人员；指导全国各级监察机关的监察工作，颁发决议和命令，并审查其执行；接受及处理人民和人民团体对各级国家机关和各种公务人员违法失职行为的控告。

1954 年 9 月，一届全国人大二次会议通过《中华人民共和国国务院组织法》，成立国务院，原政务院人民监察委员会改为国务院监察部。较之人民监察委员会，其主要职责发生如下变化：一是强调其有别于司法部门的维护政纪特殊职能；二是强调行政监察机关要检查各级行政机关、国营企业执行国民经济计划和国家预算中存在的问题，拓展了行政监察机关的业务范围；三是不仅受理对行政机关和人员的控告，而且受理行政机关和人员不服纪律处分的申诉。

1959 年 4 月，监察部被撤销。1986 年 12 月 2 日，第六届全国人民代表大会决定恢复国家行政监察体制，次年 7 月 1 日，监察部正式成立。其主要权限是：检查监察对象贯彻实施国家政策和法律法规的情况；监督处理监察对象违反国家政策、法律法规和违反政纪的行为；受理个人或单位对监察对象违反国家政策和法律法规，以及违反政纪行为的检举、控告；受理监察对象不服纪律处分的申诉；按照行政序列分别审议经国务院任命的人员和经地方人民政府任命的人员的纪律处分事项。为进一步加强党的纪律检查工作和强化行政监察机关职能，并使之形成合力，1993 年 1 月，根据中共中央、国务院的决定，中央纪委、监察部开始合署办公，实行一套工作机构履行党的纪律检查和行政监察两项职能的体制。2018 年 3 月，《中华人民共和国监察法》正式颁布实施。该部法律规定了全新的国家监察体制，并规定国家监察机关拥有监督、调查、处置三项职权。具体包括：谈话、询问讯问、留置、查询和冻结、搜查、调取查封和扣押、勘验检查、鉴定、技术调查、通缉、限制出境等。

国家监察权的确定，可以整合反腐败资源力量，形成集中统一、权威高效的反腐败体制，有利于党对反腐败工作的集中统一领导，实现党内监督和国家监督、依法治国和依规治党的有机统一；有利于形成严密的法治监督体系，实现全面推进依法治国的目标；有利于推进国家治理体系、治理能力现代化。治理体系和治理能力现代化，最重要的就是在治国理政方面形成一套完备的、成熟的、定型的制度，通过有效运转的制度体系，实现对国家和社会的治理，说到底就是实现治理体系和治理能力的制度化、法治化。借由国家监察权的清晰界定，形成高效权威的国家监察体系，有利于提升国家治理能力，推进国家治理体系和治理能力现代化。

第一章

国家监察体制改革宪法设计中的若干问题思考

国家监察体制改革是近年来我国政治领域展开的一项重大改革，可谓搅动了政治改革的“一池春水”，既重新配置了国家权力，形成新的民主结构，又重构了国家反腐败体制，织就了一张几乎覆盖所有公职人员的大网。[1] 这可以说是当下一种根本性的宪制变迁。作为一项重大的政治改革，国家监察体制改革之关键正是宪法设计。如何进行宪法设计？这需要我们有宪法工程的思路，它是一种在立宪基本价值之下的面向现实的研究取向。宪法工程强调将宪法视作一项可以设计的工程、一部正在运作的机器，它必须面对具体的问题，解决具体的问题，塑造一个良好的宪法秩序。[2] 林肯说：“政府必然要么过于

---

1 秦前红：《困境、改革与出路：从“三驾马车”到国家监察——我国监察体系的宪制思考》，《中国法律评论》2017 年第 1 期。

2 李少文：《宪法工程：一种宪法学方法论》，《法学评论》2017 年第 1 期。

强大，危及人民的自由，要么过于软弱，无法维持自身的生存,一切共和国都有这种内在的致命弱点吗？”[3]国家监察体制改革就面对着权力与自由之间的张力如何化解的难题，它正是宪法的根本任务。所以，监察体制改革首先是一个宪法学的问题，中国的宪法学者对此应该有准确的判断和清晰的思路。那么，中国宪法学到底如何回应政治改革的挑战？长期以来，我们沉浸于描述宪法的规范性，而对改革、发展与变迁有所忽略，这种现象的存在，一定程度上使得中国宪法学界形成一种过于注重形式主义的氛围，反倒是让宪法原本广阔的空间被局限起来。所以，研究政治改革的问题，应当提倡一种面向现实的中国宪法学。笔者将回到更为宏观的层面，把监察体制改革视作一项宪法工程，对其进行宪法设计。

一、监察机关性质的宪法设计

（一）是人民监察委员会还是国家监察委员会

监察机关是否应当命名为“人民监察委员会”，而非“国家监察委员会”？这关乎宪法确立的社会主义民主形式和监察机关的属性定位。现在推进三省市试点并将在全国推行的都是将监察机关称为“国家监察委员会”，比如“大同市监察委员

3 转引自［美］哈维·C.曼斯菲尔德:《驯化君主》，冯克利译，译林出版社2005年版，第5页。

会”，它与“中共大同市纪律检查委员会”合署办公。然而，我们去看其他国家机关，大多数皆在名称中带有“人民”字样，比如“大同市人民代表大会常委会”“大同市人民政府”“大同市中级人民法院”“大同市人民检察院”等。根据中华人民共和国的政治传统，国家机关冠以“人民”字样，以彰显国家机关的人民性。究竟“人民”何所指，按照童之伟教授的说法，这里的“人民”就是国家性质的表征，是中国共产党的领导的外化体现。曾经有人主张司法改革要去掉人民法院中的“人民”，一度引起轩然大波。[4]为何如此？或许正是因为国家机关冠以“人民”是表征国体的重要体现。之前，由于行政监察部门隶属于人民政府，其人民性不容置疑，但当下设定的“国家监察委员会”名称中没有“人民”字样，似乎还没有很好地解释。这个问题并非无关紧要，名不正则言不顺，如何命名应当慎重研究，这样才符合宪法的要求。

（二）是监察权还是行政权

由人民性所引申的一个问题是，监察机关所行使的监察权（监督权）究竟属于何种性质？众所周知，划分权力是设计政体、配置权力的基本原理。自孟德斯鸠以降，将权力按照其内容和性质划分为三种——立法权、行政权和司法权，早已成为共识并得到广泛应用，这成为政治文明的重要标志。此种分

4　廖卫华：《专家建议人民法院改名法院》，《新京报》2004 年 12 月 4 日第 1 版。

类尽管遭遇了功能主义的“新分权说”的挑战，[5]但因其兼具实体性与形式性而具有强大的说服力，尚未动摇。这个框架也成为我们理解宪法工程尤其是宪法设计的重要基础。[6]新设立的监察委员会虽独立于政府部门，但其所行使的权力仍具有强烈的行政权特征，例如它的监督、调查和处置职责中就主要体现了国家机关和相对人之间的不平等关系。这些权力显然不属于司法权和立法权，但我们又必须将其与传统的行政机关进行隔离，并且还将其与党内事务和党内治理进行融合。不得不指出的是，政党内部治理的权力属性亦具有行政的特征。所以，监察权究竟是基于何种逻辑推演而出？又如何与权力划分理论进行协调？学者们在描述行政权的时候，总是试图调和民主制与集权制的逻辑，监察权的属性可否推及此处？在已经成熟的三种行使权力的机构之外架设国家监察机构，必须要从民主形式上进行整体考量，重新加以设计。推行国家监察体制改革，未来所设计的国家权力就区分为四大类别，分别是立法、行政、司法和监察，这里的监察权或许是一种混合型的权力，既包括了代表制民主下的代表责任（传统的议会监督权），又掌握了一定的行政调查处置权，甚至包括了一定的司法性权力。只不过，如何超越这种理解权力配置的关系，还需要更为深入和根

---

5 ［美］阿克曼：《新分权理论与民主合法性》，杜刚建、彭亚楠译，《国家行政学院学报》2001 年第 4 期。

6 李少文：《民主宪法的工程学》，《环球法律评论》2017 年第 4 期。

本的挖掘。我们常常引用中国古代的监察权来进行论证，[7]但这种监察权在很大程度上带有君主制的色彩。如果考虑到监察制度设置中的执政党因素，那么这种监察权的基础显然就更为复杂。

二、监察机关地位的宪法设计

（一）是否需要修宪

如何在宪法中发现监察委员会的依据，既关系着宪法权威，又关系着监察委员会这一机构及其权力的正当性。改革涉及宪法权力配置结构的变动，通过宪法解释乃至宪法建造都是无法完成的。[8]唯有修宪方可化解其地位难题。有学者认为，只需经由全国人大通过《监察法》等基本法律就能满足监察体制改革的合法性要求。当然，全国人民代表大会是国家的最高权力机关，它是人民意志的制度和机构载体，所行使的立法权汇集并表达了人民的意志。《宪法》第58条规定“全国人民代表大会和全国人民代表大会常务委员会行使国家立法权”，

7　秦前红：《困境、改革与出路：从“三驾马车”到国家监察——我国监察体系的宪制思考》，《中国法律评论》2017年第1期。

8　宪法解释和宪法建造是理解宪法发展的两种思路。宪法建造是政治活动参与者在宪法存在空白、模糊和不明确的情况下所进行的一种主动的发展，又没有达到宪法修改的程度，形成一种幅度更大的无形变迁。参见 Keith E. Whittington, *Constitutional Construction: Divided Powers and Constitutional Meaning*, Harvard University Press, 1999, p. 4。

第 62 条第 3 款规定全国人大“制定和修改刑事、民事、国家机构的和其他的基本法律”。这是相对宽泛的立法权配置条款。全国人大当然可以制定有关监察委员会的基本法律，目前正在审议的《监察法（草案）》就是体现。然而，增减权力配置的机构载体，改变国家政权组织形式——人民代表大会制度的基本内涵，却是“宪法保留”的项目，它需要明确的宪法依据，《监察法》亦需要明确的宪法授权。难以设想，当我们的中央国家机构转变为“一府两委两院”（中央人民政府、中央军事委员会与国家监察委员会、最高人民法院与最高人民检察院），而宪法却没有相应的国家机构条款，这会是何种局面？它对于监察委员会的存续及其权力行使乃至权力的限制也都是极为不利的。

（二）如何修宪

如果修宪在所难免，那么需要采取何种修宪形态？针对宪法文本进行细致考察，监察委员会的修宪条款可多达四十余条并需增加一节，此为大修。大修存在的问题很多，比如涉及的宪法条款太多，并且意味着必须非常细致地规定国家监察委员会的组成与权限以及它与其他机关的关系等，这可能会僵化国家权力配置的空间。最简单的修宪方法仅为一条，即授权条款，此为小修。小修同样存在很多问题，若仅用一条来说明国家监察委员会可以设立并授权全国人大立法，对于如此复杂的机构建制来说必有制度不周延处，也会导致将一个宪法保留的事项全部授权出去，从而与宪法的根本属性不符。所以，大修伤害宪法权威，小修正当性不足。如此两难，并不容易抉择。如若小修，则需要配合更为细致的修法方案。如若大修，主要制度框架和原则需在宪法中加以明确。折中方案是尽量减少针对已有条款的删节、调整，主要增加有关监察机构的正当性及其授权的部分条款，此为“中修”。当下看来，大修并不适宜，小修亦有不足，如能中修，辅之以详尽立法，或较为适宜。即使中修，也涉及三个方面：其一，监察委员会的地位、职权以及现有机构与职能的整合，或需要另行增加节以及具体的条款，并删除有关行政监察的条款；其二，监察委员会的产生及其与上级监察委员会的关系，具体到《宪法》文本，包括第62条、第63条以及第101条的相关规定；其三，监察委员会的地位及其与其他国家机关的关系，具体到《宪法》文本，需要修改第3条和第67条。

（三）基本法律的“立改废”

监督权配置模式的调整，除了《宪法》需要作出修改之外，其他法律同样需要进行相应的“立改废”。具体来说，一是修改《人民检察院组织法》《国务院组织法》《地方各级人民代表大会和地方各级人民政府组织法》《刑事诉讼法》《行政监察法》《审计法》《国家赔偿法》等。改革需要将原属政府与检察院的监察监督职权予以剥离整合，但这些职权规定在上述既有的法律当中，故而需要对其进行修改或废止。同时，《全国人民代表大会常务委员会关于在北京市、山西省、浙江省开展国家监察体制改革试点工作的决定》提出的“监察委员会与司法机关的协调衔接”，也要求《刑事诉讼法》作出相应的修改，以便经监察委员会处理的案件得以有效进入刑事诉讼等司法程序。二是制定《监察委员会组织法》。通过在现行宪法中新增条款，可以对监察委员会作出相对宏观的规定，但对于其他较为具体的内容，则需另行立法予以规定。对于监察委员会的组织结构、机构设置、职权范围等内容，可规定在《监察委员会组织法》当中；对于监察委员会的工作机制、具体职权、监察程序、法律责任等内容，则可规定在正在审议的《监察法》当中。

三、监察机关目标的宪法设计

（一）人权保护与反腐效率的平衡

监察体制改革必须以保障人权为目标。尽管建设宪法工程会更强调宪法作为国家组织法的一面，但人权保障作为根本目标已深入宪法，这也符合人民制定宪法的基本出发点。既然如此，我们选择一种制度形式，设计一类国家机构，必须要坚持人权保障的原则，以保障人权为根本目标。当然，权力的配置与行使在实现人权保障之目标方面存在着不同的路径，也有不同的阶段。监察机关承担反腐败的责任，反腐败可以说是一种间接地实现人权之目标的方式。但关键在于，在这个过程中如何防止国家权力的“合法加害”。为国家权力机关及其行使权力的方式划出边界——设定基本的规则，明确严密的程序，其目的也在于此。这个时候，我们不能假定权力不会恣意行使，不会被滥用，不会为了达成短期效益而伤害制度之根本。詹姆斯·麦迪逊说："如果冲动和机会巧合，我们深知，无论道德或宗教的动机都不能作为适当控制的依据。"[9] 这一判断可谓经典，于是麦迪逊设计了一种分权制衡的政体，同时也是沟通民主与法治的政体。因此，在设计国家监察体制的时候，也必须要将防范权力可能存在的恣意或滥用作为一个重要的目标。只有这样，制度设计才符合宪法的目标。换句话说，新建的国家监察委员会，尽管是一个反腐败的机构，但与当下的纪委反腐有很大差别，首先就是理念和目标上的差异。监察机关要在人权保护和反腐败的目标之间达成一个平衡，所以解决纪委反腐体制中存在的一系列问题和难题，正是此次改革的重要目标。党的十九大提出要"制定国家监察法，依法赋予监察委员会职责权限和调查手段，用留置取代'两规'措施"，正是落实上述目标的伟大战略部署。

（二）赋予相对人抗辩性权利

国家监察委员会所实现的"全覆盖"，其权力所涉对象的范围是非常广阔的，既包括所有的党员，又包括所有的公职人

---

9 ［美］汉密尔顿、杰伊、麦迪逊：《联邦党人文集》，程逢如等译，商务印书馆 1980 年版，第 48 页。

员，乃至企事业单位成员，从人口上进行估算或许达到上亿之众。影响面如此巨大的国家权力，从其性质上看又是一种具有直接强制力的权力，必然会产生如何约束权力以及如何平衡相对人抗辩性权利的问题。它们恰是国家监察立法的原则性问题，也应该是《监察法（草案）》的主要内容。在修宪之际，将相对人的主要抗辩性权利写入《宪法》，或者在公民基本权利条款里明确规定公民接受国家监察委员会调查、处置时有相应的抗辩性权利，是十分必要的。实际上，重申我国《宪法》第 37 条的规定，[10] 我们就能发现未来无论国家监察机关如何设计，其职权如何，公民人身自由的保障都是绝对的。《监察法》的立法应当在此一原则之下展开。这就涉及国家监察委员会目前行使的多种权力如何定位、定性的问题，以及是否受到刑事诉讼法控制的难题。严格来说，监察委员会监察权将同时具备行政调查和刑事侦查的双重性质。这一看法目前占据主流地位，差异在于行政调查权和刑事侦查权的区分情况：如果只是针对违反党纪和行政法规，则是职务违法违纪调查；如果是针对腐败犯罪，则是职务犯罪刑事侦查。[11] 实际上，割裂地看待监察委员会调查活动的行政调查属性和刑事侦查属性都是不合

---

10 我国《宪法》第 37 条规定："中华人民共和国公民的人身自由不受侵犯。任何公民，非经人民检察院批准或者决定或者人民法院决定，并由公安机关执行，不受逮捕。禁止非法拘禁和以其他方法非法剥夺或者限制公民的人身自由，禁止非法搜查公民的身体。"

11 施鹏鹏：《国家监察委员会的侦查权及其限制》，《中国法律评论》2017 年第 2 期。

适的，监察委员会调查活动的具体职能绝非单一的刑事侦查权或行政调查权所能涵盖。[12] 所以，答案是明确的，只是涉及如何平衡的问题。从这个角度来看，将授权条款、权力边界条款和程序条款写入宪法，将组织条款写入《国家监察委员会组织法》，而通过《监察法》载明人权保障的原则、对抗性权利设计以及具体的权限过程，是一种较好的立法配合方式。

四、监察机关结构的宪法设计

（一）监察机关与党的关系

“八二宪法”自颁行以来，党政关系就是争议极大的领域，每有学者试图厘清此一原则，说明党政分开抑或党政合一，诸如提出“党章宪法论”“不成文宪法论”等观点，传统宪法学都是无力接续的。前段时间，郝铁川教授借用孙中山先生的“训政”理念，提出社会主义初级阶段的法治与“训政”有一定的相似性，称中国处于“新训政”时期，带有一定的“以党治国”的特征。[13] 这一论述颇有特点，大约是一种较为直接的回应方式。实际上，党与政的关系必须要回答清楚，这是中国宪法学的使命。形式主义宪法学有意忽略这一点，一个重要表现就是他们忽视了党的存在、党的领导以及党在实践中的表

---

12 秦前红：《监察体制改革的逻辑与方法》，《环球法律评论》2017 年第 2 期。

13 郝铁川：《我们当下处在“新训政”时期，以党治国是其核心》，https://www.sohu.com/a/192270790_671251。

现，只求在体系化的结构中寻找宪法的一个领地与空间。[14] 这种画地为牢、顾影自怜的做法，虽有贡献，却实无意义。政治宪法学重提序言的价值，并围绕着序言提炼根本法，[15] 这种思路的确有价值，却仅仅回应了效力和价值的输入与基础问题，无力形成一个明确的结构。很多时候都不得不提出疑问，我们真的弄清楚党与政之间应当如何进行宪法叙事了吗？在国家监察体制改革的问题上，党政就不再分开。在我们的宪法秩序中，唯有国家的军委主席是如此设计的。监察体制究竟有何种依据或者迫切性，需要模仿军事体制的设计？这需要有一个解释。

（二）监察机关与人大及其常委会的关系

就国家机关之间的关系来说，将监察委员会置于人大制度之下，它与其他国家机关的关系主要表现有二：一是基于民主集中制而形成的监察委员会与同级人大的关系；二是在“一府两委两院”的中央国家机关构架中，监察委员会与“一府两院”的关系。作为国家机构组织原则的民主集中制，其内容体现在国家权力机关和其他国家机关的关系上，就是遵循其他国家机关由民选的国家权力机关产生，对其负责、受其监督的原

---

14 形式主义宪法学在中国有很多表现形式，将西方成熟的理论搬到中国，形成一个又一个的理论概念、方式。但中国的问题与现实如何运用宪法学理论进行回答，还需要探索。而且，即便建立了某种形式的违宪审查机制，宪法学也不仅仅是形式主义的。

15 陈端洪：《论宪法作为国家的根本法与高级法》，《中外法学》2008 年第 4 期。

则。依此逻辑，在监察委员会与人大的关系上，即为监察委员会由人大产生，对人大负责，受人大监督。然而，我们所设计的监察机关的监察对象是全覆盖的，即人大也在监察对象之列。这就产生了“监察全覆盖”与“监察委员会受人大监督”的逻辑关系难题。如何解决此逻辑上的“悖论”无疑是改革面临的难题之一。通常来说，代议机构的自律与自治是代议政治的基本原则，国会议事自治之目的在于“确保国会行使职权的自主性与独立性，使免于受其他国家机关之干预”。[16] 具体而言，监察机关“监察”权力机关时至少有以下三个问题需要考量：其一，监察机关“监察”之对象应为人员而非机构；其二，监察机关不得介入权力机关职权的核心领域；其三，监察机关应尊重人民代表之“民意代表”身份。

（三）监察机关与司法机关以及司法改革的关系

监察委员会与“一府两院”的关系，主要表现为监察委员会在法律规定的范围内有权对它们进行监督，但法院与检察院依法独立行使审判权与检察权，不受监察委员会的干预。作为一项宪法原则，“司法独立原则调整着国家司法机关与立法、行政机关等其他职能部门的关系”。[17] 依我国法律与实际

16　许宗力：《国会议事规则与国会议事自治》，载氏著：《法与国家权力》，月旦出版社股份有限公司 1993 年版，第 308 页。

17　卞建林等：《中国司法制度基础理论研究》，中国人民公安大学出版社 2013 年版，第 224 页。

情况，审判机关需接受执政党、权力机关和检察机关的监督。随着监察体制改革的推进和监察委员会的创设，加之监察全面覆盖理念与目标的明确，审判机关是否需要接受监察机关的监督？或者，监察机关对审判机关及其公职人员的监督是否有一定的界限？简言之，监察机关监督审判机关的法理基础并不存在，但审判机关公职人员所为的与审判职权无涉的行为，仍属监察之范围。对审判机关公职人员监督“余地”之具体形态有二：一是监察机关有权对法官之外的司法行政人员和司法辅助人员进行监督；二是监察机关亦可对法官的个人行为进行监督，但不得有碍法官之独立审判。此外，目前正在如火如荼推进的司法体制改革是一场马拉松式的改革，它经过了长期的酝酿、讨论，亦有多重反复，取得当下的成果颇为不易；而监察体制改革直接涉及检察院的定位及其权力行使，它必将影响司法体制改革的方向和效果。在未来的政治改革进程中，司法改革依然扮演着相当重要的角色，统筹考虑甚至协调两者之间的权责关系，也是建设宪法工程时的必要任务。

五、国家监察体制改革的逻辑、方法及其限度

监察体制改革是一项重大政治体制改革，监察机关是一个集中反腐败机构。尽管十八大以来反腐败取得了很大成绩，但反腐败仍然是高压式的反腐。目前的种种反腐败模式至少解

决不了反腐败的稳定性与连续性问题，针对十八大以后高压式的反腐，面对反腐去库存与结构性腐败的张力，我们应该对腐败增强零容忍的态度。因此，十九大之后，在理论上探讨国家监察委员会的改革逻辑是非常必要的。

（一）试点取样与制度取样

从国家监察委员会改革试点取样考量来看，浙江、山西、北京三省市中，浙江是一个民营经济发达地区。中国改革开放曾经伴随一个命题："腐败是不是改革开放的润滑剂，民营经济是否天生带有原罪？"要重视民企的贡献，不要纠缠特定历史条件下的民营经济"原罪"问题。经济下滑的重要因素是民企减少投资，浙江必须考量民企与腐败的关联问题。山西是资源依赖型与国企垄断型的省份，是腐败重灾区，在山西试点可以积累相关反腐败的经验。北京是政治经济文化中心，反腐败机构通常面临政治地位、政治能量都高于自己的腐败组织和个人，在此种情况下如何反腐，也要通过试错积累经验。

建构一种什么范式的制度，如何制度取样？笔者认为，监察制度主要有二种制度取样。第一种是自秦以来的御史制度。从秦御史制度开始，中华文明体系之所以能够延续，科举制度、言官制度、监察制度与学统、政统、道统相区隔的制度等功不可没。监察制度最先的设计是异体监督，后来发展为监察者与被监察者合一的蜕变。第二个制度模板是孙中山的监察院制度，在“五权宪法”的制度架构下，设置监察院承担监督职能。按照孙中山的设想，监察院之所以必要，在于它能够限制权力的专横，以防止过去王朝兴替的周期律重演。第三个制度取样是香港特别行政区的廉政公署。它高度权威，高度有效，但廉政公署制度有其发挥作用的特定条件，我们在进行制度借鉴时必须明察，不可率尔操觚。以上三种制度模板各有利弊，我们根本不可能照着一个固定的模板去设计国家监察委员会。正是由于三种制度模板各有利弊，我们现在选择了“监察委员会”的制度，它在逻辑推演上可能会有哪些问题呢？这是需要我们考虑的。

（二）两种改革的逻辑与结构性张力

李林教授提出两种改革逻辑：一是规范主义改革逻辑，即尊重宪法权威，尊重法秩序的稳定性，保护人权；二是政治制度变革逻辑，变革就是打破条条框框，自古以来，变革莫不是变法，于是打破条条框框与领导层要求的“重大改革于法有据”的法治思维的改革存在紧张关系。[18] 如何妥善处理这种结构性张力，过去一段时间潜藏的显性问题，今天又浮现出来。具体问题有以下几点：其一，良性违宪论。童之伟教授反对良性违宪，郝铁川教授赞成良性违宪。国家监察体制改革先行后是否会出现良性违宪的问题，这个问题今天又浮现出来，需要

18 中国社会科学院李林教授在中国社会科学院的一次会议上提出这一点。

认真对待。其二，权力属性。近代立宪主义发展后，尽管国家机关不一定完全对应三种权力，但基本上还是一个权力的三分模式。国务院系统的行政监察机构并入，加上检察机关反贪、反渎、预防职务犯罪部门的转隶，再加上原来的党内纪检机构，国家监察委员会这个机构差不多成了集立法权、行政权、司法权和党权于一体的机构。司法机构负责判断，立法机构负责法意的表达，行政机关负责执行，不同性质的机构有不同的运行机理和相应的组织规则。国家监察委员会如何界定其性质并建构其运行准则，是一个巨大的难题。其三，监察体制改革与司法体制改革的关系。前者会熔断后者吗？以往司法体制改革在设计时没有想到会把检察院反贪、反渎、职务犯罪职权拿出去，而且十八届三中全会与四中全会部署的司法体制改革方案都没有写进这个方案。现在，国家监察委员会改革就意味着相关的司法制度都要重新设计，与检察制度相关联的审判权、侦查权的问题也要重新设计。

检察机关面对各种改革，其理论研究似乎从来热闹但不深刻，过去的检察理论对检察制度的定位绝大多数是不准确的。对应检察院的自侦、自捕、自诉权，过去曾有一项重要的制度设计——人民监督员制度，花费了巨大的人力、物力，人民监督员制度已经写入了十八届四中全会报告。人民监督员在过去是检察院一家的事情，四中全会后成了司法部、人民监督员制度两家的事情，全国人民监督员的规模已有数十万人。人民监督员制度是为了解决检察院自侦、自诉、自捕的问题而产生的，当上述三项职能转隶后，人民监督员制度何去何从，确实需要好好研究。

国家监察委员会改革给司法体制改革带来的问题还有：司法改革本身即有改革的碎片化问题，国家监察委员会改革后，现有司法体制改革可能难以为继，出现制度客观效果与制度初衷相背离的情况。举例来说，检察院的公益诉讼是十八大以后司法改革中重要的战略举措，走了很多程序，经过了全国人大常委会的授权试点。公益诉讼交给检察院是一个重大的战略考量，检察院的自侦权是支撑公益诉讼的一个重要武器。检察院可以通过反贪、反渎、职务犯罪侦查将公益诉讼强力推进。现在被剥离了上述权力后，公益诉讼如何继续顺利进行，这也是未来司法体制改革的一个重大难题。

另外，如果国家监察委员会的性质不定，也带来一些制度设计上的难题。如果国家监察委员会只是行政权的性质，当然接受司法审查，如果国家监察委员会行使司法侦查权，那就要根据《宪法》第 135 条，遵循刑事诉讼互相制约、互相配合的原则。司法体制改革要求党政机构不能干预个案，而包含党的纪检权力的国家监察委员会主要职能却是查处个案，这两者之间的矛盾关系又如何处理？这就需要在制度设计中予以回答。

（三）国家监察委员会改革全覆盖问题及其限度

要达致监察全面覆盖之改革目标，则必须恪守相当的法律限度，即监察机关须尊重权力机关的宪法地位，并须恪守审判独立的宪法原则。

第一，监察全覆盖的问题。监察委员会讲的全覆盖，是指凡是国家工作人员、国家公务人员与拿国家工资、接受财政供养的人员都在其范围之内。笔者做了个统计，中国有8 000多万财政供养人员。按照刑事犯罪学的原理，查1个人至少影响3个人，那么监察覆盖8 000多万人，理论上至少影响2亿至3亿人。全覆盖的第一个问题，全覆盖如何监督人大？其他所有的国家机关由人大产生，对人大负责，国家监察委员会监督到底是监督人大的什么？笔者的初步想法是：可以监督个人而不能监督机关；可以监督人大的工作人员（宣传处、政研室、办公厅等工作人员），不能监督人大代表；中国人大除了其特殊的宪制地位，还必须遵循近代以来的代议自治原理，通行的包括规则自治、机构人员自治、纪律惩戒自治。人大当然也是一个代议机构，能够逃脱代议机构的一般规律吗？如果全覆盖可以监督人大代表，人大代表的言论保障权、人身特殊保护权怎么去实现？这里还有一个难题，中国的人大代表绝大多数是兼职人大代表，如果不许监督人大代表，就意味着那些具有党政职务的人不能纳入国家监察委员会覆盖范围。那么上述理论是否要作出修正，即不许监督开会期间的人大代表？

第二，自治制度的问题。自治分为少数民族区域自治，街道、居委会、村委会的基层自治。多年来，出现了“上面万条线、下面一根针”的现象，所有社会管理职能向基层延伸。目前所有的村委会干部事实上都变成了由国家财政供养的“公职人员”（尽管待遇有别于公务员）。那么是不是要把村干部都纳入全覆盖的范围？如何覆盖基层民主自治组织？覆盖之后，基层自治空间如何保持？

第三，政协与司法机关的问题。政协的领导是财政供养，但政协毕竟在法律地位上不是一个享有公权力的机关，不是国家机关，那么为了全覆盖，是否就要让政协变成国家机关？全覆盖对司法机构的人员怎么监督？国家监察委员会可不可以对办案中的司法人员进行监督？国家监察委员会改革中是不是也考虑了独立司法问题？

第四，调查权的问题。这是整个国家监察委员会改革中最拉锯、也最受社会关注的问题。一开始仅仅是宪法与行政法学者的争辩，后来基本上把很多部门法学者拉入战局，现在已经打成一团了。一个很简单的关注点，检察院实现了反贪、反腐预防犯罪职能的转隶，国家监察委员会有了十二项权力，对物的方面可以去扣押、冻结，对人的方面可以去留置，那么，调查权的性质究竟是行政权，还是司法权？有人说，这与我何干？但其实关系到权力性质、属性定位的问题，关系到刑事诉讼法可不可以进入这个空间，关系到律师介入问题。兹事体大，律师不介入，这是一个不可思议的问题。但是要解决这个问题，有很多精细化的研究：有没有调查权？是单纯的行政权、单纯的司法侦查权，还是两种属性都有？抑或要分阶段厘清性质？——查党内违规的时候是党内纪检调查权，查行政违纪时是行政调查权，走司法程序的时候是侦查权。如果完全定位为行政调查权，那么取证可否作为刑事诉讼法的证据，在调查过程中可不可以用行政强制措施？还有，留置决定批准权在谁的手上？山西国家监察委员会查处煤炭进出口公司的郭海案，已经暴露出上述一系列问题。我们认为，涉及犯罪调查时，调查权要定位在刑事犯罪领域，否则可能会引发人权灾难。

第五，审计制度的去向问题。最先涉及国家监察委员会改革的时候，是想把审计制度并入国家监察委员会的，采取监审合一模式，在十八届六中全会公报中，保留人大、监察、政协、审计等四大监督，审计监督是职务犯罪案件中发现犯罪线索的重要手段。国家监察委员会与审计署的张力问题，将成为一个重要的研究点。另外，把行政监察系统并入国家监察委员会后，行政部门还需不需要监察系统？监察系统并入国家监察委员会后只是一个廉政监察，如何保证行政系统有执行性？还有一个行政效能监察的问题，即如何避免“政令不出中南海”现象？行政效能监察如何设计是一个不能忽视的问题。最后，检察机关部分机构和职能转隶后，检察院在宪法上的法律监督机关性地位是否发生变化？检察院之所以称为法律监督机关，是因为检察院的那几项职权起了重要的支撑作用，当它们被拿走后，检察院还叫法律监督机关吗？上述这些重大问题都应该在宪法层面上予以一定程度的解决，也是我们宪法学研究需要重视的问题。

六、国家监察体制改革与中国宪法学的研究转向

国家监察委员会的改革总体来说遵循着法治改革的思路，但民主与法治并举必须成为国家监察委员会改革的大前提。在我国实践中，区别人治与法治的最简单的标准，就是看管不管得住“一把手”，管得住“一把手”的是法治，管不住“一把手”的是人治。我国在建立了一个法律体系之后，为什么法律权威不升反降，一个重要原因是民主制度与之不匹配。选举制度、财产公开制度、媒体监督自由等，尽管有明显进步，但与反腐败的标本兼治要求尚存明显差距。国家监察体制的改革可以说是一项重要的制度变革，但又面临较多的难题。因此，面对政治改革中的难题，中国宪法学似乎形成了一个共识，那就是我们必须加强对国家机构的研究。

实际上，这个共识的背后正是中国宪法学对政治改革的回应能力极为不足，我们的宪法学研究距离现实太过遥远。加强对国家机构的研究，这只能算是“妥协”的说法，因为真正要研究的并不只是宪法文本上的“国家机构”条款，而是应回到更本质的问题，也是宪法的内涵与功能层面——如何理解宪法所建立的民主体制，如何理解宪法所维护的民主体制。这才是根本性问题，也是解决当下中国的改革、发展与制度变迁的基础。否则，再多的文本解释，再多的历史追溯与体系化，在

改革大潮之下都只可能是徒劳的，同样解决不了问题，也说明不了问题。

中国宪法学必须面向现实，这是笔者在回应改革尤其是政治改革的具体问题时的一种强烈感受。改革的话语已持续了四十年，改革成效可以说是非常显著。秉持改革的理念建设中国的宪法秩序，必然会有一种现实主义的乃至实用主义的宪法学观念。然而，长期以来，我们的学者恰恰忽视了这种宪法学，忽视了对这些宪法现象的研究。试问，立足于立宪基本价值、基本原则和制度共识的理论研究做了多少？回应改革难题、解决具体问题的制度研究又做了多少？甚至我们对现有制度的效果也不太了解。这说明了中国宪法学研究存在的困境。

毋庸讳言，中国宪法学已经到了研究转向的时机。回顾中国宪法学的发展历程，重视宪法文本的主张提出已近三十年，产生了很大影响，引领了中国宪法学的发展潮流。"认真对待我国宪法文本"就如同一种宣示，试图回答如下问题："人们表面上都承认宪法的重要性，但在实际生活中宪法文本没有受到足够的重视。"[19] 过去的这三十年正是中国法治快速发展的三十年，是中国迈向政治文明的三十年，所以重视文本的理念正当其时，我们寄期望于强调文本的重要性并通过文本解释达到发挥宪法效力的目标。然而，重视文本只解决了一个问

---

19 韩大元：《认真对待我国宪法文本》，《清华法学》2012 年第 6 期。

题。什么问题？理念的问题。重视文本的主张带来的最大贡献正是我们开始重新认识宪法，重新认识宪法的意义以及宪法的规范性。

但另一个很重要的问题在这个过程中被忽视了，我们忘记了宪法的一个基础性作用——它如何影响政治，如何推动政治发展。这是改革或者转型过程中，我们不得不直接面对并且需要认真回答的问题，否则，我们的宪法就沦为一种名义性宪法，仍旧无法回答国家的关键性议题。我们时常讲宪法实施的概念，把加强宪法实施作为一个重要命题来对待。然而，为什么我们宪法的实施效果不好？为什么我们的宪法面对着这样那样的问题？我们认为，一个根本性原因就在于，我们还是强调宪法的宣示意义而非规范意义，并且没有建立起落实宪法效力的有效制度结构和民主过程。所以，由此产生的中国宪法学的任务是什么？正是重新建构中国宪法学的规范性价值、制度结构，并形成民主过程。这就是面向现实的中国宪法学的任务。

宪法文本是宪法学赖以存在的基础，也是我们建立宪法秩序时必须要有的理论准备。从这个意义上说，围绕着“规范—解释”展开的理论，是极具价值并且十分必要的。但中国宪法学不能仅仅停留在重视文本之上，不能陷入全然的形式主义窠臼之中。作为一门成熟的、繁荣的学科，我们还要在文本主义尤其是形式主义的宪法学之外，发现适应中国现实需要的、解决中国现实问题的宪法学，这就是一种面向现实的理念。它是一种建基于现实主义和实证主义的宪法观，能够回应落实宪法、建成宪法秩序的需求，能够发现塑造政治秩序的宪法和宪法塑造政治秩序的功能。这对中国来说尤为重要，为什么呢？因为我们迟迟没有通过某种违宪审查制度，将文字上的宪法转换为动态的理想型的“规范性宪法”。换句话说，通过解释学尚无法实现塑造宪法秩序的目标；即便是有了违宪审查制度，它也不是宪法秩序和宪法发展的全部。建立某种形式的违宪审查制度十分必要，它一直都是中国宪法学的理论任务。

但在此之外，我们还有很多研究任务要做。至少，中国宪法学不应当秉持单一的文本主义观念或形式主义主导的路径，而应当是两种取向并存且多元的状态，是形式主义和现实主义都有其强烈责任感的状态。理念是十分宽泛的。在面向现实的理念之下，我们还可以发展出很多新的理论、范式和具体的研究方法。针对改革，针对民主的设计和民主的维护，宪法工程学很有必要，它当然不同于宪法解释学，但亦不等于宪法学的全部。总而言之，中国宪法学还有很宽泛的领域需要我们去研究，这个时代正是宪法学的时代。

第二章

监察委员会留置措施问题研究*

根据全国人大常委会国家监察体制改革试点决定，试点地区监察委员会有权采取留置措施。留置措施涉及限制公民人身自由，极为严厉，兹事体大，需从试点地区探索实践之比较出发，逐一分析其中可能出现的问题。公开资料显示，2017年3月以来，杭州市上城区监察委、北京市通州区监察委和山西省监察委分别采取了各自试点改革以来第一起留置措施；此外，三个试点省市均制定了专门文件或整篇章节以规范留置措施的相关事项。各地探索不约而同回避或未言明留置权之性质，而多从留置措施的批准、备案、执行、期限、权益保护和外部衔接机制等具体问题切入，对应留置措施的监督、实施、权益保护和外部衔接，与留置权性质组成留置措施的五个关键

* 本章已发表于《苏州大学学报》2017年第4期。

问题。试点地区诸多探索绝非无的放矢，其中可以透析留置权性质的踪影，还可能蕴含全面改革顶层设计的重要线索。

一、监督：留置措施的审批和备案

留置措施的审查模式主要是事前审批和事后备案，二者在源头和末端两处从根本上影响留置个案正当性。[1] 从审查对象看，主要有实体和程序两方面的要件，前者指根据一定原则规定或标准，若判定符合事先规定的法定情形和情节，则得采取（或者延长、解除）一定期限的留置措施，后者即实施留置的过程应符合程序性规定。事前审批或因留置尚未实施而限于实体审查，事后备案则有可能实现双重审查。从审查本身看，还涉及审查主体（如审查机关和级别等）和审查具体操作问题（如审查期限、文书和驳回后果等）等问题。

（一）留置措施的批准条件和情形

审批制度是留置措施的先期把关，必须有严格的批准条件。以山西省留置首案为例，表述为“涉嫌严重违纪违法问

---

1 以《刑事诉讼法》规定的羁押为例，第 88 条规定，“人民检察院对于公安机关提请批准逮捕的案件进行审查后，应当根据情况分别作出批准逮捕或者不批准逮捕的决定”，第 93 条规定，“犯罪嫌疑人、被告人被逮捕后，人民检察院仍应当对羁押的必要性进行审查”。事前审查即对“决定适用”的必要性审查，事后审查即对“羁押决定正当性”以及“继续羁押”的必要性审查。参见钱列阳：《羁押必要性审查及律师参与》，《国家检察官学院学报》2012 年第 6 期。

题”。党纪检机关对待用语表述普遍严格，采用这一表述者结果多是“对涉嫌犯罪问题移送司法机关依法处理”，类比可见采取留置措施一般需要涉嫌犯罪并达到一定证据标准，“涉嫌犯罪”和“一定证据标准”就是情形条件和认定办法。

试点地区监察措施审批制度在批准条件上有两处待改进：第一，法定情形情节待明确。首先，法定情形需明确，如浙江省制定了《浙江省监察留置措施操作指南》，规定条件是“已立案并且案件具有重大、复杂等四种情形”，立法时究竟包括哪些情形需予以明确；其次，立法表述需客观，避免“可能”“认为”等主观性较浓的表达。第二，原则规则标准待明确。三个试点省市均未明确提及对情节情形的判定办法，关于所谓“情形”，究竟怎样判断属于这些情形，有没有判断的原则或标准？——什么是“情节严重”？如何判断“情节严重”？

（二）留置措施的审批机关和层级

1. 试点地区的探索

试点地区就留置措施的审批主体多已有详细规定，如审批机关及其层级等。（1）浙江省留置首案经省委专门指示后由区委书记审批；《浙江省监察留置措施操作指南》则作了更全面的规定：“凡采取留置措施的，需监察委领导人员集体研究、主任批准后报上一级监察委批准，涉及同级党委管理对象的，还需报同级党委书记签批。”（2）北京市留置首案同由区委书记批准；《调查措施使用规范》明确采取留置措施需“报同级党委主要负责人批准，予以立案审查（调查）”，“市纪委市监察委机关对局级或相当于局级的监察对象采取留置措施的，还需报市委主要领导批准”，“区级纪检监察机关对处级或相当于处级的监察对象采取留置措施的，还需报区委主要领导批准”。（3）山西省留置首案由山西省监察委自行决定，紧接着，经山西省监察委批准，运城市监察委采取了留置措施；《山西省纪委监察委机关审查措施使用规范》在第 8 章规定，山西省监察委确需采取留置措施的，应提交省监察委执纪审查专题会议研究决定。

综上，不难归纳出以下三点：第一，实践探索大致有自行决定和提请其他机关批准两条路径。山西省探索的路径是省级监察委员会决定自己或批准下级监察委员会采取留置措施，不过还难以确定县级监察委采取留置措施应经市级还是省级监察委批准。北京市和浙江省探索的是党委审批制度，前者可直接概括为“报同级党委主要负责人批准”；后者可抽象为区分对待原则和双重审批制。“普通留置”和“特殊留置”区分对待原则（区分标准为是否“涉及同级党委管理对象”），前者由监察机关自行决定，级别上提一级；后者则须在前一程序基础上再经同级党委书记批准。第二，我们发现，从实践来看，非民主决策过程中级别最高的程序通常直接决定了最终结果，故此，浙江省试点探索的留置措施“双重审批制”至少在针对“同级党委管理对象”时得实际上归为党委书记审批制。第三，北京试点公开资料未提及对更低级别公职人员的批准程序，从“还需”这一表述来看，很大可能亦为区分对待原则。可见，北京和浙江两地探索路径基本趋同，差异在于“同级党委管理对象”和“同级党委主要负责人”等具体表述，但从党内组织级别实践来看，前者一般即下一级别公职人员，后者一般即同级党委书记。

2. 留置措施的审批机关

北京留置首案公布后，一度引发热议。北京师范大学研究员彭新林曾在采访中分析并提出党委书记审批是按程序执行，有助于实现对监察委的监督制约，是对留置措施审批权限、工作流程和方式方法的积极探索；[2] 湘潭大学吴建雄教授认为，留置首案采取党委书记审批乃“改革试点之责任担当”，只是一个特例，有一定实质正当性，但背离了职权法定原则；[3] 郭相宏教授则以逮捕为参照，援引《宪法》第 37 条和《刑事诉讼法》第 78 条提出将留置的批准权和执行权相分离，分别交由检察机关和监察机关，以实现对监察委员会的有力监督和制约。[4]

---

2 参见高鑫：《北京“留置首案”释放哪些反腐新动向？》，《京华时报》2017 年 6 月 5 日第 3 版。

3 参见吴建雄：《北京首例留置案件的法理评析》，https://mp.weixin.qq.com/s?_biz=MzI0MzEzOTQ4NA=&mid=2654375787&idx=2&sn=0b925fc55daf30d9291eeb2eb202149c&chksm=f2b3b998c5c4308ed37a94e2fe8e36c3cb98b248677493683184a2d0dfb4729068f2d4c15cbb&mpshare=1&scene=23&srcid=0608NJ5mXMIQq2gOSfuEjDIz#rd，最后访问时间：2017 年 6 月 21 日。

4 参见郭相宏：《对留置措施的使用，批准权和执行权应分离》，《南方都市报》2017 年 6 月 15 日第 A15 版。

未来较适宜的方案是监察委员会内部决定（批准）或交由司法机关批准，不宜由同级党委书记审批留置措施。摒斥同级党委书记审批制度，并不意味着党领导监察工作的缺失；恰恰相反，党对方针、政策而非个案的领导，是党的执政方式和治理能力现代化的重要体现，有利于维护党的权威、把握监察工作主动权。一方面，如果检察院决定不起诉或法院作出无罪判决，将导致该案留置合法性存疑，党委审批被质疑，最终损害党的权威；[5] 另一方面，中华人民共和国成立后，曾有一段时期，党委书记审批个案制度盛行，在特定历史时期内造成大量冤案错案，因此 1979 年中共中央发布了后来被誉为政法领域“十一届三中全会公报”的《中共中央关于坚决保证刑法、刑事诉讼法切实实施的指示》，其中明确提出“党对司法工作的领导，主要是方针、政策的领导。各级党委要坚决改变过去那种以党代政、以言代法、不按法律规定办事、包揽司法行政事务的作法”。[6]

党委书记审批一定程度上是对领导职能和执法职能的混淆，“在传统纪检监察向现代国家监察转型之后，在党纪委与监察委的关系上，则应坚持‘业务上以监察委员会为主’的

---

5 就司法工作而言，如果二审法院改判了一审经过县级或地市党委政法委协调的案件，实际上是使党委政法委陷于被动，会损害党的威信。参见李雅云：《中国法治建设里程碑式的党的文件——纪念中共中央发布〈关于坚决保证刑法、刑事诉讼法切实实施的指示〉25 周年》，《法学》2004 年第 9 期。

6 余敏声主编：《中国法制化的历时进程》，安徽人民出版社 1997 年版，第 272—273 页。

原则”。[7]党纪委和监察委“合署办公”无法回避二者权源和运作机制上的差异：纪委行使监督执纪权，监察委员会行使国家监督权；党的纪律监察委员会由同级党代会产生，监察委员会由同级人大产生，合署办公的科学模式应当是两个委员会“分别产生、领导人员相互交叉、办事机构合并设立和运行”。与党委政法委对司法工作的领导应限于方针、政策而非个案的领导一样，党委纪委对监察工作的领导同样应基于一定限度，这个限度就是国家监督执法工作乃国家监察委员会依法独立行使之职权，同级党委不得以个案干预代替原则性指导。

3. 留置措施的审批层级

基于国家监察立法定位和原则，试点地区探索的监察委内部决定（批准）留置措施一定程度上是可行的，但须辅以严格的批准机制。

第一，市级及以下监察委员会的留置措施，少有人赞成“自行决定”，多认为应“上提一级批准”或“统归省级监察委批准”。两种方案各有优劣，前者或可提高工作效率，后者则处于对公民基本权利之谨慎处置。大多数学者认为二者必须择其一，我们以为，区分对待“采取留置措施”和“延长留置期限”两种情况不失为良计：经上一级监察委员会批准，可采取

---

7 李红勃：《迈向监察委员会：权力监督中国模式的法治化转型》，《法学评论》2017年第3期。

留置措施；特殊情况需延长留置期限的，经省级监察委员会批准，可延长一次。

第二，省级监察委员会采取留置措施，是否需中央层级批准？从保证监察效率出发，我们认为省级监察委员会应该有权自行采取留置措施。

第三，国家级监察委员当然亦可自行决定采取留置措施。但是，回到备案制度的话题，省级监察委采取留置措施可向国家监察委备案，国家监察委是否需备案呢？否则，其调查活动应如何个案规制？

4.“集体研究”表述需更加具体

山西省和浙江省有关审批留置措施时采用了“集体研究”的表述。这一表述比较模糊，可以从三个方面作出明确规定。

首先，所谓“集体研究”中的“集体”指谁？是只有主任和副主任，还是也包括监察委委员？或者，是主任会议还是委员会议？或者，未来有没有可能新增类似人民法院审判委员会的“集体”？

其次，“集体”全体成员有没有人数底线？比如说，如果是主任会议，若是一正四副的配置则是五人，但是他们都有专业经验吗？都熟悉具体案情吗？如果恰好此时副主任职务空缺甚至主任空缺，怎么办？

最后，开会到场人数有没有底线或者比例限制？比如说，需不需要二分之一以上的成员到场？还有，投票按照什么原则？是一票否决，还是普通多数决？

（三）备案审查制度有待发挥实效

备案制度是留置措施的最后关卡，为可能的失误提供最后补救机会。从资料来看，试点各地确有考虑监察权力过于集中等问题，如探索执纪监督和执纪审查分设以及监察措施监督问题，浙江省就规定了“对留置宣布、留置调查、留置交接等整个执行过程全程同步录音录像”，还制定了《关于对说情、过问实行记录、报告制度》，但都限于内部横向监督或者自我约束，未走出同体监督的窠臼；就留置而言，相反，本可发挥实效的备案制度却有流于形式之虞。浙江省的规定是“凡使用、延长、解除留置措施的，市县两级监察机关都需报省级监察机关备案，而省监察委则需报中央纪委备案”；山西省的规定是“由案件监督管理室报中央纪委备案”。从表述上看，似乎被框定为一种存档流程。

“备案”在《现代汉语词典》中的解释是“向主管机关报告事由，存案以备查考”，有学者归纳指出备案有许可、监督、立法、登记、告知、审批和行政行为七种理论探讨。[8] 留置备案制度的争议在于：备案仅作存档之用，抑或备案必然伴随审查？[9] 单纯的备案可能使其价值限缩于“使其知晓”，而难以发

---

8 参见朱最新、曹延亮:《行政备案的法理界说》,《法学杂志》2010 年第 4 期。

9 《立法法》的出台和 2004 年 5 月全国人大法工委法规审查备案室的成立，预示着备案已经从一种程序性的登记制度演变为一种对立法的审查方式，即“备案审查”。但是，备案机关并无“审查权”，立案备案审查性质也比较模糊。参见王锴:《我国备案审查制度的若干缺陷及其完善——兼与法国的事先审查制相比较》,《政法论丛》2006 年第 2 期。

挥监督实效。从法律正当程序出发，留置措施涉及限制公民实际基本权利，单纯备案是不够的（至少就留置而言）；对报送的留置案件进行实体且程序性的审查，对不符合留置条件或违反留置程序性规定的案件及时补救，应有必要。

留置措施备案制度的比较对象，应该是具体而不是抽象行为的备案制度。有人指出，重大具体行政行为备案审查制度蕴含着规范行政权行使的意旨，但在实际操作中可能面临许多规范层面的难题。[10]留置备案若要发挥审查实效，这些问题值得重视。一个重要问题是：审查发现实体条件不合格或过程程序有缺陷时，当如何补救？这包括三种情况：第一，符合留置条件，但过程程序有缺陷；第二，过程程序无误，但不符合留置条件；第三，不符合留置条件，且过程程序有缺陷。联系我国宪法和有关法律，至少在不符合留置条件而被采取该措施时公民可寻求救济。

（四）增设留置特别程序

我国宪法和代表法等对人大代表被拘留和逮捕等问题，规定了人大许可制度和报告制度。人大代表的人身特别保护，是人大代表依法执行代表职务所需的保障之一。我国人大代表不仅是国家公职人员，一般还兼任其他公共职务，囊括于监察委

10　参见陈鹏：《重大具体行政行为备案审查制度的规范阐释》，《政治与法律》2012年第5期。

员会“全覆盖”对象之内。留置措施在限制人身自由方面的程度类似于拘留、逮捕等强制措施，很可能影响人大代表履行代表职务。未来应修改《代表法》第 32 条之规定，增设对人大代表采取留置措施的特别程序。但是，这一保护之评判标准，应当为“是否影响人大代表履行代表职务”，而非简单的“是否担任人大代表”；其许可应基于“对逮捕理由依据等进行实质性审查”，而非仅仅是“形式上的一种同意程序”。[11]

由此追问：对于监察委员会委员及其一般工作人员，如何开展监督，是否需要人身特别保障？郑贤君教授借引台湾地区规定，提出他们同为公职人员，故亦需接受监督和调查。[12] 如果认为监察委员会是类似人民代表大会的民意机关，或者有类似的民意性，基于保障监察委员之履职，其人身当然需要特别保障；至于监察委员会一般工作人员，则无须作此考虑。实际上，对比我国人大代表、法官、检察官的选任程序，在我国，选民直接选举产生的仅有县级及以下人大代表，其余人大代表由下级人大代表间接选举产生；各级法院院长、检察院检察长系由相应级别人民代表大会选举产生，其余则由院长、检察长提请相应级别人大常委会任免。我们看到，现状是，拥有人身特别保障的只有人大代表，不包括法官、检察官。由此，对于监察委员采取留置措施究竟适用何种程序，一方面要从国

11　参见李莉：《对我国人大代表不受逮捕权的几个问题的探讨》，《政治与法律》2011 年第 3 期。

12　参见郑贤君：《试论监察委员会之调查权》，《中国法律评论》2017 年第 4 期。

家反腐效能和监察立法层面进行全盘考虑，另一方面还要基于监察委员会和监察委员之属性和身份作仔细思量。

此外，审查留置措施的具体操作问题亦当重视。现有办法集中在审批文书等方面，对于提请采取（延长或解除）留置措施的审批期限、驳回后果，乃至备案审查不合格的后果等，都应考虑到位。

二、实施：留置措施的期限和权限

留置措施涉及限制公民人身自由，其具体实施可能直接影响公民基本权利的实现。留置措施的实施包括纵向和横向两个维度，分别对应留置期限和权限：期限主要是一般期限、最长（延长）期限和折抵刑期三个层面，权限则主要涉及留置执行过程。借此亦可分析留置措施的性质问题。

（一）适当限缩留置期限

1. 留置与其他措施期限比较

《山西省纪委监察委机关审查措施使用规范》在第8章规定，使用留置措施时间不得超过90日，特殊情况下经批准可延长一次，时间不得超过90日。《中华人民共和国行政监察法》（以下简称“《行政监察法》”）未规定“双指”期限，但在第33条规定行政监察机关的调查期限是6个月，特殊原因延长的不得超过1年；《中国共产党纪律检查机关案件检查工作条例》第28条第2款规定纪检机关的审查时间是90天，经上级纪检机关批准可以延长90天。《人民警察法》第9条规定留置盘查措施时间不得超过48小时；《刑事诉讼法》规定拘传不得超过24小时且不得连续拘传，取保候审不得超过12个月，监视居住不得超过6个月，刑事拘留不得超过37日，逮捕一般不得超过2个月，不同特殊情形可经批准延长1个月、2个月或更长。排除性质显著不同的民法留置、行政拘留和自由刑，[13]可能与留置措施类似的有留置盘查、监视居住、刑事拘留、逮捕和“双规”（“双指”）等五种措施。有一种说法，留置措施从办案实效性考量更可能是用于取代“双规”“双指”的羁押举措，而不同于《人民警察法》第9条规定的留置盘查的临时措施。[14]联系山西省的探索，从留置期限来看，这个说法还是有一定依据的。

但是，正如陈光中教授指出的，一方面，“双规”是和《行政监察法》第20条规定的“两指”结合实施的，另一方面，《行政监察法》第20条规定“两指”的实施“不得对其实行拘留或者变相拘留”，然而“双规”实际操作通常对被调查人实行近似拘禁长达3个月之久，故而与《行政监察法》冲

---

13 民法留置主要是民法而非行政或刑诉概念，行政拘留是行政处罚，只能类比监察委员会的“处置”权，判处“自由刑”乃人民法院审判权范畴，与监察委员会留置措施从性质上显著不同，故可直接排除之。

14 参见施鹏鹏：《国家监察委员会的侦查权及其限制》，《中国法律评论》2017年第2期。

突。他由此提出，“双规”法治化是用“留置”来代替，还是与刑事诉讼法规定的强制措施结合起来，尚需要进一步研究。[15]可见，“双规”措施具有正当性缺陷，监察委员会的“留置”措施之设置初衷，即很可能为代替“双规”；但是，从“双规”出发进而认知“留置”措施的性质及其合法性，这一认知路径的理论基础尚难自证正当，无法借此对“留置”做出合理评价。[16]

2. 设置“一般期限”和“最长期限”

观察试点探索，与以往的“双规”“双指”相比，“双90天”的规定似乎饱受青睐。初次留置措施应更注重对公民人身权利之尊重和保障，况且并非所有职务犯罪案件都需如此长期限制自由。不妨参照当前刑事诉讼法类似的羁押措施，对留置期限加以限缩，并设置一般和最长期限。

可尝试从刑事拘留和逮捕中汲取有益内核。假设将留置看作逮捕的先行程序，则“刑事拘留”相较于其他强制措施，基于更大程度保障公民实际基本权利之考量，从决定（批准）、执行方式、司法程序衔接乃至对公民权利的限制程度等来看，都与留置措施十分类似；但是，观察试点探索和立法动态，未来留置和逮捕很可能是由监察委员会和人民检察院分别采取的、区分先后顺序的两种性质截然不同的措施，如此，则“刑事拘留”

15 参见陈光中：《我国监察体制改革的几点看法》,《环球法律评论》2017年第2期。

16 参见秦前红、石泽华：《目的、原则与规则：监察委员会调查活动法律规制体系初构》,《求是学刊》2017年第5期。

作为一种临时措施与留置还有一定差异，一般期限 14 日、最长期限 37 日的设定也恐难为监察立法所采纳；“逮捕”则一般不得超过 2 个月，不同特殊情形可经批准延长 1 个月、2 个月或更长。

具体规定必须重点考量审批层级、批准情形和条件以及可延长次数等。可作如下规定：经上一级监察委员会批准，可对本级监察对象采取留置措施，一般期限为 30 天。符合法定延长情形者，经上一级监察委员会批准，可以延长一次 30 天；经省级监察委员会批准或决定，可以延长一次 60 天；非经国家监察委员会提请全国人大常委会批准，不得继续延期。就一般案件而言，120 天最长留置期限或许是可行的。

（二）留置措施的刑期折抵问题

对于刑期折抵问题，监察体制改革之前，党的纪检机关对党员采取“双规”措施无法折抵刑期；就“双指”而言，根据《行政监察法》第 20 条规定，合法“双指”措施不包括“拘禁或者变相拘禁”（暂不论具体操作和实践情况），自然也不折抵刑期。彭新林认为：“留置措施限制了被调查人的人身自由，当然应当折抵刑期。可参考刑拘，留置一日折抵刑期一日。”[17] 有关报道指出山西政法委指导省高院制定的《职务犯罪案件证据收集指引（试行）》明确规定了该问题，不过公开资料未透露具体

17　高鑫：《北京“留置首案”释放哪些反腐新动向？》，《京华时报》2017 年 6 月 5 日第 3 版。

规定。新修改的《刑事诉讼法》第74条规定“指定居所监视居住的期限应当折抵刑期”，留置措施限制公民人身自由的程度至少不会低于指定居所监视居住，折抵刑期当属应有之义，后续立法应明确折抵计算方式。基于留置限制公民人身自由的实际程度，我们认为留置一日折抵刑期一日是合理的。

（三）留置措施的执行问题

从试点改革公开资料来看，留置措施执行的探索集中在场所、主体和流程等问题。各地探索的执行流程涉及比较多，如规范流程内容、强制录音录像、安全问题、保密问题和被留置人生活起居等问题。

1. 留置措施的执行场所

在执行场所方面，山西省“指定的专门场所”表述稍显含糊，未明确看守所还是纪检委常用的“规定地点”。2017年年初通过的《中国共产党纪律检查机关监督执纪工作规则（试行）》第35条规定“未经批准并办理相关手续，不得将被审查人或者其他谈话调查对象带离规定的谈话场所”，保留了“规定的谈话场所”之表述。该文件发布于监察体制试点改革启动之后，且根据2017年5月2日全国人大网站公布的《全国人大常委会2017年立法工作计划》和6月底人大常委会审议，《监察法》之草案拟定乃“协同配合”中央纪委，可见立法动态更倾向“特定场所”。实际上，只要场所之决定由纪委监察委自行决定，“特定场所”一词的存留并无大的影响——

监察委员会自行决定在看守所执行显然可能性极小。问题也正在于此：究竟是自行决定，还是请公安机关决定？

2. 留置措施的执行主体

留置措施是自行执行，还是协助执行？这个问题值得深思。浙江省制度探索中，规定“采取搜查、技术调查、限制出境等涉及人身权利的措施，必须经监察委主任批准，请公安机关协助执行”，笔者猜想，这种批准和执行分置的探索，出发点可能是这三项措施涉及限制人身权利，[18]从而将其纳入监察委和司法机关分工制约机制，这表明，不仅逮捕，公权力机关限制或剥夺公民人身权利的其他措施，亦应接受正当程序规制。[19]《中国共产党纪律检查机关监督执纪工作规则（试行）》亦作呼应，第28条规定“审查组可以依照相关法律法规……提请有关机关采取技术调查、限制出境等措施”。

上述“协助执行”之立法原意，可能有保障基本权利和便于高效执行这两种解释。从第一种解释出发，假如设置留置措施之初衷是用作取代“双规”“双指”的羁押举措，其目的

18　狭义的人身自由是指身体活动自由，包括积极作为的自由和消极不作为的自由；广义的人身自由还包括居住和迁徙自由、出入境自由等。我国《宪法》第37条、第38条、第39条和第40条规定表明，不论是狭义的人身自由还是广义的人身自由，都是我国宪法保护的对象。参见汪进元：《人身自由的构成与限制》，《华东政法大学学报》2011年第2期；童之伟：《从若干起冤案看人身自由的宪法保护》，《现代法学》2004年第5期。

19　现行《宪法》第37条仿效苏联的突出司法机关的主体模式，过于强调逮捕而忽视其他剥夺人身自由的方式。参见周伟：《保护人身自由条款比较研究——兼论宪法第37条之修改》，《法学评论》2000年第4期。

可能是从法律正当程序出发赋予它以更大合法性，而非平白替换之；联系浙江省的制度探索，连对人身权利限制的严厉程度尚不如留置措施的搜查、技术调查和限制出境等措施，都需要公安机关协助执行，那么，留置措施亦由公安机关协助执行可能更加恰当。如果是基于第二种解释，技术调查、限制出境等措施由公安机关执行更加高效，那么留置措施究竟由谁来执行，可能要基于更多因素的考量。

此外，留置执行人员和流程问题也有待进一步明确。比如，留置有无通知或类似程序？是否需要两名工作人员在场？是否需要见证人？是否需要出示证件和批文以及如何出示？还有，是否有家属通知程序？是否有告知陈述、申辩、辩护或申请律师的权利等程序？再有，留置期间录音录像的操作者是谁，是否需有律师在场？有程序缺陷的留置措施可否以及如何补正？

三、保障：留置措施的辩护和救济

保障公民基本权利始终应是政治体制改革的终极价值和目标。留置措施限制公民人身自由之程度极为严厉，除保证生命健康和人道主义待遇以外，亦当重视程序性权利。一方面，留置的行使必须严格依照法律正当程序，另一方面，还需对包括被留置人在内的当事人之程序性权利进行特殊考虑。在国家监察立法中以专门条款规定当事人权益问题，不失为一道良策。

（一）贯彻平等原则，保障程序权利

监察程序期间（采取刑事强制措施之前），程序性权利不应受到任何限制。我国《宪法》第 23 条规定“中华人民共和国公民在法律面前一律平等”，《刑事诉讼法》明确规定未经法院判决不得认定有罪原则和疑罪从无原则；《公民权利和政治权利国际公约》第 14 条指出“在未依法证实有罪之前，应有权被视为无罪”，“有相当时间和便利准备他的辩护并与他自己选择的律师联络”是人人完全平等地享有的一种最低限度的保证。[20] 可见，其一，作为我国公民享有的我国《宪法》规定的公民基本权利和《刑事诉讼法》规定的权利，在“法庭审判之前”，不因其接受了任何调查或侦查而产生丝毫影响；其二，如果严格区分监察程序和司法程序，从时间顺序看，留置程序还在刑事强制措施之前，故监察程序期间的人权保障程度至少还应在刑事强制措施期间之上，且不因接受监察委员会之调查或可能有职务违纪违法行为或涉嫌职务犯罪，而有丝毫影响。

童之伟教授指出，我国若干冤假错案发生的重要原因就在于《宪法》保护公民人身自由的程序性条款较多缺失，各法治国家宪法都确认的一些原则我国《宪法》并未确认。[21] 随着《刑事诉讼法》的修改，这些问题有一定程度的改善，但还有

20 《公民权利和政治权利国际公约》，联合国大会第 2200A（XXI）号决议。

21 参见童之伟：《从若干起冤案看人身自由的宪法保护》，《现代法学》2004 年第 5 期。

不短的路要走；国家监察体制改革之后，立法对监察活动，尤其是留置措施中保护公民人身自由的程序性条款更应重视。

（二）调查期间的权利保障

1. 试点地区的探索

试点地区为保障被留置人权益已探索一系列措施，如保证留置安全等基本成为各地共识，浙江省还探索了全程同步录音录像，这一点对确保证据合法性、保障被留置人权益来说都是必要的，也为当前《刑事诉讼法》所规定；山西省则为被留置人“制订了合理的日常起居计划，严格按计划进行调查和讯问，充分保障了郭海的饮食和必需的休息时间”，一定程度上体现了其“依纪依法、保障权利”的基本原则。稍有不足者，如山西省所称严格维护被留置人“申辩权”，现有信息还不多。

2. 监察立法需区分“辩护”和“陈述申辩”

对于已被剥夺人身自由的被留置人，实际保障其获得辩护的权利，才可能有效防止职务犯罪领域冤假错案。观察国家监察立法动态，很可能独立于《刑事诉讼法》而另立监察法律体系。即便留置措施不受刑诉法规制，亦需在《监察法》中明确律师辩护问题。

试点探索的表述采用的是“申辩权”而不是“辩护”，我们猜测这是基于两个原因：第一，《宪法》第125条规定有权获得辩护的背景是人民法院审理案件；第二，虽然《刑事诉讼法》专门以整章规定辩护与代理事宜，但从目前改革动向来看，很可能将监察程序与司法程序严格拆分，另设一套法律体系以规制监察程序，由此原有刑事辩护的规定将不适用于留置——若行此设计，则应早作打算。在留置措施排除于刑事诉讼程序之外的基础上，回避“辩护”这一刑诉领域的概念是有理由的，但采用“申辩”这一行政法领域的概念明显也不合适，何况相对于严厉限制人身权利的留置措施来说，申辩可能获取的程序性保护实在是杯水车薪。

3. 律师可介入调查程序

无论采纳何种外在形式或语词表达，在监察委员会职务犯罪调查（侦查）权系由人民检察院转隶而享有的背景下，既然当前辩护律师在侦查阶段即可介入，无理由未来监察委员会职务犯罪调查阶段律师不得介入。即便职务犯罪调查活动不接受刑诉法规制，未来监察立法亦需明确该问题。借鉴《刑事诉讼法》第 33 条规定，当事人自被监察机关第一次讯问或者采取留置措施之日起，有权申请律师介入；律师应当可以为被留置人提供当前《刑事诉讼法》第 36 条、第 41 条、第 46 条和第 47 条所列举的帮助内容并享有第 37 条规定之律师权利。[22] 此外，被留置人的亲属或利益相关人是否得为其申请律师介

22 《刑事诉讼法》中《辩护与代理》一章有关辩护权益的条款有 8 条，其中，第 38 条和第 39 条涉及审查起诉之后，故涉及“侦查”期间辩护权益的有 6 条。明确提及“侦查”的有 3 条，分别是第 33 条、第 36 条和第 37 条，规定了申请律师介入的时间限定、帮助内容和辩护律师权利等；间接涉及或仅可能涉及“侦查”的有 3 条，第 41 条规定了收集有关材料、申请收集和调取证据、申请证人出庭作证的权利，第 46 条规定了保密权及其限制，第 47 条规定了申诉和控告的权利。

入、是否可与当事人见面等问题亦需进一步明确。

此外，当前《刑事诉讼法》规定的回避制度、通知程序，亦有必要在《监察法》中延续。考虑到职务犯罪案件的特殊性，尤其是牵连的广泛性，主动回避制度具有一定价值；留置的通知制度可以有"例外情况"，但必须严格规定法定条件和判定标准，避免出现"可能""或"等主观色彩浓厚的表述。

（三）监察措施的事后救济

监察委员会不仅可以在调查活动中采取极为严厉的强制措施，而且有处置之职权。有学者提出救济是权利实现的必要条件，所谓"无救济即无权利"和"有权利必有救济"，差别主要在因果顺序；[23] 还有一种说法，基于裁判请求权、提起申诉与控告权和取得国家赔偿或补偿权，公民在宪法权利受到损害或侵犯时，有"权利救济权"。[24] 总之，如何构建有效的错案纠正和救济机制，是监察立法的重要方向。这需要着重考量纠正的渠道、程序以及救济的方式和标准等问题。

1. 规范申诉制度，保障渠道畅通

首先，哪些情况下可以申诉，申诉的方式、机关和层级，都必须规定清楚，要让申诉人有路可走，避免大量案件积压在信访部门；其次，监察委处置职能直接关乎当事人的工作、职

23 参见孙笑侠：《西方法谚精选：法、权利和司法》，法律出版社 2005 年版，第 44—45 页。

24 参见林来梵：《从宪法规范到规范宪法》，法律出版社 2001 年版，第 229—231 页。

务和财产等问题，当然可以通过申诉制度寻求救济；进一步讲，对于调查活动中留置等强制措施，尽管没有直接对当事人进行处罚，但限制或剥夺了公民人身和财产等实际基本权利，同样需要有合适的救济途径，加入申诉渠道应有必要。

2. 职级恢复、财产归还和国家赔偿

职级恢复、财产归还和国家赔偿是职务犯罪错案救济的重要手段。从"处置"来看，性质类似行政处罚，且直接对当事人的工作、名誉、职务和财产等作出处置，执行力有时甚至比法院判决更高，若经证实为错案，不可避免地会涉及被处置人的原有职级恢复、财产归还和国家赔偿问题；从"调查"来看，调查期间监察委员会可采取的强制措施（尤其是留置措施）极为严厉，虽尚未处罚，但不可避免地会严重影响当事人职务和工作，至少涉及职务恢复和国家赔偿等问题，有时还涉及财产归还等。

"职级恢复"方面，如果案后当事人原有职务已被任命，或当事人身体和精神状态已不适宜继续任原领导职务，应当作何安排？"财产归还"方面，如果原有财产已作他用，如何归还？"国家赔偿"方面，处置和调查强制措施之救济究竟是否适用国家赔偿？如果适用，是否适用《国家赔偿法》？损害填补方式和计算方式标准有无特殊规定？

四、衔接：留置措施和司法的衔接

监察委员会职务犯罪调查活动不可避免地涉及外部衔接

问题，这主要是留置与以逮捕为主的刑事强制措施之间的程序衔接设计。如果监察程序期间不存在监察委提请人民检察院批准逮捕之情况，监察程序与司法程序严格拆分可能成为未来监察立法的重要原则。从留置措施来看，这至少包括以下两重意味：

第一，司法程序期间不涉及任何监察措施且不受监察机关影响。1. 衔接转换标志问题。首先，监察程序与司法程序之间将存在一个显著程序作为衔接转换标志，该标志一旦发生，案件立即转入司法程序；其次，衔接转换标志乃人民检察院“采取刑事强制措施”，而非监察委“移送司法机关”；还有，作为衔接转换标志的逮捕等刑事强制措施，与监察委员会无直接关联。2. 司法程序不受监察程序之影响。其一，无论人民检察院采取何种强制措施，甚至不采取强制措施，既然案件已移送司法机关，那么除非人民检察院“退回补充调查”或“决定不起诉”，否则案件仍处于司法程序；其二，只要在司法程序期间，案件将与监察委员会无直接关联。

第二，监察程序期间不涉及任何刑事强制措施且不受法律监督机关、司法审判机关影响。1. 只要在监察程序期间，案件与人民检察院、人民法院无直接关联，二者均无权决定（批准）留置措施，至于谁来决定（批准）留置措施此处不做讨论；2. 至于留置措施由监察委自行执行还是请公安机关协助执行，有待后续明确；3. 只要在监察程序期间，就无关逮捕等刑事强制措施；4. 一旦人民检察院采取逮捕等刑事强制措施，案件立即转入司法程序。

留置措施和司法程序的具体衔接，主要表现在留置和刑事强制措施的衔接，这至少涉及三个问题：

第一，逮捕等刑事强制措施标志正式进入司法程序。首先，从杭州上城区留置案来看，监察程序和司法程序衔接转换的标志应是检察院“决定逮捕”，而不是监察委“移送司法机关”，由此实现二者在时间上无缝衔接。其次，人民检察院采取其他刑事强制措施亦标志转入司法程序。实际上，人民检察院不仅可以“决定逮捕”，也可以选择不逮捕而采取其他强制措施；甚至未逮捕，直接退回补充调查或作出不起诉决定，都是可能的。

第二，进入司法程序后，“留置”自动解除。假如人民检察院不决定逮捕而采取其他强制措施，“留置”是否自动解除？假如人民检察院不采取任何强制措施，“留置”是否仍自动解除？实践中，前一情况可能性不大，后一情况几乎很少发生，仍不妨做理论探讨。笔者以为，只要人民检察院作出某一决定，程序则自动转入司法程序，“留置”当然自动解除。其一，“以人民检察院采取强制措施为衔接转换标志”并不考虑人民检察院采取的是逮捕还是其他强制措施；其二，即便人民检察院未采取任何强制措施，仍不妨碍案件材料已移送司法机关且案件程序已走入司法程序。至于后续事项一应由人民检察院决定，与监察委员会无直接关联。

第三，逮捕措施由人民检察院决定，公安机关执行。我国《宪法》第 37 条规定：“任何公民，非经人民检察院批准或者决定或者人民法院决定，并由公安机关执行，不受逮捕。”若现行宪法该规定不作修改，绝难从中透析出“人民检察院执行逮捕”之意蕴。由此，当职务案件程序走入逮捕，与监察委员会无直接关联，逮捕之决定权归人民检察院，执行权归公安机关。

五、结语

留置措施的批准和备案在源头和末端两处从根本上影响个案正当性，备案制度有待真正发挥实效；期限和执行从过程中控制个案发展并直接涉及公民基本权利，可在科学考量之后适当限缩留置期限，并设置一般期限和最长期限；当事人权利保障贯穿监察工作之始终，一方面，要保障被留置人程序性权利，区分“辩护”和“陈述申辩”，律师介入当为应有之义，另一方面，留置措施应纳入职务案件错案纠正和救济机制之内，职级恢复、财产归还和国家赔偿是值得深思的三大问题。这些问题对应留置措施的监督、实施、权益保障和外部衔接，其中亦得透析留置权性质的踪影。

基于试点探索比较和监察立法动态，在未来改革和立法中，有关留置措施的重点和难点如下：第一，如何构建留置措施的监督机制，包括完善的事前批准体系以及涵盖审查功能的备案制度；第二，初次留置期限限缩问题和延长留置期限的批准问题；第三，被留置人实体性权利和程序性权利的保护问题，立法有无必要以专门条款规定？若调查活动不受刑诉法规制，怎样确保当事人辩护权利和律师介入问题？第四，怎样实现留置措施与检察程序之间乃至审判程序之间的合理衔接？与纪检监察程序是否有衔接需要？总之，只要构成对公民实际基本权利的限制，都应受到正当法律程序的规制，故长远来看，尽快制定恰当的程序法[25]以规制留置等强制措施，应是本轮监察体制改革应有之义。

25 在法律体系内部，同一个子系统中由于调整对象的差异，也存在分工不同。关于国家监察立法，应当有专门的组织法和行为规范，二者在性质上有明显差别，不宜混在一部法律之中。参见马岭：《关于监察制度立法问题的探讨》，《法学评论》2017 年第 3 期。

第二编　宪制结构中的国家监察

第三章

论我国宪法上的监察机关

——以国家机关相互间的关系为中心[*]

一、引言

为了贯彻和体现国家监察体制改革的精神，为监察委员会的成立提供宪法依据，十三届全国人大一次会议通过的《宪法修正案》就国家监察委员会和地方各级监察委员会的产生、性质、地位、人员组成、任期任届、领导体制等内容进行了规定。[1]若以修正案的篇幅为视角来观察，可发现此次通过的《宪法修正案》共有20条，其中11条与监察机关和监察权相关，特别是在《宪法》第三章《国家机构》中增设了“监察委员会”一节。这一方面彰显了国家监察体制改革事关重大，唯

* 本章已发表于《中外法学》2018年第3期。

1 王晨:《关于〈中华人民共和国宪法修正案（草案）〉的说明（摘要）》,《人民日报》2018年3月7日第6版。

有通过宪法修改才能为改革提供充分的正当性基础，并使改革得以实质性推进和深化；另一方面表明国家监察体制改革以及因此为之的宪法修改，对此前宪法体制的影响同样颇为重大。此般影响集中表现为将监察权形塑为一种此前宪法规定之外的权力类型，继而使得监察委员会成为一个新的权力单元和系统。[2] 笔者以为，国家监察体制改革作为事关全局的重大政治体制改革，机构与职能的整合乃是改革的主要方法论。此过程中新机构的设立及旧机构的撤销，实质上皆是国家监督权力的重新配置，而监察机关和监察权即为权力重新配置的结果。因此，如何认识此一新设立的国家机关和新出现的国家权力，便成为一个无法回避的理论和实践问题。

国家监察体制改革开展至今已一年有余，理论上其实有不少关于监察机关定位和监察权性质的讨论：首先，就监察机关的定位而言，有论者将其法律性质定位为行政机关、司法机关或是政治机关；[3] 亦有论者认为监察机关乃是被宪法授予国家监察权的新的国家机构。[4] 而改革者则认为监察机关实质上就是反腐败工作机构，是政治机关，不是行政机关、司法机关。[5]

---

2 参见林彦：《从“一府两院”制的四元结构论国家监察体制改革的合宪性路径》，《法学评论》2017 年第 3 期。

3 参见迟方旭：《对界定监察委员会法律性质的思考》，《中国社会科学报》2018 年 1 月 16 日第 8 版。

4 参见刘茂林：《国家监察体制改革与中国宪法体制发展》，《苏州大学学报（法学版）》2017 年第 4 期。

5 本报记者：《国家监察体制改革试点取得实效——国家监察体制改革试点工作综述》，《人民日报》2017 年 11 月 6 日第 1 版。

其次，就监察权的性质而论，有论者认为新的监察权既非行政权，也非司法权，而是一项独立的国家权力，这是新监察体制的标志性特色；[6] 监察权是立法权、行政权、司法权之外的第四权力，该权力就是监察权；[7] 亦有论者基于改革实践中监察机关履行的监督、调查和处置职责，认为监察权具有行政权和专门调查权的二元属性；[8] 还有论者着眼于机构与职能整合的改革思路，认为国家监察体制改革实质上是既有政治资源的再整合再分配，由此使监察权呈现为一种复合性权力的样态。[9] 可以发现，与此前的行政监察机关和行政监察权有别的是，国家监察机关因改革而具有的宪法机关的地位，国家监察权亦由此成为一项宪定权力。如此一来，有关监察机关定位和监察权性质的讨论，在相当程度上便成了一个宪法学问题。

构造国家权力和保障公民权利乃是现代宪法的核心功能，甚至可以说，宪法的首要功能和内容即在于构造并限制国家权力，[10] 现代立宪国家通常基于一定的原则来构造国家权力和组织国家机构。在我们国家，该原则表现为人民代表大会制度的

---

6 陈光中、邵俊：《我国监察体制改革若干问题思考》，《中国法学》2017 年第 4 期。

7 张建伟：《监察至上还是三察鼎立——新监察权在国家权力体系中的配置分析》，《中国政法大学学报》2018 年第 1 期。

8 参见郑曦：《监察委员会的权力二元属性及其协调》，《暨南学报（哲学社会科学版）》2017 年第 11 期。

9 参见徐汉明：《国家监察权的属性探究》，《法学评论》2018 年第 1 期。

10 秦前红主编：《新宪法学》，武汉大学出版社 2015 年版，第 8 页。

政体及民主集中制的国家机构组织原则。国家监察体制改革及由此而来的宪法修改，无疑丰富和发展了人民代表大会制度和民主集中制原则，这集中表现为人民代表大会下“一府两院”的国家机关构架演进为“一府一委两院”的构架。监察机关在宪法所预设的“轨道”上行使着监察权，并在权力行使过程中与其他国家机关产生关联。于此层面而言，若欲在宪法层面认识监察机关的定位及监察权的性质，很大程度上需借由监察机关与其他国家机关间关系的讨论，主要有监察机关与权力机关、监察机关与司法机关、监察机关与行政机关、上级监察机关与下级监察机关这四层关系。

二、监察机关与权力机关的关系

（一）民主集中制：产生、负责及监督

民主集中制乃是普遍适用于执政党和国家政治生活的重要原则，且有着颇为丰富的指向和内涵。中国共产党在全国执政以后，把这种原则和制度运用于政权建设，在国家机构中实行民主集中制的原则。[11] 我国现行《宪法》第 3 条规定了民主集中制原则，并将其作为一项国家机构的组织原则，该原则成为国家机关产生及相互间关系运行的遵循和基础。此项原则的

11　参见《中共中央关于加强党的建设几个重大问题的决定》，载中共中央文献研究室编：《十四大以来重要文献选编（中）》，人民出版社 1997 年版，第 959 页。

核心内容有三：一是在人民与权力机关的关系上，遵循由人民选举产生并监督权力机关的原则；二是在权力机关与其他国家机关的关系上，遵循由权力机关产生并监督其他国家机关的原则；三是在中央和地方国家机构职权划分上，遵循在中央统一领导下发挥地方主动性和积极性的原则。当然，民主集中制原则的具体内容并非一成不变的，自“五四宪法”规定国家机关“一律实行民主集中制”以来，该原则在宪法上的含义其实是不断变化和发展的，特别是“八二宪法”对该原则内容予以具体化。[12] 同样，在国家监察体制改革的背景之下，监察机关被纳入宪法规定的国家机构体系当中。为此，宪法上的民主集中制原则亦需随之修改完善，以便为监察机关的产生确定根本法意义上的遵循和依据。正是基于此种考量，《宪法修正案》第37条增加了监察机关“由人民代表大会产生，对它负责，受它监督”的规定。

由此可知，监察机关与权力机关在宪法上的关系至少有以下三层含义：其一，权力机关的宪法地位高于监察机关。我们国家“按照宪法确立的民主集中制原则、国家政权体制和活动准则，实现人民代表大会统一行使国家权力”，[13] “在这个前提下，明确划分国家的行政权、审判权、检察权和武

12 参见肖蔚云：《新宪法对民主集中制原则的发展》，载肖蔚云：《论宪法》，北京大学出版社2004年版，第264—266页。

13 习近平：《在首都各界纪念现行宪法公布施行30周年大会上的讲话》，人民出版社2012年版，第7页。

装力量的领导权”。[14]依此逻辑，国家监察体制改革过程中所进行的机构与职能整合，以及由此而生的监察机关与监察权，同样是在“人民代表大会统一行使国家权力”的前提下进行和展开的。甚至可以说国家最高权力机关基于现实需要创设出了监察权，并根据分工负责、功能适当等原则将该权力配置给了监察机关。其二，监察机关由权力机关产生，即监察委员会主任由本级人大选举，副主任和委员则由本级人大常委会任免，《宪法》《监察法》对此皆有较为详细的规定。但需注意的是开发区监察机关（监察委员会或是派驻监察机构等）的产生和设置问题，因为诸如开发区、新区等地区通常仅设履行行政管理职能的管理委员会等机关，而未设置相应的权力机关。因此，如何在此类地区产生和设置监察机关便成问题。对此，实践中有如下做法：在开发区设立监察委员会，并由省级人大根据省级监察委员会主任提名，任免开发区监察委员会主任。[15]开发区监察委员会及其组成人员的此般产生方式，在很大程度

14 乔石：《在首都各界纪念人民代表大会成立四十周年大会上的讲话》，载乔石：《乔石谈民主与法制（下）》，人民出版社、中国长安出版社2012年版，第430页。

15 例如，根据《海南省人民代表大会常务委员会任免海南省监察委员会副主任、委员暂行办法》第7条的规定，海南省人大常委会根据省监察委员会主任的提名，决定任免海南省洋浦经济开发区监察委员会主任，海南省洋浦经济开发区监察委员会副主任、委员的任免则参照该办法执行。参见《海南省人民代表大会常务委员会任免海南省监察委员会副主任、委员暂行办法》，《海南日报》2018年1月22日第A2版；《海南省人民代表大会常务委员会任职名单》，《海南日报》2018年2月1日第A2版。

上致使该地区监察机关的法律地位变得模糊不清。因为《宪法》《监察法》皆未规定开发区可设立监察委员会，且按此方式产生的开发区监察委员会亦非《监察法》当中的派驻或派出的监察机构。其三，监察机关对权力机关负责，权力机关监督监察机关。这其实是一个“一体两面”的问题，因为监察机关对权力机关负责，即体现权力机关对监察机关的监督；而监察机关接受权力机关的监督，亦表现出监察机关对权力机关负责。例如，监察机关向权力机关报告工作，既是监察机关向权力机关负责的表现，亦属权力机关监督监察机关的表现。具体而言，我国现行《宪法》明确规定了罢免与免职这一监督方式；《监察法》在此基础上规定了人大常委会听取本级监察委员会专项工作报告，组织执法检查，人大代表及人大常委会委员提出询问或质询的监督方式。此外，相较于“一府两院”，监察机关对权力机关负责，以及权力机关监督监察机关的方式并不包括向人大作年度工作报告，《宪法》《监察法》皆未对此进行规定，[16]但理论上对此问题乃是不乏争论的。[17]

16 对于我国现行《宪法》《监察法》未规定监察委员会向人大报告工作，实践中的理由是监察委员会承担的反腐败工作具有特殊性，调查过程涉及大量党和国家秘密，涉及国家安全和国家利益，事关重大，保密要求高，不宜在人大会议上公开报告。参见王丹：《聚焦监察法草案④　党性和人民性的高度统一》，《中国纪检监察报》2018 年 3 月 10 日第 2 版。

17 参见曲相霏：《国家机构“报告工作”的宪法分析——兼论监察委员会“报告工作”问题》，《北京联合大学学报（人文社会科学版）》2017 年第 2 期。

（二）权力机关如何根据《监督法》监督监察机关

如上所述，现行《宪法》《监察法》就权力机关监督监察机关的问题进行了规定，但只明确规定了四种具体监督方式，即罢免与免职，听取专项工作报告，执法检查，询问与质询，且未规定此四种监督方式如何在实践中展开。显然，新成立的监察机关"位高权重"，对其的监督须足以防止"过犹不及"。[18] 无论是国家监察体制改革的具体实践抑或《监察法》，皆注重对监察机关的监督制约，其中即包括权力机关的监督。不过，与权力机关对"一府两院"的监督类似，由于各级人大一年通常只开一次会，不可能对"一府两院"工作施以经常性的监督。按照《宪法》规定，对"一府两院"工作实施经常性监督的职权通常是由人大常委会行使的。[19] 同样，权力机关对监察机关的监督，在很大程度上亦需由各级人大常委会来实施。而各级人大常委会实施监督的法律依据主要是《各级人民代表大会常务委员会监督法》（以下简称"《监督法》"），如此一来，各级人大常委会如何根据《监督法》监督监察机关便成为十分需要探讨的问题，即《监察法》规定的监督方式是否适用于各级人大常委会对监察机关的监督？该问题的探讨又可引申出两

---

18 参见童之伟：《对监察委员会自身的监督制约何以强化》，《法学评论》2017 年第 1 期。

19 乔晓阳主编：《〈中华人民共和国各级人民代表大会常务委员会监督法〉学习问答》，中国民主法制出版社 2006 年版，第 14 页。

个更为具体的问题：一是《监察法》规定的各级人大常委会对监察机关的监督方式，是否可适用《监督法》规定的监督程序？二是《监察法》未规定但在《监督法》当中有提及的监督方式，各级人大常委会是否可将其运用于对监察机关的监督？对于以上问题，理论上其实已有所讨论：如有论者认为，《监察法》规定的各级人大常委会听取和审议专项工作报告的监督方式，便可适用《监督法》的相应规定。[20] 还有论者认为，现行《监督法》规定的对"一府两院"的监督方式大多可以适用于监察机关。[21]

笔者以为，无论是基于各级人大常委会作为权力机关的宪法地位，还是为了防止监察权的滥用，都有必要明确《监督法》规定的监督方式得适用于监察机关，亦即各级人大常委会运用《监察法》规定的监督方式之时，得适用《监督法》规定的具体程序；以及各级人大常委会可运用《监督法》规定的监督方式对监察机关实施监督。理由主要有二：一是由于《监察法》同时"扮演"监察机关组织法、监察活动程序法等"角色"，以致该部法律难以就所有问题进行详细的规定，比如各级人大常委会如何监督监察机关的问题。《监察法》当中虽有听取专项工作报告、执法检查、询问与质询等监督方式，但并未规定这些监督方式如何在实践中运作。而《监督法》作为一

20 参见陈光中、姜丹：《关于〈监察法（草案）〉的八点修改意见》，《比较法研究》2017 年第 6 期。

21 姜明安：《国家监察法立法的若干问题探讨》，《法学杂志》2017 年第 3 期。

部就各级人大常委会监督工作进行的专门立法，其中对监督的内容和程序皆有着相当具体的规定。二是《监察法》虽未明确规定规范性文件备案审查、特定问题调查等监督方式得适用于监察机关，但这无疑是各级人大常委会作为权力机关的应有之义，同样也能通过监督进而防止监察机关滥用权力。例如，监察机关在工作中制发的决议、决定等规范性文件，亦应报相应的人大常委会备案，人大常委会得对其进行是否符合《宪法》和法律的审查。这其实也是开展合宪性审查工作的需要。当然，欲使《监督法》规定的监督程序和监督方式得有效运用于权力机关对监察机关的监督，尚需对《监督法》进行相应的修改。

（三）监察机关如何监督具有人大代表身份的公职人员

在国家监察体制改革过程中，曾有关于监察机关可否监督人大代表问题的讨论：有论者以国家机关自律权等为根据，认为对“人大代表、人大常委会委员的职务违法违纪行为，应当由其所在国家机关追究相应的责任，而不宜由监察委员会追究责任”。[22] 亦有论者指出，各级人大机关工作人员属于公职人员之范畴，并对此处的“工作人员”做广义理解，认为其不仅包括人大工作人员，还包括人大代表。[23] 还有论者认为，虽然可对人大代表进行监察，但应建立一定的防范和隔离措施，

22　胡锦光：《论监察委员会“全覆盖”的限度》，《中州学刊》2017 年第 9 期。

23　参见蔡乐渭：《国家监察机关的监察对象》，《环球法律评论》2017 年第 2 期。

防止监察机关通过对人大代表的监督，形成对人大及其常委会的实质监督。[24] 笔者以为，监察机关可否监督人大代表的问题，乃是一个颇为复杂的论题，绝不可一概而论。特别是该问题还与监察机关与权力机关之间的关系相涉，因为权力机关即是由人大代表所组成的。具体来说，鉴于我国人大代表构成等因素，该问题的可能解答如下：

其一，考虑到我国兼职代表制的现实，不加区分地认为具有人大代表身份的公职人员皆可免于监察，无疑是不切实际的，也将有碍于反腐败工作的开展。曾有论者指出，当前我国各级人大代表有 95% 以上为兼职代表。[25] 易言之，人大代表之身份于其而言只是一种“兼职”，在此之外尚有其“主业”和“本职”工作，其中便有被纳入监察机关监察对象的职业，如国有企业管理人员等。因此，对于此类具有人大代表身份的公职人员，[26] 其亦得成为监察机关监督之对象。

其二，监察机关在监督具有人大代表身份的公职人员时，亦须注重《宪法》和法律对人大代表的特殊保障。在现代民主国家，为保障议员个人的安全与自由，均给予其在言论、身体等层面的特殊保障。[27] 我国现行《宪法》第 74 条亦规定了全

---

24 马怀德：《再论国家监察立法的几个主要问题》，《行政法学研究》2018 年第 1 期。

25 参见郝铁川：《循序渐进完善人大代表制度》，《法制日报》2015 年 10 月 13 日第 7 版。

26 例如，十三届全国人大代表共 2 980 名，其中党政领导干部代表有 1 011 名，占代表总数的 33.93%。参见李小健、王博勋：《2 980 名十三届全国人大代表的代表资格全部有效》，《中国人大》2018 年第 5 期。

27 王世杰、钱端升：《比较宪法》，商务印书馆 2010 年版，第 271—273 页。

国人大代表在人身层面的特殊保障——非经全国人大会议主席团或全国人大常委会许可，不受逮捕或刑事审判。而《全国人民代表大会和地方各级人民代表大会代表法》（以下简称“《代表法》”）更是在第四章专门就代表执行职务的保障问题进行了规定。因此监察机关在监督具有人大代表身份的公职人员时，也应当遵守《宪法》和法律中有关人大代表特殊保障的规定。例如，《监察法》中的留置措施自然属于《代表法》第 32 条所规定的“法律规定的其他限制人身自由的措施”，是故监察机关在对具有人大代表身份的公职人员采取留置措施时，无疑应当履行相应的许可或报告手续。

其三，不具有公职人员身份的人大代表，是否得成为监察机关的监督对象？该问题在理论及实践上皆是不乏争论的，例如，在“拉票贿选”事件中，不具有公职人员身份的人大代表收受他人贿赂的行为，是否构成刑法上的受贿罪？不具有公职人员身份的人大代表，欲当选上级人大代表时向他人行贿的行为，是否构成刑法上的行贿罪？对此类问题，理论上存在截然相反的观点，其论争的焦点即为人大代表的职务是否属于“公职”，以及其职务行为是否属于“从事公务”？[28] 而在既有的实践中，此般行为有被认定为破坏选举罪的做法。[29] 很显然，若认

28 参见王芳：《破坏选举罪中“贿选”若干法律问题探讨》，《中国刑事法杂志》2014 年第 6 期。

29 例如在“衡阳贿选案”当中，部分参与行贿的人大代表便以破坏选举罪追究刑事责任。参见湖南省岳阳市中级人民法院［2014］岳中刑二终字第 74 号刑事判决书。

为可构成刑法上的受贿罪，便由此可成为监察机关的监督对象。笔者认为，对于不具有公职人员身份的人大代表而言，即便其利用人大代表的身份从事违法活动，亦不宜认为可由监察机关负责监督，而应将此委以人大及其常委会通过内部纪律惩戒的形式追究责任。当然，若构成职务犯罪之外的刑事犯罪的，如破坏选举罪等，亦不可免于刑事追诉和刑事责任的承担。

三、监察机关与司法机关的关系

（一）“互相配合，互相制约”的宪法原则

如何理解监察机关与司法机关之间的关系，同样关涉对监察机关定位和监察权性质的认识。现行《宪法》第 127 条第 2 款为此关系的处理确定了“互相配合，互相制约”的原则，即监察机关办理职务违法和职务犯罪案件时，应当与审判机关、检察机关互相配合，互相制约。《监察法》第 4 条第 2 款重申了该原则，并将其视为监察工作的基本原则之一。[30] 因此，有关监察机关与司法机关之间关系的探讨，亦应当围绕此项原则展开。具体来说，此一原则其实有三层含义：一是监察机关与司法机关互相配合，如根据《监察法》第 47 条第 1 款的规定，对于监察机关移送的案件，检察机关应依照《刑事诉讼

30 参见李建国：《关于〈中华人民共和国监察法（草案）〉的说明》，《人民日报》2018 年 3 月 14 日第 5 版。

法》的规定，对被调查人采取强制措施。二是监察机关与司法机关互相制约，如根据《监察法》第47条第4款的规定，检察机关若认为监察机关移送的案件，有《刑事诉讼法》规定的不起诉的情形，经上级检察机关批准，则依法作出不起诉的决定。三是正确处理配合与制约的关系。其实在国家监察体制改革之前，审判机关、检察机关和公安机关之间同样是根据《宪法》《刑事诉讼法》的有关规定，形成“分工负责，互相配合，互相制约”的关系。对于其中“配合”与“制约”的关系，理论上有两种不同的认识，如有论者认为有必要“废止互相配合的表述，凸显制约的本体性地位”；[31] 还有论者认为应根据不同情形来处理二者的关系：当涉及干预公民基本权利时，则应突出互相制约的关系，而在与基本权利无涉的场合，则应强调各主体间的配合。[32] 笔者认为，鉴于现有权力配置与运行的实践，监察权的实际位阶已然高于审判权和检察权，故而为避免监察权的滥用进而保障公民基本权利，无疑更应强调监察机关与司法机关之间的制约。不过实践中所呈现的却是对“互相配合”的过分偏重，以致“互相制约”被不合理漠视。[33] 这极易致使

31 左卫民：《健全分工负责、互相配合、互相制约原则的思考》，《法制与社会发展》2016年第2期。

32 孙远：《“分工负责、互相配合、互相制约”原则之教义学原理：以审判中心主义为视角》，《中外法学》2017年第1期。

33 例如山西省便制定了《省委政法委统筹指导政法机关支持配合监察体制改革试点工作意见》。参见师长青：《根本在加强党对反腐败的统一领导》，《中国纪检监察》2017年第13期。

检察机关的审查起诉沦为形式，并出现所谓的“监察中心主义”现象，进而致使大量“冤假错案”出现，有碍于公民基本权利的保障和国家刑事法治的建设。

（二）检察机关审查起诉的实质化

在不同阶段，监察机关与司法机关互相制约的关系各有特点。比如在起诉阶段，检察机关应居于主导地位，行使审查起诉的职能；而在审判阶段，审判机关则居主导地位，对检察机关提起的公诉，从事实和法律等各个方面进行全面审查，[34] 从而形成“以审判为中心”的刑事诉讼格局。因此，监察机关与检察机关互相制约关系的实现，在很大程度上需借由检察机关审查起诉的实质化。但是，考察《监察法》的立法经过可以发现，在立法之初或许并未注重审查起诉的实质化，这尤其体现为《监察法草案（征求意见稿）》第 45 条的规定，即检察机关在依法作出不起诉决定之前，尚需征求监察机关的意见。如此规定无疑有碍于检察机关在履行审查起诉职责时进行独立判断。不过，在《监察法草案（二审稿）》以及全国人大最终审议通过的《监察法》当中，皆删除了这一妨碍审查起诉作用发挥的规定。[35]

---

34 参见陈光中、徐静村主编：《刑事诉讼法学》，中国政法大学出版社 2015 年版，第 80 页。

35 在《监察法草案（征求意见稿）》征求意见的过程中，有全国人大常委会委员、部门和地方提出，“征求监察机关意见”属内部工作沟通，建议《监察法》不作规定，于是删除了该条款。参见孟亚旭：《留置 24 小时内应通知单位家属》，《北京青年报》2017 年 12 月 23 日第 A3 版。

在国家监察体制改革过程中，检察机关查处贪污贿赂、失职渎职的职能整合至监察机关。原本由检察机关对职务犯罪进行“自侦、自捕、自诉”的“同体监督”格局发生改变，这其实也是进行国家监察体制改革和制定《监察法》的主要原因之一。[36] 如此一来，若将职务犯罪案件的审查起诉职能整合至监察机关，或是检察机关审查起诉职能趋于形式化，便会致使监察机关内部出现所谓“同体监督”的状况。需要说明的是，检察机关审查起诉的实质化并非一个新问题，在公安机关与检察机关互相制约的关系中，同样需要实现审查起诉的实质化。因为权力不合理的配置和分工，极易致使对效率的重视胜过对权力滥用的担心。[37] 例如，在国家监察体制改革实践中，人们往往过分重视监察机关与司法机关的协调衔接，[38] 而漠视了审判权和检察权对监察权的制约，乃至监察权存在被滥用的风险。

---

36 十二届全国人大常委会副委员长李建国在十三届全国人大一次会议上，就《监察法（草案）》作说明时便指出：“检察机关对职务犯罪案件既行使侦查权，又行使批捕、起诉等权力，缺乏有效监督机制。”参见李建国：《关于〈中华人民共和国监察法（草案）〉的说明》，《人民日报》2018 年 3 月 14 日第 5 版。

37 陈晓枫：《中国宪法文化研究》，武汉大学出版社 2014 年版，第 466 页。

38 例如曾有报道指出，2017 年 1 月至 8 月，北京、山西、浙江三省（市）检察机关共受理监察机关移送案件 219 件 281 人，其中仅有 2 件 3 人退回监察机关补充调查，且在达到审查起诉标准后再次移送，已提起公诉 76 件 85 人，法院审结 20 件 23 人；检察机关办理监察机关移送案件审查批捕、审查起诉平均用时仅 2.7 天、22.4 天，远少于法律规定的 14 天、45 天。参见李曹：《如何形成高效顺畅的体制机制——在做好“纪法”“法法”衔接上下功夫》，《中国纪检监察》2017 年第 23 期。

（三）审判中心主义的重申与监察中心主义的防范

在相当长一段时期内，侦查中心主义是我国刑事司法公正的主要掣肘之一，因为以侦查为中心的刑事诉讼构造，乃是造成诸多“冤假错案”的关键因素。正是源于此，中共十八届四中全会审议通过的《中共中央关于全面推进依法治国若干重大问题的决定》明确提出“推进以审判为中心的诉讼制度改革”。很显然，侦查中心主义出现的缘由众多，其中颇为关键的原因便是公安机关在现实权力格局中的地位要远高于审判机关和检察机关，以致后者难以对前者形成实质性的制约和监督。恰如有论者指明的那般：“公安机关负责人在党政体系中往往占据要津，有时甚至超越法院院长、检察院检察长之上。”[39] 观乎国家监察体制改革的既有实践，虽然反腐败合力得以形成，但监察权亦随之增大。加之监察机关与执政党纪检机关合署办公，地方各级监察机关负责人由执政党同级纪检机关负责人担任，由此使得监察机关在现实中的地位高于审判机关和检察机关。如此一来，审判机关和检察机关是否能对监察机关形成实质制约，进而造成监察中心主义的出现便成不无疑问之事。

虽然在国家监察体制改革过程中，原本行使职务犯罪侦查权的主体业已由检察机关转隶至监察机关，职务犯罪侦查权亦在相当程度上为调查权所替代，但这并不妨碍审判中心主义原理和制度的继续适用。概而言之，在处理监察机关与审判机

39　张建伟：《审判中心主义的实质内涵与实现途径》，《中外法学》2015 年第 4 期。

关之间关系的时候，仍然需要重申审判中心主义，并防范可能出现的监察中心主义。对此，有论者认为，需要建构宪法法律地位和实际地位皆高于监察机关的审判机关。[40] 当然，与上述审查起诉的实质化一样，审判中心主义在监察案件中的重申亦非新问题。故而在司法体制改革过程中，有关以审判为中心诉讼制度改革的措施，同样可以适用于监察机关。此外，对上述问题《监察法》同样有所注重，如该法第 33 条规定监察机关收集的证据应与刑事审判中证据的要求和标准一致，并重申了非法证据排除规则在监察案件中的运用。[41] 不过，由于与纪检机关合署办公的监察机关同时履行执纪、执法和职务犯罪调查的职责，而在不同职责履行过程中，证据客观性、合法性和关联性的标准其实是有所不同的，这其实为非法证据排除规则的运用造成了困难。

四、监察机关与行政机关的关系

（一）不受行政机关的干涉

民主政治下的监察官应当是独立的。[42] 此前行政监察机关

40　童之伟：《国家监察立法预案仍须着力完善》，《政治与法律》2017 年第 10 期。

41　不过实践中所呈现的可能是另一番景象，比如在山西省运城市中级人民法院召开的全市刑事法官学习培训上，便强调要强化配合意识，认真审理好监察机关侦办的每一起案件，非法证据的排除要谨慎、要报告。参见谭畅、郑可书、阚纯裕：《监察之道：要规范行使，受有效制约》，《南方周末》2017 年 11 月 2 日第 2 版。

42　［法］孟德斯鸠：《论法的精神（上）》，张雁深译，商务印书馆 1961 年版，第 53 页。

在行使监察职权时虽有一定的独立性，如《行政监察法》第 3 条规定行政监察机关依法行使职权，不受其他行政部门、社会团体和个人的干涉。但对置于行政机关内部的行政监察机关而言，独立监察职能的发挥无疑是“大打折扣”的。也正因如此，国家监察体制改革才基于监察权独立行使的改革理念，将监察权从行政权当中“剥离”出来。[43] 加之行政机关公职人员乃是监察机关之监督对象，而监督者应独立于被监督者，便更加需要使监察机关和监察权独立于行政机关和行政权。我国现行《宪法》第 127 条第 1 款及《监察法》第 4 条第 1 款规定：“监察委员会依照法律规定独立行使监察权，不受行政机关、社会团体和个人的干涉。”因此，可以说，监察机关职权行使不受行政机关干涉，乃是宪法上监察机关与行政机关相互关系的主要面向。所谓“独立行使监察权”及“不受行政机关干涉”其实需要借由具体的制度设计来实现，机构设置的独立只是其中的一个方面，当然党政合署办公的体例于监察机关的独立性也是有所裨益的。除此之外，诸如经费独立、人事独立、办案独立等也是监察权独立行使的重要内容。

正是基于以上思路，有论者认为，当前的预算管理体制是不利于监察机关独立行使职权的，因为根据我国《预算法》第 23 条和第 24 条的规定，中央预算、决算草案乃是由国务院负责编制的，地方各级预算、决算草案则是由本级地方人民

43　参见秦前红：《监察体制改革的逻辑与方法》，《环球法律评论》2017 年第 2 期。

政府来负责编制。这将造成监察机关在财政体制上依附于行政机关，进而不利于监察机关独立开展反腐败的监督、调查和处置工作，尤其是在针对行政机关工作人员履行监察职责的时候。[44] 为此，有论者建议，在国家监察体制改革中借鉴香港地区廉政公署的经验，即廉政公署财政经费是由行政长官在政府预算中另立单项支拨的。[45] 考虑实现监察机关预算的单独编制。不过，监察机关的预算“受制”于行政机关，看似有碍于监察机关独立行使职权，但这其实也是行政机关制约监察机关的重要方式之一。例如，在美国，总统对官僚机构控制权的来源之一，即为总统向国会递交预算建议。[46] 当然，行政机关虽可通过编制预算草案等方式，对监察机关施以必要的制衡，但此类方式的运用不得妨碍监察权的依法独立行使。

（二）与执法部门互相配合，互相制约

监察机关与行政机关在宪法上的关系，除表现为监察权行使不受行政机关干涉之外，还包括“互相配合，互相制约”，即根据现行《宪法》第 127 条第 2 款和《监察法》第 4 条第 2 款的规定，监察机关办理职务违法和职务犯罪案件，应当与执法部门互相配合，互相制约。不过尚需说明的是，此处的“执

44　王旭：《国家监察机构设置的宪法学思考》，《中国政法大学学报》2017 年第 5 期。

45　赵心：《香港反腐制度设计对内地国家监察体制改革的借鉴研究》，《理论月刊》2017 年第 8 期。

46　［美］戴伊、齐格勒、舒伯特：《民主的反讽：美国精英政治是如何运作的》，林朝晖译，新华出版社 2015 年版，第 336 页。

法部门”指向为何，可能还涉及对上述《宪法》条文的解释和理解。因为在全国人大及其常委会制定的法律当中，此前仅有极少数的法律使用了“执法部门”的表述。[47] 在此次《宪法》修正和《监察法》立法过程中，较权威的解释认为，此处所言之执法部门是指公安机关、国家安全机关、审计机关以及质检部门、安全监管部门等行政执法部门。[48] 由此可见，现行《宪法》《监察法》当中的执法部门指的主要是行政机关中的执法部门，同时，由于并未使用“行政机关”的表述，是故并不限于行政机关中的执法部门，或者是此处“执法部门”的范围要广于行政执法部门。同时，根据《宪法》《监察法》的上述规定可知，监察机关与行政机关中的执法部门也有着“互相配合，互相制约”的关系。其中“互相配合”如《监察法》第24 条第 3 款规定的“监察机关进行搜查时，可以根据工作需要提请公安机关配合”；而“互相制约”主要是指配合需要依法进行。[49] 当然，互相制约应当是监察机关与执法部门关系的

47 例如，《旅游法》第 83 条第 2 款规定：“县级以上人民政府应当组织旅游主管部门、有关主管部门和工商行政管理、产品质量监督、交通等执法部门对相关旅游经营行为实施监督检查”；再如，《海关法》第 5 条第 2 款规定：“各有关行政执法部门查获的走私案件，应当给予行政处罚的，移送海关依法处理。”

48 中共中央纪律检查委员会、中华人民共和国国家监察委员会法规室编写：《〈中华人民共和国监察法〉释义》，中国方正出版社 2018 年版，第 4 页。

49 例如，浙江省监察委员会主任刘建超在接受采访时便指出，公安机关对我们也进行监督。一个案件下来，技术侦查、通缉、限制出境等等，就要得到公安机关的配合，监察机关自身不具备这些执法的权力。有配合同时就有制约，比如采取这些措施合不合法，公安机关有公安机关的考虑。参见谭畅、郑可书：《“我无权单独对一个案子拍板”——专访浙江省监察委员会主任刘建超》，《南方周末》2018 年 3 月 15 日第 5 版。

核心要旨。

（三）行政监察职能的不完全整合

在国家监察体制改革过程中，行政监察职能整合至新设立的监察机关。为此，《宪法修正案》第 46 条和第 51 条删去了国务院领导和管理行政监察工作，以及县级以上地方各级人民政府管理本行政区域内行政监察工作的规定。此外，《监察法》第 69 条亦规定，原本的《行政监察法》亦在《监察法》公布施行的同时废止。在此需要注意的是，根据此前《行政监察法》的规定，行政监察职能具有全面性和综合性，即其包括执法监察、效能监察和廉政监察等具体内涵。[50] 如此一来，便出现以下需要回答的问题：上述执法监察、效能监察和廉政监察是否皆由行政监察机关整合至监察机关？若并未全部整合，那剩余的监察职能是否仍然有必要存在？进而言之，若仍然存在或仍有必要存在，则应由何主体来行使？

笔者以为，由行政监察机关整合至监察机关的职能主要是廉政监察职能，因为无论是国家监察体制改革的实践还是《监察法》的规定，皆是将监察机关形塑为专司反腐败职能的机关。再者，执法监察和效能监察在功能意义上仍有存在之必要，但至于此二职能由何主体行使，有论者认为可“强化执法

50　参见马駮：《服务党和国家工作大局　做好新形势下的行政监察工作——纪念监察机关恢复组建 25 周年》，《中国监察》2012 年第 13 期。

监察和效能监察职能”，并“在机构上整合行政监察和审计机关，组建监审合一的行政监督机构”，[51] 即组建和成立新机构来履行执法监察和效能监察职责。不过，执法监察与政府法制部门及督查监察部门交叉，效能监察则与政府绩效考核、行风评议部门职责重合。[52] 这其实限缩了行政监察机关履行执法监察和效能监察职能的空间。鉴于实践中的此般现状，可在功能主义层面保留执法监察和效能监察职能的同时，将此二职能交由政府综合部门等相应的行政机关来行使。

五、上级监察机关与下级监察机关的关系

（一）宪法上国家机关的领导体制

以上主要是以国家机关横向间的关系为视角，讨论我国宪法上监察机关的定位及监察权的性质。同时，监察机关内部的纵向关系，即国家监察委员会与地方各级监察委员会，上级监察委员会与下级监察委员会之间的关系，亦是我国《宪法》的重要内容。在我国现行《宪法》规定的国家机构当中，纵向间的关系主要有两种表现形式：一是领导与被领导的关系，如在国务院与地方各级行政机关、上级行政机关与下级行政机关

---

51 刘峰铭：《国家监察体制改革背景下行政监察制度的转型》，《湖北社会科学》2017年第7期。

52 罗亚苍：《国家监察体制改革的实践考察和理论省思》，《理论与改革》2017年第5期。

之间，[53]以及在最高人民检察院与地方各级检察机关、上级检察机关与下级检察机关之间。[54]二是监督与被监督的关系，即在最高人民法院与地方各级人民法院、上级人民法院与下级人民法院之间。[55]根据我国现行《宪法》第 125 条第 2 款的规定，监察机关内部也是领导与被领导的关系，即国家监察委员会领导地方各级监察委员会的工作，上级监察委员会领导下级监察委员会的工作。

国家机关内部究竟以何种原则来调整其纵向关系，其实是由诸多因素共同决定的：比如国家结构形式，单一制下，国家机关纵向关系多趋于领导或监督的体制，而在联邦制下，则多为彼此独立。再如国家机关所行使权力的特性，如行政权的管理关系存在科层等级的服从性，司法权则是非服从性的权力。[56]因此行政机关纵向之间通常为领导关系，而审判机关则多为监督关系。再如国家机关预期的功能，如我国的检察机关作为法律监督机关，维护国家法制统一是其核心功能和任务。检察机关必须通过行使检察权，维护国家法制的统一。而要完成这一任务，上级检察机关对下级检察机关，特别是最高人民

53　我国现行《宪法》第 108 条规定“县级以上的地方各级人民政府领导所属各工作部门和下级人民政府的工作”，第 110 条第 2 款规定“全国地方各级人民政府都是国务院统一领导下的国家行政机关，都服从国务院”。

54　我国现行《宪法》第 137 条第 2 款规定：“最高人民检察院领导地方各级人民检察院和专门人民检察院的工作，上级人民检察院领导下级人民检察院的工作。”

55　我国现行《宪法》第 132 条第 2 款规定：“最高人民法院监督地方各级人民法院和专门人民法院的审判工作，上级人民法院监督下级人民法院的审判工作。”

56　参见孙笑侠：《司法的特性》，法律出版社 2016 年版，第 11 页。

检察院对下级人民检察院之间，如果没有保证统一和高效运作的领导与被领导关系，是不可思议的。[57] 此外，此种纵向关系的调整原则亦是处于不断变化和发展过程中的，比如我国“七八宪法”确立的检察机关领导体制是监督与被监督的关系，但在 1979 年《人民检察院组织法》制定过程中，为了保证检察院对全国实行统一的法律监督，把检察院上下级关系由原来的监督关系改为领导关系。[58]

（二）上下级监察机关间领导与被领导的关系

根据我国现行《宪法》《监察法》的规定，上下级监察机关间的领导体制是领导与被领导的关系。在国家监察体制改革之初，全国人大常委会审议通过的《关于在北京市、山西省、浙江省开展国家监察体制改革试点工作的决定》亦规定：“监察委员会对本级人民代表大会及其常务委员会和上一级监察委员会负责，并接受监督。”有论者据此认为，监察机关内部是一种“更接近政府内部的纵向关系，而与人民检察院内部的纵向关系有一定差别”。[59] 监察机关缘何采用领导与被领导的领导体制，在很大程度上是由国家监察体制改革的目标所决定的，即改革的根本目的就是加强党对反腐败工作的统一领

---

57 《彭真传》编写组编:《彭真传（第四卷）》，中央文献出版社 2012 年版，第 1319 页。

58 彭真:《关于七个法律草案的说明》，载《中华人民共和国第五届全国人民代表大会第二次会议文件》，人民出版社 1979 年版，第 101—102 页。

59 姜明安:《国家监察立法应处理的主要法律关系》，《环球法律评论》2017 年第 2 期。

导。[60] 而惩治腐败工作又必须始终坚持在党中央统一领导下推进。[61] 如此一来，自然要求加强国家监察委员会对地方各级监察委员会的领导，上级监察委员会对下级监察委员会的领导。同时，监察权的运行状态基本上是行政性的而非司法性的，故而在组织体系上更强调上下级之间的服从性，[62] 也就是领导与被领导的关系。此外，由于监察机关与执政党纪律检查机关合署办公，故而纪检机关的领导体制也在很大程度上决定了监察机关的领导体制，纪检机关领导体制的改变同样会作用于监察机关的领导体制。

相较于行政机关和检察机关内部的纵向关系而言，监察机关虽同样为领导与被领导的关系，但在监察机关内部此种领导的程度其实远强于行政机关和检察机关。一是因为在人民代表大会制度之下，上述三机关皆是一种双重从属负责的体制，即横向层面需向同级权力机关负责，纵向层面还要向上级机关负责，但监察机关纵向层面的从属性其实要强于横向层面的从属性。二是由于执政党纪律检查体制改革要求强化上级纪委对下级纪委的领导，比如腐败案件的查办要以上级纪委领导为主，[63] 因

60 钟纪言：《赋予监察委员会宪法地位　健全党和国家监督体系》，《中国人大》2018 年第 5 期。

61 李建国：《关于〈中华人民共和国监察法（草案）〉的说明》，《人民日报》2018 年 3 月 14 日第 5 版。

62 参见马岭：《论监察委员会的宪法条款设计》，《中国法律评论》2017 年第 6 期。

63 参见《中共中央关于全面深化改革若干重大问题的决定》，载《中国共产党第十八届中央委员会第三次全体会议文件汇编》，人民出版社 2013 年版，第 61 页。

而与纪检机关合署办公的监察机关，其领导体制中上下级间的领导关系亦将随之强化。

六、结语

为了以法律的形式固化国家监察体制改革的成果，并为各级监察机关的成立提供宪法根据，此次《宪法》修改为国家监察体制作了颇多的宪法设计，对监察机关作为国家机构在人民代表大会制度中的地位，以及监察机关与其他国家机关间的关系进行了规定，特别是在《宪法》第三章《国家机构》中增设“监察委员会”一节。国家机构是国家为实现其职能而建立起来的国家机关的总称。[64] 在民主集中制的国家机构组织原则之下，人民代表大会统一行使国家权力，各国家机关之间分工负责，实现决策权、执行权、监督权既有合理分工又有相互协调。[65] 在现行《宪法》对国家监察体制所进行的宪法设计当中，监察机关同样与其他国家机关之间有着“分工负责，互相配合，互相制约”的关系。此般国家机关间宪法关系的设计，一是基于专业化分工的考量，从而配置给不同国家机关以相应的职权；二是借由互相之间的制衡，以期达致防止权力滥用之目的。因此，从功能优化的角度而言，一个部门的权力不应由

64 何华辉:《比较宪法学》，武汉大学出版社 2013 年版，第 237 页。

65 习近平:《在首都各界纪念现行宪法公布施行 30 周年大会上的讲话》，人民出版社 2012 年版，第 7 页。

另一部门行使，一个部门不应对另一部门施加强制性的影响。[66]依此逻辑，我国现行《宪法》《监察法》在规范层面为监察机关与其他国家机关予以权力分工的同时，亦需防范在实践层面监察机关的职权行使对其他国家机关形成实质上的强制性影响。唯有如此，才能使宪法上对监察机关定位和监察权性质的设计不至于沦为“具文”。

再者，笔者虽然基于《宪法》《监察法》的相关规定，以国家机关相互之间的关系为中心，讨论了我国宪法上的监察机关和监察权，但不可否认的是，此般讨论其实并未能客观全面地揭示监察机关和监察权的“全貌”。诚如美国著名政治学家和法学家古德诺所言：“政府体制的特点不仅由法律制度决定，同样也由法外制度决定。与仅能提供法律框架的法律相比，法外制度对政治体制产生的影响更大。”[67]因为国家机构体系中的监察机关与执政党纪律检查机关合署办公，虽然可以促使执纪与执法得以有效衔接，但其实对监察机关的定位和监察权的性质也产生了很大程度的影响。例如，上下级监察机关间领导与被领导的领导体制，即可视为是以纪检机关领导体制为原型的。同时，中央纪委副书记、国家监察委员会副主任肖培在就宪法增写监察委员会有关内容答记者问时便表明：“监察委员

66 参见［美］汉密尔顿、杰伊、麦迪逊：《联邦党人文集》，程逢如、在汉、舒逊译，商务印书馆 1980 年版，第 290 页。

67 ［美］弗兰克·古德诺：《政治与行政——政府之研究》，丰俊功译，北京大学出版社 2012 年版，第 3 页。

会作为行使国家监察职能的专责机关，与党的纪律检查机关合署办公，既是党的机构，又是国家机构。”[68] 于此层面而言，对监察机关定位和监察权性质的考察，亦需注重权力运行的实际轨迹，特别是纪检监察合署办公的体制。

68　姜洁：《以宪法为遵循健全党和国家监督体系——中央纪委副书记肖培就宪法增写监察委员会有关内容答记者问》，《人民日报》2018 年 3 月 11 日第 8 版。

第四章

国家监察体制改革背景下检察权的优化配置与定位*

一、国家监察体制改革背景下检察权的定位和性质

在国家监察体制改革启动后，有学者认为职务犯罪侦查、预防这一直接对人的法律监督职能转隶，使得检察机关法律监督名不符实，[1] 进而对检察机关是否仍保留“国家的法律监督机关”宪法地位这一问题产生了质疑。

（一）检察权的定位

检察权定位是从国家权力序列中对检察权的位阶作出框定，如资本主义国家一般采取立法权、司法权、行政权三权分

* 本章已发表于《理论视野》2018 年第 8 期。

1 微信公众号“刑事正义”:《保留检察机关对司法人员职务犯罪的侦查权 | 商榷——反贪转隶和司法改革背景下检察权重构及改革重点》，2017 年 5 月 10 日。

立模式，而检察权不是第一位阶的权力，它是从属于其他权力之下的权力，或从属于行政权，或从属于司法权。[2] 而对于我国检察权定位的分析，由于“检察院作为一种专门的法律监督机关，乃由我国宪法创设，因此想要真正解释当前我国的检察制度，就要具体到中国特色的宪制结构中观察”。[3] 在推行国家监察体制改革前，根据2004年修改的《宪法》第3条的规定，对检察权的定位是与行政权、审判权地位平等，互不隶属。

而推行国家监察体制改革后，根据新修改的《宪法》第3条第3款，我国“一府一委两院”体制正式形成，其中，政府是国家的行政机关，监察委员会是国家的监察机关，法院是国家的审判机关，检察机关是国家的法律监督机关。由此可知，我国检察权的定位没有发生改变，仍是处于人民代表大会之下，与行政权、监察权、审判权平行平列的一项独立的国家权力。我国检察权的这一定位对于平衡各种国家权力、保证国家权力有效运转和确保公正司法的实现等起着重要作用。

（二）检察权的性质

关于我国检察权的性质，不少学者从不同角度层面而有不同说法，主要有行政权、司法权、兼具行政权和司法权、法

---

2 如法国的检察权附设于行政权之下，德国的检察权则附设于法院。姚石京、谢如程：《“司法拆分论”与我国的检察权配置》，中国法学会检察学研究会检察基础理论专业委员会成立大会暨首届中国检察基础理论论坛，2011年1月15日。

3 秦前红：《全面深化改革背景下检察机关的宪法定位》，《中国法律评论》2017年第5期。

律监督权等。检察权从不同角度去看，的确具有不同的性质，即检察权的复合性。其实，大多数学术和立法争论都是基于西方的三权分立学说和制度而产生，超越三权分立，把检察权确立为一项独立的国家权力，就可以化解这种争论。[4] 如我国实行以民主集中制为原则的新政体，就超越了三权分立政体的局限。所以，根据我国权力构架和《宪法》第 134 条规定"中华人民共和国人民检察院是国家的法律监督机关"，检察权的性质是法律监督权。而国家监察体制改革没有改变检察权作为法律监督权的性质，原因分析如下：

1. 职务犯罪侦查权并非决定检察权性质的根本因素

有学者认为，职务犯罪侦查权的划转会使得检察机关法律监督名不符实，从而改变检察权的根本属性。[5] 这种观点其实放大了职务犯罪侦查权在检察权体系中的地位。检察权是由多种权力共同构成，职务犯罪侦查权只是其中一部分，其他权力并不是依附职务犯罪侦查权而存在。一方面，从现代检察制度的起源看，学术界公认其起源于中世纪法国的国王代理人制度和英国的陪审团制度，是以公诉制度的确立为前提，以检察官的设立为标志，检察官的主要职责是解释国王制定的法律，监督该法律在全国的实施，而犯罪是对法律最严重的破坏行为，所以检察官最直接的职能是追诉犯罪，并监督对犯罪人的审判和

4 张智辉主编：《检察权优化配置研究》，中国检察出版社 2014 年版，第 28 页。

5 微信公众号"刑事正义"：《保留检察机关对司法人员职务犯罪的侦查权 | 商榷——反贪转隶和司法改革背景下检察权重构及改革重点》，2017 年 5 月 10 日。

判决执行。[6]由此可见，伴随检察机关出现的是公诉权，而非职务犯罪侦查权。另一方面，检察机关的批准和决定逮捕权、诉讼监督权等其他权力是由法律直接赋予的，而不是由职务犯罪侦查权所派生。因此，推行国家监察体制改革后，职务犯罪侦查权发生变化，但该变化不能导致检察权的性质发生改变。

2. 中国特色社会主义检察制度下的公诉权具有法律监督的特质

有些学者以“在刑事诉讼中，检察机关既承担控诉职能又承担法律监督职能，在中国刑事诉讼程序中失去了最低限度的程序公正的保障机制”为由，主张“废除检察机关的法律监督权”。[7]应看到，在中国特色社会主义检察制度中，检察机关对犯罪提起公诉，并不是以对犯罪嫌疑人的定罪和量刑作为根本追求，其主要目标是维护法律的统一正确行使，促使司法公平公正，正如习近平总书记所言，其最根本的价值追求在于“让人民群众在每一个司法案件中感受到公平正义”。在公诉权的行使过程中，是否提起公诉是对案件整体质量（事实是否清楚，证据是否确实充分）的监督；非法证据排除等是对侦查活动、证据合法性有效性的监督；抗诉、纠正法院违法行为等是对审判活动的监督。由此可见，中国特色社会主义检察制度公诉权的丰富内涵赋予它最显著的特征就是其具有法律监督的

6　朱孝清、张智辉:《检察学》，中国检察出版社 2010 年版，第 181 页。

7　郝银钟:《检察权质疑》,《中国人民大学学报》1999 年第 3 期。

性质。

3. 检察机关履行的其他职责具有法律监督性质

除公诉权和职务犯罪侦查权外，我国法律还赋予了检察机关一些其他方面的权力，如对公安机关刑事立案、侦查活动进行监督，对审判机关诉讼活动进行监督，对行政执法活动进行监督，对刑罚执行监管活动监督等，这些职责都具有明显的法律监督性质。

二、国家监察体制改革对检察权影响之分析

国家监察体制改革将检察机关的反贪、反渎和预防职务犯罪部门转隶到国家监察委员会，由此引起检察权的一系列变化和问题。

（一）检察权的权能结构发生调整

在监察体制改革前，检察权的权能结构普遍被认为是由职务犯罪侦查权、批准和决定逮捕权、刑事公诉权、诉讼活动监督权、其他职权五大类组成的。[8]职务犯罪侦查权被认为是检察权的重要职权之一。一直以来，检察机关反腐败工作的成绩是巨大的，办理很多大案要案，社会影响颇大。同时，职务犯罪侦查权被认为是检察机关树立公信和履行其他职能的强有

---

8 孙谦主编:《中国特色社会主义检察制度》，中国检察出版社 2009 年版，第 223—224 页。

力后盾，是推进其他各项工作的重要武器。因此，职务犯罪侦查工作在整体检察工作中历来处于重中之重的地位。而推行监察体制改革后，检察机关的职务犯罪侦查权的内容发生了变化与调整。

但也应看到，在全面推进依法治国的背景下，中央对法律监督越来越重视，赋予了检察机关行政违法行为监督、行政强制措施监督、提起公益诉讼等新的监督职能。同时，除监察体制改革外，检察改革正在进一步向纵深发展；近年推进的以审判为中心的刑事诉讼制度改革也对检察机关提出更高的要求。在这种新情形下，检察机关应处理好“减损”和“增益”的关系，[9] 直面改革的挑战，抓住改革的机遇，更多向公诉、逮捕、诉讼监督等业务倾斜，形成多头并举的工作局面，例如，检察机关大力推进公益诉讼工作，说明检察机关越来越重视民事行政检察工作。

由此可见，监察体制改革导致检察权的权能结构发生调整，原本在职务犯罪侦查权的重心将调整至民事行政检察监督权方面，民事行政检察监督权成为检察权重要内容之一。

（二）检察权的权威性来源发生变化

长期以来，学界和实务界都认为检察机关的现实权威在

9 秦前红：《全面深化改革背景下检察机关的宪法定位》，《中国法律评论》2017 年第 5 期。“减损”是指监察体制改革后，原来属于检察院的职务犯罪侦查权转移至监察委员会。“增益”则包括建立检察机关提起公益诉讼制度、检察机关对行政权的监督等。

很大程度上源于职务犯罪侦查权，笔者也认为，职务犯罪侦查权的内容调整后，“检察院将缺少落实法律监督职权的重要手段，权与能的匹配成为未来的关键问题”。[10] 这是因为根据现行法律规定，保障检察权行使的手段是偏柔性的，刚性不足的问题比较明显。除了立案监督、抗诉等个别事项有专门规定外，其他保障检察权行使的手段主要就是提出纠正违法意见和检察建议。然而，因为法律没有明确规定检察建议和纠正违法意见的法律效力，以及对方不接受的法律后果、制裁程序和责任追究程序等，所以违法情况最终能否得到纠正，取决于被监督机关是否接受监督并主动履行。[11]

因此，在监察体制改革的背景下，在检察机关职务犯罪侦查权的内容发生变化的情况下，应通过增强检察建议、纠正违法行为等保障检察权运行手段的强制力，以保障检察权有效顺畅运行，确保检察权的现实权威性。

---

10 秦前红:《全面深化改革背景下检察机关的宪法定位》,《中国法律评论》2017 年第 5 期。

11 以立案监督为例,《刑事诉讼法》第 111 条规定“人民检察院认为公安机关不立案理由不能成立的，应当通知公安机关立案，公安机关接到通知后应当立案”。但这一规定在司法实践中还是缺乏强制性约束力，检察机关通知立案后公安机关不立案的情况大量存在。虽然《人民检察院刑事诉讼规则》第 560 条规定“公安机关在收到通知立案书和通知撤销案件书超过十五日不予立案或者既不提出复议、复核也不撤销案件的，人民检察院应当发出纠正违法通知书予以纠正。公安机关仍不纠正的，报上一级人民检察院协商同级公安机关处理”，但也未能有效转变公安机关存在检察机关通知立案后仍不立案的情况。由此可看出其监督手段的刚性不足,《刑事诉讼法》明确规定的问题有可能还要靠上级的协商沟通才能继续推进，更不用说其他检察建议、纠正违法意见等监督手段。

（三）亟需构建检察权与监察权的衔接机制

《监察法》第 11 条规定："对涉嫌职务犯罪的，将调查结果移送人民检察院依法审查、提起公诉。"为保障监察委查办职务犯罪案件工作顺利进行，应尽快建立和完善检察权与监察权的衔接机制。

首先是办案程序衔接，包括三方面内容：第一，检察机关对监察委移送审查起诉案件的退回补充调查或自行补充侦查；[12]第二，检察机关对于监察委案件证据的审查；[13]第三，监察委对犯罪嫌疑人采取留置措施的案件移送审查起诉后，检察机关采取刑事强制措施的衔接。对于第一、二点的衔接内容，可适用《刑事诉讼法》中补充侦查程序与非法证据排除规定。[14]对于第三点，鉴于留置措施的特殊性，不属于刑事强制措施的内容，在《刑事诉讼法》中并无相关规定，因此应对其进行探讨和构建。

其次，为体现《宪法》规定的"互相制约原则"，检察权

---

12 《监察法》第 47 条第 3 款规定，对于监察委移送审查起诉的案件，"人民检察院经审查，认为需要补充核实的，应当退回监察机关补充调查，必要时可以自行补充侦查。对于补充调查的案件，应当在一个月内补充调查完毕。补充调查以二次为限"。

13 《监察法》第 33 条："监察机关依照本法规定收集的物证、书证、证人证言、被调查人供述和辩解、视听资料、电子数据等证据材料，在刑事诉讼中可以作为证据使用。监察机关在收集、固定、审查、运用证据时，应当与刑事审判关于证据的要求和标准相一致。以非法方法收集的证据应当依法予以排除，不得作为案件处置的依据。"

14 中国政法大学樊崇义教授认为，监察委调查权的属性有三——监督属性、行政属性、司法属性，司法属性决定了在法律上监察委对职务犯罪的调查本质上等同于刑事诉讼中的侦查，如此便可适用刑事诉讼中对证据的裁判原则。樊崇义：《全面建构刑诉法与监察法的衔接机制》，微信公众号"中国法律职业观察网"，2018 年 5 月 15 日。

与监察权的衔接还应包括司法监督衔接：一是对监察委适用留置措施进行监督，因为“留置措施”是对被调查者的人身自由构成较长时间的限制，必须谦抑而慎重，对此可以参考刑事诉讼制度中的批准逮捕机制；[15] 二是将监察委办案人员违法办案、实施刑讯逼供、非法拘禁等侵害公民权利、损害司法公正的犯罪纳入检察机关的侦查范围。[16] 关于检察权与监察权的衔接与监督，应在法律层面作出明确规定，使监察权的运作在法律规定之下，使检察权的监督于法有据。

三、国家监察体制改革背景下检察权优化配置之构想

检察机关应当围绕调整后的职能，围绕法律监督这个关键点，按照坚持立足本国宪政体制以保证中国特色社会主义检察制度，坚持权力结构完整以充分发挥法律监督职能，坚持权力监督与制约以保障司法公正，坚持遵循司法规律以节约司法资源的原则，对检察权进行优化配置。

（一）检察权的分类及运行

推行监察体制改革后，有学者将检察权分为监督、审查、

15 李红勃：《迈向监察委员会：权力监督中国模式的法治化转型》，《法学评论》2017 年第 3 期。

16 樊崇义：《全面建构刑诉法与监察法的衔接机制》，微信公众号“中国法律职业观察网”，2018 年 5 月 15 日。

追诉三项基本内容，[17]认为如此分类符合法律授权、改革要求和检察机关的宪法定位。虽然此种分类已对监督进行了狭义的定义，但通常认为监督是检察机关的本身性质，贯穿于检察所有职权的始终，而审查、追诉是检察机关具体权能方式，因而将监督与审查、追诉并列平行，一是容易引起误解，二是不够全面。检察权是一个完整的系统，内含各项功能不一的权力助力检察监督的实现，并且各项权力之间的联系是立体的，是一个动态的过程，是围绕法律监督主业，突出检察监督和司法办案两大工作主线而展开的。正如张军检察长所言，“法律监督要抓业务，就是要抓办案。要在办案中监督，在监督中办案”。[18]

因此，在推行监察体制改革的当下，根据检察权内容及其作用对象，可分为刑事检察监督权、民事检察监督权、行政检察监督权。[19]其中，刑事检察监督权主要包括批准和决定逮

17 该观点认为，监督是通过纠正行政机关和司法机关的行政违法和诉讼违法行为，保证执法和司法活动严格依法进行（同时明确此处所指监督是狭义的检察监督，仅指诉讼监督以及新增的对行政权的监督等监督职能）；审查是发挥检察机关上承侦查、下接审判的居中把关作用，防止警察滥权和法官恣意，保证刑事司法活动严格依法进行；追诉则是检察机关通过提起诉讼的方式，监督公民和组织自觉守法，促进法律效力的实现。敬大力：《关于检察机关职责问题的再认识》，《人民检察》2017 年第 11 期。

18 张军：2018 年 6 月 7 日在黑龙江调研期间主持召开的内蒙古、辽宁、吉林、黑龙江四省区检察长座谈会上的讲话。

19 检察机关行使的职权主要在刑事、民事和行政三大领域，随着司法改革的推进，检察机关的监督职能得到了进一步拓展和完善，特别是十八届四中全会《决定》明确提出要探索建立检察机关在履职中发现行政机关违法行使职权、不行使职权的督促纠正机制，探索建立检察机关提起公益诉讼制度等，民事、行政领域的新职权已经超出了“诉讼监督权”的范畴，因此使用“检察监督权”概念进行概括会更加合理。同时，“刑事检察监督权”的概念也能较好地承载批准逮捕权、刑事公诉权等刑事领域的检察权。

捕权、公诉权、刑事诉讼监督权；民事检察监督权主要包括民事诉讼监督权、提起民事公益诉讼权；行政检察监督权主要包括行政诉讼监督权、行政执法监督权、提起行政公益诉讼权。而贯穿每一项权能的手段性检察权主要是审查权、侦查权、调查权三大项。各项权能通过行使审查权、侦查权、调查权后必然产生司法产品，主要包括批准逮捕或决定逮捕、公诉、提出检察建议、纠正违法行为。具体如下图所示：

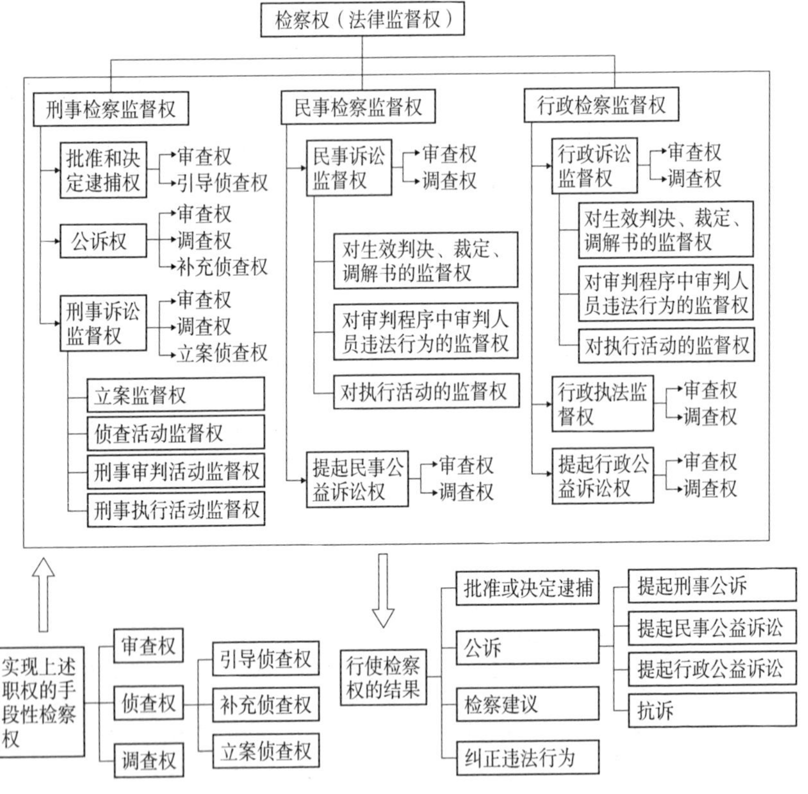

（二）检察权的优化

推行国家监察体制改革后，检察权发生了变化和调整，有些职权还有不够完善之处，亟需对其进行完善。

1. 开展诉讼式审查逮捕工作

诉讼式审查逮捕工作是指改变以书面阅卷审查为主的传统办案模式，由检察机关召集侦查机关、犯罪嫌疑人及其辩护律师和其他诉讼参与人参与检察机关的审查逮捕程序，侦辩双方就犯罪嫌疑人涉嫌犯罪的事实、证据以及社会危险性等进行举证、质证和辩论，最后由检察官当场或者事后将批准逮捕或者不批准逮捕的决定告知侦查机关、犯罪嫌疑人及其辩护律师和其他诉讼参与人。对于审查逮捕的案件应当以开展诉讼式审查逮捕为原则，以不开展诉讼式审查逮捕为例外，即除了涉及国家秘密、商业秘密和个人隐私，犯罪嫌疑人、被害人是未成年人，诉讼式审查逮捕可能妨碍侦查及其他不应当开展诉讼式审查逮捕的案件外，都应当开展诉讼式审查逮捕。由于方式的改变和工作量的提升，应在时限上予以保障，办案期限由原来的 7 天增至 10 天较为合理。

这种模式有利于检察机关更加全面地了解案件情况，对羁押必要性和社会危险性的把握更加准确，从而作出合理判断，同时，也更能保障人权，加强对侦查权的制约。

2. 完善监察委移送案件的逮捕机制

目前，《监察法》对监察委调查终结的涉嫌职务犯罪案件规定为“移送人民检察院依法审查、提起公诉”，而最高人民检察院对该类案件的逮捕程序尚未进行统一明确，由各地探索开展，各地的实际操作也不尽相同。为了诉讼程序的严肃性，应由最高人民检察院制定专门规范性文件对监察委案件的衔接机制予以明确和统一。对该类案件的逮捕，有两种方式可以考虑。

一是移送审查后，进行审查逮捕。[20]广东省检察机关当前是采取这种做法，具体如下：（1）监察委移送审查起诉时将证明犯罪嫌疑人社会危险性的相关证据材料一并移送；（2）犯罪嫌疑人已被留置的，检察机关在10日以内作出是否逮捕决定或采取其他强制措施的决定，犯罪嫌疑人未被留置的，检察机关应当在15日以内作出决定，重大、复杂案件不得超过20日；（3）检察机关宣布逮捕决定或采取其他强制措施决定的同时监察委解除留置措施，由公安机关执行逮捕。此种做法的优点是在案件办理中监察委与检察机关的衔接自然顺畅，步骤简单清晰。但是，采取这种做法时，案件在移送审查起诉时已进入刑事诉讼阶段，而犯罪嫌疑人仍处于留置阶段，在程序上衔接不够合理。

因此，可考虑在移送审查起诉时，对被留置的犯罪嫌疑人变更为刑事拘留措施，对此需明确几点：（1）由法律授予

20 《广东省检察机关与监察委员会办理职务犯罪案件衔接办法（试行）》，2018年2月2日印发。

检察机关对该类案件决定刑事拘留的权力，或者对《刑事诉讼法》中检察机关对被采取取保候审、监视居住等强制措施犯罪嫌疑人的拘留权进行扩大解释，明确检察机关对该类案件决定刑事拘留的权力；（2）监察委移送审查起诉时，检察机关同时决定对犯罪嫌疑人采取刑事拘留措施，将犯罪嫌疑人交付公安机关执行；（3）明确审查逮捕由侦查监督部门行使，监察委移送审查起诉案件是由公诉部门办理，但侦监部门历来是审查逮捕部门，在把握适用逮捕措施方面经验丰富，并且由侦监部门审查逮捕可以起到内部权力相互制约的作用；（4）在法律规定期限内作出逮捕决定或采取其他强制措施的决定。这一做法使该类案件中涉及逮捕的法律关系更明晰、衔接程序更正当。目前《刑事诉讼法（修正草案）》的规定与此种观点基本一致，规定“对于监察机关采取留置措施的案件，人民检察院应当对犯罪嫌疑人先行拘留”。

3. 完善不起诉案件的配套处罚措施

前些年，法国在其司法改革中规定了四种新的不起诉代替措施，即罚金、没收犯罪工具和犯罪所得、吊销驾驶执照或狩猎许可证、无报酬的公益劳动等。[21] 这种做法值得借鉴，因为免予刑罚并不意味着完全不需要处罚，一些案件不起诉后应当给予一定非刑罚的处罚措施，才能更好地体现对犯罪行为的

---

21 蒋伟亮、张先昌主编：《国家权力结构中的检察监督》，中国检察出版社 2007 年版，第 196 页。

惩罚和教育功能。随着案件量逐步提升，不起诉作为案件终结的一种方式，将来可能会被更多地运用，应对其配套处罚措施进行完善。

对此，建议法律授予检察机关一定程度的处罚权，在作出不起诉决定后，结合案件实际，对犯罪嫌疑人给予缴纳罚金（罚金不是刑罚所独有的惩罚措施）、强制参加公益劳动、赔礼道歉等处罚措施。案件范围主要限定在犯罪事实清楚、证据确实充分的案件，一种是《刑事诉讼法》第 15 条第 1 款规定的情节显著轻微、危害不大，不认为是犯罪的不起诉案件；另一种是《刑事诉讼法》第 173 条第 2 款规定的酌定不起诉情形，即犯罪情节轻微，依照刑法规定不需要判处刑罚或者免除刑罚的不起诉案件；另外，对被害人已经通过民事诉讼、刑事和解等方式获取赔偿的不起诉案件，一般不宜适用罚金措施，但可以适用强制参加公益劳动等措施。对适用强制参加公益劳动措施的，建议委托社会公益组织执行。如果被害人不服不起诉决定而提起自诉的，处罚应暂缓执行；如果因提起自诉，法院作出判决，需处以刑罚的，对已执行的那部分处罚措施应予以相应扣抵。

4. 强化引导侦查权

在司法实践中，存在一些案件在侦查阶段获得的证据不能满足公诉需求，导致退回补充侦查，但由于时间跨度、侦查人员积极性等方面的问题，补充证据的效果不甚理想。近年来，检察机关积极推进提前介入、引导侦查工作，着力破解该难题，但是多数地区的提前介入工作主要由侦查监督部门负责，公诉部门参与较少。对此，笔者建议：一是强化检察机关内部协作，由侦查监督、公诉部门共同参与，协作配合，强化引导侦查的力量；二是坚持引导而不干预的原则，公诉部门的引导侦查行为应主要围绕证据开展，就证据的补充、补强和固定方面提出意见建议；三是赋予引导侦查意见建议适当的强制力，规定如果侦查人员对引导侦查意见建议视而不见，怠于履行职务，导致有关证据无法收集的，应追究其有关责任。

5. 完善公益诉讼制度

我国经过部分地区的试点，于 2017 年 7 月在全国范围铺开检察机关提起公益诉讼制度，并且以立法形式正式确立了检察机关提起公益诉讼制度。但目前该项制度存在法律规定不完善、具体工作的法律依据不足、范围有限等问题。

对此，笔者建议：一是及时将公益诉讼试点工作方案和实施办法的有关内容转化为法律规定，为检察机关开展具体工作提供正式法律依据，构建完整程序。二是完善调查权。虽然《最高人民法院、最高人民检察院关于检察公益诉讼案件适用法律若干问题的解释》规定了检察机关向行政机关以及其他组织、公民调查收集证据材料的权力，但没有明确抵制调查、不如实提供证据材料等行为的法律后果。因此，应规定拒绝提供相关证据材料的对象单位在诉讼中将承担不利后果或败诉风险。三是适当扩大行政公益诉讼的范围。对民事公益诉讼来说，应遵循民事诉讼原则，严格限制，避免过多干预；对行政公益诉讼来说，由于对象的特殊性，为进一步完善对行政权的监督制约，可以适当扩大范围，如将行业市场垄断、重要公共基础设施建设等领域也纳入行政公益诉讼的范围。

6. 完善检察建议和纠正违法行为的后续措施

由于大部分检察建议[22]和纠正违法行为存在后续措施缺乏或不健全的问题，导致这两种监督权力刚性不足，能否最终实现监督效果，还要看对象单位是否接受并进行整改，如果对象单位拒不接受，检察机关缺乏有效的后续措施进行督促，最后可能导致这两种权力流于形式。

因此，建议予以完善：一是构建“监督之诉”。如果对象单位拒不纠正整改的，检察机关可以通过诉讼的途径，向法院提起诉讼，由检察机关与对象单位提供相关证据，展开辩论，最后由法院判决要求执行或判决相关法律文书无效。二是赋予检察机关提请行政问责权。通过法律或规范性文件，建立检察机关提请行政问责工作机制。如果对象单位拒不纠正整改，检察机关可以向政府或有关部门提请对该单位人员进行行政问责。政府或有关部门收到提请后，必须启动行政问责程序，经过调查，作出结论，并将最后结果函复检察机关。

22 有的检察建议明确规定收到检察建议的单位必须给予检察机关相应回应，如再审检察建议，根据《最高人民法院、最高人民检察院关于对民事审判活动与行政诉讼实行法律监督的若干意见（试行）》第 7 条第 2 款的规定，人民法院收到再审检察建议后，应当在三个月内进行审查并将审查结果书面回复人民检察院。但大多数检察建议存在缺乏后续措施、监督刚性不足的问题。

7. 调整检察机关职务犯罪侦查权

为加大对司法腐败的打击力度，更好地维护司法公正，应对检察机关原有的诉讼活动中司法工作人员职务犯罪的立案侦查权予以保留，对检察机关职务犯罪侦查权的范围和内容进行调整。

调整后的检察机关职务犯罪侦查权的范围主要包括三方面：一是侦查机关、审判机关、刑事执行机关的司法工作人员在履行诉讼职能中发生的职务犯罪行为，如利用职权实施的非法拘禁、刑讯逼供、报复陷害、非法搜查的侵犯公民人身权利以及民主权利的犯罪行为，在监狱和看守所发生的与刑罚执行有关的职务犯罪行为，枉法裁判行为等。二是监察委内部发生的职务犯罪行为。《宪法》第127条第2款规定："监察机关办理职务违法和职务犯罪案件，应当与审判机关、检察机关、执法部门互相配合，互相制约。"《监察法》第66条规定，监察机关工作人员构成犯罪的，应依法追究刑事责任。但对于监察机关工作人员涉嫌职务犯罪由谁侦查并未明确，如果由监察委自行侦查则存在自体侦查的不足，因此将监察机关工作人员涉嫌职务犯罪的交由检察机关侦查，这样能够起到良好的制约作用。[23] 三是其他需要由检察机关直接受理的案件。《刑事诉讼法（修正草案）》第19条第2款规定："对于公安机关管辖的

---

23 陈光中：《〈监察法〉是党规转向国法的重要变化》，《人民日报海外版》2018年3月22日。

国家机关工作人员利用职权实施的其他重大的犯罪案件，需要由人民检察院直接受理的时候，经省级以上人民检察院决定，可以由人民检察院立案侦查”，应对该项规定的案件范围、程序等内容进行明确，如公安机关应当立案而始终拒绝立案的案件、公安机关违法侦查致侦查结果无效的案件等，可由检察机关直接立案侦查。

提出这一建议的理由如下：一是有其他国家司法实践作参考。其他一些国家的职务犯罪侦查权也不是由单一的机构行使，如美国的联邦调查局和检察机关都享有职务犯罪侦查权，并且《政府道德法》（1978 年）正式确立了独立检察官制度，[24] 对高级官员进行调查。二是有一定法律规定作支撑。《刑事诉讼法（修正草案）》第 19 条第 2 款对检察机关侦查权的内容进行了调整，《人民检察院组织法（修改草案）》规定“对依照法律规定由其办理的刑事案件行使侦查权”，这两部法律如经人大审议后能通过，将为调整检察机关职务犯罪侦查权提供法律支撑。三是司法人员职务犯罪案件交由检察机关查办条件更为便利，有利于节约司法资源。检察机关直接参与刑事诉讼，对各个诉讼环节进行监督，因此，对发生在诉讼过程中的职务犯罪行为，检察机关更加熟悉，也更易于发现和侦查。监察委内部发生的职务犯罪案件交由检察机关侦查，则更能体现权力的制衡制约，避

---

24 美国的独立检察官制度最早在 1973 年尼克松的“水门事件”中被运用，最近一次被启用是独立检察官斯塔尔调查克林顿绯闻案。

免权力被滥用。四是司法人员职务犯罪案件交由检察机关查办有利于增强诉讼监督的刚性，有利于纠正司法不当行为。五是建立对司法人员腐败的双重管辖机制，能够加强力量，加大司法腐败惩治力度，更加有利于维护司法公正。

8. 制定《人民检察院法律监督法》

黑格尔在《法哲学原理》中主张："法律规定得愈明确，其条文就愈容易切实地施行。"但是长期以来，对检察权的授予散落于《刑法》《刑事诉讼法》《民事诉讼法》《行政诉讼法》《人民检察院组织法》《检察官法》等法律之中，没有专门的法律对检察权进行梳理和规范，这不利于检察机关履行法律监督职责。自 1994 年以来就有检察工作者和学者建言要制定《人民检察院法律监督法》，以规范检察机关全面履行法律监督职能。[25] 随着监察体制改革深入推进，在十三届全国人大一次会议期间，有人大代表——如全国人大代表、广东省人大常委会副主任王学成，全国人大代表、民建上海市委副主委、民建上海社会科学院院长张兆安，全国人大代表、重庆市检察院检察长贺恒扬等——提出要尽快制定一部统一的《人民检察院法律

25 详细内容，见王祺国:《应当立一部法律监督法》,《人民检察》1994 年 10 月；陈云龙:《法律监督缺乏统一立法弊端多》,《检察日报》2010 年 3 月 8 日第 7 版；岳德亮、黄深钢:《制定法律监督法让检察机关敢监督会监督》,《中国人大》2010 年 7 月；张雪樵:《法律监督法的基本架构设想》,《人民检察》2011 年 5 月；敬大力:《制定检察监督法完善法治监督体系》,《法制日报》2015 年 3 月 14 日第 5 版等。也有主张比照《监察法》，出台一部检察领域综合性的基本法《检察法》，见《应尽快出台检察法》，民主与法治网 2018 年 6 月 15 日。

监督法》，进一步明确检察机关开展法律监督的程序、手段以及配套制度等。

建议尽快出台《人民检察院法律监督法》对检察权进行全面的梳理、明确和规范，以在一定程度上缓解学界对检察权的纷争和异议，解决开展实际工作中遇到的法律规定不明确、依据不足等问题，同时也避免在创新探索工作中出现权力不当扩张的情况。一是再次以法律的形式明确检察权的法律监督属性，最大限度解决理论争议，坚持中国特色社会主义法律制度体系。二是对《检察官法》《人民检察院组织法》以及散落于其他法律中的检察权能进行梳理，予以统一、明确和规范。三是对公益诉讼等新赋予的权力进行完善和规范。四是对有关违法行为调查权、检察建议权等法律规定比较模糊的权力进行补充完善。五是明确行政检察权的内容，把行政复议行为、行政裁决行为、行政调解行为、行政仲裁行为等行政司法活动，以及将检察机关对一般行政规范性文件的审查监督权纳入行政检察监督的范围。[26]

四、结语

对检察机关来说，监察体制改革既是挑战也是机遇，除

---

26 秦前红：《两种“法律监督”概念的分野与行政检察监督之归位》，《东方法学》2018 年第 1 期。

了要解决职务犯罪侦查权进行调整所带来的困境，也迫使检察机关对检察权进行重新审视。我国的权力构架和宪法赋予检察权的内涵与国外不同，与发达国家相比，检察机关的历史底蕴和历史传统底子较薄，经历了特殊的起落波折，并且现行的法律对检察权的规定都比较笼统，不全面，这导致我国检察权的周延边界较为模糊。因此，迫切需要对现有检察权进行梳理完善，紧扣刑事检察监督、民事检察监督和行政检察监督三大主要内容，着力优化各项权能配置，在将来的检察工作中找准发展方向，聚焦主业，履行法律监督职责，更好地维护国家法律的统一实施，保障司法公正。

第五章

监察委员会派驻机构法律地位研究*

一、监察委员会派驻机构法律地位研究的意义和原则

（一）研究监察委员会派驻机构法律地位的重要意义

第一，这是监察委员会派驻机构自身的重要性决定的。在深化监察体制改革背景下，监察委员会派驻机构是实现“全面覆盖、权威高效”的必然要求，如不出所料，其将在全国范围内全面铺开。在“人大机关—专责机关—内部自治”的三维共治监察格局中，只有以派驻机构为衔接，才能实现对全部行政区域和单位的全面覆盖，进而实现对全部行使公权力的公职人员的全面覆盖，最终实现从“三驾马车”到“一马当先”的改革目标；[1] 只有以派驻机构作为探头，才能实现反腐败执法监督

---

* 本章已发表于《法学》2018 年第 12 期。

1 秦前红：《困境、改革与出路：从三驾马车到国家监察——我国监察体系的宪制思考》，《中国法律评论》2017 年第 1 期。

的权威高效，进而实现国家监察专责机关这一宪法定位，[2]最终实现保持政权纯洁性和维护国家长治久安。

第二，这是监察委员会派驻机构所处宪制环境的复杂性决定的。监察委员会派驻机构是《监察法》专门规定的“根据授权”，“按照管理权限”，“依法”监督、调查、处置有关公职人员的国家监察体系之组成部分。这就要求在国家机构序列中找准它的宪法定位，在监察法视阈下找准它的法律定位，在此基础之上，才有可能细致研究它的基本特征和基本规律，才能真正理顺它与各个国家机构的法律关系和现实关系，才能使监察机关真正恰宜地融入我国宪法规定的政权组织形式和国家结构形式，最终在现实中落实权能，实现地位。

第三，这是监察委员会派驻机构有关职责权限的特殊性决定的。相较于监察委员会而言，监察委员会派驻机构其在行使职权过程中更有可能逃避监督，更有可能出现“灯下黑”的情况，更加可能侵蚀机构自治，更有可能侵害公民基本权利，因此必须立足于我国宪制结构和现实情境，真正理顺它的权力依据、权能内容、权限边界和权责关系，只有这样，才有可能

2 现行《宪法》并未明确提出“国家监察专责机关”这一具体表述，但可以从宪法文本国家机构规范中归纳得出。《宪法》第 123 条规定，“中华人民共和国各级监察委员会是国家的监察机关”；第 127 条规定，“监察委员会依照法律规定独立行使监察权”。归纳有三：第一，在“国家机构”序列上，宪法对监察委员会作出“国家监察机关”之定位；第二，在“职权定性”上，宪法授予监察委员会行使监察权之宪制职权；第三，宪法还规定了监察权独立行使的原则。由此决定监察委员会的宪制地位、宪制职权和职权专责性。可见，《监察法》第 3 条规定“各级监察委员会是行使国家监察职能的专责机关”，是符合宪法原意的。

在构建监察权威和尊重自治规律之间，在规制国家公权和保障公民权利之间，寻求微妙的价值平衡，不至于得此失彼，改革无功。

（二）研究监察委员会派驻机构法律地位的基本原则

第一，监察委员会派驻机构法律地位的研究，必须立足宪法，以我国宪法文本、立宪精神和宪制结构为根本遵循，这是由我国宪法作为国家根本大法的地位所决定的。这要求，以人民代表大会根本政治制度为根本前提，以监察权依法行使和独立行使[3]为基本原则，以尊重保障人权和接受社会监督为基本保障。

第二，监察委员会派驻机构法律地位的研究，必须围绕《监察法》，以《监察法》规定和监察法治一般原理为直接依据，同时要兼顾有关监察的党法党规之规定，这是由监察机关的特殊政治地位、独立宪制地位、《监察法》的基本法律地位[4]

---

3 现行《宪法》第 127 条第 1 款规定："监察委员会依照法律规定独立行使监察权。"这不仅规定了独立监察的原则，还从更深层次上规定了依法监察的原则。

4 《中华人民共和国立法法》（以下简称"《立法法》"）第 7 条第 2 款规定，全国人民代表大会制定和修改"国家机构"等基本法律；第 3 款规定，全国人民代表大会闭会期间，全国人大常委会可对"国家机构"等基本法律进行部分补充和修改，但不得抵触其基本原则。这就决定了《立法法》的基本法律地位，对《立法法》之制定和修改权属于全国人大。需要研究的一个争议是：全国人大闭会期间，全国人大常委会部分补充和修改基本法律的权力依据，究竟基于宪制立法职权，还是全国人大之授权？该争议的本质在于宪法关于全国人大与全国人大常委会的立法职权分配问题。对此之拙见，参见秦前红、刘怡达：《全国人大常委会基本法律修改权之实证研究——以刑法修正案为样本的统计学分析》，《华东政法大学学报》2016 年第 4 期。

和关涉事项的立法保留地位[5]所决定的。这要求必须紧紧围绕监察法学理论和监察法律体系，寻找监察派驻机构在监察法视阈之下的精准定位，理顺它与监察机关乃至其他国家机构的关系，明确它的权力依据、权能内容、权限边界、权责关系。

第三，监察委员会派驻机构法律地位的研究，有必要参考行政法，吸收、借鉴行政法学理论和行政法律体系的有益内核。这是由监察权和行政权在权源、属性和表征上千丝万缕的关联所决定的。这要求，理顺监察权和行政权在国家机构序列中的宪制关系和组织边界，理顺监察权和行政权在职权定性中的逻辑关系和权限边界，理顺监察活动和行政活动在活动属性中的法律关系和现实边界，理顺《监察法》与《行政监察法》在国家法律体系中具有多大程度的承袭关系乃至它与行政法律体系具有多大程度的相似关系。在此基础上，总结归纳行政法学理论和行政法律体系有关行政系统派出组织之经验，这在一定程度上可作为监察委员会派驻机构法律地位研究之渊源。

二、监察委员会派驻机构的主体研究

监察委员会法律地位的研究，首先需要研究它的职权依据、

---

5 《监察法》被定位为基本法律，其规范内容关涉诸多立法保留事项。首先，《监察法》关涉之“犯罪和刑罚”和“限制人身自由的强制措施和处罚”，属于《立法法》第 8 条第 4 项和第 5 项规定之法律保留事项；同时，依第 8 条第 2 项之原意，“各级监察委员会的产生、组织和职权”也属于立法保留事项；不仅如此，根据第 9 条规定，“有关犯罪和刑罚”及“限制人身自由的强制措施和处罚”属于法律特别保留事项。

职责权限、领导体制和外部关系等诸多事项，其中最为关键的是它在监察法视阈下主体类型的定位；在此基础上，进而才可明确它应在多大程度上行使权力及其内外关系。根据《监察法》第 12 条第 1 款，监察委员会派驻机构的驻在对象是"本级中国共产党机关、国家机关、法律法规授权或者委托管理公共事务的组织和单位以及所管辖的行政区域、国有企业等"。因此，本章研究对象主要关涉"组织和单位"和"所管辖的行政区域"。对此之研究，可进而分析监察委员会派驻机构的主体类型。

（一）派驻对象之限定

1. 关于"组织和单位"的分歧

（1）派驻对象与监察对象能否形成一一映射？按照《监察法》第 12 条第 1 款表述，共青团、工会、妇联、法学会等组织有可能纳入派驻序列；但是，《监察法》没有直接规定这些组织的相关人员是否都属于监察对象，只是在第 15 条第 6 项兜底式地规定了"其他依法履行公职的人员"，从而拓宽了《监察法》第 3 条的对象范围。从法解释的技术而言，如何根据《监察法》第 15 条获得有关监察对象的科学、合理的答案，是需要解决的一个问题；另一方面，第 12 条第 1 款有关派驻对象之列举也使用了"等"的修辞性表述，它是煞尾，还是省略？是封闭式列举，还是开放式列举？《监察法》第 15 条关于监察对象的具体规定，不仅要周延自洽，还必须与第 12 条关于派驻对象的规定合理衔接。

（2）一个更具体的问题是：如何理解《监察法》第 15 条规定的“法律法规授权或者委托管理公共事务的组织和单位”？对于科研院所、高等学校、文化组织、卫生医疗组织等，是否都要派驻？综观《监察法》第 15 条第 2 项和第 5 项，其对“公办的教育、科研、文化、医疗卫生、体育等单位”和“法律、法规授权或者受国家机关依法委托管理公共事务的组织”，采取的是并列规定，这似乎说明二者性质有别。从这个角度解释，进而主张公办科教文卫体等单位不属于监察派驻对象，似乎能够逻辑自洽。实际上，我国不少组织和单位的法律地位还处在学理探讨之中，还存在现实争议，很难在短时间内对其逐一定性。进一步而论，派驻机构、派出人员如何既能充分履职，完成《监察法》赋予之使命，又能因时制宜、因地制宜，尊重不同部门不同领域的运行规律？再进一步，是否存在这样一种可能，即某一机构中确有少量监察对象，基于某些价值考量，不对其派驻？面对《监察法》的解释分歧、有关机构的性质争议、不同领域的运行规律，在没有充分把握之前，监察改革当戒急用缓，保持权力行使的谦抑。

2. 关于“所管辖的行政区域”的分歧

有一种解读认为，“地区”“盟”“旗”等行政区不设本级人大，应由省级监察委派驻监察机构。[6] 但是，从试点实践而

6 “这里的行政区域主要是指街道、乡镇以及不设置人民代表大会的地区、盟等区域。”中共中央纪律检查委员会、中华人民共和国国家监察委员会法规室编写：《〈中华人民共和国监察法〉释义》，中国方正出版社 2018 年版，第 97 页。

言，各地主要采取省人大常委会产生“地区”“盟”等监察委员会的方案。[7]省人大常委会产生的“地区（盟）监察委员会”，应该定性为独立的一级监察机关，还是省监察委的派出机关？

从行政法学理论和行政法律体系的角度来看，行政系统派出组织分为“派出机关”和“派出机构”两种。（1）“派出机关”，原本是行政法领域的一个概念，指有权地方政府在一定行政区域内设立，代表设立机关管理该行政区域内各项行政事务的组织。一般认为，作为一级政府派出之派出组织，“派出机关”有四个特征：第一，从权力来源看，乃一级政府权力之延伸；第二，从行政职能来看，负责管理综合性行政事务；第三，从实际运作来看，其层级、机构、编制等比照同级人民政府；第四，从主体资格来看，不仅派出机关，乃至其下设机关，均以自己的名义实施行政行为，独立承担法律责任。[8]根据《中华人民共和国地方各级人民代表大会和地方各级人民政府组织法》（以下简称“《地方组织法》”）第68条之规定，此类派出机关有行政公署、区公所和街道办事处三种。（2）“派出机构”，一般被认为是政府职能部门的派出组织，根据法律

---

7 以黑龙江省大兴安岭地区为例，可能方案有三种：（1）由地区工作委员会产生大兴安岭地区监察委员会。但是，该工作委员会并非《监察法》第9条所指“本级人民代表大会”，无权产生监察委员会；（2）依据《监察法》第12条，由黑龙江省监察委员会向大兴安岭地区派驻监察机构，此即本段首句“解读”所持观点；（3）借鉴人民法院、人民检察院组织和产生的有关经验，由黑龙江省人民代表大会常务委员会产生大兴安岭地区监察委员会。地方实践采取的是第三种方案。

8 参见潘波：《开发区管理委员会的法律地位》，《行政法学研究》2006年第1期。

法规规定具体确定其职能、运作和主体资格。

“地区（盟）监察委员会”能否认定为省级监察机关的“派出机关”？这里存在两个层面的问题。（1）这必须是一个真问题，并由此存在一个前置问题：行政系统之外也存在“派出机关”吗？比如，直辖市检察分院冠以“分院”名义，其能否被视作直辖市检察院的派出机关？学界现有研究主要关涉它是否有独立办案权能，指出其“隶属于直辖市检察院”，是“一级独立办案机关”，[9] 却未进一步解释其宪制地位，即是否属于“独立一级检察机关”。实际上，直辖市检察分院属于《检察院组织法》明确规定的“地方各级人民检察院”，由直辖市人大常委会而不是直辖市检察院产生，是独立一级检察机关，并不是派出组织。总的来说，行政系统之外究竟是否存在“派出机关”这种主体类型，理论上还有争议；即便存在，上述权源、职能、运作和主体资格等四条特征，也只是认定“派出机关”的必要条件，而非充分条件。（2）如果证成它是真问题，便须进一步追问：其能否直接比照“一级政府的派出机关”？首先，从权力属性来看，相较检察、审判、监察等专责性宪定权，行政权具有业务综合性；其次，从组织规律来看，行政系统有其特殊运作规律，就我国立法例而言，地方政府组织规范与地方人大组织规范合并制定地方组织法，而人民法院和人民检察院另行分别制定单独组织法；最后，“一级政府之派出组

9　赵永红：《论检察权在直辖市分院的配置》，《法学杂志》2008 年第 6 期。

织是派出机关”无法自证其为普遍适用的一般原理。因此，无法归纳认为“凡一级宪制机关之派出组织皆为派出机关”，也不得类推适用“一级监察机关之派出组织即为派出机关”。所以说，即便行政系统之外存在“派出机关”，“地区（盟）监察委员会”也“不一定”是省级监察机关之“派出机关”。

准确地说，不是“不一定”，而是“一定不”。“地区”“盟”“旗”等行政区设立的监察委员会，应该也只能定性为独立一级的监察机关，而不是上级监察机关的派出机关。这是因为，只要具备设置独立一级宪制机关之条件，便不必也不应设立派出组织来“取代”宪制机关。（1）从必要性来看，监察派驻制度以实现国家统一监察全面覆盖作为直接目标，因此，如果具备设立监察委员会的客观条件，那么就不必要设立派出机构；申言之，对于《监察法》第 7 条规定的应设各级监察委员会的行政区，不应另设派驻机构。（2）从可能性来看，如果监察派驻抵牾人民代表大会这一根本政治制度，那么就难以设立。在我国，中央及各级地方皆有其权力机关，行政机关、监察机关、检察机关和审判机关皆由其产生，对其负责，受其监督。我国这种一元权力结构和权力的二层级架构就决定了，监察机关乃是人大之下行使监察职能的专责机关，国家各级监察委员会都由对应的权力机关产生，对其负责，受其监督；各级监察委员会之间，虽有上下级领导关系，但不得脱离权力机关而成为特殊机关。假如在某一行政区域，本应由权力机关产生的监察委员会，最终却由上级监察委员会设立“派出组织”

（以取代该级监察委员会），这不仅是上级监察机关对下级监察机关行使监察职权之侵扰，也意味着监察系统地方组织体系之混乱和内部职权配置之混淆。更进一步讲，这是对权力机关在我国各级权力架构中主体地位的侵蚀，是监察权力的不适当溢出，是对人大这一根本政治制度的背离。（3）从例外来看，其一，不存在设立派出机构以“取代”独立一级监察机关的制度空间，即便是经过本级权力机关某种程序性批准；其二，如欲设立派出机构以与独立一级宪制机关“并行”，甚或跨越行政区域设立派出机构，那也必须提请共同上级权力机关批准。总之，监察改革必须在人大制度之下进行，任何企图逃脱人大监督的改革，都将面临失去正当性的危险。[10]（4）从制度实践来

10　例如，刘松山教授认为，“开发区法院是违宪违法设立的审判机关”。理据有三：（1）开发区不是一级行政区划，“国家机构的设置是以行政区划为依托的，只有在一定的行政区划内才可以设置相应的国家机构。没有行政区划，就没有行政机构”；（2）没有法律依据，“任何国家机构或者组织单独或者共同批准在开发区设立法院的做法，都是对宪法和法律的严重挑衅”；（3）开发区是脱离人大制度的存在物，开发区法院没有相应的同级人民代表大会，也不符合《人民法院组织法》第22条和第34条第2款的规定，后者是专门为不设相应一级人大及其常委会的中级人民法院及其院长、副院长等组成人员而专设的，这导致了宪法规定的“由其产生，对其负责、受其监督”无法适用于开发区法院。参见刘松山：《开发区法院是违宪违法设立的审判机关》，《法学》2005年第5期。近年来，关于开发区如何融入我国宪制环境，已引发学界普遍关注。最新的理论探讨中，有学者提出，解决这一办法有三种进路，分别是“限权”、“修法”和“改编”，其中第三种最为理想，应“逐渐取消开发区管理机构的建制，代之以县级、乡级人民政府或者街道办事处”。参见邹奕：《检视开发区管理机构的法律性质——基于规范分析的视角》，《中南大学学报（社会科学版）》2017年第4期。相较于“改编”，地方制度实践中更为流行的是相似却稍显缓和的第四种进路：开发区与行政区之“融合”。参见张志胜：《行政化：开发区与行政区体制融合的逻辑归宿》，《现代城市研究》2011年第5期。无论改编还是融合，如何尽量保留开发区既有管理体制优势，同时不能违背我国的根本政治制度，这是立法者与管理者必须考虑的问题。

看，各地区、盟、旗等监察部门之产生，有关人员之任命，也都是按照与一级监察委员会相对应的权限和程序完成的。因此，参照《人民法院组织法》、《人民检察院组织法》和《法官法》、《检察官法》关于中级人民法院和省级人民检察院分院设置的规定，[11] 以及关于在省、自治区按地区设立的和在直辖市内设立的法院或检察院的正副院长（检察长）、审判（检察）委员会委员和法官（检察官）的任免程序 [12] 规定，凡有关在省、自治区内按行政地区设立的监察机关，其组织和产生的适宜方案应是：第一，在产生方式上，由省、自治区人大常委会产生；第二，在组织关系上，属于独立一级的监察机关；第三，在人事任免上，监察机构的正副主任、委员及有关人员由省人大常委会任免。

另外有待解决的问题是：第一，在“直辖市”与“市辖区”之间要不要增设一级监察委员会以实现与司法程序之衔接？第二，要不要设立跨行政区划的监察委员会？第三，《监察法》第 7 条关于地方监察委员会分级设置的规定，无法为“地区”“盟”“旗”等监察委员会作为独立一级监察机关之地位提供充分的组织法依据，因而本条必须尽快修改完善；

---

11 根据《人民法院组织法》第 22 条，中级人民法院有四种，其中包括“在省、自治区内按地区设立的中级人民法院”和“在直辖市内设立的中级人民法院”；根据《人民检察院组织法》第 2 条，地方人民检察院有两种，其中包括按地区设立的人民检察院和“省、自治区、直辖市人民检察院分院”。

12 见《人民法院组织法》第 34 条第 2 项、《法官法》第 11 条第 4 项、《人民检察院组织法》第 2 条第 3 款和第 24 条，以及《检察官法》第 12 条第 5 项。

同时《监察法》第9条关于上述监察机构产生办法的规定亦需完善。

（二）主体类型之认定

1. 监察委员会派驻机构不属于"监察机关"

《监察法》中一个耐人寻味的设计是，在"总则和第一章"中和在"其他章节"中，针对主体采取了不同的表述方式。此乃立法上的有意区分，抑或无意为之？我们看到，在总则和第一章中，第4条第2款和第3款规定监察机关外部配合、制约和协助时将"监察机关"与其他国家机构并列表述，第一章"监察机关及其职责"中的"监察机关"同时涵盖"监察委员会"和"监察委员会派驻机构"；而在其他章节中，却又在规定监察职责权限时大量采取"监察机关"的表述。这在逻辑上似乎可以推出，"监察委员会派驻机构"和"监察委员会"都是"监察机关"的下位概念，但是这个结论有待商榷。

如果假设"监察委员会派驻机构"也是一类"监察机关"，那么将会推导出不可思议的结论。由于《监察法》第三章"监察范围和管辖"、第四章"监察权限"、第五章"监察程序"和第八章"法律责任"有关规定几乎全部以"监察机关"为职权主体或行为主体，因此上述条款就应该适用于监察委员会派驻机构；监察委员会派驻机构还可直接以《监察法》为权力来源，以第三、四、五、八章为职权依据。依此假设，我们看到一架天平：一端是人大产生的监察委员会，另一端是监察委员会在一级政权体制外设立的派出机构。二者性质迥异而职权无差。笔者以为，依据《监察法》第 13 条中“根据授权”之规定，监察委员会派驻机构与监察委员会之间，无论权力来源还是职权内容，都应该是大为不同的。

基于上述争议，我们认为区分宪法意义上和监察法意义上两种不同层面的所谓“监察机关”，就很有必要。宪法意义上的监察机关，是宏观上的，指的是“作为国家政权组织形式意义上的监察机关”，倾向于在“国家机构”的序列中对监察权之行使主体作出“监察机关”的定位，其与权力机关、行政机关、检察机关、审判机关等对应，一般适用于宪法文本和组织法的规定，或者在其他法律法规中与其他宪制机关并列（与人民代表大会、人民政府、人民法院、人民检察院等并列时则用“监察委员会”）；监察法意义上的监察机关，则是微观上的，指的是“作为某个具体一级监察委员会的监察机关”，与内设机构、派出机构等对应，强调某个监察委员会是独立一级机关，独立行使本级监察权。可见，宪法意义上的监察机关的外延大于监察法意义上的监察机关，后者仅与（各级）监察委员会等义，前者则指整个监察机关体系。

上述区分，表现在《监察法》中就是：“监察机关”在总则和第一章中是宪法意义上的一种国家机构，在其他章节中则是监察法意义上的独立一级监察委员会。这种区分在《监察法》的一审、二审草案中只是初见踪迹，在现行《监察法》文本中则已完全厘清。其实早在两部草案中，“派驻”条款便已对“监察机关”和“监察委员会”作出严格区分：《监察法（一审稿）》第 9 条与《监察法（二审稿）》第 12 条第 1 款有两个共同点，一是都规定了派出主体是“各级监察委员会”，二是都规定了派驻机构向派出它们的“监察机关”负责。可见，两部草案针对作为组织规范的“派驻”条款，态度是相同的，即“监察机关”不包括“监察机构、监察专员”。而现行《监察法》基本上已经理顺了两种“监察机关”的概念差异，下面三个规定可力证之：（1）第 4 条第 2 款（“互相配合，互相制约”）、第 3 款（“工作协助”）和第一章章名（“监察机关及其职责”）所采用的“监察机关”，都是宪法意义上的一种国家机构，指整个监察系统，包括“各级监察委员会”及其“内设机构”和“派驻机构”；（2）第 3 条（“行使国家监察职能的专责机关”）、第 4 条第 1 款（“依法监察”与“独立监察”）和第 11 条（“依法履行监督、调查、处置职责”）采用的是“（各级）监察委员会”，其意在直接避免上述争议；（3）《监察法（一审稿）》第 15—18 条和《监察法（二审稿）》第 11 条作为职责条款采用的都是“监察机关”，而《监察法》第 11 条却变更为“监察委员会”，其原因在于：在第一审草案中，职责条款（第 15—18 条）规定在第三章“监察范围”中，此时“监察机关”与“（各级）监察委员会”等义，并无不妥；在第二审草案中，该条款（第 11 条）已前移至第二章“监察机关及其职责”中，此时如果再将此处的“监察机关”作为宪法意义上的一种国家机构，认为其外延大于“(各级)监察委员会”，不符合立法原意，因此现行文本直接将其改为“监察委员会”。除此以外，在起实体法或程序法作用的其他章节中，除非与其他宪制机关并列表述，“监察机关”都仅指监察法意义上独立一级的监察委员会。

鉴于上述区分，在讨论监察委员会派驻机构的权力来源和职权内容时，将其从“监察委员会”和“监察机关”中剥夺出来，是很有必要的。正如刘松山教授所指出的，“在一级政权体制外设立派出机构是涉及国家机构的组织和职权的重大问题，属于全国人大及其常委会的专属立法权限，必须有法律的明确规定方可为之”。[13]这意味着，必须在“监察机关”之外，独立地研究“派驻机构”之法律地位。

2. 监察委员会派驻机构不宜定位为“监察派出机关”

上文讨论地区监察委员会宪制地位的另一价值在于，事先明确笔者研究对象有无区分必要：如若定性为派出机关，则监察委员会派驻机构应作“派出机关”“派出机构”之二分，法律地位之研究亦作二分。前述分析已说明地区监察委员会是独立一级监察机关，监察委员会派驻机构不存在“派出机关”这一分支，后者不是笔者研究对象。

基于这一前提，可以归纳监察委员会派驻机构的三种类

---

13 刘松山：《开发区法院是违宪违法设立的审判机关》，《法学》2005年第5期。笔者认为，该文表述可进一步推敲：对于“涉及国家机构的组织和职权”的重大问题，“法律的明确规定”究竟是必要条件，还是充分条件？下文详述。

型及其共性。（1）首先，《监察法》第 12 条所指的“所管辖的行政区域”，应作谦抑性解释，即“无对应权力机关产生本级监察机关（由此陷入统一监察盲点）的行政区域”（可见，“不设置人民代表大会”[14] 并非派驻行政区域之充分要件，因为“对应权力机关”指的是“本级权力机关”，外延不仅有“同级人大”，还包括“上一级人大常委会”），外延主要是两种：第一，依托各级“行政区”所设立的管理委员会所辖之各级“非行政区的区域”[15]，以“开发区”为代表。某种程度上也可称作“跨行政区的区域”，例如经济开发区、高新技术开发区、航空港、风景区等。所谓“行政区”，也包括“地区”、“盟”和“旗”等，对此应设独立一级监察机关，并无必要派驻。第二，县级以下的“基层行政区”，例如乡、民族乡、镇、街道等。（2）进一步归纳，《监察法》第 12 条所规定的派驻对象，指向的是“组织和单位”、“非行政区的区域”和“基层行政区”共三种类型。（3）它们的共性在于，都不在各级监察委员会

14 中共中央纪律检查委员会、中华人民共和国国家监察委员会法规室编写：《〈中华人民共和国监察法〉释义》，中国方正出版社 2018 年版，第 97 页。

15 “非行政区”并非最规范之表达，却是最周延之表达。对于地方区域类型之划分，有学者提出“行政区”和“开发区”的二分法。但是，从各国特别地方制度发展经验来看，行政区和开发区之间并不是非此即彼的关系；换言之，此二者无法周延涵盖全部地方区域。从我国地方制度实践来看，行政区和开发区之间也并非完全互斥，反而大体趋势是融合和改编。对此，现行《检察院组织法》第 2 条第 3 款采取的表述是“区域”，包括“工矿区、农垦区、林区等”；《人民检察院组织法（修订草案）》第 22 条采取的表述是“辖区内特定区域”。为避免争议，本章采取“非行政区的区域”之表述，意在从逻辑上与“行政区”形成周延互斥，旨在排除任何“有对应权力机关产生本级监察机关的区域”。

“直接”覆盖范围之内，“必须”以派驻机构为“探头”，实现国家监察与内部监察之联结，进而确保国家监察的“全面覆盖”和“权威高效”。

本章研究对象之确定，意味着上述三者派驻之监察机构，都当然不是独立一级的“监察机关”，也不可能是一级监察机关的“派出机关”，而只能是一级监察机关面向特定行政区域或组织单位所派出的“派出机构”，其法律地位之研究亦在此设定之下予以完成。

三、监察委员会派驻机构的授权研究

基于“监察委员会（独立一级监察机关）”与“监察委员会派驻机构”之二分，根据《监察法》第3条、第4条和第13条的规定，我国独立行使监察权的主体和行使国家监察职能的专责机关，只有（各级）监察委员会；派驻或者派出的监察机构、监察专员如欲履行监察职能，必须以“根据授权”为前提。如何解释本条所称“授权”？这直接关乎监察委员会派驻机构的权力依据以及存在的正当性，进而决定它在我国宪制环境中处于何种地位，乃至依法治国背景下应如何设置、领导和运作。

（一）资格取得还是名义代表：两种授权的概念分野

如果参考民法“授权”理论，监察委员会派驻机构的职权是权力的一种代表性行使，姑且称作“代表性授权”。民法中的“授权”，是代理制度中的一个概念，与“委托”在诸多方面存在牵连与叠合。[16]民商事代理人在进行代理活动时，形式上名义可能有多种，究其本质，都是以被代理人的名义实施活动，相应亦由后者承担法律责任。[17]从动态过程看，“授权”是代理人取得代理权的获取过程，“代理”是代理人行使代理权的实施过程；从静态结果看，“授权”是代理人取得的代理权本身及其获取方式，“代理”是代理人对代理权的行使以及所实施的行为。代理人取得代理权的获取方式，可能是意定，也可能是法定；代理权之来源，可能是授予代理权的行为（狭义上的授权/委托），也可能源于代理人的职务或者社会一般观念、交易习惯和当事人基础关系等，还可能根据法律规

16 我国《民法总则》第165条规定，“委托代理授权采用书面形式的，授权委托书应当……”。可见，我国民法理论上不专门区分“授权”和“委托”。

17 我国学界早期研究中已有学者提出隐名代理。例如，有学者认为，代理活动之身份通常有三：明示被代理人身份并以其名义活动，仅表明是代理行为并以其名义活动，以及不表明是代理人并以自己名义进行活动。其中就包括隐名代理。参见韩德荣：《民事代理行为无须都以被代理人名义实施》，《法学》1992年第6期。近年来，已有针对隐名代理的专门研究。例如，有学者将之分为“代理人以自己名义行为”以及“代理人既未以自己名义也未以被代理人名义行为”两种情形；继而总结，隐名代理的后果应当是代理行为的效果，归属于被代理人。参见尹飞：《论隐名代理的构成与效力》，《法律科学（西北政法大学学报）》2011年第3期。实际上，显名代理和隐名代理只是形式名义的区分，而“权”“名”“责”才是主体结构中密不可分的三个要素。既然由被代理人承担民事责任，那么究其实质，这些民事法律行为当然也是以被代理人名义实施的。这一结论也符合《民法总则》第162条的规定，即代理期限和权限内之民事法律行为，对被代理人发生效力。

定；[18] 代理权之去处，或者说代理人的身份，则无非内部或外部两种。

根据授权（名义）取得者的身份差异，可以区分内部代表和外部代表。（1）内部代表，一般源于代理人的特殊职务，[19] 权力来源于意定之代理人职务或法定之代表人身份，意味着监察委员会派驻机构可直接代表监察委员会行使监察权，效果归属于派出主体。类似模式有代表基层人民法院的人民法庭、代表最高人民法院的跨行政区巡回法庭。（2）外部代表，一般源于被代理人的授予行为，意味着派驻机构是监察系统之外的其他组织或单位，效果也归于委托主体。类似模式有“委托管理公共事务的组织”。但后一解释易造成对宪法所规定的监察权依法独立行使原则之背离，故决然不可能作如是解释。

---

18 关于意定代理权的来源，有一元说、二元说和多元说。一元说认为，代理权仅源于授予行为；二元说认为，还源于代理人的职务。有学者进而主张意定代理权来源的多元论，“我国民法典应当承认意定代理权来源的多元论，即除代理权授予行为之外，代理权还可以来自法律的直接规定、社会一般观念或者交易习惯以及当事人之间的基础关系”。参见尹飞：《体系化视角下的意定代理权来源》，《法学研究》2016 年第 6 期。不过，该文主张的四种来源，是否全都是或只能是意定代理权的来源，还有待商榷。我国《民法总则》实际采纳了二元论。

19 我国《民法总则》第 7 章第 2 节名为“委托代理”，其中第 170 条规定了职权代理，可见，我国职权代理也是一种委托代理。此即前述注释中所指意定代理权来源二元说中的代理人职务。二元论试图“创设简单、抽象化的一般性规则”，但是“无法涵盖实践中代理权的各类来源，而且会造成司法实践中新的困扰”，而且还在规范理路和法律表达方面有所缺陷。参见尹飞：《体系化视角下的意定代理权来源》，《法学研究》2016 年第 6 期；聂卫锋：《职权代理的规范理路与法律表达——〈民法总则〉第 170 条评析》，《北方法学》2018 年第 2 期。

实际上，公法领域所谓“授权”应与“委托”严格二分，[20] 即不似民法般将之混同。由此，我们可以区分两种授权，一种是“资格性授权”，这是公法意义上的授权；另一种是“代表性授权”，这是民法意义上的授权，对应的是公法意义上的“委托”。前者指受权主体根据授权从授权主体处取得行使某种职权之资格，该职权已从授权主体中脱离；后者则指受委托主体依据委托而代表委托主体以其名义行使某种职责，该职权仍属委托主体自身。根据这一区分，基层人民法院自行设立人民法庭，最高人民法院自行设立巡回法庭，都不是公法意义上的“授权”。因而对《监察法》第 12 条“根据授权”这四个字的意涵，应解释为授权主体对于某种职权的资格确认或转移。

（二）“授权”的形式争议

1. 对内授权还是对外授权?

根据授权（资格）取得者的身份差异，有监察系统内部取得或外部取得两种。在公法领域，职权、授权和委托之间，有

20 在民事法律关系中，民事主体之间具有平等的法律关系，民事主体资格无须转移，也无法转移，故不涉及行政法意义上的授权。有学者谈及行政授权时，总结提出行政授权与行政委托之区分，指出二者有本质区别。前者指行政机关把自己享有的行政权力通过法定形式授予其他组织，意味着所授行政职权与原行政机关的真正分离；后者则不发生分离。参见林春玲：《关于行政授权若干问题的探析》，《行政与法》2007 年第 11 期。行政法领域委托和授权的区分，对于厘清监察法授权理论也有帮助。

着明确的界限。[21] 从法与国家的一般原理以及宪法和法律的关系看，“（创造）宪制职权”应当是宪法特别保留之事项，法律（包括基本法律）不得染指。[22]《监察法》只能重复、细化或援引宪法关于“宪制职权”的规定，在既有框架内确立组织边界和权限边界，而不得创造新的职权。如果派驻机构是“法律法规授权的组织”，便是立法机关为非宪制机关创造宪制职权，不仅超越了立法权限，违背了宪法保留，还抵触了监察权独立

---

21 从权力来源来看，狭义上的“职权”仅指宪法赋予某国家机构之宪制权力，严格讲不同于“授权”。从授权形式来看公法授权，可分为机关授权和法条授权。机关授权以行政授权为代表；法条授权分为法律授权、法规授权和宪法授权，规章能否授权还有争议（因其本身即依法律法规授权而制定）。法律授权和法规授权就其主体其实也是机关授权；宪法授权的主体是制宪主体，严格讲不是“授权”，而是“职权”。主张宪法职权亦为授权者，认为宪法职权源于宪法授权，《宪法》作为根本大法，也是法。该观点的出发点值得肯定，缺陷在于，法规或法规授权、行政授权、专门授权等的授权主体都是某个宪制机关，但宪法（至少成文宪法）制定主体应当是全体国民或专门制宪机关而非议会。将之混同是危险的。因此，公法领域权力来源之更恰当的划分，应当是“委托”、“授权”与“职权”的三分。

22 从这个意义上讲，现行《宪法》第 124 条第 4 款颇受质疑。该款规定，“监察委员会的职权和组织由法律规定”。一个很直接的问题就是：我国权力机关能否依此授权，在组织法中补充甚至创设监察委员会的新的宪制职权？笔者以为，首先，从《立法法》第 8 条第 2 项有关宪制机关之“职权”的事项“只能制定法律”的规定，无法推出法律有权创造宪制职权；其次，宪制职权并非《立法法》第 9 条规定的法律特别保留事项，而是宪法相对法律之特别保留事项；最后，即便关于宪制机关“职权”之法律贵为基本法律、之事项贵为保留事项，仍仅能重复、细化或援引宪法关于“宪制职权”的规定，而不得创造新的宪制职权。因此，《宪法》第 124 条第 4 款关于“监察委员会的职权由法律规定”之表述，如解释为补充或创制，则不符合宪法保留原理；如解释为执行或细化，则与第 123 条逻辑重复。

行使之宪法原则。[23] 因此，《监察法》授权（资格）之取得者，只能是监察系统内部。此时，“根据授权”既是关于监察机关组织设置的规范，也是对于监察机关宪制职权的细化。

2. 普遍规则授权还是具体临时授权?

监察委员会派驻机构以何种形式取得授权？（1）如果是普遍的规则授权，这意味着派驻机构的监察职权源于《监察法》的“(直接）授予和确认”，授权主体是立法机关；具体而言，派驻机构在其派出主体之外而“单独”具备部分监察职权，在“所确认的”监察权限范围内以自己的名义实施监察行为，并独立承担法律责任。（2）如果是具体的临时授权，这意味着派出主体在《监察法》许可之下将其部分监察职权“（间接）授予和转移”至其派驻机构，授权主体是监察机关；具体而言，派出主体基于本法许可而授予其派驻机构不超过其本身监察权限之部分职能，后者在“所转移的”权限范围内以自己名义实施监察行为，并独立承担法律责任。究竟是“确认”形式的直接取得，抑或“转移”形式的间接取得？仅仅依据“根据授权”的表述，其实很难有确切结论，这需要在后续立法或解释中加以明确。

23 所谓“法律法规授权的组织”，要求有二：第一，授权的对象是非机关，这是应有之义，否则，任何法律法规规定权限的机关，也都可称“法律法规授权的组织”，这显然是扩大性解释；第二，授权的内容不得超出管理公共事务，因为现行宪法明确规定了监察权、检察权、审判权必须依法“独立”行使三大原则。此外，“法律”授权不是设置机关的依据，也不是非机关成为机关的依据，否则，即便正式设立，却非国家机构，既无宪制地位，也无宪制职权，这也是本轮改革前期学界修宪争议的源始。

（三）“授权”的实质影响

1. 相对地位：分娩于内、独立于外、接受监管

形式差异固然重要，却未累及实质。既然是授权而不是委托，那么性质必然是资格取得而不是名义代表。这种性质描绘出监察委员会派驻机构相对其派出主体，是一种“分娩于内、独立于外、接受监管”的特殊存在。

（1）所谓“分娩于内”，意指派驻机构脱胎于其派出主体。意蕴有四：一是组织上由派驻主体设置，二是编制上隶属于派出主体，三是职权上直接或间接来源于派出主体，四是财物上由派出主体资助。

（2）所谓“独立于外”，意指派驻机构形式上独立于派出主体。意蕴有三：一是组织上区别于内设机构而独立设置于一级政权体制之外；二是职权上区别于内设机构而脱离于派出主体之外；三是管理权限上相对独立于派出主体而自主办案。

（3）所谓“接受监管”，意指派驻机构实质上对派出主体负责。意蕴有三：一是对人的监管，即工作人员之日常活动接受派出主体之监督管理；二是对业务的监管，即派驻机构之监察活动接受派出主体之监督管理，包括初查初核、立案调查等具体行为及可能之抽象行为；三是对单位的监管，即派驻机构的原则方向、发展方略和工作方法等接受派出主体之监督管理。

2. 主体特征：游走于形式分离与实质牵连之间

监察委员会派驻机构与其派出主体之相对地位，得以透

视出派驻机构在权、名、责三要素上相对于派出主体处于一种游走于形式分离与实质牵连之间的矛盾处境。

一方面，相对于后者，前者在权、名、责之外在形式上具有分离性，这表现在职权分离和名责独立两个方面。所谓“职权分离”，即派驻机构之职权与派出主体是分离的，对于派驻机构在授权范围内的具体行为，派出主体不得“直接”干涉；所谓“名责独立”，即派驻机构在授权范围内以自己的名义行使该职权，也自行承担行使该职权所产生的法律责任。

另一方面，相对于后者，前者在权、名、责之内在实质上还具有牵连性，这表现在统一管理、行为监督和责任兜底三个方面。所谓“统一管理”，就是我们所说的“派驻统管”，有别于“双重管理”，是领导体制层面的问题。依据是《监察法》第 12 条第 2 款，表现在编制管理、人员任命、财物管理、报告制度和交流制度等诸多方面；所谓“行为监督”，即派出主体依照法律规定对派驻机构履行监管职责；所谓“责任兜底”，既指派出主体监管不当则承担相应责任，又指派驻机构无力担责时由派出主体代为承担。

3. 派驻机构的具体职权

监察委员会派驻机构究竟被授予了哪些职权？这是一个极为复杂而牵连者众的问题。暂退一步，不同派驻机构的职权是否相同，即“同派同权”还是“同派异权”？后者的优势在于赋予各级监察委员会更多自主判断权，进而因时制宜、因地制宜，由此对不同层级、不同地域、不同领域的驻在对象，在授予之职权的侧重点和限度上有所区分。那么，差异化授权的依据是什么？标准是什么？谁来衡量？如果采取“同派同权”，又如何在不同层级、地域和领域之间寻求最大公约数？纵览《监察法》有关监察权限之章节条款，发现无一例外以“(各级)监察委员会”或“(作为国家机构的)监察机关”为职权主体，如若单以本法第13条之规定为派驻机构行使职权的全部依据，则显然过于原则、粗犷。此外，还有不少授权关涉事项，例如，监察派驻究竟是常态性派驻，还是临时性派驻？是“一事一授权”，还是“一次授予终身享有”？从立法技术上讲，太过具体细化的立法安排若不合时宜，便会透支法律权威，束缚实践；但是，过于原则、粗犷的立法可能因过多的空缺或留白而不能强力指引实践，甚至造成实践的困扰。有必要尽快通过法律解释或立法修改等方式进一步明确。

四、监察委员会派驻机构的派出条件

无论《监察法》第12条“授权”是何种形式、实质和内容，都不影响派驻监察机构的设立和撤销，必须按照规定的权限和程序审批。[24] 这是公权组织创设的必然规律。进一步讲，

24 《监察法》第12条第1款规定的是“可以向……等派驻或派出……”，看似只涉及“设立”而无关“撤销”。但是，作为一个行使国家公权之组织，既不应平白而“生”，也不应平白而“亡”；既然需要“设立”，必然也可能“撤销”。二者都应事先规定好权限和程序。

监察派驻是否仍须满足一定实体条件？实质要件与程序要件之确定，不仅要从行政和司法组织规范中总结和借鉴有益经验，还要上升到我国宪制环境层面进行更深层次的分析。

（一）参考经验

1. 从地方政府组织规范来看，有两种参考对象。（1）派出机关。根据《地方组织法》第68条规定，行政机关经上级批准[25]可设立“派出机关”，其中，除街道办以外，都以“必要性”[26]为前提。（2）派出机构。根据有关部委组织管理条例，行政机关职能部门按照规定程序可设立“派出机构”，其中，面对不特定公民、执行外部性事务的派出机构，以法律法规授权为依据，一般也以“必要性”为实质条件。以公安机关为例，设区的市公安局设置公安分局，以“根据工作需要”为实质条件，以“按照规定的权限和程序审批”为程序要件，市、县、自治县公安局设置公安派出所条件同上。[27]

2. 从检察院组织规范来看，有三种参考对象。（1）作为

25 所谓“上级批准”，指派出的程序要件，有两种情况：上一级政府批准（行政公署和街道办事处）和上两级政府批准（区公所）。根据《地方组织法》第68条第3款规定，省级政府设立行政公署须经国务院批准，县、自治县政府设立区公所须经省级政府批准，市辖区、不设区的市设立街道办事处须经上一级政府（一般为地级市政府，例外有二：直辖市之辖区设街道办应经直辖市政府，省直管市设街道办应经省级政府）批准。

26 根据《地方组织法》第68条，行政公署、区公所之设立，以“在必要的时候”为实质要件；反观街道办，则无此规定。

27 见《公安机关组织管理条例》第6条。

派出机构的人民检察院。根据《人民检察院组织法》第2条第3款，派驻对象是“工矿区、农垦区、林区等区域”，性质是“作为派出机构”的人民检察院，程序要件是“提请本级人大常委会批准”，实质要件是“根据工作需要”；《人民检察院组织法（修订草案）》（2017年8月18日稿）第22条在此基础上，还要求“经最高人民检察院和省级有关部门同意”。（2）跨行政区划的人民检察院。《人民检察院组织法（修订草案）》第21条规定的是，以“全国人民代表大会常务委员会决定”为程序要件。目前这项改革已提上日程，应该说，它对于去行政化和地方化、推动司法公正、提升司法效率有一定的帮助，却也面临改革目标不明确、正当性与合法性不足、制度逻辑错位等重大问题，与我国人大制度治理模式之间的缝隙不容忽视。（3）乡镇、监狱派驻检察室。实践中，不少检察院还在乡镇、监狱等行政区域或单位中设立派驻检察室，由于缺少组织法层面的依据，[28] 各地做法不一。根据2018年5月31日最高人民检察院的决定，自次月始至2019年5月，在八省市区开展监狱巡回检察试点工作。此次“派驻”改“巡回”试点，一定程度上被视作监狱派驻检察室之终结，但

28 根据《立法法》有关规定，人民检察院派驻检察室属于“人民检察院的产生、组织和职权”，只能由法律规定；作为关涉国家机构的法律，属于基本法律。目前，关于派驻检察室主要的两部规范性文件是最高人民检察院分别于1993年和2010年发布的《人民检察院乡（镇）检察室工作条例》和《关于进一步加强和规范检察机关延伸法律监督触角促进检力下沉工作的指导意见》。可见，检察院派驻检察室至今尚无组织法层面的依据。

颇为吊诡的是，此前《人民检察院组织法（修订草案）》针对监狱派驻检察室有关事项却在第23条作了专门规定。改革前后举措之间，怎样系统地论证它们的外部逻辑和外在关联，才能保证学理和逻辑关系上的周延自洽，避免多轮改革彼此脱节甚或互相冲突？[29] 对此，外界仿若雾里看花。监狱派驻检察室之存留，还未可知。可知的是，《人民检察院乡（镇）检察室工作条例》第4条作为内部规范，[30] 要求乡镇派驻检察室以“乡（镇）地域、人口、经济状况和工作需要”为实质要件，以“省一级人民检察院审批”为程序要件；《人民检察院组织法（修订草案）》第23条，提出对监狱等场所设立的检察室，以“根据检察工作需要”为实质要件，以“最高人民检察院（省级人民检察院）和省级有关部门同意”[31] 为程序要件。

3. 从法院组织规范来看，也有三种参考对象。（1）人民法庭。根据《人民法院组织法》第19条，基层人民法院可自行决定设立人民法庭，有乡镇法庭、交通法庭等多种形式，都是基层人民法院的组成部分，二者判决和裁定等同视之，其设

29 参见秦前红：《中国政治体制改革“试点”模式需解决好四大问题》，《中国法律评论》2017年第4期。

30 《人民检察院乡（镇）检察室工作条例》于1993年4月由最高人民检察院发布。尽管该条例自称“根据《中华人民共和国检察院组织法》制定”，仍只能归为检察机关内部规范。

31 《人民检察院组织法（修订草案）》第23条原文是：“省级人民检察院设立检察室，应当经最高人民检察院和省级有关部门同意。市级人民检察院、基层人民检察院设立检察室，应当经省级人民检察院和省级有关部门同意。”

立以“地区、人口和案件情况”为实质要件，这其实也是一种“根据工作需要”。（2）跨行政区划法院。上文提及，最高人民法院批复成立开发区法院之合宪性存疑，其实质就是越过人大自行设置跨行政区划法院；即便基于上一级甚至全国人大常委会的批准，其仍面临类似跨行政区划检察院的诸多困境。（3）巡回法庭。从制度实践来看，最高人民法院“根据有关规定和审判工作需要”，可自行决定设立巡回法庭。但是，巡回法庭的设立及其组织、职权和产生办法等，依据只是2015年1月5日最高人民法院审判委员会第1640次会议颁布的《最高人民法院关于巡回法庭审理案件若干问题的规定》，因此巡回法庭之设立依据是否充分，同样存疑。

上述八种参考对象中，一级政府派出机关、跨行政区划的人民检察院（人民法院）、人民法庭、巡回法庭等五种都不符合监察委员会派驻机构之主体类型，可作借鉴的只有（作为派出机构的）公安分局（公安派出所）、特定区域的（作为一级检察机关派出机构的）人民检察院和监狱乡镇等的（作为一级检察机关派出机构的）派驻检察室共三种，这涉及检察机关和行政机关两类组织规范。

（二）监察派驻的程序要件和实质要件

监察委员会派驻机构之设置，不应借鉴公安分局（公安派出所）。首先，从职权属性看，一方面监察权“在权源上的生发性使其具有天然的行政属性，但又脱胎于行政权具有相对独立性”，[32]另一方面职务犯罪侦查权转隶自检察院，故与检察权也有相似处；其次，从央地关系看，行政权更注重中央事权和地方事权之间的权限分配与衔接协调，司法权则更多情况下被视作一种中央事权，而从监察一体化的组织目标和“全国一盘棋”的改革目标来看，监察权配置更加强调中央事权；最后，从比较对象看，公安分局（派出所）是一级政府职能部门的派出组织，监察委员会派驻机构是一级独立监察机关的派出组织，二者不在同一维度。

但是，检察系统派出组织还分作“作为派出机构的人民检察院”和“作为派出机构的派驻检察室”两种，怎么借鉴呢？前者之设立以“根据工作需要”为实质要件，以“经本级人大常委会批准”为程序要件（甚至同时要求上级机关同意），后者之设立则一般以“根据工作需要”为前提，经由上级机关批准。从监察委员会派驻机构的驻在对象来看，既有“行政区域”，也有“单位和组织”，其中前者还分作“非行政区的区域”和“基层行政区”，比检察派驻更为复杂。因此，哪种方案更优化，便需仔细衡量。

关于派出监察机构的审批程序之模式选择，到底是择一移植，还是博采众长？可能方案有二：一是一分为二，在乡镇等“基层行政区”及“单位和组织”，经上级监察机关批准可设立派驻机构；在辖区内“特定区域”设立派驻机构，则必须

32 徐汉明：《国家监察权属性研究》，《法学评论》2018 年第 1 期。

“提请本级人大常委会批准”。二是大而化之，无论何种派驻机构，皆采取同一审批程序。无论采取哪种方案，以下两点值得采纳：第一，无论向任何组织、单位或行政区域派驻监察机构，至少应该以“经上级监察机关同意”[33]作为审批程序的最低限度；第二，如果驻在对象是“所管辖的行政区域”，必须“提请本级人大常委会批准”。

派出监察机构是否以“根据工作需要”为前提？回溯监察立法过程，《监察法（草案）》曾经借鉴并采取了《行政监察法》关于“根据工作需要”的表述，但这一表述最终被删除。此种做法究竟基于何种考量，尚需进一步探寻。这是否意味着监察派驻乃无条件之派驻？即设立并非两可之事，而是不论需求，皆须派驻。若此，如何避免监察资源低效甚至浪费？笔者以为，“为了派驻而派驻”不是改革初衷；“派驻全覆盖”也不应理解为不顾实际地机械运用，而是要以我国人大制度为根本遵循，围绕《宪法》《监察法》规定的组织规范，联系各个地方的实际需要，进而展开制度实践。例如，对于“地区”“盟”“旗”等具备设置独立一级宪制机关之条件的行政区，便不必设立派出组织；再如，对于某些公职人员特别少的组织或单位，或者少量的派驻监察较于内部监督之弊端显著或难度极大的组织或单位，以及某些存在特殊价值考量的领域，

33　至于“上级”，是指全部由“上一级”批准，还是省级以下派驻皆由“省一级”批准，省一级派驻由“国家级”批准，有待进一步讨论。

是否可以考虑不对其派驻，或者采取更为缓和的派驻方式？唯其如此，或可在派驻监察与内部监督之间谋求更恰宜之价值平衡，从而既达监察实效，也不致浪费资源，又避免侵扰自治。

五、细化完善“派驻”条款的几点建议

在独立一级监察机关之外设立派出机构，是涉及国家机构的组织和职权的重大问题，属于全国人大及其常委会的专属立法权限，必须有法律的明确规定方可为之。基于“派出机构”之主体类型和《监察法》第13条有关“根据授权”之表述，监察派驻有普遍规则授权和具体临时授权两种可能的授权形式，二者之间的差异并不影响授权的本质是资格取得，而不是名义代表，由此形成“分娩于内、独立于外、接受监管”之基本定位，以及因在权、名、责三要素上兼具外在形式上的分离性以及内在实质上的牵连性而产生的复杂处境。监察派驻必须基于一定的程序前提和实质前提，从程序要件来看，需要区分单位和区域，底线是“经上级机关批准”，如欲对区域派驻，必须“提请本级人大常委会”批准；从实质要件来看，派驻全覆盖应该解读为“根据工作需要”，不得以派驻机构“取代”独立一级监察机关，关于特殊领域和部门是否需要派驻宜作专门考量。此外，派驻机构职权内容是“同派同权”还是“同派异权”，是常态性派驻还是临时性派驻，若是临时性派驻则期限几何等问题，尚待明确。

基于上述对监察委员会派驻机构法律地位的研究和主张，笔者针对《监察法》“派驻”条款的完善和细化，拟提出以下建议：

第一，完善监察机关的组织规范。“地区”“盟”等监察委员会不是一级监察机关的派出机关或派出机构，而是视作一级独立监察机关，应当纳入监察机关分级体系。《监察法》第7条第2款关于地方各级监察机关的分级设置，无法为这些监察委员会作为一级独立监察机关的法律地位提供充分的组织法依据；与此同时，《监察法》第9条关于地方各级监察机关产生办法的规定，并不符合它们产生、组成和任免的实际操作，必须尽快通过法律解释或全国人大常委会决定，或在时机成熟时修改法律等来加以完善：（1）第7条第2款应当增设“在省、自治区内按地区设立的监察委员会”作为第二级地方监察委员会；（2）第9条第1款应当增设“在省、自治区内按地区设立的监察委员会，由省、自治区人民代表大会常务委员会产生，负责本行政区域内的监察工作”；（3）第9条第2款增设“在省、自治区内按地区设立的监察委员会的主任、副主任、委员，由省、自治区的人民代表大会常务委员会任免”，并考虑，是否增设“在直辖市内设立的监察委员会”必须与同级司法机关实现程序衔接？如增设，参考上述组织和产生办法，第7条和第9条有关规定亦应修改。

第二，完善派驻机构的组织规范。《监察法（草案）》借鉴并采取了《行政监察法》中“根据工作需要”的表述，这一表述在《监察法》正式通过时被删除。但是，基于“可以”之表述，监察机构并不是无条件、无程序的派出，而是要以我国人大制度为根本遵循，服从《宪法》《监察法》规定的监察组织体系，同时联系地方实际需要：1. 第 12 条第 1 款在“可以”之前增设“根据工作需要，经某一级监察委员会批准”，所谓“某一级”，可能是上一级监察机关，也可能是省级监察机关，要根据具体情况进行考量；2. 第 12 条第 1 款末尾增设“其中，向行政区域派驻或者派出的，需要提请本级人民代表大会常务委员会批准”。

第三，通过法律解释明确派驻机构的授权形式。《监察法》第 13 条的“根据授权”，究竟是普遍的规则授权，还是具体的临时授权？前者是“（直接）授予和资格确认”，授权主体是制定《监察法》的全国人大；后者是“（间接）授予和资格转移”，授权主体是派出它的监察委员会。授权形式不同，将导致派驻机构的权力来源、授权期限和职权内容，以及派出主体的具体角色和自主判断权等有极大的不同。

监察委员会派驻机构法律地位研究之后续问题是：监察委员会派驻机构作为一个监察主体，究竟有哪些“权”、哪些“名”、哪些“责”？这是监察委员会派驻制度的关键问题，亟须依法细化。关于派驻机构与其派出主体之间的管辖程序衔接及其与司法执法机关之间的办案程序衔接，派驻机构（独立）调查活动的措施种类、限权程度和正当程序，能否限制公民人身权利、财产权利，能否采取留置措施，能否作出处置决定，能否制定普通监察规范性文件及其内容和效力，派驻机构在监察救济体系和监察赔偿机制中的层级地位等，也都需要尽快通过法律解释或立法修改的方式，加以完善和细化。

第六章

论国家监察体制改革背景下的法院监察*

一、引言：未转隶的法院监察部门

机构与职能的整合是当前国家监察体制改革的主要思路，即将行政监察、预防腐败和检察机关查处贪污贿赂、失职渎职及预防职务犯罪等工作力量整合至新设立的监察委员会。可以说，在改革试点工作中，相关机构、职能和人员的转隶当为改革最为主要的方法论，亦是最引人关注的改革内容之一。尤其是检察机关部分职能的整合，甚至还引发了检察权和监察权法律性质重新定位的讨论。其实在此次改革试点之初，便有不少关于机构与职能转隶的探讨与设想，比如政府审计部门及审计职能是否需要转隶至

* 本章已发表于《现代法学》2018 年第 4 期。

监察委员会；[1] 以及在行政监察机构和职能整合至监察委员会之后，政府内部是否尚需保留以效能监察和执法监察为主要内容的行政监察职能等。[2] 即便是到了改革试点工作不断推进直至在全国各地推开之际，相关的讨论亦未因此而终结。不过，无论是改革者所确定的改革方案，抑或是既有的学术讨论，皆在相当程度上忽略了法院监察部门及法院监察职能的存在，这集中表现为同具监察属性及反腐职能的法院监察部门却未转隶至监察委员会。

当然，上述“忽略”的背后不乏诸多有意或无意的原委，但由此而生的问题无疑值得人们思考：例如，面对监察范围全面覆盖的监察委员会，法院监察部门是否得有自身独有的作用发挥空间？若已无作用发挥空间，那么为何仍需在法院内部保留此部门？若尚有作用发挥空间，那么此一空间究竟有几何，以及法院监察部门如何在该空间内发挥预期的功能？此外，其实早在国家监察体制改革之前，法院监察部门便已经历过一次被撤销的“风险”，即在党的纪律检查体制改革过程中，中共中央办公厅于 2014 年 12 月印发了《关于加强中央纪委派驻机构建设的意见》，要求各级党的纪委采取单独派驻和归口派驻的方式设置派驻纪律检查机构，并撤销驻在机关的内设纪检

1　参见秦前红：《国家监察委员会制度试点改革中的两个问题》，《四川师范大学学报（社会科学版）》2017 年第 3 期。

2　参见刘峰铭：《国家监察体制改革背景下行政监察制度的转型》，《湖北社会科学》2017 年第 7 期。

监察机构。由此法院监察部门便在撤销之列，但考虑到司法机关情况特殊，中央纪委原则上同意人民法院、人民检察院保留各自的监察部门。[3]

二、法院监察的产生背景、部门属性和制度功能

相较于已转隶或即将转隶至监察委员会的行政监察部门而言，人们对法院监察部门或许有些陌生，但法院监察与行政监察其实是既有关联亦不乏差别的。关联表现为，二者皆系各自内部的政纪监督部门，因此在制度运作和功能层面具有很大程度的共通性，同时，法院监察制度的产生亦可视为行政监察制度变迁的结果。差别则表现为，由于二者分别置于审判机关及行政机关之内，监督对象分别为审判权及行政权的行使，故而为其所设的监察制度在制度功能和运作规律上亦难免有所不同。

（一）行政监察的制度变迁与法院监察的产生

我国法院监察制度的历史要远晚于行政监察制度及国家监察制度，但法院监察制度的建立却与行政监察的制度变迁有着颇为密切的关联。在中华人民共和国成立伊始，我国即已建立由监察机关司职政纪监督的制度。《中国人民政治协商会议共

3　参见王炜：《双重体制改革背景下的人民法院纪检监察体制机制研究——以内设监察部门建设为侧重点》，载贺荣主编：《深化司法改革与行政审判实践研究——全国法院第28届学术讨论会获奖论文集（上）》，人民法院出版社2017年版，第145页。

同纲领》第19条规定，在县市以上各级人民政府内设立人民监察机关，以监督各级国家机关和各种公务人员是否履行其职责，并纠举其中之违法失职的机关和人员。据此规定，政务院及地方各级人民政府相继设立了人民监察委员会。显然，此时的监察制度名义上来看应为行政监察制度，“人民监察委员会是监察行政人员是否履行其职责的，与检察署不同”。这也是当时把监察委员会列在政务院之下，而非直接隶属于中央人民政府委员会的原因。[4]但在现实中，当时的监察委员会的监督对象却可及于包括审判机关、检察机关在内的一切国家机关及其工作人员。例如，根据1950年10月颁布的《政务院人民监察委员会试行组织条例》第2条的规定，政务院监察委员会的监察对象为全国各级国家机关和各种公务人员。在此种意义上，当时名义上的行政监察俨然成为实际上的国家监察。

至第一届全国人大第一次会议于1954年9月通过《宪法》《国务院组织法》后，政务院据此改为国务院，人民监察委员会亦相应改为监察部。自此之后，直至监察部于1959年4月被撤销，监察部不再如人民监察委员会那般具有国家监察的属性，其监督对象更多地为行政机关及其工作人员。尤其是根据1955年颁布的《监察部组织简则》第2条的规定，审判机关、检察机关等非行政机关已不再是行政监察的监督对象，

4 董必武：《中华人民共和国中央人民政府组织法的草拟经过及其基本内容》，载董必武：《董必武法学文集》，法律出版社2001年版，第22页。

监察部的监督对象已限于国务院各部门、地方各级行政机关、国营企业、公私合营企业、合作社。自监察部于 1986 年 11 月恢复设立，至当前国家监察体制改革的展开，监察部始终保持着行政监察的属性。包括监察部在内的各级行政监察部门负责对行政机关及其工作人员施以政纪监督。[5]

经由以上梳理可见，我国行政监察经历了由“国家监察”到“行政监察”的制度变迁。此种制度变迁虽然使得制度得以“名副其实”，并符合行政监察的制度逻辑，但致使非行政机关性质的审判机关和检察机关遗漏在政纪监督之外，换言之，对法院和法官的政纪监督在某种意义上出现了所谓“监督真空”。然而，为了使法院和法官依法行使审判权，必要的政纪监督其实是不可或缺的，因为若是法院系统缺失专司违纪案件查处的部门，无疑会严重影响法院的廉政建设。基于此种考量，“为了保证人民法院工作人员严格履行自己的职责，保障国家法律、政策的正确贯彻实施，最高人民法院党组研究决定，在全国人民法院系统，设立人民法院内部的监察机构”。[6]

最高人民法院、国家机构编制委员会于 1989 年 7 月联合发布《关于设立各级人民法院监察机构的通知》，“决定在最高人民法院设立监察室，地方各级人民法院亦相应设立监察

5　参见乔石:《设立国家行政监察机关是健全法制的需要》，载乔石:《乔石谈民主与法制（上）》，人民出版社、中国长安出版社 2012 年版，第 101—102 页。

6　最高人民法院监察室编写:《人民法院监察工作讲义》，人民法院出版社 1993 年版，第 10 页。

机构。监察室作为法院的内设机构与纪检组一套班子，两块牌子”。随后，最高人民法院于 1989 年 8 月颁布《关于建立法院系统监察机构若干问题的暂行规定》，就法院监察部门的性质、监察对象、主要任务和职权、领导体制、设置和编制等问题作了较为具体的规定。同时，为使法院监察部门的政纪监督工作有章可循，最高人民法院又于 1990 年 3 月印发了《人民法院监察工作暂行规定》《人民法院监察部门查处违纪案件的暂行办法》等规范性文件。为进一步完善人民法院内部监督机制，推进人民法院监察工作的深入发展，最高人民法院于 2008 年 6 月印发《人民法院监察工作条例》，就法院监察部门和监察人员、监察部门的职责和权限、监察程序等事项进行了较为详细的规定，上述《人民法院监察工作暂行规定》则随之被废止。2013 年 1 月，最高人民法院对《人民法院监察工作条例》进行了修订。根据修订后的《人民法院监察工作条例》的相关规定，法院监察部门是法院内部行使监察职能的专门机构，最高人民法院和高级人民法院设立监察局，中级人民法院设立监察处，基层人民法院则设立监察科或监察员。

根据《人民法院监察工作条例》的相关规定，法院监察部门的职权较为广泛，比如有权检查法院及其法官遵守和执行法律法规的情况，受理对法院及其法官违纪违法行为的检举控告，调查处理法院及其法官违纪的行为等。此外，与行政监察部门的“两指”措施类似，法院监察部门经上一级法院监察部门批准，亦可责令涉嫌违纪的人员在指定的时间、地点就调查事项涉及的问题作出解释和说明。不过，法院监察部门并不能对违纪人员直接给予纪律处分，因为根据《人民法院监察工作条例》第33条的规定，在给予警告、记过、记大过、降级、撤职、开除等处分之时，法院监察部门仅是提出处分意见的主体，尚待本院院长或者院长办公会议批准之后，方可以法院的名义下达相应的纪律处分决定。再者，对于撤职、开除的处分，还需提请同级人大或其常委会罢免、免职或撤销职务后，才能够执行处分决定。

（二）内部执纪者：法院监察的部门属性

如上所述，法院监察与行政监察皆以政纪监督为主要职责，故二者在较多层面具有相当的相似性和共通性。不过，二者的分别亦是显而易见的：法院监察部门置于法院内部，监督法院及其法官行使审判权，除执行国家法律以外，主要执行的乃是法院内部的纪律规则；而行政监察部门则置于政府内部，监督政府及行政官员行使行政权，除执行国家法律以外，还要执行政府内部的纪律规则。立基于此，法院监察的部门属性主要有二：

其一，法院监察部门作为法院内部司职政纪监督的机构，其执行的大多是法院内部的纪律规则，如《人民法院工作人员处分条例》《法官行为规范》《人民法院落实〈司法机关内部人员过问案件的记录和责任追究规定〉的实施办法》等法院内部的纪律规则。例如，《法官行为规范》第 90 条规定，各级人民法院要严格要求并督促本院法官遵守本规范，具体由各级法院的政治部门和纪检监察部门负责。再如，根据最高人民法院《关于完善人民法院司法责任制的若干意见》的规定，若需要追究法官的违法审判责任，则需由法院监察部门对法官是否存在违法审判行为进行调查；对于应当给予纪律处分的，则需由纪检监察部门具体办理。不过，此类内部纪律规则并非严格意义上的法律，亦不能涵盖在法院司法解释的范围之内。对此，有论者将其称为“司法法规”，并认为其是为了保证司法机关对司法行政事务进行有效管理。[7] 因为我国《法官法》当中与法官惩戒制度有关的规定相对较少，而通过一定的纪律规则来约束法官的行为却是相当必要的，以致与之相关的规定多散见于法律以外的规范性文件当中。[8] 当然，所有关于法官纪律的事项皆由国家法律来规定无疑是既无必要亦无可能的。此外，法院监察部门虽置于法院内部，但其是法院其他职能（业务）部门的监督者，因为根据《人民法院监察工作条例》关于监察部门职责的规定，各级法院监察部门皆可对本院各部门及其法官和其他工作人员实施监察。

其二，法院监察与行政监察既有关联亦不乏诸多区别。如

---

7 参见李颂银、刘婷婷：《我国司法机关“法规制定权”探讨》，《法学评论》2004 年第 1 期。

8 参见江国华、吴悠：《完善我国法官惩戒制度的几点意见——兼议〈中华人民共和国法官法〉第十一章的修改》，《江汉大学学报（社会科学版）》2016 年第 2 期。

上所述，二者的关联主要是缘于其皆为政纪监督机构，故而在部门职权、组织结构、机构设置等方面自然具有相似性和共通性。例如,《人民法院监察工作条例》其实即是参照《行政监察法》的内容和体例来制定的。[9]同时在法院监察工作的具体实践中，法院监察部门也比较普遍地参照行政监察部门制定的规范性文件来开展工作。[10]即便如此，二者的区别同样显而易见：比如在制定《行政监察法》的过程中,《行政监察法（草案修改稿）》第47条其实有规定，国家机关根据工作需要在内部设立的监察机构参照《行政监察法》来执行。但在全国人大常委会审议过程中，有的委员提出国家机关包括审判机关、检察机关，它们在内部设立的纪律监督机构和本法的监察机构和监察工作是不同的，不宜在《行政监察法》中规定。因此最终删去了该条的规定。[11]与此同时，时任最高人民法院院长肖扬在谈及法院监察工作与国家监察工作的关系时亦曾表明：

---

9 《人民法院监察工作条例》第1条规定：为了加强人民法院监察工作，严肃人民法院纪律，促进廉政建设，维护司法公正，根据《中华人民共和国公务员法》《中华人民共和国法官法》等法律，参照《中华人民共和国行政监察法》制定本条例。

10 例如，最高人民法院在答复湖南省高级人民法院“如何适用《人民法院工作人员处分条例》几个问题”时便指出，人民法院工作人员退休以后因违纪违法应当降低或者取消所享受的待遇的，应由其原所在法院监察部门参照《监察部关于对犯错误的已退休国家公务员追究行政纪律责任若干问题的通知》《监察部关于对犯错误的已退休国家公务员追究行政纪律责任中如何扣减退休金问题的答复》的精神。参见《最高人民法院关于适用〈人民法院工作人员处分条例〉有关问题的答复》,《中华人民共和国最高人民法院公报》2010年第6期。

11 参见薛驹:《关于行政监察法（草案修改稿）修改意见的汇报》,《中华人民共和国全国人民代表大会常务委员会公报》1997年第3期。

“人民法院的纪检监察工作是党和国家纪检监察工作的重要组成部分，既与其他部门的纪检监察工作存在共性，又有自身的特点。”[12] 此外，法院监察部门与行政监察部门之间“既不存在组织上的领导关系，也不存在业务上的指导关系”。[13] 不过，自 1993 年 2 月中共中央、国务院批转中央纪委、监察部《关于中央纪委、监察部机关合署办公和机构设置有关问题的请示》之后，各级党的纪律检查机关和各级行政监察部门实行合署办公。而在法院内部，纪委的派驻机构与法院监察部门同样是合署办公，由于纪委派驻在法院的机构需要接受纪委的领导，于是在此种党政体制之下，法院监察部门的工作实际上亦会受到同级行政监察部门的影响。

（三）审判自律：法院监察的制度功能

法院监察的部门属性在很大程度上决定了其制度功能：首先，法院监察具有一般意义上的监察属性，是故其功能体现为监察法院及法官是否遵纪守法，并处理违纪违法的法院及法官；其次，法院监察以行使审判权的法院及法官为监督对象，故其应当尊重审判权运行的基本规律，由此法院监察具有了不同于一般意义之监察的制度功能和价值追求。于此层面而言，

---

12 肖扬：《在全国法院纪检监察工作会议上的讲话（2004 年 4 月 7 日）》，《人民法院报》2004 年 4 月 9 日第 2 版。

13 最高人民法院监察室编写：《人民法院监察工作讲义》，人民法院出版社 1993 年版，第 10 页。

法院监察的制度功能集中表现为，其能够在维护审判权独立行使与防止审判权滥用之间达致某种程度的平衡。必要的监督与制约能够有效防止权力的滥用，审判权亦是如此。但因为审判权的行使具有独立性的天然需求，是故施于审判权之上的监督亦有主体和程度的限度。其中，所谓主体的限度是指并非所有国家机关及个人皆得监督审判权的行使，比如根据我国《宪法》第126条的规定，行政机关、社会团体和个人乃是不得干涉法院审判工作的。而所谓程度的限度指的是监督者不得"侵及"法院职权的核心领域，以避免妨碍审判权的独立行使，此一限度其实是限制了监督者监督方式的运用。例如，人大及其常委会虽有权监督法院，但相较于对行政机关的监督而言，前者在监督方式的选择、程度的把握上是有着不同规定的。[14] 由此可见，审判权的行使一方面具有独立性的倾向，另一方面又须对其施以必要的监督。如此一来，如何在维护审判权独立行使与防止审判权滥用之间达致平衡，便成为监督法院及法官的关键问题。通常而言，欲达致上述平衡至少应考虑以下三层因素：

其一，法院内部的司法事务和行政事务一般应由法院及法官自行处理。其中司法事务主要是审理和裁判各类案件，此事务自然不应由法院及法官之外的机构和人员"代劳"。而

14 参见左卫民、冯军：《以监督权为视角：最高法院与全国人大关系的若干思考》，《社会科学研究》2005年第4期。

行政事务主要为法院内部行政组织、人员考核、人事奖惩和经费使用等，此类事务“既然已牵连到法官行使审判权与个人切身利益，因此，如果能让法官参与决定，当有助于维护法官独立审判的工作环境”。[15] 观乎我们国家的实践，司法事务一直是由法院内部负责的，但行政事务在相当长一段时期内是由法院之外的司法行政机关来负责的，例如，1951 年 9 月制定的《人民法院暂行组织条例》第 10 条第 1 款即规定：下级人民法院的审判工作受上级人民法院的领导和监督，其司法行政由上级司法部领导。彭真亦形象地将司法部称为政法战线的宣传部、组织部、教育部、后勤部。[16] 1979 年 7 月制定的《人民法院组织法》亦充分体现了这一理念。[17] 至 1982 年国务院机构改革之时，司法行政机关的职能发生第一次较大的调整，调整的主要内容之一就是将司法部原来管理法院行政事务的职能划归最高人民法院。[18] 此后，在 1983 年 9 月修改《人民法院组织法》时，考虑到各级人民法院要求将法院内部的司法行政工作改由法院管理，同时法院内部的司法

15　陈新民：《宪法学释论》，台湾三民书局 2014 年版，第 752—753 页。

16　参见邹瑜、陈卓主编：《新中国司法行政大典（第五卷）》，中国方正出版社 2001 年版，第 2035 页。

17　例如，该法第 17 条第 3 款规定，“各级人民法院的司法行政工作由司法行政机关管理”；第 37 条第 1 款规定，“各级人民法院按照需要可以设助理审判员，由司法行政机关任免”；第 42 条规定，“各级人民法院的设置、人员编制和办公机构由司法行政机关另行规定”。

18　任永安、卢显洋：《中国特色司法行政制度新论》，中国政法大学出版社 2014 年版，第 33 页。

行政工作如果都由司法行政机关管理也有问题，于是删去了相关的法律条款。[19]

其二，规范法院内部诸项事务的规则主要应由法院自行制定。法院各项事务正当有序地处理需要借力于规则的规范，其中只与法院内部事务相涉的规则原则上应由法院自行制定。原因有三：一是司法活动遵循的是职业专门逻辑而非大众生活逻辑，“对法律自治的追求也就出现了职业主义的倾向，因而也就造就了专业化的法官，进而也就出现了法律职业的专门逻辑”。[20] 而规范法院及法官的规则同样需要充分彰显这些专门逻辑，故而由法院自行制定将更具合理性。二是规范行为的规则调整并影响着主体的行为，若法院及法官的行为规则是由其他主体制定的，势必妨碍法院及法官行为的自主与独立。三是因为其他有权制定规则的主体未必有相应的能力。比如，在我们国家，人大及其常委会虽居于其他国家机关之上，但人大及其常委会却未必有足够的能力和精力，就法院内部的所有事务进行事无巨细的立法。不过，对于其中极为重要的事项则应当由且只能由全国人大及其常委会制定法律，如法院的产生、组织和职权，以及诉讼制度等事项。

其三，法官的惩戒和处分程序不同于一般的行政官员。相

---

19 参见王汉斌：《关于修改“人民法院组织法”、“人民检察院组织法”的决定和“关于严惩严重危害社会治安的犯罪分子的决定”等几个法律案的说明》，《中华人民共和国全国人民代表大会常务委员会公报》1983 年第 4 期。

20 孙笑侠：《程序的法理》，商务印书馆 2005 年版，第 71 页。

较于普通行政官员而言，法官的职业特征有着明显的分别：“无论是在工作性质，还是权力来源以及身份独立程度要求上均存在很大的差异，为体现这些差别并增强公正性和说服力，应当依照正当程序原则为法官设立单独的惩戒程序。”[21] 而在相当长一段时期内，我国法官的惩戒和处分程序其实与一般行政官员并无多少实质性的差别。随着司法体制改革的不断推进和深化，人们日渐意识到审判权与行政权的差别，并开始据此设计法官专门的惩戒和处分制度。最高人民法院、最高人民检察院于 2016 年 10 月印发的《关于建立法官、检察官惩戒制度的意见（试行）》即明确指出：法官、检察官惩戒工作应当尊重司法规律，体现司法职业特点。此外，法官的政纪处分种类亦应有别于一般的行政官员，如在当前修订《法官法》的过程中，《法官法（修订草案）》即拟删除“降级”这一处分种类，因为在法官实行单独职务序列后，法官职务与行政职级脱钩，不再具有级别。

此外，在德国、日本等国家和地区的实践中，亦可发现为了维持审判自律，在上述三层面进行的相应的制度设计。例如，德国便针对法官的职务履行和纪律惩戒设立了专门的职务法庭，一是为了促使法官遵守纪律，二是为了在法官自治的前提下保障法官的独立性。且在该职务法庭的运作中，始终由法官群体自行负责法官职务和纪律案件的办理。[22] 在日本，根据

21　詹建红：《我国法官惩戒制度的困境与出路》，《法学评论》2016 年第 2 期。

22　王琦：《德国法官管理的特色制度及其对中国司法改革的启示》，《南海法学》2017 年第 1 期。

《日本国宪法》第 77 条规定，最高法院享有法院的规则制定权。据此规定，日本最高法院有权就有关诉讼手续、律师、法院内部纪律以及司法事务处理等事项制定规则。该规定的目的在于“确保法院的自主性，在司法部门内部强化最高法院的统制权与监督权，以及尊重通晓司法实务之法院的专业化判断”。[23]

经由以上讨论可以发现，审判权乃是具有较强自律属性的，假若此种自律性能够维持在合理范围内，既可使得审判权之行使保有充分的自主空间，亦能对审判权之行使施以必要的约束；而假若此种自律性超出合理范围，那么法院或是由此沦为其他机构及个人的工具，或是成为可任意侵害他人生命及财产的“利维坦”。而法院监察其实便是基于审判权的自律性所进行的制度设计，于此层面而言，法院监察的主要功能也就体现为在维护审判权独立行使与防止审判权滥用之间达致某种程度的平衡。具体来说，上述关于审判权自律性的讨论可概括为以下三重意涵：内部事务自行处理，内部规则自行制定，以及设有专门的惩戒处分程序。而法院监察在很大程度上能够与此三重意涵相契合：其一，法院监察部门设置于法院内部，调查处理法院及法官违纪的行为；其二，法院监察部门作为执纪主体，其执行的大多为最高人民法院制定的纪律规范；其三，我

23 ［日］芦部信喜：《宪法》，林来梵、凌维慈、龙绚丽译，北京大学出版社 2006 年版，第 307—308 页。

国法官惩戒程序的改革与完善也在逐步展开，法院监察部门和法官惩戒委员会的共同参与，使其呈现为一种从行政化模式走向司法化模式的过程。[24]

当然，法院监察所彰显的更多是审判权的自律属性，“他律”之于审判权的行使而言同样必不可少，故而不应过度夸大法院监察的制度功能。此外，从既往的法院监察之运行实践来看，审判权的自律性在某种意义上是有失偏颇的。由于法院监察部门与其他业务部门同处“一个屋檐下”，因此对于违纪的法官同事，法院监察部门往往是不忍处罚的。加之纪律处罚决定一旦作出，可能会对本院及院领导造成不利影响，因此当发现法官违纪行为的时候，法院及法院监察部门往往尽可能地“捂着”不予处理。[25] 这也是当前法院监察制度遭受诟病的主要原因。

三、国家监察体制改革对法院监察的影响

在国家监察体制改革的过程中，行政监察机构及职能均转隶至监察委员会，法院监察则基于其独特的功能和价值，得以在此“浪潮”中继续保留。与此同时，在国家监察体制改革正开展得如火如荼之际，最高人民法院院长周强在全国法院

---

24 参见侯学宾：《法官惩戒制度的中国特色》，《法律适用》2017 年第 7 期。

25 周长军：《司法责任制改革中的法官问责——兼评〈关于完善人民法院司法责任制的若干意见〉》，《法学家》2016 年第 3 期。

2017年党风廉政建设和反腐败工作会议上指出："要进一步增强人民法院纪检监察力量，充分发挥监察部门在执纪审查、作风督察、司法巡查、廉政监督等方面的职能作用，确保法院监察部门机构不撤、思想不乱、队伍不散、工作不断。"[26] 此番论断在相当程度上表明法院监察部门非但不会转隶，甚至有可能得以强化。即便如此，法院监察在此过程中受到的影响亦不在小。这集中表现为在行政监察"升级"为国家监察之后，法官由此成为监察委员会之监督对象。如此一来，国家监察与法院监察的监督对象便出现一定的重合，继而致使法院监察的功能空间变得模糊不清乃至不复存在。

（一）法官的多重身份、多层责任和多源监督

在社会学家看来，"由于我们会同时拥有众多地位（即地位群），每天的生活就是多种角色的集合"。[27] 同一主体在同一时间拥有的多重身份，可称之为所谓的"角色丛"或"身份丛"。法官同样是多重角色和身份的集合体：其一，法官代表国家具体行使审判权，因而法官是作为司法官员的法官，或谓之为作为"法官"的法官；其二，法官行使的审判权是国家公权力，因而法官也是作为国家公职人员的法官；其三，在我们

26 罗书臻：《全面落实从严治党责任　深入推进人民法院党风廉政建设和反腐败斗争》，《人民法院报》2017年2月22日第1版。

27 ［美］约翰·J. 麦休尼斯：《社会学》，风笑天等译，中国人民大学出版社2009年版，第171页。

国家，不少法官是执政党党员，因而这些法官还是作为中共党员的法官。此外，在其他某些特殊领域，法官还可能具有更多的身份，比如军事法官即被置于军官与法官的双重角色之中。[28]不过通常来说，在众多的社会角色当中，会有一个起着主要支配地位的角色，也就是所谓的主要角色。[29]对于作为个体的法官来说，“作为职业法律人的法官，这是法官的本原角色，也是法官在司法场域中扮演的最主要的角色”。[30]

法官的多重身份使得法官的行为受到不同规则的规范，而一旦违背这些不同的规则，法官亦将因此承担不同的责任。具体来说：首先，于作为“法官”的法官而言，其行为方式表现为审理和裁判案件，此类行为受到审判规则的拘束，如《法官行为规范》等，由此会产生法官的审判责任；其次，于作为国家公职人员的法官而言，拘束其行为的规则通常与一般公职人员是相同的；最后，于作为执政党党员的法官而言，执政党亦会制定诸多规则（如《中国共产党廉洁自律准则》等党内法规）来约束本党党员的行为，由此会产生法官的党纪责任。依此逻辑，由于法官乃是兼具多重身份的，故而法官的多层责任亦难免有些重叠，而非绝对的“层次分明”。例如，作为国家公职人员的法官，其与一般公务员的责任便多有重叠。同时

28 参见傅达林：《“军官”与“法官”的角色冲突——军事法官着装断想》，载张士宝主编：《法学家茶座》（第八辑），山东人民出版社 2005 年版，第 33 页。

29 参见朱力、肖萍、翟进：《社会学原理》，社会科学文献出版社 2003 年版，第 89 页。

30 陈奎、梁平：《司法运行的一般机理》，中国政法大学出版社 2014 年版，第 57 页。

"这些重叠部分的责任，不能把法官责任与其他公职责任区别开来，故可以称为一般责任；另有一部分责任是为法官所独有的责任，可以称之为法官的特殊责任"。[31] 当前司法体制改革中所强调的"司法责任"即为法官的特殊责任。

在为法官确定多层行为规则及与之相关的责任之后，便需借由一定的监督措施来促使法官遵守这些规则，并由一定的监督主体来对违背规则的法官进行责任追究。由于身份的多重和责任的多层，法官的监督其实也是多源的，即法官的行为受到源自不同监督主体的监督，违反规则的行为亦将面临内容不同的追责。在当前的制度安排下，法官的监督来源主要有四：一是源自法院内部的监督，尤其是法院内设监察部门的监督，比如法官的审判责任主要便是由法院监察部门来落实和追究的。[32] 二是源自人大及其常委会的监督，因为法官乃是由人大及其常委会产生的，故若需免除法官之职务，则应按法定程序由人大罢免或是提请人大常委会作出决定。三是源自执政党纪律检查机关的监督，即按照党内法规等的规定，对具有执政党党员身份的法官进行监督，比如纪委派驻纪检组和法院机关纪委的监督。四是源自检察机关的监督，即法官违反审判职责的行为若构成枉法裁判罪等职务犯罪，则需由检察机关依照刑事

---

31 黄伟文：《从道德责任到职业伦理——法官责任的道德性》，《广东社会科学》2017年第5期。

32 参见于海瑞：《法院纪检监察部门在落实司法责任制中的职能发挥》，《人民法院报》2015年3月4日第8版。

诉讼程序追究刑事责任。上述多源的监督既有区分亦不乏关联，其中区分指的是不同形式的监督通常聚焦于法官所兼具的不同身份，追究的是法官所承担的不同责任；关联则是指监督虽来源各异，但相互之间却有着特定的衔接程序。例如，在中央纪委常委会颁行的《纪检监察机关查处的“七类案件”办理程序及其文书式样》当中，即着眼于纪律检查机关查处具有法官职务的违纪党员，就不同监督程序之间的有序衔接作了相应的指引。[33]

（二）法院监察在多源监督格局中的角色

在针对法官的上述多源监督格局当中，法院监察扮演着颇为关键的角色。法院监察本身即为该多源监督格局之重要组成部分，此亦是法院监察部门作为内部政纪监督者的应有之义。更为关键的是，法院监察是该多源监督格局中唯一的自律监督形式，因此其能够较好地兼顾审判权的独立行使与对审判权行使的监督制约，此一功能显然是其他监督形式难以具备的。由此可见，在法院监察缺失的情况之下，以法官为对象的监督便只剩执政党、权力机关、检察机关等的监督，假若如此，审判权或是因缺少必要监督而面临滥用的风险，或是因“过分”的监督而无法独立自主地进行裁判。

33　参见中央纪委监察部案件审理室编：《纪检监察机关查处的“七类案件”办理程序及其文书式样》，中国方正出版社 2005 年版，第 91—122 页。

与此同时，其他监督形式的运行亦在相当程度上有赖于法院监察的参与，因为唯有如此才能形成融通的监督程序。具体来说有二：一是执政党纪律检查机关在查处担任法官的违纪党员时，通常在给予党纪处分之后，若尚需给予相应的政纪处分，则应由党的纪律检查机关向法院监察部门提出处理意见。例如，“市纪委给予市人民法院副院长开除党籍处分，同时建议省人民法院监察室给予其开除处分，并由省人民法院履行相关处理程序”。[34] 二是根据最高人民法院《关于完善人民法院司法责任制的若干意见》的规定，法院监察部门在追究法官违法审判责任之时，对于涉嫌犯罪的相关责任人，则需由法院纪检监察部门将违法线索移送有关司法机关依法处理。此外，在不少法官职务犯罪案件当中，法院监察部门在前期执纪监督时形成的“纪检监察案件初核卷宗”“调查笔录”“到案经过”等材料亦被作为刑事诉讼证据予以运用。[35]

（三）国家监察体制改革与监督格局的改变

国家监察体制改革在相当程度上改变了法官的多源监督格局：一方面，随着监察委员会的设立，法院受到的监察监督，由原本单一的法院监察演变为国家监察与法院监察并行的

34 赵煜：《处分司法机关有关人员的程序》，《中国纪检监察报》2012 年 6 月 29 日第 7 版。

35 参见北京市第二中级人民法院（2016）京 02 刑终 283 号刑事裁定书、河南省新密市人民法院（2014）新密刑初字第 609 号刑事判决书、四川省成都市中级人民法院（2015）成刑终字第 715 号刑事判决书等。

“双重监察”，法官不再“逃逸”于既往的行政监察之外，而是被纳入国家监察之监督范围；另一方面，随着检察机关查处贪污贿赂、失职渎职及预防职务犯罪等职能整合至监察委员会，若再需对法官之职务犯罪行为进行调查，监察委员会便在很大程度上取代了原本的检察机关。如前所述，当前国家监察体制改革的主要思路是机构与职能的整合，在此思路的作用之下，权力监督模式表现出明显的外部化和一般化的转型趋势。其中，监督外部化最典型的例证便是“从过去行政监察的‘附属性同体监督’模式转变为‘独立性异体监督’模式”，[36] 即由行政机关外部的监察委员会监督行政机关公职人员；而监督一般化则表现为分属不同国家机关并行使不同公权力的公职人员，皆须不加区分地接受监察委员会施以的统一监督。权力监督模式的此般转型趋势，也较为明显地体现在法官多源监督格局的改变过程中。然与此相异的是，法院监察的部门属性和制度功能其实为其“贴上”的是内部监督和专业监督的“标签”。如此一来，国家监察体制改革所带来的法官监督格局的改变，更是会对法院监察产生诸多影响，具体有二：

第一，内部违纪责任追究的外部化。追究法官违反内部规则的责任，应为法院内部的行政事务，因而属于审判自律的范畴。在法院内部司法行政工作由司法行政机关改为法院自行管

36 李红勃：《迈向监察委员会：权力监督中国模式的法治化转型》，《法学评论》2017年第3期。

理之后，作为内部执纪者的法院监察部门在追究法官违纪责任中始终扮演着重要角色。例如，根据已被废止的《人民法院监察工作暂行规定》第 4 条之规定，法院监察部门具有检查权、调查权、建议权和一定的行政处分权。《人民法院监察部门查处违纪案件的暂行办法》第 36 条更是明确规定，如需给被监察人记大过以下处分的，可由法院监察部门直接给予处分。即便现行《人民法院监察工作条例》未再赋予法院监察部门“一定的行政处分权”，但其仍然是“提出纪律处分意见”的主体，并在院长或院长办公会议批准后下达处分决定。然而，随着国家监察体制改革的开展和监察委员会的设立，法院内部违纪责任的追究呈现出明显的外部化倾向，亦即原本由法院监察部门承担的纪律处分职权，在相当程度上改由监察委员会承担。根据全国人大常委会《关于在全国各地推开国家监察体制改革试点工作的决定》，监察委员会监督检查和调查范围及于公职人员“依法履职、秉公用权、廉洁从政以及道德操守情况”，以及“滥用职权、玩忽职守、权力寻租、利益输送、徇私舞弊以及浪费国家资财等”，并有权作出相应的处置决定。同时，审议中的《监察法（草案）》在规定监察委员会的处置职责时更是表述为“对违法的公职人员依法作出政务处分决定”。

第二，内部纪律规则制定的外部化。由法院自行制定内部纪律规则同样是审判自律的当然含义，也是法院监察之制度功能发挥的重要形式。比如，在日本，有关法院内部纪律的规则制定权归属于最高法院，具体由最高法院事务总局负责拟定，并需在法官会议上通过。[37] 在我国，法院监察部门在内部纪律规则制定中同样扮演着重要角色。比如，根据《人民法院监察工作条例》第 14 条第 2 项的规定，法院监察部门的职责之一便是“制定和完善人民法院廉政制度”。试举一例，《人民法院工作人员处分条例》被称为“法院纪律规范的集大成者”，最高人民法院纪检监察部门在其制定过程中即发挥了重要作用。[38] 然而，随着监察委员会之政纪处分对象及于法官，监察委员会执纪依据亦将随之扩展到《法官法》以及一系列内部纪律规则。但考虑到由监察委员会执行内部纪律规定在逻辑上其实是难以自洽的，有论者提出：“可以考虑起草适用于各类公职人员的统一的《政务处分工作条例》。同时，全国人大及其常委会以外的其他国家机关和部门制定对国家公职人员的政务处分规定的，应当征得国家监察委员会的同意。”[39] 如此一来，法院内部纪律规则的制定同样表现出明显的外部化倾向。

四、完善法院监察制度的路径探讨

诚如上述，国家监察体制改革致使法官的多源监督格局

---

37 参见李昌道、董茂云：《比较司法制度》，上海人民出版社 2004 年版，第 39 页。

38 参见《法院纪律规范的集大成者——最高人民法院纪检监察部门负责人答记者问》，《人民法院报》2010 年 1 月 27 日第 2 版。

39 沈思：《国家监察体制改革中法治保障初步思考》，《中国纪检监察报》2017 年 2 月 15 日第 8 版。

发生变化，并由此影响到法院监察的作用空间和制度功能。法院监察虽未如行政监察那般转隶至监察委员会，但其如何在国家监察体制改革的背景之下得以完善，无疑是殊值探讨的话题。在此尚需说明的是，即便未受国家监察体制改革的影响，既往的法院监察制度亦不乏诸多有待完善之处，也有不少论者提出了相应的改良路径。[40] 但基于本章既定论域的考虑，以下探讨主要围绕法院监察制度如何应对国家监察体制改革的影响而展开。

（一）保留作为内部执纪者的法院监察部门

在国家监察体制改革的背景下，法院监察何去何从？对此问题，最高人民法院院长周强在全国法院 2017 年党风廉政建设和反腐败工作会议上所定的“基调”是“确保法院监察部门机构不撤、思想不乱、队伍不散、工作不断”。[41] 同时，即便是在作为国家监察体制改革试点的北京市，“充实法院监察部门和机关纪委力量，更加主动有效地开展法院监察工作”亦被写入了北京市高级人民法院的工作报告。[42] 不过，与此相对的理论探讨和实践做法亦不在少，如有论者认为，“为

40 参见李德恩：《法院监察目标之设定及其实现机理》，《北方法学》2017 年第 3 期。

41 刘子阳：《全面落实从严治党责任确保公正廉洁司法——周强在全国法院党风廉政建设和反腐败工作会议上强调》，《法制日报》2017 年 2 月 23 日第 1 版。

42 参见杨万明：《北京市高级人民法院工作报告——2017 年 1 月 18 日在北京市第十四届人民代表大会第五次会议上》，《北京日报》2017 年 2 月 7 日第 3 版。

做好与国家监察体制改革相衔接，应设置纪检监察中心，由党的纪委或是监察委员会派驻人员组成”，且该“纪检监察中心不属于法院内设机构”。[43] 同时在实践中，某些法院监察部门工作人员亦因国家监察体制改革而转隶至党的纪律检查机关。[44]

笔者以为，应当继续保留作为内部执纪者的法院监察部门，因为即便监察委员会相较于行政监察机关而言，其监督对象业已及于法官等群体，但法院监察的独特功能乃是国家监察无法替代的。具体理由有四：其一，法院内部诸多纪律规则尚需法院监察部门来执行，因为监察委员会在执行此类规则时未必具有相应的专业判断能力，且因此而涉足审判自律之范围亦是极易有碍审判权独立行使的。其二，诸多现行司法制度的有序运行尚需法院监察部门的参与。比如，当前法官惩戒制度的运行遵循着“法院监察部门调查——院长决定——法官惩戒委员会审议”的模式，[45] 尤其是高级人民法院监察部门还需派员向法官惩戒委员会通报法官的违法审判事实及拟处理建议、依据，并就法官违法审判行为和主观过错进行举证。此时，法院

43 叶爱英、张奇：《偏离与回归：审判中心视角下法院内设机构改革路径研究——以诉讼时间轴与内部权力的四元划分为基础》，《中国应用法学》2017 年第 6 期。

44 例如，在某省高级人民法院监察局的 20 余人中，因为国家监察体制改革的影响，其中有 16 人直接改隶属该省纪委。参见周永胜：《司法改革背景下的法院纪检监察工作初探》，《河南法制报》2017 年 12 月 12 日第 15 版。

45 江必新：《关于法官审判责任追究若干问题的探讨》，《法制日报》2015 年 10 月 28 日第 9 版。

监察部门的缺位将致使包括法官惩戒制度在内的不少司法制度难以按照预期的“轨道”运行。其三，由监察委员会对违纪法官作出政纪处分决定，不符合“司法权去地方化”的理念。当前司法体制改革所欲为之的是通过法院人财物的省级统管，实现司法权的去地方化。而国家监察体制改革却是具有地方化因素的，如根据《监察法（草案）》第16条第1款的规定，各级监察机关负责管辖本辖区内公职人员所涉监察事项的，因此若本辖区内的法官过度地“受制于”本辖区内的监察委员会，司法权无疑将再次出现“地方化”的困局。其四，由监察委员会负责追究法官所有的违纪违法责任，不符合监察委员会的机构定位。因为监察委员会其实在改革中是被定位为“国家反腐败机构”的，所以《监察法》相应地被视为反腐败国家立法，而法官违纪违法行为并非皆为腐败行为，故由作为反腐败机构的监察委员会来追责自然不太合理。

（二）理顺法院监察与国家监察的监督关系

其实，理顺二者的关系并非国家监察体制改革带来的“新问题”，因为法官在此之前即已受到了纪委派驻在法院的纪检组和法院监察部门的双重监督，虽然其是合署办公的，但当时如何理顺派驻纪检组与法院监察部门的关系，同样是法院纪检监察工作中的重要问题。例如，在最高人民法院于2014年9月印发的《关于人民法院纪检监察部门履行监督责任的实施意见》当中，便曾明确提出“进一步完善派驻纪检组与人民法院内设监察部门合署办公的工作体制，理顺派驻纪检组与内设监察部门、机关纪委的工作关系”。[46] 而随着国家监察体制改革的展开，“监察全面覆盖”之改革目标使得监察委员会的监察权可施于法官等群体，为此在各级监察委员会全部组建的基础上，派驻纪检组亦随之更名为派驻纪检监察组。[47] 在法院内部，原本由纪委派驻的纪检组变更为纪委和监察委员会共同派驻的纪检监察组。

在此过程中，看似只是在机构名称上增加了“监察”二字，但由此而来的问题却更为复杂。因为派驻纪检组作为执政党的机构，负责的还只是对法院党员干部遵守党章党纪方面的监督，法院监察部门则主要负责法院审判业务上的监督。虽然“合署办公”的体制有时会模糊二者的界限，[48] 但至少在名义上是“泾渭分明”的。然而，派驻纪检监察组在行使党内监督职能之外，还能够行使部分国家监察职能，[49] 监督对象由具有党员身份的法官扩展至所有法官，监督内容也由是否遵守党纪扩展至是否遵守党纪、政纪和国法。

如果认为派驻纪检监察组行使的监察职能，可完全取代

46　参见罗书臻：《最高法院出台纪检监察部门履行监督责任意见》，《人民法院报》2014 年 9 月 30 日第 2 版。

47　本报记者：《国家监察体制改革试点取得实效——国家监察体制改革试点工作综述》，《人民日报》2017 年 11 月 6 日第 1 版。

48　参见王迎龙：《司法责任语境下法官责任制的完善》，《政法论坛》2016 年第 5 期。

49　参见王少伟：《构建具有中国特色的国家监察体系——监察法草案透析》，《中国纪检监察报》2017 年 11 月 8 日第 2 版。

原本由法院监察部门行使的监察职能，那么法院监察部门便再无存在的必要。不过法院监察的存续价值已如上所述，且继续保留该部门同样在实践中得到了印证。既然法院监察部门应当继续保留在法院内部，其与监察委员会皆可对法官施以监察，那么如何理顺法院监察与国家监察的监督关系，以及合理界分二者的监督权限就显得颇为必要。假若国家监察可不当“侵入”法院监察之监督范围，那么既难以对法院的审判责任进行专业判断，亦可能危及审判权的独立行使；同时，法院监察其实仅是一种自律性质的监督形式，故而也不得介入应属于国家监察的“他律”领域。由此可见，理顺二者的监督关系其实在某种意义上便是划定自律与他律的界限和范围。此一问题亦是国家监察体制改革实践中的难题，例如，在广州市的改革试点工作中，“监察委员会管辖权是大家遇到的难题之一，广州市纪委按照市纪委监察委、派驻纪检监察组、被监督单位内设纪检监察机构、未派驻纪检监察组的市管单位等不同主体，细化提出了管辖范围和方式”。[50]

由国家监察体制改革的方案及试点实践可知，“监察全面覆盖”所指向的更多是监督对象而非监督内容，亦即监察委员会之监督对象虽可及于全部行使公权力的公职人员，但绝非意味着公职人员的全部违纪违法责任皆由监察委员会来负责追究。对于监察委员会的监督内容，有论者将公职人员的责任划

50 陈岫：《出现什么问题解决什么问题》,《中国纪检监察报》2018 年 1 月 7 日第 3 版。

分为犯罪责任、违法违纪责任和违反内部规则责任三个层次，并认为监察委员会仅负责追究法官的犯罪责任，而法官的违纪违法责任和违反内部规则的责任则依然由法院监察等部门来追究。[51] 然而，当前改革试点过程中所呈现的却是另一番景象，根据中央纪委研究室就国家监察体制改革试点工作所作的“权威答疑”可知，派驻纪检监察机构甚至有权对审判机关公务员作出警告、记过、记大过、降级、撤职和开除公职等几乎所有政纪处分。[52] 此般做法有意或无意地漠视了审判机关公务员其实是有法官、司法辅助人员、司法行政人员等不同类型的，以及将违法责任和违反内部规则的责任、审判责任和审判外责任不加区分地“杂糅”在一起。

将法官作为公务员应是无疑义的，这也是将其视为公职人员从而纳入监察委员会之监督对象的原因。然而，法官虽可归类于公务员之范畴，但其与司法辅助人员及司法行政人员的差别是显而易见的，这也是实行法官员额制、法官单独职务序列、法官等级与行政职级脱钩等的原因。同时，此类差别也为“监察全面覆盖”确定了限度，即监察委员会虽有权监督法院公职人员，但在监督对象及监督内容层面应是有所区分的。与此类似，在“监察全面覆盖”的改革逻辑之下，

---

51 参见胡锦光：《论监察委员会“全覆盖”的限度》，《中州学刊》2017 年第 9 期。

52 参见中央纪委研究室：《监察体制改革试点工作权威答疑：派驻纪检监察机构如何作出政务处分决定？》，中央纪委监察部网站：http://www.ccdi.gov.cn/yaowen/201801/t20180117_162016.html，最后访问时间：2018 年 1 月 18 日。

国有企业管理人员、公办高校管理人员等亦为监察监督之对象，但此类机构中的公职人员其实同样有别于一般行政机关中的公职人员，其自主运行亦需借助相当的内部自律机制，而非绝然的外部监督。例如，在日本的高校治理实践中，在国立大学法人化改革时即实行了大学法人监察制度，由此从制度层面加强国立大学自律，而非此前将国立大学全然置于文部科学省的控制之下。[53] 因此笔者以为，理顺法院监察与国家监察的关系其实就是合理界分二者的监督对象与监督内容，大体来说有四：

第一，根据《人民法院监察工作条例》第 2 条的规定，法院监察的监督对象为法院及其法官和其他工作人员。但我国法院内部呈现着审判权与行政管理权并行的二元权力结构，其中作为审判权主体的法官具有独立性的角色特征，[54] 而行政管理权虽与审判权有诸多关联，但其独立性要求远不如审判权。因此可按照法院人员分类管理的逻辑，对于法官违反审判责任的追究，仍应由法院监察部门和法官惩戒委员会共同负责，同时将司法行政人员和司法辅助人员从法院监察的监督对象中“剥离，改由监察委员会负责监督”。[55] 第二，法院监察部门属于法院内部的政纪监督机构，故而法院内部的纪律规则应当由

53 参见袁自煌：《日本高校法人的自律》，《教育》2013 年第 29 期。

54 陈陟云、孙文波：《法官员额问题研究》，中国民主法制出版社 2016 年版，第 185 页。

55 参见秦前红、刘怡达：《监察全面覆盖的可能与限度——兼论监察体制改革的宪法边界》，《甘肃政法学院学报》2017 年第 2 期。

法院监察部门监督执行。同时法院监察的制度功能在于维持审判自律，亦即在维护审判权独立行使与防止审判权滥用之间达致平衡。因此，法官审判活动之外的行为才属于监察委员会的监督内容，但有鉴于职务行为与非职务行为的界限有时并不明晰，加之二者相互间是有影响的，故而对职务外活动的监督亦不得有碍法官独立行使审判权。此外，法官的职务行为若违反刑法构成职务犯罪，亦应由监察委员会负责监督。第三，若法官的职务犯罪与非职务犯罪共存于同一案件当中，此前《关于实施刑事诉讼法若干问题的规定》确定了“分别立案侦查、主罪为主”的管辖原则，[56] 但《监察法（草案）》第 34 条第 2 款确定的却是“监察为主”的管辖原则，也就是说，既涉嫌职务犯罪又涉嫌其他犯罪的，一般由监察委员会为主调查，其他机关予以协助。此种违背一般管辖规律的安排极易造成实践中的困难，[57] 故有必要予以纠正。第四，监察委员会的监督对象是人员而非机关，[58] 而法院监察部门的监督对象却是包括机关的，

---

56 最高人民法院、最高人民检察院、公安部、国家安全部、司法部、全国人大常委会法制工作委员会《关于实施刑事诉讼法若干问题的规定》规定：“公安机关侦查刑事案件涉及人民检察院管辖的贪污贿赂案件时，应当将贪污贿赂案件移送人民检察院；人民检察院侦查贪污贿赂案件涉及公安机关管辖的刑事案件，应当将属于公安机关管辖的刑事案件移送公安机关。在上述情况中，如果涉嫌主罪属于公安机关管辖，由公安机关为主侦查，人民检察院予以配合；如果涉嫌主罪属于人民检察院管辖，由人民检察院为主侦查，公安机关予以配合。”

57 龙宗智：《监察与司法协调衔接的法规范分析》，《政治与法律》2018 年第 1 期。

58 参见《监察的是“人”而不是“机关”》，《中国纪检监察报》2017 年 11 月 13 日第 1 版。

比如，根据《人民法院监察工作条例》第15条的规定，最高人民法院监察局可对本院各部门、各高级人民法院等实施监察。因此，对单位和部门的监督亦应继续由法院监察部门负责。

（三）实现法院监察与国家监察的协调衔接

法院监察因具有与国家监察不同的制度功能，故其应当与国家监察并存。而随着法院监察与国家监察关系的理顺，尤其是对二者监督范围的合理界分，两种监察得以并存的前提亦随之具备。在此基础之上探讨两种监察如何并存，便成为完善法院监察制度不可回避的问题。笔者以为，实现两种监察的并存至少有以下两层考虑：一是如何使法院监察与国家监察分别在各自的领域内发挥监督作用，二是如何实现法院监察与国家监察的协调衔接。在国家监察体制改革之前，法院监察部门需就法官职务犯罪事项与检察机关进行衔接，即将涉嫌职务犯罪的法官及相关证据线索移送至检察机关追究刑事责任；同时还需与党的纪律检查机关进行衔接，以便给予违反党纪的法官以相应的党纪处分。不过上述衔接机制在以往的实践中未必顺畅，例如，党的纪律检查机关在给予法官以党纪处分之后，大多需要建议该法官所在法院作出相应的政纪处分。但由于"法院既未参与案件调查，又不了解案件情况，纪委建议其作出政纪处分决定，往往要做大量的协调工作，有的法院还重新对纪委调查情况进行核实，致使案件处理耗时较长，一定程度上也影响案件处理的效果”。[59]而在国家监察体制改革之后，由于检察机关查处贪污贿赂、失职渎职等职能业已整合至监察委员会，加之监察委员会与党的纪律检查机关合署办公，如此一来，法院监察与国家监察的衔接机制将更为复杂。

首先，在实现法院监察与国家监察的协调衔接时，应当充分发挥派驻纪检监察组的作用。派驻纪检监察组乃是由党的纪律检查机关和监察委员会共同派出的，同时亦与法院监察部门合署办公，派驻纪检监察组由此具有了连接法院监察与国家监察的“地缘优势”。概而言之，派驻纪检监察组在协调衔接机制中的作用主要有三：一是在案件移送过程中，发挥派驻纪检监察组的纽带传送作用；二是在监察委员会调查法官职务犯罪时，发挥派驻纪检监察组驻在法院、熟悉审判工作的优势，以此补强监察委员会专业判断的不足；三是可在相当程度上解决法院监察“同体监督”的弊病。

其次，实现案件管辖上的协调衔接。以上关于法院监察与国家监察之监督权限界分的探讨，在一定程度上明晰了二者在办理法官违纪违法案件时的分工。但改革实践中所呈现的可能是相异的景象，因为国家监察权被设计为一种复合性权力，[60]由此致使监察委员会的职权配置及《监察法》立法都具

59　董芳:《如何界定公务员纪律惩戒中的处分决定机关》,《中国监察》2013 年第 20 期。

60　参见徐汉明:《国家监察权的属性探究》,《法学评论》2018 年第 1 期。

有明显的“纪法共治”特征，即行政违法违纪和刑事违法构成犯罪的行为一并追究，《监察法（草案）》对监察委员会职能管辖的规定亦未区分纪法问题。[61] 尤其当中使用的“滥用职权”“徇私舞弊”等概念模糊的规定，极易致使国家监察不当“侵入”理应属于法院监察的监督领域。为此，有必要在法律草案完善时区分纪法问题，以及为法院监察之自律功能的发挥预留相应的制度空间。

最后，实现案件移送上的协调衔接。不少违纪违法与职务犯罪行为其实是“相伴而行”的，法官的某一行为可能同时“落入”法院监察与国家监察的监督范围，因而有必要实现案件移送的协调衔接。同样，在国家监察体制改革之前，党的纪律检查机关、审判机关、检察机关、行政监察机关等相互间案件的移送其实已较为普遍，并形成了不少制度性安排，如中共中央办公厅于 2015 年 3 月印发的《关于在查办党员和国家工作人员涉嫌违纪违法犯罪案件中加强协作配合的意见》。因此，在实现法院监察与国家监察在案件移送上的协调衔接时，可充分借鉴此类丰富的经验。同时，还需要注重发挥派驻纪检监察组的上述“地缘优势”，即可由其作为案件移送主体，以监督范围为依据实现案件互相之间的有序移送。此外，根据法院监察部门与检察机关之间案件移送的既往经验，对于法院工作人员涉嫌职务犯罪的案件，本应由法院监察部门移送至检察机关

61　龙宗智：《监察与司法协调衔接的法规范分析》，《政治与法律》2018 年第 1 期。

处理，但司法实践中该情形十分少见，多是法院监察部门通过纪律处分的方式“内部消化”了。[62]此般境况其实是“同体监督”的“先天不足”，因而需要“植入”适当的“异体监督”因素。此时，由纪委派出的派驻纪检监察组同样可扮演该“异体监督者”的角色，但尚需优化派驻纪检监察组与法院监察部门“合署办公”的模式，以避免受制于其所驻在的法院，当然亦不可行使属于法院监察部门的职权。

五、结语

国家监察体制改革是事关全局的重大政治体制改革，这尤其体现为国家权力的重新配置与整合。同时，司法体制亦属政治体制之范畴，司法体制改革更是被视为我国政治体制改革的重要组成部分。[63]然而“任何一项制度，绝不是孤立存在的。各项制度间，必然是互相配合，形成一整套”，[64]于同属政治体制改革的国家监察体制改革与司法体制改革而言，如何实现相互之间的协调便显得尤为重要，因为“司法体制改革在前，国家监察体制改革在后的秩序安排，容易导致前后冲突、

62 参见任宗祺：《控告部门受理民事、行政枉法裁判罪举报的规范》，《中国检察官》2017 年第 6 期。

63 参见本书编写组编著：《〈中共中央关于全面深化改革若干重大问题的决定〉辅导读本》，人民出版社 2013 年版，第 60 页。

64 钱穆：《中国历代政治得失》，九州出版社 2012 年版，第 2 页。

改革无功的困扰”。[65] 故此，在推进国家监察体制改革的同时，有必要考察现行司法体制因此而受的影响，并在此基础上探讨如何优化既有制度及改革方案。在此种意义上来说，本章探讨在国家监察体制改革背景下如何完善法院监察制度，一定程度上便是在此方面进行努力的结果。

与法院监察制度的产生类似，检察机关内部的监察部门亦于近乎相同的时期建立。最高人民检察院于 1988 年 11 月印发了《最高人民检察院机关机构改革“三定”方案》，该方案指出在最高人民检察院设立“负责高检院机关和全国检察系统的政纪监察、监督工作”的监察局，同年 12 月，最高人民检察院监察局成立。[66] 随后，最高人民检察院、国家机构编制委员会于 1990 年 8 月联合发布《关于设立地方各级人民检察院监察机构的通知》，决定在地方各级人民检察院内部设置监察机构或监察员，至此，全国范围内的检察院监察部门及监察职能基本形成。最高人民检察院还制定了《人民检察院监察工作暂行条例》《人民检察院监察部门调查处理案件办法（试行）》《人民检察院监察工作条例》等规范性文件，用以构建更为细致的检察院监察职能，以及规范检察院监察部门行使职权。由于审判机关与检察机关皆属司法机关之范畴，法院监察与检察院监察在部门属性及制度功能上亦颇为相似，加之检察

65 秦前红：《中国政治体制改革“试点”模式需解决好四大问题》，《中国法律评论》2017 年第 4 期。

66 孙谦主编：《人民检察制度的历史变迁》，中国检察出版社 2014 年版，第 32 页。

院监察部门同样未因国家监察体制改革而转隶至监察委员会，故而以上关于法院监察的探讨和结论，在很大程度上亦可应用于国家监察体制改革背景下的检察院监察。

第七章

作为监察机关法定职权的监察建议：功能、定位及其法治化*

一、导论

2018 年 3 月 20 日，第十三届全国人民代表大会第一次会议表决通过了《中华人民共和国监察法》(以下简称“《监察法》”)，标志着我国监察体制改革取得重大进展，也为全面深化国家监察体制改革拉开序幕。改革如欲构建集中统一、权威高效的中国特色国家监察体制，就必须在宪法和法律中寻找有力依托和有效措施，进而落实权能，构建权威。在监察机关的监督、调查和处置等三项职责权限中，处置职权作为监察机关依法对监察对象和被监察单位作出最终处理的依据与措施，直接或间接决定二者在事实上或法律上的“命运”，被称作监察

* 本章已发表于《行政法学研究》2019 年第 2 期。

机关“开展工作的有力抓手”。[1]可以说，能不能用好处置职权，在很大程度上决定了监察机关的社会评价和现实权威，乃至直接影响到本轮改革的长期成败。总体来看，有关监察机关职责权限的现有成果，宏观层面主要研究监察权属性、调查权性质等问题，微观层面主要从留置措施切入研究人权保障及法律衔接等问题，对于处置职权及其对应的监察措施很少有比较系统的研究。

《监察法》关于监察机关处置职权规定的一个重要特点是，不仅区分了“监察决定（处理决定）”和“监察建议”，[2]还对二者规定了相同的法律责任。[3]作此二分有无必要？从相同的法律责任能否推得监察建议具有与监察决定相同的

---

1 监督、调查和处置职责分别被形容为“基础性地位”、“经常性工作”和“开展工作的有力抓手”。参见余哲西：《监督、调查、处置一体推进——保证监察全覆盖的质量和效果》，《中国纪检监察》2018 年第 13 期。

2 尚需说明的是：（1）《监察法》第 11 条第 3 项规定了政务处分决定、问责、移送审查起诉和提出监察建议共四种处置措施，其中移送审查起诉不涉及实体处置，问责区分问责决定和问责建议，因此，监察机关履行（实体）处置权的形式主要是“监察决定”和“监察建议”。（2）《监察法》并未明确提出“监察决定”的概念，相似表述源于第 62 条“拒不执行处理决定”。此外，此前《行政监察法》第 24 条将行政监察决定和行政监察建议并列表述。（3）为达表述一致，本章凡提及“监察决定”或“监察建议”，均从法律后果层面出发，对应《监察法》第 62 条所称“处理决定”和“监察建议”。

3 《监察法》第 62 条规定：“由其主管部门、上级机关责令改正，对单位给予通报批评；对负有责任的领导人员和直接责任人员依法给予处理。”需注意，尽管本条对“监察决定”和“监察建议”规定了相同的否定性法律后果或者说法律责任，但在触发前提方面，后者较前者更为严格：前者仅要求“拒不执行”，后者则要求“无正当理由拒不采纳”。

法律地位？监察建议在内容构成和法律效果上有何独特之处？进一步讲，《监察法》《公职人员政务处分暂行规定》规定了至少五种“建议”，它们究竟同属于“监察建议”的不同类型，抑或是有着不同的功能定位、内容构成和效力指向的“建议”？监察建议的作出主体、作出程序、送达程序、执行方式和救济渠道等分别如何？监察建议是否必须基于一定的限度，比如，监察机关能否使用监察建议要求法院再审或者要求人大机关必须作出某种决定？上述问题如果不能从理论上充分厘清，必然会导致监察建议的滥用，从而损害监察机关的应有权威，侵蚀其他国家机关、社会组织的正常运行秩序。有鉴于此，本章以监察建议作为切入点，在具体探讨监察建议的产生、功能、概念、定位、类型等基础问题的基础上，提出通过主体限定、前提条件、程序控制、异议程序和救济机制这五个方面来构建法律规制体系，以期裨补监察机关职权研究之阙漏，并对我国监察改革实践有所帮助。

二、法治化反腐：监察建议的产生及功能

根据《监察法》规定，监察机关根据监督、调查结果，可以向有关单位提出监察建议，被提出建议的单位无正当理由必须履行监察建议要求其履行的内容，否则应当承担相应的法律责任。《监察法》不仅在“监察决定”外又专门规定“监察建

议”，还规定其“有一定的法律效力”，[4]这并非无的放矢，而是根植于我国特定宪制背景之下的必然产物。

一方面，强化党和国家自我监督要求实现国家监察全面覆盖，构建集中统一、权威高效的中国特色国家监察体制。长期以来，我国国家监察体系面临“同体监督乏力，异体监督缺失，党纪国法断层，监察资源分散，对象难以周延”[5]等困境。深化国家监察体制改革是一项事关全局的重大政治体制改革，其作为强化党和国家自我监督的重大决策部署，旨在“整合反腐败资源力量，加强党对反腐败工作的集中统一领导，构建集中统一、权威高效的中国特色国家监察体制，实现对所有行使公权力的公职人员监察全覆盖”。[6]为达致此目标，《宪法修正案》《监察法》因应国家监察体制改革，并为其提供了正当性依据，其中确立了“监察全面覆盖”的原则，并赋予监察机关以监督、调查和处置等职权及对应的调查、处置措施，以确保监察机关落实权能、构建权威，由此在现实中实现其宪法定位。

另一方面，我国特定的宪制背景为“监察全面覆盖”划定

---

4 中共中央纪律检查委员会、中华人民共和国国家监察委员会法规室编写：《〈中华人民共和国监察法〉释义》，中国方正出版社 2018 年版，第 207 页。

5 秦前红：《困境、改革与出路：从“三驾马车”到国家监察——我国监察体系的宪制思考》，《中国法律评论》2017 年第 1 期。

6 李建国：《制定监察法是贯彻落实党中央关于深化国家监察体制改革决策部署的重大举措》，新华网：http://www.xinhuanet.com/politics/2018lh/2018-03/13/c_137035162.htm，最后访问时间：2018 年 10 月 9 日。

了必须遵循的限度。监察体制改革背景下，我国国家监督体系形成了“人大监督—专责监察—内部自治”的三维共治格局，三者根据权限划分各司其职。鉴于内部监察的制度功能乃是国家监察无法代替的，国家监察体制改革并未将应属自治范畴的内部监察职能全部收归国家监察，故此在继续保留内部监察的同时，尚需理顺二者关系。那么，哪些应当保留于内部监察而国家监察代替不了呢？从国家机关来看，至少人大代表和法官的惩戒权就在相当程度上归权力机关和审判机关内部所有。我国一元宪制结构下国家权力机关的优越地位以及议会自律原则，分别从宪法原则和法治原理两个层面澄清了权力机关对人大代表的惩戒自主权，[7]“人大代表不能简单地被视作公职人员，对于人大代表的违法违纪问题应当建立特殊的惩戒制度来予以处理”；[8]同时，法官虽可归类于公务员之范畴，但置于依法独立行使审判权原则之下的法官与司法辅助人员及司法行政人员的差别却是显而易见的，这也是实行法官员额制、法官单独职务序列、法官等级与行政职级脱钩等的原因。与此类似，“在‘监察全面覆盖’的改革逻辑之下，国有企业管理人员、公办高校管理人员等同样纳入监督对象，但此类机构中的公职人员同样有别于一般行政机关中的公职人员，其自主运行亦需借助

7 参见秦前红、刘怡达：《监察全面覆盖的可能与限度——兼论监察体制改革的宪法边界》，《甘肃政法学院学报》2017 年第 2 期。

8 秦前红：《国家监察法实施中的一个重大难点：人大代表能否成为监察对象》，《武汉大学学报（哲学社会科学版）》2018 年第 6 期。

相当的内部自律机制，而非绝然的外部监督”。[9]概言之，监察委员会虽有权监督所有行使公权力的公职人员，但对于特定的被监察单位的监察对象，在监督内容方面应是有所区分的。

问题在于，如何既遵循我国宪制结构之法治前提，又实现“监察全面覆盖”之政治目标？这便是对立法者政治智慧和立法水平的一项重要考验。习近平同志指出：“要善于运用法治思维和法治方式反对腐败，加强反腐败国家立法。”[10]综观《监察法》的整体架构和条文内容，依次规定了九大原则，[11]而贯穿立法始终的指导思想或者说立法目的，是相互关联、不可分割的两个方面：一是构建集中统一、权威高效的反腐败体制、机制；二是规范反腐败机构及其工作人员履行监察职责和行使监察权力的行为。前者为反腐效能提供法律支撑，后者为合法权益提供法律保障。可以说，监察建议很大程度上实现了对两大指导思想的有机结合，其逻辑在于：对于超出国家监察权管理权限的事宜，由被监察单位接受监察建议

---

9 参见秦前红、刘怡达：《论国家监察体制改革背景下的法院监察》，《现代法学》2018 年第 4 期。

10 习近平：《在第十八届中央纪律检查委员会第二次全体会议上的讲话》，《人民日报》2013 年 1 月 23 日第 1 版。

11 依次是依法独立行使监察权原则，与审判机关、检察机关、执法部门互相配合、互相制约原则，有关机关和单位依法协助原则，依宪依法监察原则，以实施为依据、以法律为准绳原则，在适用法律上一律平等、保护当事人合法权益原则，权责对等、从严监督原则，惩戒与教育相结合、宽严相济原则以及标本兼治、综合治理原则等九大原则。参见姜明安：《论监察法的立法目的与基本原则》，《行政法学研究》2018 年第 4 期。

并依据内部监察权作出处理，由此间接实现监察机关之意志。

监察建议通过两大功能实现上述目标：监察建议的直接功能，在于弥补监察决定之缺陷，构建监察全面覆盖与惩戒自主权之联结枢纽。一方面，对于监察决定无法直接触及的内部自治层面事务，通过建议的形式间接实现监察机关之意志；另一方面，对于国家监察和内部监察皆可决定之事务，亦可避免发生因调查技术、人情关系、内部护短、权力寻租或者处理失误等导致内部处置失当却无法挽回的情况。监察建议的间接功能，则在于整改廉政制度之缺陷，以达致标本兼治、综合治理的监察良效。监察机关针对个案中归纳提炼的规律、共性和问题，通过监察建议向被监察单位提出系统优化方案，从每一个被监察单位内部腐败预防体系着手，推动整改问题、完善制度，进而推动完善整个国家腐败预防体系。监察建议的两大功能，就好比网络杀毒软件的杀毒功能和补丁功能：如果将国家监察系统、每个被监察单位比作整个互联网络、每个终端处理器，那么引入监察建议职权的监察机关就是一款“绿色”杀毒软件，其首先要遵守行业规范（我国宪制结构）并尊重机主权限（内部监察权），其次才考虑杀毒高效与否。这与网络杀毒软件的主动杀毒功能（监察决定）并行不悖，重在强调特殊情况下，如果涉及本机管理权限，便需提供杀毒方案之建议（监察建议）并由机主执行；而一款“优秀”的绿色杀毒软件，还会适时向机主推送防火墙补丁更新并提醒更新客户端，甚至考虑如何强化整个网络运作结构。

由此可见，监察建议之产生乃是以“法治化反腐”作为逻辑起点，其初衷是以法治思维和法治方式最终实现“监察全面覆盖”这个政治目标，在此过程中亦隐蕴着“标本兼治、综合治理”这个法治愿景。从这个意义上讲，监察建议之产生可谓国家监察体系和监察能力现代化进程中一个重要标志。

三、法定职权与职权法定：监察建议的概念及定位

（一）规范文本中的监察“建议”

1.《监察法》中与监察建议有关的内容。（1）从《监察法》有关规定来看，明确提到“监察建议”的有四处，分别是：第 11 条、第 13 条规定监察委员会及派驻机构有权提出监察建议；第 45 条提到监察机关根据监督、调查结果，依法对“监察对象所在单位廉政建设和履行职责存在的问题等”提出监察建议；第 62 条规定，监察建议的法律后果是如果有关单位“无正当理由拒不采纳监察建议”，由其主管部门、上级机关“责令改正”、“对单位给予通报批评”和“对负有责任的领导人员和直接责任人员依法给予处理”。（2）此外，《监察法》中有两处虽未明确提到“监察建议”，但提及了“建议”，分别是：第 31 条和第 32 条规定，监察机关在移送人民检察院时可以提出“从宽处理的建议”；第 45 条第 1 款第 3 项规定，监察机关“向有权作出问责决定的机关提出问责建议”。

2.《公职人员政务处分暂行规定》中与监察建议有关的内容。该规定虽然不是狭义上的法律，其法律地位和效力位阶也有待《宪法》《立法法》明确监察机关法规制定权以后方能确定，[12]但作为中央纪委、国家监委发布并在监察实践中广泛运用的规范文件，其对监察建议之研究仍有相当程度的参考意义。（1）明确提到“监察建议”的有一处，即第9条规定：“对前款人员，监察机关可以依法向有关机关、单位提出下列监察建议：（一）取消当选资格或者担任相应职务资格；（二）调离岗位、降职、免职、罢免。”（2）虽未明确提到“监察建议”，但提及了“建议”的也有一处，即第11条第4款规定：“对基层群众自治性组织中从事管理的人给予责令辞职等处理的，由县级监察机关向其所在的基层群众自治组织及上

---

12 从法治一般原理分析，就立法机关与其他宪制机关的立法职权配置来看，《宪法》《立法法》在事实上认可了其他宪制机关职权立法的合宪性，并已经试图在立法权限配置上对立法机关和其他宪制机关进行某种看似合理的划分。从这个角度上说，为了落实监察机关的宪法地位，也为了避免《监察法》过于简约带来的具体因应性不足，更为了实现一切监察活动纳入法治轨道之目标，赋予监察机关以广义上的立法权，便是制度的应有之义。至于《公职人员政务处分暂行规定》法律地位存疑，或因以下缘由：一是当前《宪法》《立法法》并未明确规定监察机关的法规制定权，故监察机关职权立法尚无明确依据；二是本规定由中央纪委、国家监委联合发布，故其在中国特色社会主义法律体系中究竟是何层次性质，尚有颇大争议。如欲确保《公职人员政务处分暂行规定》有关规定的法律效力，还需在我国法律体系中明确该规定的法律地位。具体而言，可以通过“三步走”加以实现：（1）以宪法为依据，修改《立法法》，明确赋予监察机关法规制定权；（2）由全国人大常委会作出授权监察机关先行制定此监察法规之追认决定，并注明授权期限（不得超过五年，继续授权需另作决定）；（3）当条件成熟时，由全国人大及其常委会制定《公职人员政务处分法》。

级管理单位（机构）提出建议。”（3）还有两处虽未明确提到“监察建议”，也未提及“建议”，但仍有可能表现为建议之形式，即第 11 条第 1 款、第 2 款，其规定，监察机关对“经各级人民代表大会及其常务委员会”和“经中国人民政治协商会议各级委员会全体会议及其常务委员会”选举或者决定任命的公职人员，如果要给予政务重处分（撤职、开除处分），应当履行相应的前置程序，即前者需“先由人民代表大会及其常务委员会依法罢免、撤销或者免去其职务”，后者需“先由政协全体会议及其常务委员会免去其职务”。（以下简称“履行前置程序的建议”。）

综上归纳，《监察法》《公职人员政务处分暂行规定》提到的监察“建议”共有六种，其中，直接冠以“监察建议”的有两种，分别是廉政建设和履行职责存在的问题等的监察建议和取消资格或调离岗位等的监察建议；间接提及“建议”的有三种，分别是从宽处罚的建议、问责建议和责令基层群众自治性组织中从事管理的人员辞职的建议；有可能表现为建议之形式的有一种，即履行前置程序的建议。

（二）作为监察机关法定职权的“监察建议”

除了规范文本中的监察“建议”，在监察实践中，很可能是另一番模样，即认为只要监察法规中规定的监察机关有权作出的建议性措施，都是监察建议。这种异化乃权力天然扩张性使然，但鉴于监察建议产生的背景及定位，任意拓宽监察建议的范围不仅无益于提升反腐效能，反而面临合法性危机，从而损害监察机关的应有权威。这恰恰印证了美国法哲学家博登海默教授的观点："概念乃是解决法律问题所必需的和必不可少的工具，没有限定专门的严格的概念，我们便不能清楚和理性地思考问题，没有概念，我们便无法将我们对法律的思考转变为语言。"[13] 可见，在对法律进行要素分析的过程中，"法律概念是法律规范的基础，也是进行法律思维和推理的根本环节"。[14] 有鉴于此，在进一步研究监察建议的类型及其规制之前，对其法律概念的界定无疑有着正本清源的意义。

关于法律概念的界定，主要可以从类型、体系－结构、性质、功能等多维角度展开认识。[15] 其中分类标准往往受制于区分角度和目的，体系结构问题则十分复杂并且本身即为下文所欲探究之疑难，而不论采取何种标准和角度，法律概念的性质和功能都是回避不了的问题。对监察建议性质的探究，应当综合考量"监察"和"建议"两个方面的因素。

实际上，我国学界早已针对与之相似的"检察建议"展开过激烈争论。关于检察建议性质的认识，主要有"职权说"、"非职权说"和"部分职权说"三种代表性观点。持第一种观点者较少，主流观点是，"检察建议是检察机关法律监督权的

---

13 ［美］E. 博登海默：《法理学：法律哲学及其方法》，邓正来译，中国政法大学出版社 1999 年版，第 486 页。

14 雷磊：《法律概念是重要的吗》，《法学研究》2017 年第 4 期。

15 参见，同上。

重要组成部分”,[16]“是检察机关的法定方式”。[17] 也有人主张区分应然层面和实然层面，应然层面的检察机关建议权乃是“国家权力的一种表现形式”，但实践中检察机关的建议权还须基于“法律授权依据”。[18] 还有学者另辟蹊径，将检察建议定性为一种“实践中的权力”。[19] 持第二种观点者主要从规范和语义方面进行驳斥，他们认为，既然《人民检察院组织法》没有明确规定检察建议是检察机关法定职权，检察建议便只是检察事实行为，不是监察职权行为;[20] 况且从“建议”一词来看，对方可以采纳，也可以不采纳，故而很难从中寻觅强制约束力之踪迹。[21] 第三种观点主张将检察权按照一定标准进行区分，例如，“履行法律监督职能的检察建议，应当承认其公权力的属性和效力，并积极规范其权力运行方式；对于履行社会治安治理职能的检察建议，则应当否定其公权力性质，并退出公权范畴”。[22] 本章认为，考虑到检察建议乃是检察机关司法实践中经常运用的一项措施，对其之恰宜定性应当严格遵循法律文本的规定，故此在修改《人民检察组织法》并明确检察建议的法律地位及

16 韩成军:《检察建议的本质属性和法律规制》,《河南大学学报（社会科学版）》2014 年第 5 期。

17 万绍文:《民事检察建议的效力及其实现》,《法治社会》2016 年第 5 期。

18 张智辉:《论检察机关的建议权》,《西南政法大学学报》2007 年第 2 期。

19 参见吕涛:《检察建议的法理分析》,《法学论坛》2009 年第 2 期。

20 万毅、李小东:《权力的边界检察建议的实证分析》,《东方法学》2008 年第 1 期。

21 参见孙谦:《检察理论研究综述（1979—1989）》，中国检察出版社 2000 年版，第 352 页。

22 万毅、李小东:《权力的边界检察建议的实证分析》,《东方法学》2008 年第 1 期。

法律后果之前，不宜将其定位为检察机关的法定职权。

检察建议性质之界定对于监察建议的研究有一定借鉴意义，但不宜直接照搬。监察建议区别于检察建议最重要的特征在于:《监察法》第 62 条直接明确地规定了有关单位无正当理由拒不采纳监察建议的法律后果；与之相反，检察建议主要是程序意义上的监督而非终局意义上的监督，它是一种提示与提醒，和检察机关的大多数法定职权一样，不具有终局或实质性处分的效力，[23] 故不同于实体性的行政处分权或司法裁决权。这便形成了二者的核心差异：第一，在内容上，监察建议涉及实体处分，检察建议不涉及实体处分；第二，在性质上，监察建议是监察处置的范畴，检察建议是程序监督的范畴；第三，在后果上，监察建议可能触发否定性法律后果，检察建议不涉及否定性法律后果。

参考学界此前对检察建议的研究，对监察建议的定性可以考虑以下两种方案。第一种方案是从语义层面出发来理解“监察建议”，由此可推导出监察建议的“部分职权说”，即监察机关提出的任何“建议”皆可称作“监察建议”，但只有其中符合特定条件的监察建议，才属于监察机关的法定职权。第二种方案是从规范文本出发来解读“监察建议”，由此可推导出监察建议的“职权说”。实际上，被监察单位往往希望存在

23 姜伟、杨隽:《检察建议法制化的历史、现实和比较》,《政治与法律》2010 年第 10 期。

一个“明确”认知，以衡量其对待监察建议的一般标准；监察对象则期待监察建议作为外部监察行为，具备应有的安定性和可预测性；而监察机关本身，也需要考虑其职权措施在实践效果上的统一性。为示区分，此处暂且将第一种称作“广泛意义上的监察建议”，将第二种称作“严格意义上的监察建议”。笔者以为，鉴于《监察法》第 62 条已经明确了无正当理由拒不采纳监察建议的法律责任，在严格意义上定义所谓“监察建议”是比较合理的，如此亦符合监察机关自身秉持的定位及期待：“监察建议不同于一般的工作建议，它具有法律效力。”[24] 本章对“监察建议”的定义如下：监察建议，是我国监察机关根据监督、调查结果，在监察职权范围内向有关单位提出的一种无正当理由必须履行其内容，否则即须承担相应法律责任的建议性处置职权（措施）。

作为监察机关法定职权的监察建议，有两大根本前提：一是特定条件下会触发否定性法律后果，二是能够直接产生法律效果。实际上，把监察建议定义为法定职权之所以合理的关键，并不是《监察法》第 62 条规定了无正当理由拒不采纳监察建议的法律责任，因为不仅法律行为、准法律行为，包括事实行为都会导致法律后果，而且不同的行为还可能产生相同的法律后果。更关键的是，监察建议能够直接产生法律效果。这

24　中共中央纪律检查委员会、中华人民共和国国家监察委员会法规室编写：《〈中华人民共和国监察法〉释义》，中国方正出版社 2018 年版，第 94 页。

不是说直接引发权利义务关系的变动，而是说，只要严格遵循监察建议职权法定原则，其内容本身也没有问题，几乎就必然会导致被建议单位作出内部惩戒措施、问责决定，或者修正已有处置，或者整改内部制度等。被建议单位被督促，被纠错，被整改，才是监察建议的直接法律效果。而从法律效力和法律效果的关系看，后者是前者的具化。因此，监察建议是法律行为，具有法律效力，产生法律效果，有可能触发否定性法律后果或者法律责任。

将监察建议定义为监察机关的法定职权，这就决定了其法律特征主要表现为法律依据上的明确性、法律地位上的独立性、法律关系上的单方性、法律行为上的权力性和法律效果上的确定性。但是，另一方面，这也对监察建议提出了更严格的要求。就一项职权措施而言，“法定职权”往往只是它的“立身之本”，“职权法定”才是它的“成事之道”。因此，有必要在定位清晰的基础上，进一步厘清监察机关提出的哪些建议才属于监察建议。

（三）基本定位：立足监察职能、结合执法办案、遵循职权法定

一个基本已成为政治和法律常识的观点是：鉴于“职权”的手段性和公共性，其不得以行使主体作为利益指向；恰恰相反，职权是“出于保障利益实现的必要在法律上做的制度设计，不以职权主体自身的利益为指向而是指向公共

利益”。[25] 单独地分析监察权的利益指向仍然是必要的：我们认为，国家监察的终极目标乃是为了维护国家廉政秩序及社会公共福祉而对公职人员腐败行为进行控制；进一步而论，监察建议的价值亦不限于简单地构建监察权威，而是多方博弈下的综合考量。这就要求在监察实践中，尤其需要把握好监察建议的价值取向，在惩治腐败行为、构建监察权威与尊重自治规律之间寻求微妙的价值平衡。在此基础之上，我们可以结合“职权法定”这一现代法治基本原则，对监察建议进行更加清晰的基本定位。

1. 立足监察职能，围绕“廉政建设和反腐败工作”

所谓“立足监察职能”，指的是鉴于监察建议属于“监察处置权”的范畴，故而须以宪法上对监察权的职权定性和法理上对处置权的一般认知作为基本框架。

首先，我国《宪法》规定，我国各级监察委员会是国家的监察机关，依照法律规定独立行使监察权；我国《监察法》进一步规定，“各级监察委员会是行使国家监察职能的专责机关，依照本法对所有行使公权力的公职人员（以下称‘公职人员’）进行监察，调查职务违法和职务犯罪，开展廉政建设和反腐败工作，维护宪法和法律的尊严”。据此，监察建议之基本定位首先要以监察职能作为大前提，紧密围绕《监察法》第3条规定的“廉政建设和反腐败工作”来进行，“一般不涉及

25 李琦：《职权：宪法学与法理学考察》，《中外法学》1999年第3期。

监察对象所在单位主责主业的正常运转”。[26]

其次，对于“处置”有四个层面的理解：一是文义上有决策、指挥、惩罚等意思；二是民法所有权层面，指对某项财产在事实上或法律上的最终处置，乃是所有权的最基本权能；三是刑法和行政法（外部行政行为）层面，指对违法犯罪者进行刑事处罚或行政处罚，以实现警示、处罚、教育、预防等功能；四是内部管理层面，指党派团体或国家机关等单位对其成员违纪行为进行内部惩戒之措施。综上理解，监察建议作为处置权范畴之监察措施，仍应以直接功能为主，以间接功能为辅，即主要针对个案，重在督促被监察单位对某个具体监察对象作出政纪处分决定或者纠正其错误，至于整改型监察建议则宜少用。监察建议的类型及内容将在下文详述。

最后，为何对整改型监察建议提出更加严格的要求呢？实际上，正是由于此种监察建议并不直接涉及某个具体的监察对象，容易受到忽略，因此更应强调对其之规范。具体来讲，鉴于对整改型监察建议的内容和情形很难作出周延概括，并且仅关涉公权机关之间的关系，不直接涉及对具体某个监察对象作出处分，故而立法一般不会也很难对其内容作出十分严苛的限定，即便法律解释或监察法规亦无法采取封闭式列举加以明

---

26 本书编写组：《〈中华人民共和国监察法〉案例解读》，中国方正出版社 2018 年版，第 401 页。

确，[27] 这便很容易导致实践中少数监察机关乱用、滥用监察建议，侵扰被监察单位的内部监察权；与此同时，不同领域的单位基于其中蕴含的独特价值，往往需要遵循独特的运作规律，如果此种规律很容易被打破，实践中便可能陷入“外行人‘指点’内行人”之窘境，而此境况伴随着监察机关现实权威之升温或将日渐显著。

2. 结合执法办案，“根据监督、调查结果”

所谓“结合执法办案”，指的是监察机关必须“根据监督、调查结果”并“依法”向被监察单位提出监察建议。如此定位，与《监察法》第 45 条第 1 款“监察机关根据监督、调查结果，依法作出如下处置”的表述是一致的。

（1）以事实为依据、以法律为准绳，提出任何监察建议都必须有明确的事实依据和法律依据，不得闻“风”纠察。在我国古代，许多朝代有闻风奏事、闻风弹人之规定，即监察官可以根据“道听途说”，在尚无“真凭实据”的情况下提出弹劾。但此项制度其实有着独特的历史背景，其建立在古代交通不畅、信息迟缓、取证困难、地方官员普遍权力较大等前提之上，由此不仅对官员贪腐起着震慑作用，同时能够有效加强中央权威，尤其是皇权地位。在当代社会，得益于工业革命以来世界范围内交通建设和信息技术的巨大进步，上述困难早已克

27 例如，此前《行政监察法》第 23 条、第 24 条已经列举可以提出监察建议的九种情形后，仍在第 23 条第 8 项规定了“其他需要提出监察建议的”作为兜底。而对此，现行《监察法》甚至没有作出详细列举。

服；同时，《监察法》已经赋予监察机关相当充分之职权措施，并且遵循《宪法》第40条公民通信自由条款，[28]规定了“监察机关在工作中需要协助的，有关机关和单位应当根据监察机关的要求依法予以协助”，以及“监察机关调查涉嫌重大贪污贿赂等职务犯罪，根据需要，经过严格的批准手续，可以采取技术调查措施，按照规定交有关机关执行”，故而职权不足、技术落后等因素也已经不再是制约监察机关“及时”获取“真凭实据”的木桶短板。可见，赋予监察机关以闻“风”纠察之权不仅不利于保障公民合法权益，而且缺乏现实必要性。

（2）监察建议具有依附性，包括提出类案建议在内，皆需建立在具体个案的基础上来提出，不得无“的”放矢。有论者在分析监察建议的特点时，提出监察建议“在适用上具有依附性”，并指出其原因是“监察法规定的监察对象是个人，单位不是监察对象，也就是监察建议只能依据对个人的监督、调查结果向有关单位提出”。[29]此观点可谓一语中的。首先，监察建议的对象是公职人员，不包括其所在单位。《监察法》第3条明确规定监察机关对“所有行使公权力的公职人员”进行监察，故而“监察全面覆盖”的对象仅涉及公职人员，并不关

---

28 我国《宪法》第40条规定：“中华人民共和国公民的通信自由和通信秘密受法律的保护。除因国家安全或者追查刑事犯罪的需要，由公安机关或者检察机关依照法律规定的程序对通信进行检查外，任何组织或者个人不得以任何理由侵犯公民的通信自由和通信秘密。”依此规定，监察机关无权直接对公民通信进行检查，而需由公民机关或者检察机关协助执行。

29 参见高伟：《监察建议运用研究》，《中国纪检监察报》2018年5月23日第8版。

涉公职人员所在单位。监察对象二元制和一元制的差异，乃是行政监察与国家监察并无承继关系的关键表征。假使说，监察机关能够独立于具体个案而直接向被监察单位提出监察建议，这便将被监察单位亦纳入监察对象，其实质是监察对象的二元化，由此监察建议的性质及作用也将随之变化。其次，实际上，监察建议究竟是敲醒警钟的“木槌”，还是双刃上阵的“画戟”，一方面要考虑其本身的性质定位，另一方面也关系到到底谁来用，怎么用。我国监察机关作为宪制机关，只要能够始终在法治思维和法治方式下、在法治轨道上推动监察体制改革并切实落实反腐职责，自然也会始终遵循宪制，维系法治。问题在于，对于监察执法工作人员中少数信仰不坚定者而言，利器在手而如何秉持其应有的自制力，或许是对人心一道不小的考验。再者，假使监察建议不必依附于个案，无“的”何以放“矢”，依据从何而来？从地方监察实践现状推测，不必依据个案而提出的监察建议很容易在实践中被大范围采用，甚至是乱用、滥用，由此不仅侵扰被监察单位日常运作，亦有损监察机关自身权威，得不偿失。最后，结合当前竟有论者鼓呼从维护“法律实施”层面出发来定义监察权，由此对“廉政建设和履行职责存在的问题等”做扩大解释，甚至提出兜底情形，多重背景下，强调监察建议的依附性对于明确其基本定位而言，更是有着独特的法治意蕴。

3. 遵循职权法定原则，“依法作出处置”

监察建议作为监察机关的法定职权，还须遵循公权机关

“法无明文规定不可为”之原则。那么，究竟何时可“为”呢？

这首先涉及依法监察的内涵及外延。从“监察立法”与“依法监察”的命题出发，其对监察机关提出了至少三大要求：法律优越、法律保留和依法规监察，其中依法规监察要求具体监察行为[30]必须以抽象法律规范为依据。此种关系之根源，系因唯有依据具有“普遍约束力”之法规而作出的监察建议，方可全面规制公民（显然是否属于监察对象并不妨碍公职人员作为“公民”之身份）、国家机关及其他有关单位等受控主体，并为“被监察单位无正当理由不得拒绝适用”提供充分法理依据。奥托·迈耶就此提出法律的内在拘束力是合宪性法律的基本特征，行政法学理论中的“法规创造力原则”同样可以解释“立法”和“监察”的根本区分。[31]

---

30 监察建议能否归于具体监察行为？这是牵及整个“监察行为”理论体系建构的重要问题，对此需以监察行为的效力为核心进行深入分析，并从行政法学现有理论中汲取有益内核。鉴于“监察行为”之定义尚无通说，尤其在效力层面有何特殊性仍待理清，故而究竟有无“准监察行为”“监察事实行为”等之说还待讨论。笔者以为，监察行为效力研究或可考虑：第一，区分监察行为的成立和生效；第二，并非所有监察行为皆有同等效力，对特殊监察行为（例如监察建议）之效力形态及其救济手段、处置措施等可作独立研究；第三，“公定力”应当作为研究重点。迫于行文需要，亦考虑到“监察行为”定义短期或难有定论，笔者对此暂不做特别考虑，仅以抽象、具体之区分对监察行为做二分，由此将监察建议归为“具体监察行为”。

31 有关学说及概念之梳理，参见王贵松：《论法律的法规创造力》，《中国法学》2017 年第 1 期；黄宇骁：《也论法律的法规创造力原则》，《中外法学》2017 年第 5 期。由此王贵松教授还进一步提出建议限缩甚至逐步取消国务院职权立法，后者则在否定行政规范性文件普遍约束力的基础上提出一种更为缓和的三层级公法授权规则。

对象限缩至监察建议：（1）从效力层级来看，仅宪法、法律和法规得以为据；申言之，监察内部规范性文件属于监察自我约束，不是法律规范（广义法律），故监察机关不得以此作为提出监察建议之依据；（2）从规范类型来看，鉴于监察建议在法律效果上很可能导致监察对象的权利减损或预设义务，故而至少当监察建议的内容涉及对某个具体对象作出任何处分时（即督促型和纠错型监察建议），须以法律或监察法规之具体行为规范为依据，至于组织规范推导的授权则不足为据。于此层面而言，尽快通过颁布法律解释或制定监察法规的形式，对提出监察建议的情形进行明确划定，应当是依法监察的应有之义。

（四）精准定位：避免沦为“一般监督”

为了进一步实现对监察建议的精准定位，仍有必要单独强调的是：应当注意将“监察监督”与“一般监督”在监督内容上进行严格区分，并在此基础上进一步厘清监察建议的职权边界。

1.“监察监督”与“一般监督”之界分

从检察权出发，所谓“一般监督”，即对有关国家机关违反法律的行政决定和措施以及对国家机关工作人员的违法行为实行的检察监督活动。[32] 在苏联议行合一的宪制体制下和中华

32 参见王桂五：《王桂五论检察》，中国检察出版社 2008 年版，第 189 页。

人民共和国成立初期宪制结构下，分别形成了具有不同意蕴的一般监督权：在苏联，检察机关对“一切政权机关”的监督，并不包括对苏维埃最高权力机关即苏维埃人民代表大会及其常设机关的监督，但是检察机关可以监督地方权力机关；[33] 在中华人民共和国成立初期，由于并未真正建立起检察机关的垂直领导体制，地方各级检察院亦由地方权力机关产生，故我国检察院法律监督对象亦不涉及地方权力机关之活动。这便在坚持人民代表大会制度根本遵循[34] 之前提下，明确了检察院作为“一般监督”机关的地位，最大程度实现对各级国家机关尤其是行政机关的监督。总之，检察机关一般监督权的最大特点在于：其监督对象既有国家机关，也有国家机关工作人员，或者说，其监督内容并不区分对“事”的监督和对“人”的监督。伴随着我国 1982 年《宪法》和 1979 年《人民检察院组织法》中取消了一般监督的有关规定，权力机关的法律监督权成为最高层次的监督权，检察机关由其产生、对其负责并成为专门法律监督机关，检察院是作为法律监督之国家宪制机关。由此，我国最高的监督机关是全国人民代表大会及其常委会而非最高

---

33 根据《论双重领导和法制》一文的精神，“列宁检察权思想理论的核心就是要对检察机关实行垂直领导和对地方机关包括地方苏维埃是否遵守苏俄中央法令实行监督，所以，对地方苏维埃权力机关的活动，检察机关是有权监督的”。参见王建国：《列宁一般监督理论的制度实践与借鉴价值》，《法学评论》2013 年第 2 期。

34 1954 年《人民检察院组织法》第 7 条规定，最高人民检察院对全国人民代表大会负责并报告工作；在全国人民代表大会闭会期间，对全国人民代表大会常务委员会负责并报告工作。

人民检察院，检察机关乃权力机关设立之专门法律监督机关，二者是决定与执行、监督与被监督的关系，存在位阶和性质上的差异。[35]近年来，关于我国检察机关法律监督权的性质及外延，一直是学界争议的焦点。有学者根据我国社会法治现状和检察机关法律监督的特点，主张我们现行的法律监督应当定性为“有限的一般监督”，[36]亦有文章进一步阐析我国“法律监督”的“有限”或“边界”之表征。[37]

问题在于，我国监察机关的监督权能否定性为“一般监督”呢？有论者提出，《监察法》第 3 条规定监察机关的职责还包括“维护宪法和法律的尊严”，故而监察权之外延应当从“维护法律实施”出发而不限于“反腐败工作”。不吝做此假设，结论将是不可思议的：基于“监察全面覆盖”的改革目标和立法目的，监察对象将覆盖全部行使公权力的公职人员，其数量之庞大不仅囊括全部国家机关，还进一步关涉公办科教文卫体单位、基层群众自治组织和国有企业等，故其监督对象及内容将远超中华人民共和国成立初期的检察机关。如此，监察机关将有权对《监察法》第 15 条所涉全部单位违反法律的决定和措施以及其中监察对象的违法行为实施监督活动，可谓

35 参见秦前红、刘怡达：《人大司法监督与检察院法律监督衔接机制论纲》，《地方立法研究》2017 年第 1 期。

36 崔建科：《论行政执法检察监督制度的构建》，《法学论坛》2014 年第 4 期。

37 参见秦前红：《两种“法律监督”的概念分野与行政检察监督之归位》，《东方法学》2018 年第 1 期。

"名副其实"的"一般监督"。但这显然不符合我国监察机关的宪法定位，亦难契合我国一元宪制结构，更与现代法治一般规律相背离。我们认为，所谓"监察监督"之职能定性，既不是中华人民共和国成立初期检察机关的"一般监督"，也不是前述"有限的一般监督"；申言之，只要我国以人民代表大会制度为核心的政权组织形式不发生质的变化，在现今的宪制背景之下，权力机关的法律监督权仍然是最高层次的监督权，监察机关由其产生、对其负责并成为国家监察专责机关，监察委员会是作为反腐败之国家宪制机关。由此，我国最高的监督机关仍然是也只能是全国人民代表大会及其常委会，而非国家监察委员会，监察机关乃权力机关设立的监察专责机关，二者是决定与执行、监督与被监督的关系，故而同样存在位阶和性质上的差异。[38] 诚如上述，"监察监督"必须以其机构定位及职能定性作为根本依据，始终着眼于"廉政建设和反腐败工作"，同时遵循与其他国家机关的组织关系和与其他国家权力的权限边界。

2. 监察建议与行政监察建议之界分

以此为基础，我们便能够很清楚地将监察建议与行政监察建议在性质及内容上区分开来。有一种似很流行的观点，主张对《监察法》第 45 条第 1 款第 5 项"廉政建设和履行职责

38 有关我国监察机关与权力机关及其他宪制机关之关系的详细论述，参见秦前红：《我国监察机关的宪法定位——以国家机关相互间的关系为中心》，《中外法学》2018 年第 4 期。

存在的问题等”做扩大解释，并借鉴此前《行政监察法》关于行政监察建议的十种情形的规定，[39] 提出当监察机关遇有与前者相似的九种情形（排除问责建议）时，皆可提出监察建议，其中还包括兜底情形。如此理解，具备一定的合理性，但并不符合监察建议的基本定位。有此误解，直接原因是混淆了行政监察建议与监察建议的关系，根源则在于没有准确把握监察机关的宪法定位。这甚至算不上“一个美丽的误会”，诚如上述，如此规定的后果是危险的：鉴于监察建议之法律效力，如此宽泛的职权边界很可能导致它由“监察监督”自我膨胀，并最终沦为“一般监督”。

首先，我们要看到，《行政监察法》为何规定了适用如此广泛的行政监察建议？这与行政监察机关的职责权限是分不开的；在此之前，我们还需分析行政监察的立法目的和行政监察建议的价值取向。根据《行政监察法》第 1 条，本法立法目的是“加强监察工作，保证政令畅通，维护行政纪律，促进廉政建设，改善行政管理，提高行政效能”，可见行政监察之定性并不限于廉政建设和反腐败工作。为达致此目标，其第 18 条第 1 款规定行政监察机关有“执法”、“廉政”和“效能”三种职能，并开放式列举了五项内容，[40] 而第 23、24 条规定的十类监察建议情形，一方面正是以上述三种职能、五项内容作为它的法律

39　见《行政监察法》第 23 条、第 24 条有关规定。

40　见《行政监察法》第 18 条第 1 款有关规定。

依据，另一方面同时也是实现上述职能和内容的有效措施。

但是，从隶属于行政机关的行政监察部门，到作为独立宪制机关的监察委员会，两种（行政）监察机关一则无论在机构定位还是职权定性上皆不可同一而语，二则在监督对象上是二元制与一元制的本质差异，三则与被监察部门（单位）之间的关系亦完全不同，[41] 故而它们之间并不是一种继承关系，新生的监察机关更应当被视作一种全新的独立宪制机关，而不是对原有行政监察机关的继承。正因如此，有学者提出，在国家监察体制改革背景之下，“组织机构的合并并不必然就意味着相关职能的整合”，[42] 并分述行政监察的三项职能：行政廉政监察需纳入监察委员会并作必要调整，行政执法监察和行政效能监察不宜纳入监察委员会。[43] 笔者认为，上述观点与监察体制改革目标和监察机关性质定位是一致的，也符合现代法治的基本规律，故持赞同态度。

据此，可以得出以下结论：（1）既然行政监察机关之职能

---

41 监察委员会与被监察单位之间，乃是监察专责机关与其他国家机关或者其他组织单位之间的关系，这与行政监察部门与其被监察部门同属政府内部机构的关系有着本质区别。

42 江利红：《行政监察职能在监察体制改革中的整合》，《法学》2018 年第 3 期。

43 其观点是：仅有行政廉政监察因与监察机关作为“专职反腐败工作机构”的性质定位相适应而纳入监察委员会，并且仍需结合监察委员会的外部监督性（相对于被监察单位而言）以及监察对象的限定性，进而作必要调整和整合；至于行政执法监察和行政效能监察，鉴于它们本质上乃是行政监察机关对于行政机关及其工作人员“在行政执法中贯彻落实法律、法规、决定或命令的情况以及行政管理活动的效率、效果和效益进行的日常性的内部监察活动”，故不宜纳入监察委员会。参见江利红：《行政监察职能在监察体制改革中的整合》，《法学》2018 年第 3 期。

并未全数整合至监察委员会，那么所谓“监察委员会可以提出监察建议的十种情形”，便因职权依据不充分而难证正当，行政监察建议之既有经验亦仅具参考意义，不得直接照搬；（2）上述监察机关与作为被监察单位的行政机关之间的关系，延伸至与其他被监察单位之间，也同样适用；（3）无论是对行政机关还是对其他被监察单位，监察机关都应当立足监察职能，围绕廉政建设和反腐败工作向其提出监察建议，既不涉及执法监察、效能监察等内部监察活动，也不涉及诉讼监督和行政检察监督等法律监督事宜，更不涉及规章审查乃至合宪性审查工作。

四、督促、纠正与优化：监察建议的类型及内容

在《监察法》《公职人员政务处分暂行规定》规定的为数不少的监察“建议”中，只有能够直接产生法律效果、特定条件下会触发否定性法律后果、符合基本定位和精准定位的部分，才属于严格意义上的“监察建议”，并被纳入监察机关法定职权。按照内容及功能标准，大致可有如下类型划分：

（一）督促型监察建议：对监察决定无法触及的内容予以补充

1. 内部惩戒建议：督促被监察单位及时（对内部公职人员）作出内部惩戒措施

监察机关提出内部惩戒建议的规范依据，目前主要是

《公职人员政务处分暂行规定》第9条第2款。该款规定："对前款人员，监察机关可以依法向有关机关、单位提出下列监察建议：（一）取消当选资格或者担任相应职务资格；（二）调离岗位、降职、免职、罢免。"尚需说明的是，此处所称"内部惩戒建议"取狭义，仅指监察机关建议被监察单位作出除政纪处分之外的其他惩戒措施——作此限定，是为了与"自主惩戒权"相适应。首先，根据《监察法》第45条第1款第2项和《公职人员政务处分暂行规定》第19条的规定，结合《中华人民共和国公务员法》（以下简称"《公务员法》"）第九章"惩戒"第56条，监察机关的政务处分决定和被监察单位的政纪处分决定，[44]都指的是警告、记过、记大过、降级、撤职、开除等六种处分形式。但是，除了内部政纪处分以外，被监察单位还有权作出其他内部惩戒措施。可见，被监察单位的惩戒权，分为两个层面：一是《公务员法》《公职人员政务处分暂行规定》明确规定的六种形式的内部政纪处分，二是除内部政纪处分之外的其他内部惩戒措施。其中，根据《监察法》规定，前一种已由监察机关和被监察单位共享，后一种才是严格意义的自主惩戒权。对于这

---

44 根据《公职人员政务处分暂行规定》第19条的表述——"公职人员有违法行为的，任免机关、单位可以履行主体责任，依照《中华人民共和国公务员法》等规定，对公职人员给予处分"，被监察单位仍有权对其内部的违纪违法公职人员依照法定程序作出处分决定。为示与"政务处分决定"之区分，笔者将被监察单位作出的处分决定称为"政纪处分决定"。

部分内容，监察机关需要通过内部惩戒建议间接实现其意志。例如，对于人大代表惩戒委员会、法官惩戒委员会、高等院校及科研机构学术委员会及学位委员会等的自主惩戒权，其中相当比例内容监察机关不得直接作出监察决定。

问题在于：内部惩戒建议的范围是否仅限于上述两种情形，抑或涉及内部政纪处分之外的全部内部惩戒措施？我们认为，诚如前述，遵循职权法定是监察建议的基本定位之一，鉴于惩戒建议的内容已经涉及具体对象之权利减损，故不得以组织规范推导的授权为依据。另一种解释路径是：在我国国家监督体系中，主要有人大监督、专责监察和内部自治三个层次，对被监察单位内部监察权的定义应当采取“扣除说”，即在人大监督权之下，扣除监察机关依法对被监察单位公职人员所享有的监察权之外，其余皆属内部监察权范畴，故而不限于取消资格和调离岗位、降职、免职、罢免等。总之，目前来看，监察机关仅可就《公职人员政务处分暂行规定》第 9 条第 2 款规定的范围提出内部惩戒建议。试举一反例：就高等院校及科研机构来看，学术委员会、学位委员会等可就职称评定、学位授予等专门制定评定规则，还可就学术腐败和学术不端等专门制定惩戒规则，对此，监察机关无论基于何种职权，皆不得进行任何干涉。

2. 问责建议：督促有权作出问责决定的单位及时（对领导人员）作出问责决定

有一种观点认为，问责建议与政务处分决定、问责决定性质相同，皆属处理决定。[45] 若此，凡有关单位拒不执行问责建议，就会触发《监察法》第 62 条规定的法律责任。这是值得商榷的。参考《行政监察法》有关规定亦不难发现，第 24 条亦将“问责处理”纳入行政监察建议范畴。我们认为，问责建议尽管未冠以“监察建议”之名，但是从主体、对象、性质、效力和后果上看，纳入监察建议是合理的；与此同时，问责建议在内容及功能上主要是对问责决定无法触及之内容予以补充，并督促有权作出问责决定的被监察单位及时作出问责决定，因此在类型上属于督促型监察建议。

监察机关提出问责建议的规范依据，目前主要有二：一是《监察法》第 45 条第 1 款第 3 项的规定——“对不履行或者不正确履行职责负有责任的领导人员，按照管理权限对其直接作出问责决定，或者向有权作出问责决定的机关提出问责建议”；二是《公职人员政务处分暂行规定》第 17 条的规定——“对公职人员不履行或者不正确履行职责负有管理责任的领导人员，监察机关可以依据或者参照《中国共产党问责条例》《关于实行党政领导干部问责的暂行规定》等规定，按照管理权限对其作出通报批评、诫勉、停职检查、责令辞职等问责决定，或者向有权作出问责决定的机关提出降职、免职等问责建议”。另外，此前《行政监察法》第 23 条第 6 项规定的责令

45　中共中央纪律检查委员会、中华人民共和国国家监察委员会法规室编写：《〈中华人民共和国监察法〉释义》，中国方正出版社 2018 年版，第 267 页。

公开道歉、停职检查、引咎辞职、责令辞职、免职等五种问责建议形式，现已无法适用；并且，根据《公职人员政务处分暂行规定》第 17 条，监察机关有权直接作出“停职检查”和“责令辞职”的问责决定，不必借由问责建议。

问责建议是否属于内部惩戒建议的特殊形式？或者说，问责决定是否也属于内部惩戒措施？问责建议在内容上主要表现为与领导职务相关的降职、免职等形式，这看似与内部惩戒建议的取消资格和调离岗位、降职、免职、罢免等在内容上存在交集，实则并不重合。二者区分如下：（1）从指向上看，前者指向的是违纪违法公职人员，后者则指向“对公职人员不履行或者不正确履行职责负有管理责任的领导人员”；（2）从前提上看，前者以公职人员违纪违法为前提，后者则不要求领导人员违纪违法，而是要求负有管理责任却未尽此职；（3）从价值上看，惩戒建议旨在惩治、预防、教育、威慑等，问责建议则旨在落实领导责任；（4）从主体上看，作出内部惩戒措施的主体和作出问责决定的主体有时是不同的。

3. 政纪处分建议、财产处置建议并无必要

对比《行政监察法》不难发现，其第 24 条将“（行政）监察决定”与“（行政）监察建议”并列表述，内容皆涵盖两类：“（一）违反行政纪律，依法应当给予警告、记过、记大过、降级、撤职、开除处分的；（二）违反行政纪律取得的财物，依法应当没收、追缴或者责令退赔的。”至于为我们所熟知的所谓“行政监察机关提出行政监察建议的十种情形”，乃

是结合第 23 条规定的八种情形进而归纳得出。但是，鉴于《监察法》与《行政监察法》之间其实并无本质上的承继关系，“监察建议”和“行政监察建议”亦无必然关联。而从监察法律有关规定来看，根据《监察法》第 45 条第 1 款第 2 项“对违法的公职人员依照法定程序作出警告、记过、记大过、降级、撤职、开除等政务处分决定”的表述，结合“监察全面覆盖”的改革目标和立法目的，监察机关有权对“所有”公职人员“直接”作出政务处分决定，无须借以监察建议的形式；根据本法第 46 条的表述——“监察机关经调查，对违法取得的财物，依法予以没收、追缴或者责令退赔”，监察机关有权对违法取得的财物“直接”采取没收、追缴或者责令退赔等决定，也无须提出监察建议。因此，没有必要规定监察机关提出政纪处分建议和财产处置建议的职权。

（二）纠错型监察建议：对内部处置明显失当的内容予以纠正

由于监察机关和被监察单位对公职人员皆有作出政务（政纪）处分和问责决定的权限，同时被监察单位享有监察决定无法触及之内容，故而实践中需要解决以下两个问题：

1. 两种决定竞合问题：如果监察机关和被监察单位分别作出了内容相斥的两个政务（政纪）处分决定或者问责决定，怎么办？解决方案有三：一是交由共同上级机关或者上一级监察机关作出评判；二是事先确定哪个决定有效；三是事先确定一个标准，例如从重（轻）原则、从先（后）原则等。笔者主张，对此需区分两种情形：如果二者同时作出，则被监察单位作出的决定有效，以示监察机关职权行使之谦抑；如果二者存在时间先后，根据《公职人员政务处分暂行规定》第 19 条第 2 款规定的“不重复原则”，此时应当采取“从前原则”，即作出时间在前的决定有效。

2. 内部处置失当问题：如果被监察单位内部处置（包括内部惩戒措施、问责决定、政纪处分决定和财产处置决定）明显失当，怎么办？实践中，普通的处理失误等偶然因素导致此种情况的或是少数，更大概率还可能存在人情考量、内部护短、权力寻租等主观因素，甚至可能牵连出窝案乃至塌方式腐败。此时，被监察单位很可能利用“从前原则”，在监察机关作出监察决定或者提出督促型监察建议之前，抢先作出内部处置，意图规避监察机关对其内部公职人员的处置。对此可通过纠错型监察建议加以解决。具体而言，（1）对于被监察单位作出的明显失当的内部惩戒措施、问责决定、政纪处分决定和财产处置决定，监察机关可以向其提出纠错型监察建议，被监察单位无正当理由不得拒绝采纳，否则即承担相应法律责任。（2）其中，对于被监察单位已作出的内部惩戒措施，考虑到“扣除说”定义下的被监察单位内部监察权仍有监察建议亦不得干涉之特殊内容，监察机关只能在《公职人员政务处分暂行规定》第 9 条第 2 款规定的范围内纠正被监察单位的内部惩戒措施。

目前，《监察法》《公职人员政务处分暂行规定》对上述两个问题都缺少必要的规定，需要尽快通过修法或法律解释的方式予以明确。

（三）整改型监察建议：对个案暴露的廉政制度缺陷予以优化

监察机关提出整改型监察建议的规范依据，主要是《监察法》第45条第1款第5项的规定——“对监察对象所在单位廉政建设和履行职责存在的问题等提出监察建议”。监察机关依据监督、调查的结果，分析案件发生的原因、特点、规律，找出监察对象所在单位制度和管理等方面存在的问题和漏洞，提出整改型监察建议，促使有关单位增强全面从严治党主体责任意识，有效加强监督管理、完善制度、健全机制，预防职务违法和职务犯罪行为的发生。监察建议的此项内容，使其得以在履行监察职能过程中，根据监督、调查结果，向监察对象所在单位提出完善管理、健全制约和监督权力等建议，由此使监察建议成为推进廉政建设、构建预防和惩治腐败体系、有效制约和监督权力、实现“标本兼治、综合治理”，乃至构建不敢腐、不能腐、不想腐的长效机制的一道重要保障。

但是，诚如前述，鉴于监察建议属于“监察处置权”的范畴，从法理上对“处置”的一般认知出发，监察建议之实施仍应主要针对个案而发挥其直接功能，至于整改型监察建议则宜少用，以此避免少数监察机关乱用、滥用监察建议，以及由此带来的对被监察单位正常运作秩序的侵蚀。

（四）几种不是“监察建议”的“建议”

1. 从宽处罚的建议，不是监察建议。如果将“从宽处罚的建议”认定为监察建议，即意味着人民检察院无正当理由拒不采纳从宽处罚的建议，将承担如下法律责任：“由其主管部门、上级机关责令改正，对单位给予通报批评；对负有责任的领导人员和直接责任人员依法给予处理。”（1）从正当性来看，人民检察院在向人民法院提起公诉时，是否一并提出（检察机关）从宽处罚建议，应当由人民检察院自行决定，故而作此规定将有碍人民检察院依照法律独立行使检察院之宪法原则的实现。[46]（2）从实际效果来看，由于人民法院才是司法审判机关，犯罪嫌疑人最终是否能够受到从轻处罚、减轻处罚或者免除处罚，仍然需要接受人民法院司法审查的最终认定，[47]故而人民检察院是否接受监察机关的从宽处罚建议，对于人民法院最终的审判结果并不会产生直接影响。（3）从

46 监察机关依法独立行使监察权隐含着一个必要要求，即不得阻碍检察机关依法独立行使检察权。秦前红、石泽华：《论监察权的独立行使及其外部衔接》，《法治现代化研究》2017 年第 6 期。

47 参见陈卫东：《认罪认罚从宽制度研究》，《中国法学》2016 年第 2 期。对此需区分两种情况：如果检察机关采纳从宽处罚建议并向人民法院提起公诉，则究竟能否从宽处罚须以法院生效裁判为据；如果检察机关采纳从宽处罚建议并作出不起诉决定，则法院应有权对此进行审查。此外，为了防止检察机关作出与职务犯罪有关的不当起诉或者不当不起诉，上述第二种情况还应纳入未来新型人民监督员制度的监督范围。

必要性来看，只要犯罪嫌疑人确实符合从轻处罚、减轻处罚或者免除处罚的有关情节，人民检察院审查起诉及人民法院依法审判时，本身便会予以适当考虑。（4）从可操作性来看，如果从宽处罚的建议有误，检察院及法院可能作出以下回应：一是受迫而采纳，二是秉公而排除。前者折射出我国宪制结构尚待进一步平衡，由此还将陷入是否追究有关法官、检察官的司法责任的两难境地：追究，有违常理；不追究，谁来担责？后者则陷入是否触发否定性法律后果的两难境地：触发，有违常理；不触发，有损监察权威。总之，监察机关的从宽处罚建议作为认罪认罚从宽制度适用于反腐败工作的制度性安排，有其存在的重要价值和现实意义，但不应该将其认定为监察建议。

2.（对人大及政协选举或任命的公职人员作出政务重处分）履行前置程序（罢免、撤职或者免职）的建议，不是监察建议。尽管《监察法》《公职人员政务处分暂行规定》尚未明确提及此种建议，但监察实践中其很可能表现为“建议”之形式。人大方面，根据我国《宪法》并结合《组织法》、《代表法》等，主要涉及对国家主席和副主席，国务院及地方各级政府组成人员，中央军委组成人员，国家监委及地方各级监委组成人员，两高及地方各级法院和检察院的院长（检察长）、副院长（副检察长）、审判员（检察官）[48] 以及全国人大常委会及

48　见《宪法》第 63 条和第 101 条有关规定。

地方各级人大常委会组成人员[49]和专门委员会组成人员（限领导人员和专职委员职务）等职务的罢免、撤职及免职，不包括罢免人大代表和撤销人大常委会委员及专委会委员资格有关事宜；政协方面，根据《中国人民政治协商会议章程》并结合全国及地方各级政协会议选举办法等，主要涉及对全国及地方各级政协委员会组成人员（正副主席、秘书长和常务委员）和专门委员会正副主任及专职委员等职务的撤职，不包括撤销政协委员会委员、常务委员及专委会委员资格有关事宜。

3. 罢免人大代表的建议，撤销人大常委会及专委会委员资格的建议，撤销政协委员会委员、常务委员及专委会委员资格的建议，不是监察建议。（1）在现代代议制国家，为了充分发挥代议制的功效，就不能不遵守代议制的某些基本规则。就人大代表自身而言，“责任、感恩、利益、抱负本身，都是约束他们（代表）忠于并同情人民群众的媒介”[50]。为了实现对人大代表的监督，我国和西方国家形成了不同约束路径：在西方国家，固定期限的频繁选举以及议会解散制度，乃是人民监督代表的主要方式，同时辅以议员开除制度，后者主要以议员的叛国行为或者从事反抗议会权威的暴乱等为理由，同时议会对议员的开除多享有绝对裁量权；在我国，人民对代表的监督主要表现为人大代表罢免制度。尽管有学者主张，我国罢免制

49　见《宪法》第 65 条第 3 款和第 103 条第 2 款有关规定。

50　［美］汉密尔顿、杰伊、麦迪逊：《联邦党人文集》，程逢如、在汉、舒逊译，商务印书馆 1980 年版，第 292 页。

度在实践中已经沦落为一种消极的对代表的“开除方式”，故而不如采取更加简便易行的方式，引进议员开除制度，作为罢免制度的代替，[51] 但是，此观点所称“开除”，其实并不同于人大机关政纪处分决定中的所谓“开除”（即根据《公务员法》第 56 条而对人大机关公务员的一种处分形式），因为在我国人大代表之身份与监察对象中的行使公权力的公职人员之身份，其实有着本质区分，而实践中我们看到许多人大代表也被纳入了监察对象，并非因其人大代表之身份，而是我国人大代表兼职制致使现实中许多人大代表兼任公职。总之，无论是当前的罢免人大代表，还是上述观点主张的开除人大代表，皆属我国权力机关专属的自主惩戒权，即便监察建议亦不得干涉。（2）监察机关作为权力机关之下的监察专责机关，亦不得干涉人大常委会及专委会内部工作，尤其是事关委员资格的核心内部职权。况且，由于上述资格并非公职，有关委员中非专职者，如亦未兼任其他公职，便不属于公职人员。（3）鉴于人民政协乃是对国家大政方针和群众生活的重要问题进行政治协商，并通过建议和批评发挥参政议政、民主监督作用的重要机构，监察机关亦不得干涉其委员会及专委会内部工作，尤其是事关委员资格的核心内部职权。

4. 责令村（居）委会主任辞职的建议，不是监察建议。根据《公职人员政务处分暂行规定》第 11 条第 4 项规定，监

51　参见杜强强：《人大代表惩戒宜由罢免制改为开除制》，《法学》2006 年第 10 期。

察机关对“基层群众性自治组织中从事管理的人员”，如果要给予责令辞职等处理，应当“由县级监察机关向其所在的基层群众性自治组织及上级管理单位（机构）提出建议”，即由后者作出责令辞职决定。但是，从我国基层群众自治组织独立于国家机关之宪法定位以及村（居）委会主任直接选举之产生方式来看，至少就责令村（居）委会主任辞职的建议而言，因其无法触发《监察法》第62条规定的否定性法律后果，故而既不是问责建议，也不是监察建议。

此外，尤为关键的一点是，遵循监察建议职权法定之原则，一个重要的底线要求是：监察建议不得作兜底规定。否则，有关监察建议定位、类型及实体和程序规制等任何限定，皆属空谈；监察建议之实施亦必将越出法治化反腐的逻辑起点而沦为一般监督之利刃，不仅侵蚀被监察单位正常运作秩序，亦有损监察机关应有权威，不可不防。由此可见，监察建议乃是法治化反腐过程中的一把双刃剑，必须认真把握、谨慎使用、有序规制。

五、监察建议的法律规制

鉴于监察建议的法治化目标及其清晰的功能定位，有必要在职权法定原则、程序正当原则、比例原则和谦抑性原则等现代法治原则的基础上，结合《监察法》规定的原则和规则，共同实现监察建议法律规制体系的建构。

（一）主体限定：提出监察建议的主体及权限

根据《监察法》规定，监察建议的作出主体是对监察对象有管理权限的监察机关，包括独立一级监察委员会和派驻机构、派出专员。其中，有权提出监察建议的主要是独立一级监察委员会，派驻机构则需根据管理权限和授权来确定。确定监察建议提出主体的方式主要有二：1. 根据有无派驻机构、派出专员来区分。具体而言：（1）如果管理权限属于派驻机构或派出专员，原则上由其直接提出监察建议；（2）如果管理权限属于本级监察委员会，则由本级监察委员会提出监察建议；（3）如果有关监察对象所在单位没有派驻机构或派出专员，对于领导班子及成员，由本级监察委员会提出监察建议，对于中层或以下级别公职人员，例如市属公办医院中层副职，一般也由本级监察委员会提出监察建议。2. 根据管理权限和处置程度进一步区分。（1）派驻机构有权以自己名义，直接提出有关政纪轻处分的监察建议；（2）如欲提出有关政纪重处分或领导问责的监察建议，应以本级监察委员会的名义提出。此外，由于整改型监察建议指向的作用对象是被监察单位，无论被监察单位有无派驻机构、派出专员，皆只能以本级监察委员会的名义提出。

（二）实体审查：提出监察建议的前提条件

“法无明文规定不可为”，唯有符合法定的适用条件，监察机关才能提出相应的监察建议。监察机关提出监察建议，至少要满足以下三个必要条件：第一，以具体个案的监督、调查结果为前提，即便尚未立案，至少需有初步核实情况报告；第二，有明确的事实依据和法律依据，不得根据“道听途说”，在尚无“真凭实据”的情况下提出，更不能提出没有法律依据的监察建议；第三，符合特定的制发情形，具体即符合本章归纳的三类监察建议的要求。此外，后续研究还需考虑提出监察建议是否须以穷尽其他措施为前提等问题。

（三）程序控制：提出监察建议的正当程序

1. 监察建议的作出程序

纵观整部《监察法》，“集体研究”出现了四次，涉及从宽处罚的建议、调查过程中的重要事项、采取强制措施三项内容，此外还规定主要负责人批准立案后调查方案需召开专题会议并研究确定。其中，从宽处罚的建议作为移送审查起诉的内容，与监察建议同属监察机关处置职责。提出监察建议是否需要经过“集体研究”？如果需要，研究后是集体决定，还是由主要负责人决定？是否需要提请上级机关批准？这些都是实践中需要考虑的问题。

在监察建议的两类提出主体中，如何对派驻机构、派出专员提出的监察建议进行有效规制，有必要进行专门考虑。联系各省实践，主要采取两种方案：一是“事后备案”，派驻机构直接提出监察建议并报派出主体备案审查；二是“事前审批”，派驻机构虽以自己的名义提出监察建议，但需事先报经派出主体批准。法谚有云：迟来的正义非正义。即便监察建议仅涉及政纪轻处分，如若有误，于被处理的监察对象而言仍是不可承受之“轻”。因此，我们以为“事前监督”效果更佳。此外，有关派驻机构、派出专员虽以自己名义提出监察建议，但若多轨并行，必将有碍监督管理，亦不利于事后救济。因此，我们建议每个独立一级监察委员会应当制定统一的文书序列及编号，并将以派驻机构、派出专员名义制发的监察建议一并纳入，同时标注其名义主体，以便后期管理。

2. 监察建议的送达程序

（1）监察机关提出监察建议，应当制发严格的监察建议书。其中至少需要包括以下内容：被建议单位基本情况，监督、调查所认定的事实、证据、法律依据，具体建议，被建议单位书面回复不予接受的期限、方式和对象，接受建议后书面回复落实情况的期限等。

（2）监察建议书需以法定方式送达被建议单位。有行政法学者指出：“送达是一种非常重要的法律行为，送达理论的司法倾向使行政法学者们基本上忘记了其在行政法学中的重要地位。”[52] 对于一项监察建议，其决定仅意味着对内发生效力，如欲对被建议单位发生效力，则需以法定方式送达被建议单位。关于送达的方式，有必要通过监察法规加以明确。

52　田瑶：《论行政行为的送达》，《政法论坛》2011 年第 5 期。

（3）监察建议是否以“送达”为生效标志？比较来看，我国行政复议和行政诉讼法规定行政行为以送达为生效标志，故复议和诉讼期间不停止执行；人民法院组织法和民事及行政诉讼法规定我国施行二审终审制，一审判决在上诉期间暂不生效；公务员法则规定复核、申诉期间行政处分不停止执行。实际上，监察建议是否以“送达”为生效标志，本质是监察建议的生效是否以“被建议单位接受监察建议”为必要条件。根据《监察法》第 62 条规定，“监察机关作出的处理决定一经作出，即产生法律效力，具有强制性，监察对象及有关单位必须执行”，[53] 对于监察建议则还规定了被建议单位可以在一定期限内提出拒不采纳的“正当理由”。基于监察建议作为监察机关法定职权的法律地位以及作为监察处置权的本质属性，监察建议并不是双方、双向性行为，监察机关与被建议单位之间也不是协商关系；而且，如果否定监察建议被采纳前的法律效力，就意味着拒不采纳监察建议所应承担的法律责任是没有效力基础的，因为被建议单位不可能因未履行一份未生效的文书而承担法律责任。因此，监察建议的生效标志仍然是“送达”，只不过为被建议单位提供了一定时限的异议期。

3. 监察建议的执行落实

严格执行落实监察建议，不仅是监察机关行使职权的重

53　中共中央纪律检查委员会、中华人民共和国国家监察委员会法规室编写：《〈中华人民共和国监察法〉释义》，中国方正出版社 2018 年版，第 267 页。

要内容，也是其履行职责的必要要求。因此，监察机关提出建议之后，应当定期跟踪监察建议的执行情况。具体而言：其一，接受建议的单位应该在监察建议规定的期限内，书面回复监察建议落实情况；其二，不论是否收悉关于落实情况的书面回复，监察机关都有义务及时了解和掌握监察建议的执行情况；其三，接收建议的单位如未按期执行，且经催告仍未执行时，监察机关即可向其主管部门、上级机关反映。

（四）监察建议的异议程序和救济机制

1. 监察建议的异议程序

根据《监察法》规定，有关单位无正当理由必须采纳监察建议，否则需承担相应法律责任，但没有具体规定哪些理由才是“正当理由”，也没有规定如何提出及争议解决机制。

（1）“正当理由”的类型有待明确。我们认为，这至少包括以下五种情况：一、提出主体超越职权或者滥用职权的，例如派驻机构、派出专员不得提出关于政务重处分的监察建议，也不得对驻在单位提出关于对领导班子及成员作出处分或问责的监察建议；二、没有法律依据或者适用法律错误，内容明显不当的；三、所依据的违纪违法事实证据不足的；四、严重违反法定程序，影响公正处理的；五、形式上存在重大明显缺陷的，例如监察建议书未加盖公章等。

（2）监察建议书中应明确提出理由的期限、方式和对象。被建议单位提出不采纳监察建议的理由的，应当在监察建议书写明的期限内，通过要求的形式（一般为书面形式）向提出监察建议的监察机关反馈有关理由；如未及时书面回复，经催告仍不回复，则应视作已经采纳。存在的问题是，监察机关收到不采纳监察建议的理由后，可能有以下三种回应：第一，如欲根据反馈修改建议，是直接修改监察建议书，还是重新提出新的监察建议以代替原有监察建议？第二，如欲撤销建议，有无必要作出撤销决定？还是说一旦有关单位提出不采纳监察建议的理由，原监察建议书即自动失效？第三，如欲坚持原建议，被建议单位是否立即承担相应法律责任？还是说需先交由特定机关裁决，然后才考虑法律责任的事宜？这涉及监察建议的争议解决。

（3）监察建议的争议解决机制。一、裁决主体的问题。自然公正原则要求“任何人不能做自己案件的法官”，因此不采纳监察建议的理由是否正当不得由其作出主体来评判，由此主要有提请本级人大常委会裁决和提请上级监察机关裁决两种方案，具体取舍还需在多种价值之间取得平衡。二、提交裁决期间监察建议的效力和履行的问题。尽管笔者认为监察建议以送达为生效标志，但因为监察建议不存在强制执行一说，同时从“由其主管部门、上级机关责令改正”可见真正落实法律责任、促成履行其实有赖于被建议单位的主管部门、上级机关，故而监察建议在裁决期间是否先行执行其实是一个假命题，与其讨论这个，毋宁厘清承担法律责任的情形。三、关于承担法律责任的情形，《监察法》第62条仅规定了“无正当理由拒不采纳”一种情况，这不够周延，需进行进一步区分：一、被建议单位规范期限内作出拒不采纳监察建议的书面回复，且未提出理由的；二、双方对理由是否正当存在争议，经有关机关依法评判并认定不是“正当理由”，被建议单位仍不采纳的；三、被建议单位规定期限内未作书面回复，经催告仍未作书面回复的；四、被建议单位规定期限内书面回复表示接受监察建议，但规定期限内未履行，且经催告仍未履行的。

2. 监察建议的救济机制

保障公民基本权利始终应是政治体制改革的终极价值和目标。从监察建议指向的作用对象来看，其不仅涉及对监察对象所在单位廉政建设进行整改，很大程度上涉及对当事人的工作、名誉、职务和财产等作出处置。“有权利必有救济”是现代法治的核心原则，[54]这一方面要求明确监察建议以谁的名义提出、谁来承担责任，如此方能使其指向的作用对象将来“救济有途”；另一方面还要求为监察建议指向的作用对象提供畅通的救济渠道。具体而言：（1）关于责任主体，我们认为，尽管被建议单位采纳监察建议并自行作出有关处置，但其是经监察机关督促而作出或者纠错而纠正的，因此除非纠错型监察建议减轻了处置的程度，否则监察机关应与被建议单位共同承担责任；（2）关于救济内容，若监察建议被采纳并履行后又证

54 参见孙笑侠：《西方法谚精选：法、权利和司法》，法律出版社 2005 年版，第 44—45 页。

实内容有误，就不可避免地会涉及监察对象的原有职级恢复、财产归还和国家赔偿问题，这些都有必要专门考虑；（3）应当规范申诉制度，保障渠道畅通，对于哪些情况下可以申诉，申诉的方式、机关和层级，都必须规定清楚，要让申诉人有路可走，避免大量案件积压在信访部门；（4）此外，还需要完善错案追究机制和纠正机制。

六、结语

本章欲解决的四个关键问题，是监察建议何以产生、何以定位、何以分类和何以规制。以“法治化反腐”作为逻辑起点的监察建议，初衷是以法治思维和法治方式最终实现“监察全面覆盖”的政治目标，在此过程中亦隐蕴着“标本兼治、综合治理”的法治愿景。对比检察建议，应当采取“职权说”并在法定职权层面定义监察建议，由此明确其两大根本特征是特定条件下会触发否定性法律后果和能够直接产生法律效果。从国家监察的终极目标出发，结合监察法治一般原理，监察建议的基本定位是立足监察职能、结合执法办案、遵循职权法定；人大监督之下的“监察监督”不同于“一般监督”，监察建议与行政监察建议没有本质上的承继关系。监察建议的三大类型是督促型、纠错型和整改型，具体以前二者实现监察全面覆盖与内部监察权之衔接，以后者追究“标本兼治、综合治理”。遵循监察建议的概念及定位，从宽处罚的建议、履行前置程序的建议、罢免人大代表的建议、撤销人大及政协有关委员资格的建议、责令村（居）委会主任辞职的建议等都不是严格意义上的监察建议，立法不得对此作兜底规定。监察建议需严格限定提出主体、接受实体及程序双重规制，明确异议程序并构建完善救济机制，从而形成有效的法律规制体系。

实际上，笔者针对监察建议之全部讨论，皆在于解决一个无法回避且必须直面的重大问题：监察建议如何维系现有的宪制平衡格局，同时尊重被监察单位的自治秩序？长期以来，我国以人大制度为核心的政权组织形式在秉持议行合一的基础上，严格遵循权力制约原则并有效落实社会主义监督原则，由此形成并长期维系着人大之下“一府（一委）两院”之宪制平衡格局。回溯文首：监察机关能否使用监察建议要求法院再审，或者要求人大机关必须作出某种决定？本章力求将监察建议纳入法治轨道之设计可谓苦心孤诣，然则现实中与纪委合署办公之监察委员会亦可谓位高权重。即便手藏不采纳监察建议之“正当”理由，期待被监察单位尤其主要负责人身负泰山之威而拂其颜面，何其难也。监察建议如何从其定位出发，严格遵循职权法定并恪守谦抑性？长期而言，监察建议会不会沦为一般监督之利刃？至少就监察机关自身而言，这便要求其必须严格遵循监察建议的功能定位，立足监察职能并始终着眼于“廉政建设和反腐败工作”，同时遵循监察机关与其他机关的组织关系和监察权与其他权力的权限边界。再回溯一步，将一项法律规范及制度落实于现实之前，我们需要溯及立法原意和立法目的，从功能主义和目的论出发，为该制度寻找立足于现实社会和政治改革的根本基点，成为其融通于现有制度的根本准则。从监察建议来看，这就要明确国家监察的立法目的和监察建议的价值追求。笔者以为，国家监察的终极目标是为了维护国家廉政秩序及社会公共福祉而对公职人员腐败行为进行的控制，监察建议的价值在于惩治腐败行为，构建监察权威与尊重自治规律。如何对待惩治腐败和监察权威之间的耦合性和张力，如何在威权和自治之间寻求微妙的价值平衡，既是立法者和执政党必须考量的重大问题，也是进一步深化监察体制改革的重要走向。

第三编 《监察法》实施与具体法治

第八章

《监察法》理解和适用的若干难点问题*

第一，监察的对象除了行使国家公权力的公职人员，到底还包括哪些人员？按照对《监察法》的整全解释，我们认为从理论的逻辑而言，每个中国公民甚至外国人都可能成为监察对象。其理据在于：（1）《监察法》第15条已明确规定“对下列公职人员和有关人员进行监察”。既然该法条将公职人员与其他人员并列，那么立法原意上的“其他人员”就不是公职人员。具体言之，《监察法》第15条所规定的“国有企业管理人员”“基层群众性自治组织中从事管理的人员”等就不是真正意义的国家公职人员。（2）《监察法》第22条规定“对涉嫌行贿犯罪或者共同职务犯罪的涉案人员，监察机关可以依照前款规定采取留置措施”。由于各个具体犯罪的涉案人员因

* 本章已发表于《人民法治》2018年第21期。

具体案情不同而各有不同，因此《监察法》第 15 条规定范围之外的其他人均有可能成为监察对象。(3)《监察法》第 34 条第 2 款规定："被调查人既涉嫌严重职务违法或者职务犯罪，又涉嫌其他违法犯罪的，一般应当由监察机关为主调查，其他机关予以协助。"该规定也拓宽了监察的对象范围。对此，我们必须惕然警然的是，防止因立法的不周延或者解释的开放性，而造成监察范围宽大无边，监察权力毫无边界。

需要进一步研究的是，《监察法》并未直接规定共青团、工会、妇联、法学会、律师协会等组织的相关人员是否属于监察对象。从法解释的技术而言，如何根据《监察法》第 15 条获得科学、合理的答案，是需要解决的一个问题。

第二，监察机构和监察人员的派驻或者派出中的若干法律问题。按照《监察法》第 12 条之规定，各级监察委员会可以向本级中国共产党机关、国家机关、法律法规授权或者委托管理公共事务的组织和单位以及所管辖的行政区域、国有企业等派驻或者派出监察机构、监察专员。《监察法》第 13 条规定，派驻或者派出的监察专员根据授权，按照管理权限依法对公职人员进行监督，提出监察建议，依法对公职人员进行调查、处置。上述法条所指派驻机构名称如何确定，派驻或派出具体方式是什么？对派驻机构的授权方式是普遍的规则授权，还是具体的临时授权？《监察法》的有关表述都是原则性的，缺乏实操性。更进一步而论，第 13 条所指派驻机构、派出人员的管理权限到底是一级监察委所拥有的 12 项调查处置权的全部，还是只享有部分权限？对财产比较严厉的调查处置措施（比如查封、扣押、冻结），对人身严厉限制的留置措施，派驻机构、派出人员是否均不享有相关权限？派驻机构、派出人员如何既能充分履职，完成《监察法》赋予之使命，又能因时制宜、因地制宜，尊重不同部门不同领域的运行规律，比如：对法院、检察院中公职人员的监察，不妨碍法院、检察院独立行使职权；对大学中有关人员的监察，不妨碍大学的办学自由、学术研究自由；对人大有关公职人员的监察，不动摇人民代表大会制度的重要地位。这些问题都亟待在实践中探索总结。在没有充分把握之前，监察机构当戒急用缓，保持权力行使的谦抑。

第三，监察机关能否监察人大代表？对此，《监察法》并没有作出具体规定。中共中央纪律检查委员会、中华人民共和国国家监察委员会法规室主持编写的《〈中华人民共和国监察法〉释义》也仅提到可以对人民代表大会及其常务委员机关公务员进行监察。包括：（1）县级以上各级人民代表大会常务委员会领导人员，乡、镇人民代表大会主席、副主席；（2）县级以上各级人民代表大会常务委员会工作机构和办事机构的工作人员；（3）各级人民代表大会专门委员会办事机构的工作人员。这里也并没有提及人大代表。按照代议机构自治的一般原理，国外或境外的监察机构一般不把代议机构的议员纳入监察范围，但由于中国五级人大代表绝大多数都是兼职人大代表，如果一刀切地将人大代表排除出监察范围，会使监察范围出现一个大的缺口。如果将人大代表完全纳入，则必须从理论上解释人大代表是否具有公职人员身份，还要考量监察人大代表可能对人大制度本身造成的消极影响，以及如果监察人大代表并对人大代表采取留置措施，是否要遵循宪法、代表法对人大代表的特别人身保障程序。还要考虑一旦对人大代表执纪、执法监察或者职务犯罪调查时，是否要启动程序，剥夺人大代表的任职资格等问题。近年来，各级人大会议举行期间，纪委部门均派出会风巡视小组，这对提高人大代表的参政议政意识、保障会议的顺利进行无疑发挥了一定的作用，但另一方面，这个问题是否可由人大自身成立独立的纪律惩戒机构，健全完善人大代表参会制度来解决？纪检监察部门深度介入人大会议事项，与《监察法》不直接规定监察人大代表的立法意旨似乎并不完全合。

第四，司法体制改革的一项重要制度设计，乃是设立法官纪律惩戒委员会、检察官纪律惩戒委员会，以便按照司法规律来设计司法责任制度。当下已经展开的向法院、检察院派驻监察机构的活动，如何与司法改革的设计保持良性协调，监察派驻机构如何与法院、检察院的纪律惩戒机构兼容，或者让监察派驻机构很好地嵌入法院、检察院中去，是一个值得研究的重大问题。

第五，《监察法》第 8 条规定了国家监察委员会主任的任期限制，即“每届任期同全国人民代表大会任期相同，连续任职不得超过两届”。但《监察法》第 9 条却仅规定“地方各级监察委员会每届任期同本级人民代表大会任期相同”，并没有规定相应的连选连任限制。这里的立法意图是什么？需要有关权威解释机关作出说明。实践中还出现因各种原因监委会主任任期未满即改任他职的情况，相应的原任监察委员会的辞职程序、新任监察委员会主任的任命程序均需要明确规定。

第六,《监察法》第 53 条规定了各级人大对监察委员会和监察人员的监督方式是“各级人民代表大会常务委员会听取和审议本级监察委员会的专项工作报告，组织执法检查；县级以上各级人民代表大会及其常务委员会举行会议时，人民代表大会代表或者常务委员会组成人员可以依照法律规定的程序，就监察工作中的有关问题提出询问或者质询”。本条所列举的人大监督监察委的手段是否包括或者是排除了《中华人民共和国各级人民代表大会常务委员会监督法》所规定的其他监督手段（比如规范性文件备案审查、特定问题调查、撤职等)，以及《监督法》与《监察法》在法律适用中的具体位阶关系和衔接都需要具体研究。

第七,《监察法》第 67 条规定，监察机关及其工作人员行使职权，侵犯公民、法人和其他组织的合法权益，造成损害的，依法给予国家赔偿。我国现有的国家赔偿包括行政赔偿和刑事司法赔偿两种形式，而监察机关被定位为“既不是行政机关，又不是司法机关”。上述两种国家赔偿制度无法与监察赔偿兼容，这需要尽快通过法律解释或者立法修改的方式解决上述矛盾。进而言之，是另行单独确定“监察赔偿”，还是分别参照“刑事赔偿”和“行政赔偿”来处理？以及，如何合理确定“监察赔偿”的赔偿范围、赔偿程序？比如，纪委监察合署办公，同时行使职务犯罪调查、执法、执纪等职权，那么在执纪过程中产生的损害，是否得将党的纪委机关列为赔偿义务机关？这些问题均值得研究。

第八，《监察法》没有规定追诉时效制度，未来若监察机关办理的监察案件超出了我国刑法规定的追诉时效，而监察机关坚持向检察机关移送起诉的，检察机关、审判机关如何处理？这在法理上似乎没有任何问题，但在实际处理过程中会让审判机关、检察机关承受巨大压力。

第九，检察院、法院的案件管辖通常是以地域管辖为主，而监察机关的案件管辖主要按照与身份级别相适应的属人管辖原则。这会导致逻辑上可能出现，具有很高等级的监察机关办理的案件最后只是交由基层检察院提起公诉，由基层法院来进行刑事审判。由此而产生的办案程序衔接问题，比如检察院退回调查，法院要求庭上质证甚至启动非法证据排除，律师要求调取有关被告人（被调查人）有罪无罪、罪重罪轻的全部证据等，都需要细化的制度规定。

第十，《监察法》第 25 条规定："查封、扣押的财务、文件经查明与案件无关的，应当在查明后三日内解除查封、扣押，予以退还。"但由于《监察法》并未明确规定监察机关的办案期限，因此如何使监察机关对企业、社会组织、公民个人的财产限制保持在适当限度内，符合比例原则、正当程序原则，也需要细化的法律规定。

第十一，监察机关是否应该拥有监察法规制定权、法律议案提起权和合宪性审查的提请权？在我国宪制架构下，原有的中央国家机关都有广义的立法权，即国家军事委员会可以制定军事法规，两高可以出台司法解释，全国人大及其常委会可以制定法律，若不赋予国家监察委员会监察法规制定权，这既与国家监察委员会的宪制地位不符，也使《监察法》本身制定的简约带来的具体因应性的不足无法及时解决，同时还造成将一切监察活动纳入法治化轨道的目标难以完全落地。另外，《监察法》第 3 条规定："各级监察委员会……开展廉政建设和反腐败工作，维护宪法和法律的尊严。"监察机关维护宪法和法律的尊严的具体途径是什么？理论上除了通过监察活动，敦促所有国家机关、社会组织和个人遵守宪法和法律，维护宪法权威外，是否还应按照立法法的安排，给予监察机关法律案的提起权和合宪性审查的提请权，其实是制度设计的应然之意。

第十二，正在审议中的刑事诉讼法修改草案将司法工作人员利用职权实施的非法拘禁、刑讯逼供、非法搜查等侵犯公民民主权利、损害司法公正的犯罪的侦查权重新赋予检察院。从此两种不同的职务犯罪，一种由监察委调查，不是刑诉法调整，律师不得介入；一种由检察院侦查，由刑事诉讼法调整，律师可以依法介入。这是一种富有深意的制度竞赛安排。两种不同制度进路的表现优劣与否，或许关乎未来相关制度的重新整合与调适。当然，实质相似的两种权力却归属于不同的名义之下，个中法理如何圆融，其实值得研究。更为值得关注的乃是，各级监察人员若利用职权实施非法拘禁、刑讯逼供、非法搜查等侵犯公民权利、损害司法公正的犯罪，是否应本着权力制约和相对均衡的原则，交由检察院来立案侦查?

第十三，按照《监察法》的规定，监察人员有客观全面收集证据的义务，但并未规定监察机关有向司法机关全面移送证据的义务。若监察机关并未全面移送，律师依法行使辩护权利时，可否直接向监察机关申请调集证据，或者可否提出申请，经由法院、检察院来调集相关证据，亦需充分研究相关的程序制度问题。

第十四，《监察法》第 18 条规定："监察机关行使监督、调查职权，有权依法向有关单位和个人了解情况，收集、调取证据。"如何理解此条款，关涉监察机关的权力边界和行使权力的程序正当性。

本章旨在提出问题，而非提出解决问题的药方。因为上述问题有些或许本来无解，有些问题只能在实践中进一步展开后，才能找到应对的方案。总而言之，《宪法》《监察法》之下的监察机关是一个职权广泛的强力机关，但这个机关应该有权力边界，应该遵循正当法律程序行使职权，应该接受富有实效的、严密的监督，这些都是未来监察制度完善中的重大问题。一项全新的改革既要给予其必要的试错空间，又要随时勒紧法律的缰绳，以防止因制度缝隙太大而导致结构性风险。

第九章

人大代表何以不宜成为监察对象？*

一、问题之提出

《中华人民共和国监察法》已于 2018 年 3 月 20 日由第十三届全国人民代表大会第一次会议通过，在此之前，现行《宪法》第 5 次修正案亦于同年 3 月 11 日经由本次人大会议通过。在总共 21 条宪法修正案中，有 11 条关涉监察体制改革的内容。自此以后，监察体制改革这项关乎全局的政治体制改革正式由一项重大政治决断转化为宪法、法律上的正式制度安排，循由法治逻辑、法治理念和法治方法来理解、维护、遵守有关国家监察的法律规定，便成为任何组织和任何个人的当然义务。回溯监察体制改革的整个过程，始终存在的一项重要

* 本章已发表于《武汉大学学报（哲学社会科学版）》2018 年第 6 期。

争议便是：监察监督与人大监督的关系如何处理？人大代表是否能够成为监察对象？笔者一直抱持如下主张：监察机关只能监察人大机关工作人员，不能监督人大及其常委会组成人员。此种主张在初期应者寥寥，后经笔者和有关学者不断鼓与呼，渐为学界和实务界理解和重视，但迄今为止，尚不见系统论证此问题的文章。有鉴于此，笔者不揣冒昧，试做初步论证，以期收抛砖引玉之效。

由于监察体制改革是一项关涉重大、前所未有的重大宪制改革，学界本来预期该项改革或许应有更长的试验期，但中共中央秉持重大改革于宪有据、于法有据的理念，决定监察改革与监察立法同步进行。在监察实践未及充分展开的情况下，监察实践中到底有哪些问题需要立法来调整并不可完全预期，于是监察立法呈现出的一项重要智慧便是立法宜粗不宜细，以免因过细的立法不符实际而束缚了自己的手脚。粗略的立法虽然解决了立法时的很多难题，但也可能造成监察执法中因规范供给严重不足而无所适从。

《监察法》涉及监察范围和监察对象的规定大致可见之于以下条款：第 3 条规定各级监察委员会是行使监察职能的专责机关，依法对所有行使公权力的公职人员（以下简称“公职人员”）进行监察，调查职务违法和职务犯罪，开展廉政建设和反腐败工作，维护宪法和法律的尊严。这是《监察法》关于监察对象之范围的总括性规定。第 15 条采取列举加概括的立法例将第 3 条的规定具体化，它规定监察机关对下列公职人员和有关人员进行监察：（一）中国共产党机关、人民代表大会及其常务委员会机关、人民政府、监察委员会、人民法院、人民检察院、中国人民政治协商会议各级委员会机关、民主党派机关和工商联合会机关的公务员，以及参照《中华人民共和国公务员法》管理的人员；（二）法律、法规授权或接受国家机关委托管理公共事务的组织中从事公务的人员；（三）国有企业管理人员；[1]（四）公办的教育、科研、文化、医疗卫生、体育等单位中从事管理的人员；[2]（五）基层群众性自治组织中从事管理的人员；（六）其他依法履行公职的人员。[3]本条并没有将我国政治生活中诸多发挥着重要治理功能和政治吸纳功能的组织纳入其间，

---

1 国有企业管理人员通常被理解为包括国有独资、控股、参股企业及其分支机构等国家出资企业中，由党组织或者国家机关、国有公司、企业、事业单位提名、推荐任命批准等，从事领导、组织、管理、监督等活动的人员。这里的国有企业实际上指的是国家出资企业，不同于刑法上的国有企业（包括相关法律上的国有公司、企业）。按照《企业国有资产法》第5条之规定：国家出资企业是指“国家出资的国有独资公司、国有独资企业，以及国有资本控股公司、国有资本参股公司”。而按照《关于划分企业登记注册类型的规定》第3条的规定：“国有企业是指企业全部资产归国家所有，并按《中华人民共和国企业法人登记管理条例》规定登记注册的非公司制的经济组织。”由此可见，“国有公司、企业”与“国家出资企业”及其包含的“国有控股公司、参股公司、企业”是不同的法律概念。

2 此类人员作为监察对象在执法中需要解决的问题是：1. 监察监督如何与事业单位的自主管理有效协调，比如与大学自治、学术自由的关系如何处理；2. 对象范围具体细化到什么层级，比如大学之下还有学院、教研室、研究所，是否无所遗漏地将上述单位人员都纳入监察对象的范围。

3 本条同时使用了“公务员”“从事管理的人员”“履行公职的人员”“从事公务的人员”“有关人员”等不同的主体描述词，对这些主词如何进行精细的教义学解释，也是今后监察法学研究应该高度重视的议题。另外本条第1款的表述中分别强调了中国共产党机关、人大常委会机关、人民政协机关、民主党派机关，而对其他国家机构并未使用如此强调表述，其立法意旨到底如何，亦需进一步研究。

比如工会、共青团、妇联、文联、作家协会、证监会、红十字会、法学会、基金会、医师协会和注册会计师协会等，而上述组织中很多人员都是公务员或参公管理人员。究其原因，要么是立法的疏漏，要么是立法表达技术的困难。在立法没有明确规定的情况下，执法高度依赖法律解释和立法细则的规定，否则便引发执法合法性和正当性的危机。本条第 2 款所指涉的法律法规授权组织与《监察法》第 12 条、第 13 条规定的监察派出机构之间是什么关系是另外需要研究的重要问题。由于监察机关只在县级以上的国家机关体系中设立，那么，在乡镇一级设立的监察组织是法律法规授权的组织还是派驻机构？在各种经济开发区设立的监察机构是什么性质的机构？今后是否应该在粤港澳大湾区开发区设立监察机构？此类问题也亟待探索。本来，按通常的改革智慧，对某些问题并无胸有成竹的定见时，可以戒急用缓，为某些试错性举措预留一些空间。惜乎《监察法》出台稍显仓促，未及为上述试错作出相应的制度设计，比如，授权国家监察委制定《监察法》执行细则或由国家监察委斟酌情势及时提请全国人大常委会作出立法解释。在未来的实践中，为了解决监察执法制度供给不足的问题，可欲可行的办法只能依靠执政党协调各方的政治优势，来督请全国人大常委会及时作出法律性决定或者法律解释。

《监察法》第 22 条第 2 款规定对涉嫌行贿犯罪或者共同职务犯罪的涉案人员，监察机关可以依照前款规定采取留置措施。此处的涉案人员是一个不确定主体，但因具体个案的情形不同，可使《监察法》第 15 条规定范围以外的人员成为监察对象。比如，农民可能成为村自治组织的职务犯罪的涉案人，工人可能因国有企业高管的职务犯罪成为涉案人，普通教师可能因为公立高校负责人的职务犯罪而成为涉案人。第 23 条规定监察机关调查涉嫌贪污贿赂、失职渎职等严重职务违法或者职务犯罪，可以依照规定查询、冻结涉案单位和个人的存款、汇款、债券、股票、基金份额等财产。有关单位和个人应当配合。这一条是对上述第 22 条涉案人员条款的进一步强化性规定，前者因涉案人员的行为而可能成为监察对象，后者则可因涉案人员的财产不明而成为监察调查的对象。由于《监察法》缺乏针对涉案人员和涉案财产采取调查处置的明晰程序规定，尤其是没有规定监察机关查明查封、冻结财产是否确当的期限，因此导致此项权力一旦被不正当使用甚至滥用，将对公民、法人的财产权利造成严重损害。按照对《监察法》的体系性解释，只有先确定监察对象再确定涉案人后，才可以对涉案单位和个人的财物采取强制性的调查措施。实践中，已出现监察执法直接越过前面两项执法程序，仅凭主观推断便径行对涉案单位和个人的财产采取强制调查措施，而涉案单位和涉案人在此阶段并无法定救济手段，这种权力的滥用对相关单位和个人的正当权益，甚至对社会秩序、经济秩序的正常运行都会产生重大不利影响。

《监察法》第 24 条规定监察机关可以对涉嫌职务犯罪的被调查人以及可能隐藏被调查人或者犯罪证据的人的身体、物品、住处和其他地方进行搜查。按照这条规定，涉嫌隐藏被调查人或者犯罪证据的人也可以进入监察调查的射程，但如何根据其行为性质和严重程度进行处理，比如，是按照《监察法》第 22 条作为涉案人处理，还是按照《刑法》有关包庇罪的规定来处理，这是需要进一步研究的问题。第 34 条规定被调查人既涉嫌严重职务违法或者职务犯罪，又涉嫌其他违法犯罪的，一般应当由监察机关为主调查，其他机关予以协助。按照这条规定，因职务违法、职务犯罪的调查与普通犯罪的侦查主管竞合，而产生监察辐射范围扩大之可能。

上述条款虽然涉及监察之对象与范围，但并未具体论及人大代表是否应该成为监察对象。由中共中央纪律检查委员会、中华人民共和国国家监察委员会法规室编写的《〈中华人民共和国监察法〉释义》，虽然依照立法法和相关的法律规定，其并非有权法律解释，但依然被视为具有高度事实权威性和实践指导性的解释文本。该书在对《监察法》第 15 条进行解释时，专门指出人民代表大会及其常务委员会机关公务员“包括:（1）县级以上各级人民代表大会常务委员会领导人员，乡、镇人民代表大会主席、副主席;（2）县级以上各级人民代表大会常务委员会工作机构和办事机构的工作人员;（3）各级人民代表大会专门委员会办事机构的工作人员”。[4] 此处解释所指涉的上述人员大多同时具有人大代表身份，在此范围之外

4　中共中央纪律检查委员会、中华人民共和国国家监察委员会法规室编:《〈中华人民共和国监察法〉释义》，中国方正出版社 2018 年版，第 109 页。

的其他人大代表明确被排除在监察对象之外。

但中央纪委国家监委 2018 年 4 月 16 日发布的《公职人员政务处分暂行规定》(以下简称“《暂行规定》”)第 2 条规定:公职人员有违法违规行为应当承担法律责任的,在国家有关公职人员政务处分的法律出台前,监察机关可以根据被调查的公职人员具体身份,依据相关法律、法规、国务院决定和规章对违法行为及其适用处分的规定,给予政务处分。[5] 按照法律规范文义解释的方法,本条可作为监察机关对监察对象非职务违法行为立案的依据,这与《监察法》有关规定不相吻合。按照《监察法》的立法意旨,监察机关的调查监督对象应仅限于有职务违法和职务犯罪的人。

《暂行规定》第 11 条规定:对公职人员给予政务处分,由监察机关按照管理权限依法作出决定。有下列情形的,应当履行有关手续:(一)对经各级人民代表大会及其常务委员会选举或者决定任命的公职人员给予撤职、开除处分的,应当先由人民代表大会及其常务委员会依法罢免、撤销或者免去其职

---

5 该暂行规定的法律属性到底是什么,其实在法理上存在很大的探讨空间。按照《宪法》《立法法》之规定,由全国人民代表大会制定的法律,只有全国人大常委会才有解释权,因此该规定不能被视作对《监察法》的解释。在监察立法的论证过程中,笔者和马怀德教授等曾经强烈呼吁赋予国家监察委以监察法规制定权,但此建议未获采纳,《监察法》也并无有关监察法规的规定,故该暂行规定不可归类于监察法规。由于国家监察委与中央纪检委合署办公,中央纪检委似乎可以以党内法规的形式来规定纪检机关的职权运作、行为规范等内容,但党内法规不得改变或者与国家基本法律相冲突,这是一项基本的法治原则,因此如何理解该暂行规定的法律属性和效力位阶问题,便成为一个亟待厘清的重要法律问题。

务，再由监察机关依法作出处分决定。（二）对经由中国人民政治协商会议各级委员会全体会议及其常务委员会选举或者决定任命的公职人员给予撤职、开除处分的，应当先由政协会议及其常务委员会免去其职务后，再由监察机关依法作出处分决定。（三）对各级人大代表、政协委员给予处分，应当向其所在的人大常委会或者政协常委会通报。这条规定有诸多问题需要进一步厘清：其一，条文中“监察机关依照管理权限”之“管理权限”到底是指监察机关自己的管理权限，还是各个具体监察对象所属组织和机关之管理权限？如是后者，在没有法律法规授权或者有权主体委托的情况下，监察机关能否自我授权？揆诸过去的监察实践以及《暂行规定》第2条之规定，在监察制度改革之前，行政监察呈现范围狭窄之弊端，行政监察无权对人大、政协、民主党派机关等开展监察。国家监察取代行政监察之目的在于监察全覆盖，但必须防止过犹不及。监察机关为达致高效权威反腐之目标，必须集中行使相关权力，但此种权力的集中不能损害国家机关体系的整体性和分工性，也不得侵蚀不同属性国家权力主体的自治性。需要进一步追问的是，《暂行规定》一如前述，其规范属性和法律效力均殊堪疑问，如此在无宪法法律依据的情况下自我授权，其正当性如何证成？其二，从最严格的意义来讲，政协并非国家机关，并不能产生国家公职人员，但《暂行规定》从中国的政治现实出发，并按照《公务员法》的有关规定，将政协选举或决定任命的人员也纳入国家公职人员的范畴，从而重塑了政协有关人员的法律定位。一般来说，人大、政协都是中国的民意机关，也是政治机关，按照基本的宪理，由人大、政协选举或者决定任命的公职人员，如有履职不能或者亵渎职守、怠于履职，人大、政协可以基于政治问责的原则，而对上述公职人员采取罢免、撤职等问责措施。但中国公职人员与西方公职人员不同之处在于，西方公务员因政治问责而当然失去公务员身份，要么另谋职业，要么由社会保险、医疗保险体系来提供生活保障。而中国公职人员在政治问责之后尚有相应公职级别与身份待遇，因此，对中国公职人员，在政治问责之外，尚有政务处分之必要。《暂行规定》第 11 条第 2 款所作制度之设计符合中国国情。其三，《暂行规定》第 11 条第 3 款之规定：对人大代表、政协委员进行政务处分，应当向其所在的人大常委会或者政协常委会通报。该规定亟待澄清的意涵在于：在《监察法》并未将人大代表、政协委员纳入监察对象范围的情况下，监察机关何以有权并依据何种程序对人大代表、政协委员给予政务处分？此种政务处分是只针对特定身份的人大代表、政协委员，还是不加分别地施之于所有人大代表和政协委员？当监察机关拥有如斯之政务处分权后，将对国家机关权力行使的民主集中制原则和人大制度之作为根本政治制度产生何种影响？《暂行规定》赋予监察委对人大代表有政务处分权，而《监察法》仅将部分人大代表纳入监察对象，这两者之间的矛盾应依照何种程序来处理？这些均需要开展进一步的研究。

二、人大代表是否属于公职人员

人大代表是否属于公职人员，关乎监察范围的边界问题。监察制度改革最先仅仅打算对行政监察体制进行改革，以改变监察力量分散、监察范围过窄的弊端，但后来此种改革演变成一场“伤筋动骨的国家监察体制改革”，其意旨在于通过改革实现对行使公权力公职人员的全覆盖。

人大代表是否应该成为监察对象，应首先考量人大代表是否是国家公职人员。学理上关于人大代表的身份界定尽管有资格说、职务说、代表说等不同学说，但依照我国宪法和法律的有关规定，将人大代表视为特定类型的公职人员应该不存异议。现行《宪法》第 2 条规定：中华人民共和国的一切权力属于人民。人民行使国家权力的机关是全国人民代表大会和地方各级人民代表大会。《全国人民代表大会和地方各级人民代表大会代表法》（以下简称“《代表法》”）第 1 条规定：为保证全国人民代表大会和地方各级人民代表大会代表依法行使代表的职权，履行代表的义务，发挥代表作用，根据宪法，制定本法。第 2 条规定：全国人民代表大会代表是最高国家权力机关组成人员，地方各级人民代表大会代表是地方各级国家权力机关组成人员。全国人民代表大会和地方各级人民代表大会代表人民的利益和意志，依照宪法和法律赋予本级人民代表大会的各项职权，参加行使国家权力。可见，人大代表是国家权力机关的组成人员，是人民代表大会组织上、权力上的主体，也是人民主权的表征。各级人大代表要代表本地区人民行使国家权力、管理国家与社会事务并对人民负责。正是基于代表与人民之间的代表与被代表关系，代表在各级人大中不是为自己的利益而行动，而是代表选民和人民的意志，并为选民和人民的利益而行动。代表行为的这种公益性使得《代表法》将代表在人大的履职行为定性为职权。

其次，即便人大代表为公职人员，但并非典型意义上的公职人员。论及公职人员，首先必类指一国的公务员。考察中国有关法律之规定以及制度运行的实践，各级人大代表并非当然的公务员，一般情况下并不作为政务处分的对象。《中华人民共和国公务员法》第2条规定：本法所称公务员，是指依法履行公职、纳入国家行政编制、由国家财政负担工资福利的工作人员。按照本条规定，是否属于公务员，必须符合三个条件：一是依法履行公职，即依法从事公务活动的人员，他不是为自己工作，也不是为某个私人的企业或者组织工作或者服务。这里所依的法，是广义的法，包括宪法、法律、行政法规、地方性法规等，还可能包括党法党规。宪法规定了中国共产党在国家政治生活和社会生活中的领导地位，因此政党机关及其工作人员以不同方式参与对国家政治、经济、社会事物的决策及实施的活动，也是一种履行公职行为。二是纳入国家行政编制。仅以履行公职为标准，还不能明确地界定某类人员是否属于公职人员。有一些在国家举办的事业、企业单位中工作的人员，他们从事的也是公务活动，但并未纳入国家的行政编制系列，因而不能认定为公务员。对于“编制”一词，实践中有多种用法，除使用行政编制外，还有政法编制、国家编制、机关编制等。这里的“编制”系指各种纳入国家编制管理机关管理的机构序列及人员，不限于行政机关编制。三是由国家财政负担工资福利。公务员属于国家财政供养的人员，各级人大代表中由农民阶层、新兴职业阶层等产生的人大代表并不由国家财政供养，也不纳入国家编制，因而不应被视作公务员。另外，财政供养人员中的很大一部分，如公立学校的老师、科研院所的科研人员，虽然由国家负担其工资福利，但也不属于公务员，因为他们不具备前述两个条件。

各级人大代表中的很大一部分也不是刑法上所指的国家工作人员和国家机关工作人员，因而不能成为当然的职务犯罪主体。[6]我国《刑法》上的国家工作人员是指一切国家机关、国有企业、事业单位、人民团体中从事公务的人员，以及国家机关、国有公司、企业、事业单位委派到非国有公司、企业、事业单位、社会团体中从事公务的人员。委派指委任和派出。受委派从事公务的人员，无论先前是否具有国家工作人员身份，只要

---

6 在刑事法律实践中，对有些公职人员实施的相关身份型犯罪（比如利用职权侵占公款、收受贿赂、渎职），认定为贪污罪还是职务侵占罪，受贿罪还是非国家工作人员受贿罪，玩忽职守罪或滥用职权罪还是国有公司、企业、事业单位人员失职罪、滥用职权罪，需要依据刑法的有关规定以及司法解释来确定，并应恪守罪刑法定原则，而不能当然认为，一旦国家监察机关查处的公职人员犯罪，就必须认定为刑法所规定的贪污罪、受贿罪、玩忽职守罪、滥用职权罪等这些严格要求犯罪主体只能是国家工作人员或国家机关工作人员的犯罪。

具有合法被委派的身份，即应视为“以国家工作人员论”者。国家工作人员还包括其他依照法律从事公务的人员。根据2009年8月27日修正的《全国人民代表大会常务委员会关于〈中华人民共和国刑法〉第93条第2款的解释》，村民委员会等村基层组织人员协助政府从事下列行政管理工作，属于《刑法》第93条规定的“其他依照法律从事公务的人员”，具体如下：（1）救灾、抢险、防汛、优抚、扶贫、移民、救济款物的管理；（2）社会捐助公益事业款物的管理；（3）国有土地的经营和管理；（4）土地征收、征用补偿费用的管理；（5）代征、代缴税款；（6）有关计划生育、户籍、征兵工作；（7）协助人民政府从事其他行政管理工作。总体而言，监察改革既要体现与时俱进的时代品格，同时也要尊重制度运行的历史传统，符合社会的心理期待。太过剧烈的变革也可能因脱离社会实际而不能立威生信。如果将传统法律实践中并不视为公务人员的人纳入监察范围，不仅会侵蚀法律的安定性价值，而且会因监督对象过于宽泛，导致监察机关自身履职的力不从心或者消化不良。

三、对人大代表的违纪违法惩戒问题可以考虑建立特殊的惩戒制度

既然人大代表为特殊的非典型的公职人员，故不宜将人大代表等同于纯粹的公职人员而一视同仁地纳入监察范围，否则会损害人民代表大会制度，并动摇代表之为代表的政治基

础。按照《代表法》的规定，人大代表不仅享有法律上的权利、义务，而且因其人民利益代表者、人民意志委托者的角色，对代表履职不当的追究，一般采取罢免、停止执行代表职务、责令辞职等政治问责方式。国外代议机关则是遵循代议机关自治的原则，经由议会内部设立的纪律惩戒机构来处理议员的违纪违法问题。议员作为代议制民主的重要载体，直接承载着民意，议员的履职行为直接关系到西方的“民主政治”能否实现。因此，规范议员履职行为，加强对违纪行为的惩戒，是完善议会实践法治的重要形式。议员违纪需要被惩戒的原因大致如下：

第一，议员未履行应该遵循的义务。西方国家详细规定了议员应该履行的基本义务，需要强调的是，议员未履行某些义务不仅要面临违纪惩戒，更有可能接受法律制裁。另外，议员只有在履行议员职务时才能承担违纪责任，在部分西方国家（如英国），内阁首相和各部大臣仍然保留议员的资格，此时履职行为并非履行议员义务，而是作为行政机关负责人履行职务，自然不存在承担议员违纪责任一说。

第二，议员扰乱了议会内部正常秩序。议员违纪惩戒之所以限制在议会内部，是为了保持议会的独立地位，防止行政权力和司法权力干涉议会内部管理，否则有可能影响议会自治。议员如果在议会之外违反了某些规则或者发生了冲突，应该适用其他的惩戒方式，而不能照搬议会内部违纪惩戒，当然，议会内部并非只是指议会会场之内，而是泛指履行议员职务的各类场所。

第三，违背议员身份的其他行为。议员虽然没有明显违反议会议事规则，但实施了有违议员身份的行为，也应该接受违纪制裁。议员作为公权力的代表之一，承担着一定的政治责任，应该严格约束自身行为，以更高的道德水准要求自己。因为议员身份背后隐藏着各种利益，可以成为权力寻租的工具，议员利用特殊身份谋取利益的情况屡见不鲜，在制度不健全、惩戒机制不完善的背景下，更容易开展不正当交易。

西方国家很重视议员内部管理，通常在《国会法》中对议员违纪惩戒作出原则性规定，再通过《议会议事规则》详细列举议员应该遵循的纪律准则，议长通常是纪律惩戒的发起人，且成立特定的机构专司议员违纪惩戒，并综合运用政治经济纪律等多种惩戒方式。具体做法主要有：

第一，在宪法性法律中明确议员违纪的惩戒原则。议会在西方国家政治生活中发挥着重要作用，各国的历史文化传统和现实政治架构稍有不同，对议会两院的职能设计和权力界定也有差异，但规范议员的履职行为，却是各国的共同准则。通过宪法或者宪法性法律明确议会制度，并以根本大法的形式宣示议员的权利义务，如《法国宪法》第 26 条规定：议会的任何议员都不得由于本人在行使职权中所发表的意见或所投的票而受追诉、搜查、逮捕、拘留或者审判。各国不仅充分保护议员各项权利，也要求议员遵守相关纪律，并明确违纪将被惩戒的基本原则，如《日本国会法》第 14 章、第 15 章分别以纪律和警察、惩罚及政治伦理为主题，列明议员应该遵守的政治伦理和各项义务，规定违纪的惩戒措施。

第二，议事规则详细列举议员应该遵守的各项纪律。西方国家为了保障议会平稳运转和提高工作效率，都会制定议会议事规则，对会议的召开、议案的审议、议会组织机构及纪律要求等作出规定。西方国家普遍实行两院制模式，包含两部分议事规则，如英国的《平民院议事规则》《贵族院议事规则》。议事规则不仅具体，还以专门章节列举议员应该遵守的纪律，如《法国国民议会议事规则》第 14 章用 11 条规定“纪律与豁免权”，阐明议会纪律和违纪制裁措施。议事规则虽然不是严格意义上的法律，但作为议会活动必须遵守的行为准则，仍然具有较高的地位。《意大利代表院议事规则》一共包含 154 条，第 11 章规定会场行为规则，主要指议员在会议期间应该遵循的纪律，如第 59 条规定如果某一议员使用不当语言，或不适当行为干扰会议进程，议长应点名或责令该议员遵守秩序。

第三，议长在违纪议员惩戒过程中发挥了重要作用。议长主导议会议程维持会议秩序，在纪律惩戒中发挥着不可替代的作用，某种程度上议长可以被视为惩戒机构的组成部分，大部分纪律惩戒都是由议长发起的。其一，针对某些轻微的违纪行为，可以由议长直接惩处。若议员能主动承认错误，议长可采取口头警告或免于处罚的方式惩戒，而不需要专门的惩戒机构出面解决。如《法国国民议会议事规则》第 71 条规定只有议长才能提出警告，任何扰乱秩序的演说者都会受到警告。其二，针对严重违纪的行为，若超出议长的惩戒权限，议长可建议有权机构处理。议员的言行严重扰乱议会秩序，不服从议长的警告处分，议长有权向专门的惩戒机构提出惩罚建议，惩戒机构一般会尊重议长的建议，帮助议长维持会场秩序。如《日本众议院议事规则》第 238 条规定，不听从议长的制止或取消命令者，议长除要依《国会法》第 116 条的规定处罚外，还可以将其作为惩罚案件交付惩罚委员会处理。

第四，议会内部均设置了独立的议员违纪惩戒机构。仅依靠议长还不足以形成强有力的威慑，毕竟议长的惩处力度有限，由惩戒机构专司违纪惩处成为主流趋势。西方国家议会内部均设有独立的机构，大体可分为两类：其一，议会内部成立专门的纪律惩戒机构。以民主选举的方式，产生专司纪律惩戒的组织，如英国议会下院设有若干专门委员会，平民院管理委员会即是其中之一，成员数量在 6 ～ 17 人之间，负责审议平民院内部管理事务，提出对违纪议员的惩戒建议。日本与英国类似，也是在议会内部成立单独的委员会负责议员违纪惩处，如《日本众议院议事规则》第 92 条规定各常任委员会的委员及其管辖如下：惩罚委员会由 20 人组成，负责有关议员的惩罚事项和议员资格的诉讼事项。其二，议会内部成立综合管理机构，拥有对议员违纪的惩戒功能。如法国在国民议会内部设立执行局，执行局拥有主持议事活动和组织领导国民议会所有工作部门的一切权力，自然包含对议员的违纪惩戒。此时对议员的惩戒只是执行局的一项职能，但执行局拥有完整的惩戒手段，对违纪议员的威慑力不容小觑。

第五，惩戒措施丰富，并合理运用政治经济手段，不仅确立议员违纪的惩戒原则，还制定合理的惩戒措施，以避免惩戒失当造成新的不公。

我国与西方国家的政治体制存在根本不同，不能照搬西方议员惩戒的各项制度，但合理学习借鉴也有所裨益。我们认为，当前应该完善《人大议事规则》，列举人大代表违纪的具体表现，明确必要的惩戒措施，并适时在人大内部成立纪律惩戒机构。

首先，在人大议事规则中列明违纪行为的具体表现。根据《人大议事规则》，人大代表在会议期间能够单独行使的权利只有发言和表决权，而发言的时间和次数还有限制。建议扩充完善《人大议事规则》的内容，使《代表法》列举的人大代表的各项权利有具体的实现方式，并未雨绸缪地详细规划代表在会议期间可能发生的违纪行为，明确惩戒措施和惩戒启动程序。须知，在议事规则中阐明代表可能受到惩戒，并非不信任人大代表，而是维护人大会议秩序的重要方式，防止在出现代表违反会议纪律时陷入无法可依的尴尬。

其次，积极发挥人大领导成员在纪律惩戒中的作用。实践中，人大委员长、主席团成员和代表团团长纪律惩戒职能的发挥还不突出，他们主要起主持会议的作用，并没有过多关注会议中出现违纪行为该如何惩戒，当下应该在议事规则中积极倡导人大领导成员发挥纪律惩戒的功能。建议委员长、主席团成员和代表团团长，今后在主持或者参加会议时，有效发挥纪律惩戒的作用，能直接处置的轻微违纪行为可以立刻处置，若违纪情况复杂无法立即处理，会后及时跟踪、关注违纪行为的处置进展。

再次，在人大常委会内部适时成立独立的纪律惩戒机构。在 2018 年全国人大会议期间，大会秘书处新增设了会风会纪监督组，专门负责会议现场会风会纪的监督检查工作，可见，人大已经认识到在会议期间加强对代表违纪监督的重要性，并构建了监督机构的雏形。当前有两种路径可供选择：其一，借鉴英国在议会内部成立专门纪律惩戒机构的模式。在人大内部成立纪律惩戒委员会，与其他九个专门委员会平行，专门负责代表违纪的惩处。其二，借鉴法国成立综合管理机构包含纪律惩戒功能的模式。扩充内务司法委员会的职能，使内务司法委员会具有惩戒违纪代表的职能。当下，内务司法委员会本就具有监督服务职能，若增加对代表违纪的惩戒监督，从理论上来看不存在任何障碍。

最后，完善纪律惩戒机构的职权配置和运作程序。惩戒机构成立之后，还需合理配置职权及制定完备的惩戒程序，促使处罚决定合法正当。吸取西方国家的经验教训，笔者建议纪律惩戒措施从轻到重可以分为警告、记过、训诫、暂时开除等。建议记过以上的惩戒措施由人大代表书面提出，交由纪律惩戒机构集体研究决定。在作出纪律处罚决定前，还应该充分听取当事人的申辩意见，保障当事人能自主陈述事件全过程。同时，给予被惩戒对象申诉权，当被惩戒对象不服惩戒措施提出申诉时，若在人大会议期间内，可以直接向大会提出，若在会议闭会期间，则应该向同级人大常委会提出申诉。

四、监察机关须尊重人民代表大会的宪法地位，对监察人大代表持谨慎态度

监察体制改革的实质在于国家监督权的重新配置，其通过机构和职能的整合，创设出独立于行政、审判、检察的监察机关。若以机关与权力互助关系之维度来考察，监察全面覆盖之意旨便在于国家监察机关之监察权得及于一切公权力机关公职人员，《监察法》第3条规定对所有行使公权力的公职人员依法行使监察意即在此。在现代所有立宪国家，作为整体的国家权力往往基于诸多因素进行了大同小异的各类划分，不同机关基于一定的原则形成并处理相互间的关系。在我国，构建国家机关关系的核心原则是人大制度以及民主集中制的国家机关组织原则。依此逻辑，一切国家权力终极性来源于人大，只有人大才能监督其他国家机关，别的国家机关不可反向监督人大。由人大产生的其他国家机关可以产生横向的权力制约关系。但监督不能包办代替其他国家机关的职权，制约不能侵蚀其他国家机关的核心职权领域。监察机关与其他国家机关之间

的相互关系同样不得逾越此核心原则。

（一）民主集中制：监察机关的派生地位

在我国，民主集中制是一个普遍适用于政党和国家政治秩序的重要原则，有着相当丰富的意涵。[7]我国现行《宪法》第3条规定我国的国家机构实行民主集中制原则。作为国家机关组织原则的民主集中制，其目的在于构架国家政权机关，正如毛泽东所论述的，“没有适当形式的政权机关，就不能代表国家”。[8]从法释义学的角度来分析现行《宪法》第3条之规定，作为国家机关组织原则之民主集中制有三重基本意涵：一是在人民与国家权力机关的关系上，国家权力机关由人民选举产生，国家权力机关对人民负责、受人民监督；二是在国家权力机关和其他国家机关的关系上，其他国家机关由国家权力机关产生，对其负责、受其监督；三是在中央国家机关和地方国家机关的关系上，要在中央统一领导下，充分发挥地方积极性。[9]

作为国家监察机关的监察委员会如何产生，同样必须遵循民主集中制的组织原则。现行《宪法》第126条规定：国家监察委员会对全国人民代表大会和全国人民代表大会常务委员会

---

7 赵宬斐：《民主集中制：过去、现在与未来》，《学术月刊》2011年第2期。

8 《毛泽东选集》（第二卷），人民出版社1991年版，第677页。

9 全国人大常委会研究室政治组编：《中国宪法精释》，中国民主法制出版社1995年版，第106页。

负责。地方各级监察委员会对产生它的国家权力机关和上一级监察委员会负责。[10]《监察法》第8条规定，国家监察委员会由全国人民代表大会产生，负责全国监察工作；第9条规定，地方各级监察委员会由本级人民代表大会产生，负责本行政区域内的监察工作。由此可知，监察机关相对于权力机关而言，乃是居于从属地位的。如此一来，监察全面覆盖无疑需要避免出现“次位”的监察机关监督“主位”的权力机关的现象。

（二）代议机关自治性原则：监察权行使的禁区

除却作为国家权力机关之优越地位，在代议机关自治原则之下，作为代议机关的人大亦有其相当范围的“自留地”，[11]此一范围构成监察权行使的禁区。代议机构的自律与自治是代议政治的基本原则，其目的在于确保国会行使职权的自主性与独立性，使其免于受其他国家机关之干预。[12]一般而言，代议自治性原则的意涵为就其内部事务，它当然享有独立于行政权、司法权之外的自律权，而不受行政权、司法权之干涉。自律权具体包括规则自律权、管理自律权、财物自律权、内部纪

---

10 这里必须注意的是，监察委员会对产生它的人大与上一级监察委员会负责，在内容、程序、责任方面有着不同的要求，而且在两种负责发生冲突时，依循人民代表大会制度是根本政治制度的原则，应以向人大负责为主。

11 中国的人大虽然在产生机理、运行原则、职权配置等方面与国外议会均有不同，但基于选举产生国家机关的共同性，其也被视为代议机关，这在理论上已成为共识。

12 许宗力：《国会议事规则与国会议事自治》，载氏著《法与国家权力》，台湾月旦出版有限公司1993年版，第308页。

律惩戒权等，以及言论免责权、人身保护权和生活保障权等议员特权。[13] 例如，在以美国为典型代表的宪法司法审查的国家，司法部门在实施宪法审查过程中采取消极主义价值立场，尽可能对与之处于同等宪法地位的立法机关和行政机关通过立法或行政行为就相关事务所作出的判断保持适度的尊重。[14]

（三）监察机关应当如何监察权力机关？

由上可知，民主集中制要求监察机关在面对权力机关时应当表现得谦卑，而代议机关自律原则乃是要求监察机关在对代议机关施以监察时应当保持谦抑。具体而言，至少有以下三个问题需要考量：

其一，监察机关监察之对象应为人员而非机构。依上述人大与监察委员会关系之逻辑，后者决然不可监督前者，否则难免出现诸多宪法逻辑上的悖论，如不符合民主集中制之国家机关组织原则等。不过，若将监察机关之监察对象限于权力机关之人员，而非权力机关机构自身，在相当程度上可使以上逻辑悖论得以恢复自洽。这或许也是《全国人大常委会关于在北京市、山西省、黑龙江省开展国家监察体制改革试点工作的决定》《全国人大常委会关于在全国各地推开国家

---

13 李鸿禧：《议会自律权之比较宪法底研究（上）——兼谈地方议会议员之免责特权》，《台大法学论丛》1991 年第 20（1）期。

14 刘练军：《消极主义：宪法审查的一种哲学立场》，法律出版社 2010 年版，第 193 页。

监察体制改革试点工作的决定》将监察委员会之监察对象表述为“所有行使公权力的公职人员”的缘由。然而，因为人员的职务行为必然与机构的职权存在诸多交集，二者并非可截然分开的；且对人员的监察难免影响其职务之履行，此种影响可间接及于由人员组成之机构。有鉴于此，将监察机关之监察对象限定为人员仍然不够，尚需在监察权可涉及的对象与范围上予以进一步的限制，即监察范围以权力机关职权之核心领域为限，以及履行代表职责之民意代表不得为监察的对象。

其二，监察机关不得介入权力机关职权的核心领域。诚如上述，若监察机关“侵入”代议机关之核心领域，势必破坏权力之间的均衡态势。加之我国的人大不仅是代议机关或立法机关，更是地位优越于其他国家机关的权力机关。[15] 如此一来，人大职权范围内的事务，尤其是其中的“核心领域”，自然是不容监察机关介入与干涉的。通常来说，我国人大及其常委会的职权有四——立法权、决定权、任免权和监督权，这四类职权并未穷尽列举所有各项职权。[16] 但这四项职权之行使，显然属于权力机关职权的核心领域，即便有弊，亦不可由监察机关予以纠偏，而应当由上级权力机关予以纠正。以人大之立法权为例，假若省级人大所立之地方性法规存在有违上位法之

15　王超之、陈云生主编:《新宪法讲话》，四川人民出版社 1983 年版，第 85 页。

16　蔡定剑:《中国人民代表大会制度》，法律出版社 2003 年版，第 259 页。

弊病，根据我国《立法法》第97条第2项之规定，唯全国人大常委会有权撤销之。

其三，监察机关应尊重人民代表的民意代表身份。在人大内部，并非所有的人员皆为民意代表。严格来说，唯有人大代表才是人大之构成因子，故人大代表之外的其他人员，则可认为仍属监察对象之列。因为代议机关通常会根据自己的活动特点和职能需要设立各种辅助性的工作机构和附属性的服务部门，但这些机构与部门不是代议机关本身，“只能辅助代议机关进行工作，不具备代议机关的法定资格”。[17] 例如我国人大之内，存在办公厅、秘书局等办事机构，这些机构的工作人员自然不在民意代表之列。当然，将人大代表排除在监察对象之外，并不意味着其一切行为与活动皆无边界。因为其政治责任虽不受监察机关的追究，但诸如贪污受贿等职务违法和职务犯罪行为，因与履行代表职责并无直接关联，故亦不可免于监察。

五、对兼职人大代表采取监察留置措施时须恪守特别法律程序

自从代议制度产生以来，为了保护议员（或代表）独立、

---

17 刘政、边森龄、程湘清主编:《人民代表大会制度词典》，中国检察出版社1992年版，第609页。

充分履职，一般的国家都给予议员的某些权利以特殊的保障，主要包括：一、对议员的人身保护。例如美国宪法规定，两院议员除了犯有叛国罪、重罪及损害治安之罪外，在两院开会期间及往返途中，不受逮捕。二是对议员言论的保障。如法国宪法规定，不得根据在行使职务时所发表的意见或所投的票而对议员起诉、搜查、逮捕、拘禁或者审判。[18] 全国人民代表大会制度是具有中国特色的代议制度，这个制度从建立初始，就特别强调保障代表履职的安全和自由。我国第一部《宪法》即 1954 年宪法第 37 条规定：全国人民代表大会代表，非经全国人民代表大会许可，在全国人民代表大会闭会期间非经全国人民代表大会常务委员会许可，不受逮捕或者审判。虽然在特殊历史背景下颁布的 1975 年宪法和 1978 年宪法取消了这条规定，但 1982 年宪法第 74 条恢复了“五四宪法”的规定，并为保证该条款的可操作性，将“五四宪法”中的“非经全国人民代表大会许可”修改为“非经全国人民代表大会主席团许可”。同时还参照其他有关国家的经验，增加了一条关于人大代表言论的保障条款，即全国人民代表大会代表在全国人民代表大会各种会议上的发言和表决，不受法律追究。《代表法》第 32 条将现行《宪法》第 74 条进一步具体化，它规定：全国人民代表大会代表、县级以上地方各级人大代表非经本级人民代表大会主席团许可，在人民代表

18　吴家麟主编：《宪法学》，群众出版社 1983 年版，第 423 页。

大会闭会期间，非经本级人民代表大会常务委员会许可，不受逮捕或者刑事审判。如果因为是现行犯被拘留，执行拘留的机关应当立即向该级人民代表大会主席团或者人民代表大会常务委员会报告。还规定：对县级以上各级人民代表大会代表，如果采取法律规定的其他限制人身自由的措施，应当经该级人民代表大会主席团或者人民代表大会常务委员会许可。《中华人民共和国地方各级人民代表大会和地方各级人民政府组织法》第35条也作了类似规定。这里需要讨论的是我国采取直接选举和间接选举相结合的选举制度，与我国政权组织的建制相适应，从基层人大到全国人大，最多的时候有五级人民代表大会体系，为什么宪法、法律关于人大代表人身自由的特殊规定并没有惠及乡镇人大代表，在理论上的主张和实践的考量大致是：其一，乡镇人大不设常设机构，如果同样规定人身自由限制的许可制度，会影响法政机关的运作效率，并带来操作上的困难。其二，司法权通常被认定为国家事权，乡镇一级并不设政权组织形式意义的司法机关（即没有所谓的“一府两院”），通常乡镇一级政权不可能出于打击报复的动机调动司法权限制人大代表的人身自由。其三，全国乡镇人大代表的总数达200万左右之多，由于人口基数太大，若给予乡镇人大代表人身自由特殊保障，可能会影响司法权的稳定运行。实践上，近年来已出现人大代表涉嫌犯罪，公安机关提请人大主席团或者人大常委会不予许可的情况。人大或人大常委会若滥用许可，在制度上如何救济，在现行法律上出现空白。[19] 其实，对代议士（议员或者代表）的人身自由特殊保护的制度设计出现在近代资本主义议会兴起之初，当时是为了保护以议员为代表的第三等级在与以国王为代表的贵族阶层的激烈政治对抗中免受迫害。在司法权能够统一、独立行使的情况下，行政权挟私报复的可能性越来越小，相反，越来越多地出现议员滥用此项权利的情况，因此，近来已有诸多国家，比如奥地利，主张取消议员的此项特权。2015 年新修的《代表法》基于上述因素的考量，同时为了保证人民代表大会制度逻辑的融洽性，专门在《代表法》第 32 条第 4 款规定：乡、民族乡、镇的人民代表大会代表，如果被逮捕受刑事审判，或者采取法律规定的其他限制人身自由的措施，执行机关应当立即报告乡、民族乡、镇的人民代表大会。

执政党纪检部门和行政监察机关过去依循纪检条例和行政监察法对人大代表采取“两规或两指”（即要求有关人员在规定的时间、规定的地点或者指定的时间、指定的地点就案件所涉及的情况作出说明）措施时，并不征得相应人大或者常委会的许可。国家监察体制改革后，为了达致两规（应该包括两指）法治化的目标，专门在《监察法》中设计了留置制度，用以取代两规，这便在逻辑上引出监察机关对人大代

19　徐建波、莫纪宏、李忠诚等：《县级人大不许可逮捕涉嫌犯罪的代表如何处理》，《人民检察》2005 年第 7 期。

表采取留置措施，是否应该获得人民代表大会或常委会许可的问题。要回答这一问题，则必须在理论上和实践上解决以下难题：

第一，监察委如果未经许可对人大代表采取留置措施，其弊端是什么？我们认为其弊端在于：侵损人民代表大会制度的根本政治制度地位；制造寒蝉效应而使得制度设计中本来应有的人大对监察职权行使的监督沦为虚设，或者倒逼人大代表利用《监察法》第 53 条规定的询问或质询权力与监察机关进行非理性对抗；妨碍《监察法》规定的监察机关行使职权时，与司法机关、行政机关应该遵循的相互关系原则，导致监察机关与其他国家机关之间的关系失衡。

第二，留置措施是否为《宪法》《代表法》《组织法》所规定的限制人身自由的强制措施，从而应服膺宪法和法律的规训？尽管按照《监察法》的规定，留置是监察机关有权采取的 12 种调查措施的一种，按照《监察法》第 43 条的规定，留置的期限一般是三个月，在特殊情况下，可以延长一次，时间不得超过三个月。但按照《监察法》第 47 条的规定：人民检察院经过审查，认为需要补充核实的，应当退回监察机关补充调查，必要时可以自行补充侦查。对于补充调查的案件，应当在一个月内补充调查完毕。补充调查以两次为限。该条并没有明确补充调查是否应计算为留置期限，但从法理上应该如此计算，故逻辑上留置的最长期限是八个月。按照《监察法》第 22 条的规定，留置场所是特定场所，实操中或为原纪委的

“两规基地”、廉政教育基地或走读基地，或为公安拘留所、看守所划出的留置专区，上述均为封闭场所。从留置的适用对象看，按照《监察法》第22条的规定，其适用条件是被调查人涉嫌贪污贿赂、失职渎职等严重职务违法或者职务犯罪，监察机关已经掌握其部分违法犯罪事实及证据，仍有重要问题需要进一步调查，并有下列情形之一的，经监察机关依法审批，可以将其留置在特定场所：（一）涉及案情重大复杂的；（二）可能逃跑自杀的；（三）可能串供或者伪造、隐匿、毁灭证据的；（四）可能有其他妨碍调查行为的。上述适用条件与《刑事诉讼法》有关限制人身自由的刑事强制措施大致相同。更为重要的是，《监察法》第44条认定留置的强度已达到堪比刑事强制措施限制人身自由的程度，故在《监察法》第44条规定：被留置人员涉嫌移送司法机关后，被依法判处管制、拘役和有期徒刑的，留置一日折抵管制二日，折抵拘役、有期徒刑一日。

因《代表法》《组织法》《监察法》均为全国人民代表大会通过的宪法性法律，同一法律位阶的法律若对相同事项规定不一致的，通常适用新法优于旧法的原则。《代表法》《组织法》的最新修订时间为2015年，而《监察法》制定的时间为2015年，这便在逻辑上要求阐明《宪法》第74条的立宪原意，然后再审视《监察法》的留置措施到底应该如何遵循。阐明《宪法》规定原意的有形途径在我国主要有两条，一是依照《宪法》第67条的规定，由全国人大常委会直接作出宪法解释，一是普通法律对宪法规定的具体化。“五四宪法”“八二宪法”规定了人大代表人身自由特别保障条款后，全国人大常委会从来没有直接对《宪法》第 74 条作出解释。按照通常的法教义学解释原则,《宪法》第 74 条“逮捕”一词的意涵应该泛指一切对人大代表的人身自由限制的强制性措施。很难设想，宪法一方面限制其他机关对人大代表采取狭义的逮捕措施，另一方面却允许其他国家机关对人大代表采取或者变相采取其他限制人大代表人身自由的强制性措施。若果如此，则对人大代表设置的人身自由特殊保护将荡然无存。可以支撑上述结论的证据在于，按照法制统一原则，全国人大及其常委会虽然可以通过制定法律将宪法的规定具体化，但不得违反宪法的原则和具体规定。全国人大制定的《代表法》第 32 条规定：县级以上的各级人民代表大会代表，非经本级人民代表大会主席团许可，在本级人民代表大会闭会期间，非经本级人民代表大会常务委员会许可，不受逮捕或者刑事审判。如果因为现行犯被拘留，执行拘留的机关应当立即向该级人民代表大会主席团或者人民代表大会常务委员会报告。对县级以上的各级人民代表大会代表，如果采取法律规定的其他限制人身自由的措施，应当经该级人民代表大会主席团或者人民代表大会常务委员会许可。该条第 2 款的规定，实质上突破了《宪法》第 74 条所指“逮捕”一词的字面含义，但却恰恰符合《宪法》第 74 条的立宪原意。可以进一步证成的理由在于,《监察法》并没有赋权监察机关可在未经人大及其常委会许可下对人大代表采取限制人身自由的强制措施。国家机关法无授权不可为，是实行法治国家公认的宪法原则，也是中国权威性社科辞书记载的法学常识。正如《中国大百科全书·法学》所载：中国《宪法》第2条以自己特色的方式确认了人民主权的原则；在实行人民代表大会制度的中国，国家的一切权力都是属于人民的，国家机关的权力来自人民的委托，并且只限于人民委托的范围，不享有任何不是来自人民委托的权力。[20] 所以，宪法不仅是人民权利的保障书，也是人民向国家机关委托权力的委托书，超越宪法和法律规定的范围行使权力的任何行为都构成对人民权利的侵害，都是非法和无效的。[21]

实践中，监察机关通常主张对人大代表采取留置措施无须征得人大及其常委会许可的理由在于：各级人大及其常委会由于会期的限制并不经常开会，这会给监察办案带来极大的不便；征得人大及其常委会许可可能会走漏案件消息，造成监察办案的困难；监察机关是特殊机关，不同于普通国家机关，等等。一方面必须承认监察机关前述理由或许客观存在，但另一方面，既然过去公、检、法等其他国家机关都能够克服人大代表人身自由特殊保护实施中的一切困难，那么监察机关大可借鉴其他国家机关的经验来克服相应的困难。

---

20 《中国大百科全书·法学》，中国大百科全书出版社2006年版，第422页。

21 童之伟：《“法无授权不可为”的宪法学展开》，《中外法学》2018年第3期。

何况一切国家机关都必须在宪法和法律范围内活动是一项基本的宪法和法律原则，监察机关再特殊也不得享有超越宪法和法律的特权。当然，为了在尊重、恪守宪法和法律与兼顾反腐败效率的需要二者之间保持适度平衡，可以考虑在经过一段时间的制度试错后，通过正当的法律程序对相关的制度予以完善和优化。

六、结语

《监察法》在赋予监察机关职权时，为了防止监察机关滥用权力，也规定了许多对监察机关的监督制约措施。其中《监察法》第53条规定：各级监察委员会应当接受各级人民代表大会及其常务委员会的监督。各级人民代表大会常务委员会听取和审议本级监察委员会的专项工作报告，组织执法检查。县级以上各级人民代表大会及其常务委员会举行会议时，人民代表大会代表或者常务委员会组成人员可以依照法律规定的程序，就监察工作中的有关问题提出询问或者质询。在理解和适用该条规定时，需要探讨和研究的问题是：该条所规定的各级人大及其常委会对监察机关的监督措施是否逻辑上排除了《中华人民共和国各级人民代表大会常务委员会监督法》《代表法》《组织法》等法律规定的其他监督措施？按照《立法法》有关规定的适用原则，比如，第87条规定，宪法具有最高的法律效力，一切法律、行政法规、地方性法规、自治条例和单行条例、规章都不得同宪法相抵触。第 88 条规定，法律的效力高于行政法规、地方性法规、规章。行政法规的效力高于地方性法规、规章。第 92 条规定，同一机关制定的法律、行政法规、地方性法规、自治条例和单行条例、规章，特别规定与一般规定不一致的，适用特别规定；新的规定与旧的规定不一致的，适用新的规定。第 93 条规定，法律、行政法规、地方性法规、自治条例和单行条例、规章不溯及既往，但为了更好地保护公民、法人和其他组织的权利和利益而作的特别规定除外。第 94 条规定，法律之间对同一事项的新的一般规定与旧的特别规定不一致，不能确定如何适用时，由全国人民代表大会常务委员会裁决，等等。依照上述规定，并结合监督法制定过程中监察委是否应该向同级人民代表大会报告工作的重大立法争议，[22] 可以合逻辑地推断，《监察法》第 53 条之列举即是对人大其他监督手段的排除。不过，《监察法》第 53 条所规定的专项工作报告、询问、质询、执法检查等监督手段，又不能不涉及监察委出台的规范性文件的合法性、监察措施的合法性等相关内容，人大代表及其常委会组成人员为了充分完整地行使询问和质询权而依照相关法律，提出审阅监察文件、启动特别问题调查

22 在《宪法》修改和《监察法》制定过程中，法学界及社会各界基于有权力必受监督的法治原理，以及人民代表大会制度下其他国家机关之间权力分工相对平衡的考量，呼吁《宪法》《监察法》应该写入监察机关向人民代表大会作工作报告的内容，但这一立法建议目前尚未获得采纳。

乃至提出撤职动议等，这又是中国宪制结构下人民代表大会作为权力机关当然享有的职权。

根据《立法法》第99条之规定：国务院、中央军事委员会、最高人民法院、最高人民检察院和各省、自治区、直辖市的人民代表大会常务委员会认为行政法规、地方性法规、自治条例和单行条例同宪法或者法律相抵触的，可以向全国人民代表大会常务委员会书面提出进行审查的要求，由常务委员会工作机构分送有关的专门委员会进行审查、提出意见。前款规定以外的其他国家机关和社会团体、企业事业组织以及公民认为行政法规、地方性法规、自治条例和单行条例同宪法或者法律相抵触的，可以向全国人民代表大会常务委员会书面提出进行审查的建议，由常务委员会工作机构进行研究，必要时，送有关的专门委员会进行审查、提出意见。有关的专门委员会和常务委员会工作机构可以对报送备案的规范性文件进行主动审查。该条规定实质上赋予了国家机关、社会团体、企事业组织和公民个人通过提出备案审查甚至合宪性审查申请，监督国家机关遵守宪法和法律的权力（权利）。该条所列举国家机关并不包括监察机关，《监察法》的制定采取了宜粗不宜细的立法智慧，笔者及其他学者一直主张应该赋予监察机关监察法规制定权，以期保证这部过于简约的法律的贯彻实施。

监察实践中，为了解决监察行为有规可循的问题，国家监察委或单独发文，或与中纪委联合发文，或与其他国家机关共同签署发布文件来指导监察工作，上述文件的法律属性和效力位阶如何？如果产生影响公民、法人权利的外部效果，行使监察职权过程中，与其他国家机关之间如何协调解决？监察机关的行为是否应该接受司法审查？等等。这些问题未来都需要理论上的回应及科学的解决方案。

第十章

监察机关应该如何依法开展自我监督*

监察体制改革是事关全局的重大政治体制改革，从2016年12月25日全国人大常委会通过《关于在北京市、山西省、浙江省开展国家监察体制改革试点工作的决定》（以下简称“《决定》”），到2018年3月20日第十三届全国人民代表大会第一次会议表决通过《中华人民共和国监察法》，以及2018年3月11日全国人大通过的宪法修正案将国家监察制度正式写入宪法，中国的国家监察体制改革完成了从制度构想到制度设计宪定化、法定化的过程。这也意味着从1954年新中国第一部宪法制定以来中国在人大之下“一府两院”的国家权力宪制架构将转变为人大之下的“一府一委两院”国家权力组织体系。直面国家政权组织层面上这个全面深刻的

* 本章已发表于《深圳社会科学》2018年第1期。

重大变化，在理论和实践上需要因应一系列重大问题的挑战，其中一个极为重要的问题就是：谁来监督监察委这个强力国家机关？自监察体制改革展开以来，理论界对监察机关的外部监督和总体监督形成不少研究成果，但对监察机关如何依法开展自身监督却着墨不多，本章将尝试对此问题做初步探讨，以期收抛砖引玉之效。

一、中国国家权力构造的现状

社会主义国家的权力构造强调人大的绝对领导地位，主要内容为：第一，人民享有对人民代表、国家机关及其工作人员的监督权。社会主义国家的宪法一般都规定人民代表由民主选举产生，对人民负责、受人民监督，人民对国家机关及其工作人员可以提出批评、意见、建议等。如苏联 1977 年《宪法》第 107 条规定："代表必须对选民以及提他为代表候选人的集会和社会组织报告自己的工作和苏维埃的工作。""辜负选民信任的代表，根据多数选民的决定，依照法律固定程序可以随时召回。"我国《宪法》第 77 条规定："全国人民代表大会代表受原选举单位的监督。原选举单位有权依照法律规定的程序罢免原选举单位的代表"；第 41 条规定："中华人民共和国公民对于任何国家机关和国家工作人员的失职行为，有向有关国家机关提出申诉、控告或者检举的权利"，等等。第二，人民代表机关（人大或者苏维埃）对其他国家机关的监督。如苏联 1977 年《宪法》第 2 条规定:“其他一切国家机关受人民代表苏维埃的监督并向人民代表苏维埃报告工作。”我国《宪法》第 3 条第 3 款规定:“国家行政机关、监察机关、审判机关、检察机关都由人民代表大会产生,对它负责,受它监督。”社会主义国家一般强调权力机关对其他国家机关的制约和监督,其他国家机关并不能对权力机关进行监督。第三,为了保证法律得到良好实施,宪法一般规定行政机关、监察机关、司法机关在本系统内实行监督和制约。如我国《宪法》第 125 条规定:“国家监察委员会领导地方各级监察委员会的工作,上级监察委员会领导下级监察委员会的工作。”第 132 条规定:“最高人民法院监督地方各级人民法院和专门人民法院的审判工作,上级人民法院监督下级人民法院的工作。”我国《宪法》第 140 条规定:“人民法院、人民检察院和公安机关办理刑事案件,应当分工负责、互相配合、互相制约,以保证准确有效地执行法律。”我国《宪法》继承了社会主义传统下的权力配置和监督模式。由于历史传统和现实国情的特殊性,权力制约原则在我国适用时存在一些亟待解决的问题。[1]

一是权力制约的单向性和方式的单一性。权力制约的方式多种多样,权力制约权力是基本的权力制约方式。在宪法中,公民权利相对于国家权力价值上的优越性和实然状态上的弱势

---

1 参见秦前红、叶海波等:《国家监察制度改革研究》,法律出版社 2018 年版,第 19—20 页。

地位，决定了权力的行使以公民权利保障为首要目标和价值。公民权利制约国家权力作为一种纵向的权力制约方式，是宪法基本精神的体现。权力对权力的制约更多发生在立法、行政、司法、监察权之间，主要是四种权力间互相制约，是一种横向的权力制约方式。我国现行《宪法》在设计权力制约制度时，更多地强调了公民对人民代表、国家工作人员的制约和监督。由于公民作为个体势单力薄，在制约行使国家权力的代表和工作人员时处于实力不对称的地位，因而不能很好地实现监督的目的。另外，虽然我国《宪法》也规定了各级人大对其他国家机关的制约和监督，但监督和制约的方式多限于听取报告，并未将权力机关的监督刚性化，因而权力机关的监督效果有限。

二是制约的有限性、同体性和分散性。过去监察体系局限于行政监察，从实际效果来看，监察能力尚显不足，与其他方面的治理相比，监察领域任重道远，改革尤为迫切。其一，监察范围仅限于行政机关。既往监察制度属于行政监察，监察机关是政府组成部门，监察对象与我国《公务员法》规定的公权力行使主体还存在差距。在行政监察模式下，对党委、人大、政协和司法机关的监察存在盲区，如果不能扩大监察范围，将导致以上机关游离于《行政监察法》之外，不利于监察体系的全覆盖。其二，行政监察无法摆脱同体监督的不足。在行政监察模式下，监察部门缺乏必要的独立性，而监察机关独立运作是保障监察取得实效的重要前提。监察机关的使命理应是监督其他权力，使各项权力在法治的轨道上运行不悖，独立行使监察权被越来越多的国家和地区采用。同体监督模式下调查权和决定权集中在政府手中，缺乏适度的分离制约，容易导致处理结果与违法事实失衡。从党的十八大之后查处的省部级官员分布来看，行政系统的官员占比最高，某种意义上说明行政监察较弱，至少在面对政府高官时，监察力度明显不足。其三，监察仅仅依据《行政监察法》，显得制度供给不足。《行政监察法》自制定以后，尽管经过 2010 年的修改已大有改善，但不少地方规定得较为笼统或者存在空白，“行政监察领域的很多难题依然待解”。[2] 如对监察程序的规定总的来说不够精细，由于缺乏具体明确的操作程序，既容易造成监察权行使过程中的滥用，也易使监察对象以程序不足为名不配合甚至抵制监察，难以彰显监察的威慑力。其四，反腐力量尚未形成合力。过去反腐败机构分属多个板块，而且板块之间分工明显，彼此之间的独立远远大于统一。此种模式虽然有利于反腐机构彼此分工、各司其职，但不利于整合反腐资源，使反腐机构表面看来体系完善，实则相互之间信息互通困难，导致在各领域中各自为政。毫无疑问，“从权力腐败的个案追究到权力制约制度的构建是反腐的必然走向”。[3] 其五，监察手段单一，反腐力度不足。虽然《行政监察法》赋予了监察机关较多权力，如调查权、建议权和处分等，但根据《刑事诉讼法》的规定，侦查权属于检察机关。

2　李亮：《行政监察法修改：亮点与难题并存》，《浙江人大》2010 年第 11 期。

3　庞正：《论权力制约的社会之维》，《社会科学战线》2016 年第 2 期。

监察机关的各项权能可以应对普通违法案件，但涉及大案要案窝案以及牵涉较高层级的党政官员，则力不从心，难以发挥突出作用，因为以上权限柔和有余强制不足，而侦查权可以通过有力的强制措施，便于案件突破，提高办案效率。

总之，整合反腐败资源是构建有效反腐败体系的关键，构建制度化的反腐才是长久之计。“反腐若无顶层设计，就会迭出权力的旋转门现象，造成制度的黑洞效应。”[4]

二、明确监察机关领导体制，科学规划内部工作机制

《监察法》设计的对监察权行使的监督制约制度虽然强调了内外结合的总体监督，但更偏向于内部的控制监督，因此监察领导体制尤其是决策体制是否科学，内部工作机制是否完善，将决定监察机关内部监督制度运行的成败。尽管国家监察体制改革的决策者将监察权定位为既不是行政权，也不是司法权，而是一种特殊的独立权力，但并不能完全否认监察权依然具有行政权和司法权的某些特征。在独立的监察权没有充分运作并获得丰富的经验样本之前，行政机关和司法机关的领导体制及其工作机制，对于监察机关的运作仍然具有重要的借鉴意义。

从领导体制来看，行政机关一般奉行单一的首长负责制，检察机关的领导体制则较为复杂，普遍认为是检察长统一领导

4　秦前红：《走出书斋看法》，上海三联书店 2015 年版，第 276 页。

与检察委员会集体领导相结合的体制，[5]从保障审判独立的原则出发，上下级法院之间是监督关系，但实践中审判机关似乎越来越多地呈现行政化的倾向。国家监察机关是与党的纪检部门合署办公的国家机关，因此监察机关的领导体制借鉴了党法党规关于纪检领导体制的规定。党章规定，党的各级纪律检查委员会和基层纪律检查委员会在同级党的委员会和上级纪律检查委员会的双重领导下进行工作，上级党的纪律检查委员会加强对下级纪律检查委员会的领导。[6]《监察法》第 10 条规定："国家监察委员会领导地方各级监察委员会的工作，上级监察委员会领导下级监察委员会的工作。"《〈中华人民共和国监察法〉释义》认为本条规定主要包括两个方面的内容："一是国家监察委员会领导地方各级监察委员会的工作。……国家监察委员会在全国监察体系中处于最高地位，主管全国的监察工作，率领并引导所属内设机构及地方各级监察委员会的工作，一切监察机关都必须服从它的领导。……二是上级监察委员会领导下级监察委员会的工作。地方各级监察委员会负责本行政区域内的监察工作，除了依法履行自身的监督、调查、处置职责外，

---

5 《人民检察院组织法》第 3 条规定：各级人民检察院设检察长一人，副检察长和检察院若干人。检察长统一领导检察院的工作。各级人民检察院设立检察委员会。检察委员会实行民主集中制，在检察长的主持下，讨论决定重大案件和其他重大问题。如果检察长在重大问题上不同意多数人的决定，可以报请本级人大常委会决定。

6 参见中共中央纪律检查委员会、中华人民共和国国家监察委员会法规室编写：《〈中华人民共和国监察法〉学习问答》，中国方正出版社 2018 年版，第 23 页。

还应对本行政区域内下级监察委员会的工作实行监督和业务领导。……在监察法中确立这样的监察机关上下级领导关系，有利于各级监察委员会在实际工作中减少或排除各种干扰，依法行使职权。”[7] 这里需要进一步研究的问题是，按照党的十八届三中全会通过的《中共中央关于全面深化改革若干重大问题的决定》精神，地方监察委员会查办职务违法犯罪以上级监察委员会的领导为主，线索处置和案件查办在向同级党委报告的同时必须向上级纪委监察委报告。在实践中，同级党委和上级纪委通常在反腐总体目标上是高度一致的，但不排除因为对个案的认知存在差异，或者因为害怕承担廉政建设主体责任甚至出于地方保护主义的考量，而与上级纪委产生不同意见。此时具体办案部门到底应该听从谁的意见，应该有明确的规定。《监察法》第 4 条规定：“监察委员会依照法律规定独立行使监察权，不受行政机关、社会团体和个人的干涉。”本条所指独立行使职权的主体到底是具体行使办案职权的监察机关，还是作为整个监察委员会机关体系？若是指涉具体的办案监察机关，那本条所指的“干涉”又只是指行政机关、社会团体或者个人利用职权、地位，或者采取其他不正当手段干扰、影响监察人员依法行使职权的行为，是以当具体办案人员与本级监察机关、同级党委或上级监察委就具体个案产生不同意见时，应该

7 中共中央纪律检查委员会、中华人民共和国监察委员会法规室编写：《〈中华人民共和国监察法〉释义》，中国方正出版社 2018 年版，第 85—86 页。

依循什么样的协调程序，这些也都是需要今后及时建立健全相应的制度的。另外，监察事权到底是全国性事权，还是兼有全国事权、地方事权双重属性？[8] 监察执法的依据仅仅是全国性法律、法规，还是包括地方性法规？这些也亟待在理论上予以厘清。

对公权力的制约是亘古不变的真理，而控制公权力的方式无非是两种：一种是权力与权力之间的制约平衡，着重引入外部权力制约监督；另一种是权力内部运行机制的约束，强调法定程序对权力运行的制约。“现代政治应该是法治政治，意味着国家在依赖法律的同时应该服从法律，按法律的授权和程序行使法律赋予的权力。”[9] 在明确监察机关领导体制后，完善其内部工作机制则顺理成章，监察机关内部工作机制可以借鉴行政法对行政机关权限的划分，监察工作划分为决策、执行和复议三个部分，彼此之间相互制约。决策权和执行权分离符合现代行政的基本规律，是为了防止监察机关既当裁判员又当运动员，而复议机构的设置为当事人自我救济提供了可能，也回应了监察机关自我纠错自我完善的需要。“被监察者权利的保

8 国家监察体制改革借鉴了古今中外监察制度的有益经验，尤其是中国历史上的监察制度传统，但需要注意的是，通常情况是仅在中央政府层面建立监察机构，而并非建立自上而下的监察组织体系。地方的监察机构即便定位为行使中央事权，也难以摆脱地方性因素的干扰，比如：监察机关大多数干部的升迁要由地方党委决定；监察机关的运转经费、人员待遇要由地方政府保障；监察人员的社会关系网络全在当地，其家人的就业、上学、医疗等都要在当地解决，等等。

9 张文显主编：《法理学（第四版）》，高等教育出版社 2011 年版，第 295 页。

障和监察者权力的运用具有同等重要性，两者在实践中应当协调实现，不应片面强调一方而牺牲另一方。”[10]在以往的行政监察模式下，除了复议外，监察对象还享有其他救济手段，甚至采用诉讼形式维护自己的权利。这些在《监察法》中并没有继续规定，监察对象维护自己权利的手段似乎呈现弱化之势。由于笔者主要讨论监察机关的自我监督问题，故监察对象的权利救济只好另文专门讨论。

监察职权行使的决策机制主要有三种类型：

一是领导人员集体研究决定。其主要针对下列几种情况：（1）《监察法》第31条规定：“涉嫌职务犯罪的被调查人主动认罪认罚，有下列情形之一的，监察机关领导人员集体研究，并报上一级监察机关批准，可以在移送人民检察院时提出从宽处罚的建议：（一）自动投案，真诚悔罪悔过的；（二）积极配合调查工作，如实提供监察机关还未掌握的犯罪行为的；（三）积极退赃，减少损失的；（四）具有重大立功表现或者案件涉及国家重大利益情形的。”（2）《监察法》第32条规定：“职务犯罪的涉案人员检举揭发有关被调查人员违法犯罪行为，查证属实的，或者提供重要线索，有助于调查其他案件的，监察机关经领导人员集体研究，并报上一级监察机关批准，可以在移送人民检察院时提出从宽处罚的建议。”（3）《监察法》第42条规定：“调查人员应该严格执行调查方案，不

10　童之伟：《对监察委自身的监督制约何以强化》，《法学评论》2017年第1期。

得随意扩大调查范围、变更调查对象和事项。对调查过程中的重要事项，应当集体研究后按程序请示报告。”（4）《监察法》第43条规定：“监察机关采取留置措施，应当由监察机关领导人员集体研究决定。设区的市级以下监察机关采取留置措施，应当报上一级监察机关批准。省级监察机关采取留置措施，应当报国家监察委员会备案。留置时间不得超过三个月。在特殊情况下，可以延长一次，延长时间不得超过三个月。省级以下监察机关采取留置措施的，延长留置时间应当报上一级监察机关批准。监察机关发现采取留置措施不当的，应当及时解除。监察机关采取留置措施，可以根据工作需要提请公安机关配合。公安机关应当依法予以协助。”

根据上述规定，监察权运行中需要集体研究的事项主要有针对监察对象、职务犯罪涉案人员从宽处罚的，扩大调查范围、变更调查对象和事项的，以及决定采取留置措施的三种。这三种情况或涉及对监察对象人身自由的严厉限制（留置），或涉及监察人员、监察机关自由裁量，有可能导致职权滥用的，或者涉及高度政治敏感性（比如涉及国家重大利益条款，应如何理解适用），因此必须采取稳妥慎重的态度，加强监察职权行使的内部严密监督。但需进一步研究的是，（1）由于单独的监察组织法并未出台，监察机关的领导人员范围如何确定？是以同级人大选举产生的人员为准，还是以党的组织部门核定的该机关的领导职数为准？（2）指涉监察机关集体研究的条款集中体现在《监察法》的第四章“监察职权”、第五章“监察程序”中，这是否可以理解为监察措施正当法律程序的一部分而必须在监察案件中载明，且应随案移送？如果应该集体研究决定的，领导人有部分或者个别缺席，是否构成程序瑕疵，甚至导致该决定行为无效？领导人员集体研究决定的表决机制是什么？是少数服从多数，还是全体一致同意？（3）第42条所指“集体研究”是指监察机关领导人员还是调查人员？如果仅指调查人员，调查人员的范围又如何确定？（4）集体研究决定可能提高了办案的质量，但由此带来的效率迟缓或者责任转移又有什么配套制度来解决？比如采取留置措施必须经过监察机关批准的制度，《监察法》并没有规定上级监察机关应在多长时限内审批完毕，如因上级拖延时限，导致案件消息走漏或者发生相关监察安全事故，那又应如何归责问责？（5）第31条、第32条规定的主要目的是“鼓励被调查人犯罪后改过自新、将功折罪，积极配合监察机关的调查工作，争取宽大处理，体现了惩前毖后、治病救人的精神。同时，也为监察机关顺利查清案件提供有利条件，节省人力物力，提高反腐败效率”。“而监察机关提出从宽处罚建议的，需要经集体研究决定，并报上一级监察机关批准。这也是为了确保决策程序公正公开，防止随意性，有利于给予被调查人罪责轻重相适应的法律制裁，也有利于体现对悔过自新的被调查人宽大处理的政策意图。”[11]需要进一步研究的

11 参见中共中央纪律检查委员会、中华人民共和国国家监察委员会法规室编写：《〈中华人民共和国监察法〉释义》，中国方正出版社2018年版，第160、163页。

是，尽管按照《监察法》的规定，监察机关可以移送检察院审查起诉，但检察机关在审查起诉时则是依据《刑事诉讼法》规定的程序来审查犯罪嫌疑人是否具有从轻、减轻的情节，这在逻辑上可能造成检察院与监察机关在事实认定和法律适用上产生不同的看法。司法审判则更是定罪量刑的最后一道关口，按照审判中心主义的司法改革精神，一切证据的收集、认定都必须经过司法审判机关的严格审查，才可以作为定罪量刑的证据，因此《监察法》第 31 条、第 32 条之规定，与司法运行原理存在巨大的逻辑紧张关系。若监察机关的从宽处罚建议可以直接兑换为检察机关公诉建议和法院的审判结论，则刑事诉讼沦为走过场；若检察院、法院能够斟酌事宜，依法作出决定，则监察法的此种严格内控程序似乎显得多余。

二是主要负责人审批。《监察法》第 38 条规定："需要采取初步核实方式处置问题线索的，监察机关应当依法履行审批程序，成立核查组。初步核实工作结束后，核查组应当撰写初步核实情况报告，提出处理建议。承办部门应当提出分类处理意见。初步核实情况报告和分类处理意见报监察机关主要负责人审批。"《监察法》第 39 条规定："经过初步核实，对监察对象涉嫌职务违法犯罪，需要追究法律责任的，监察机关应当按规定的权限和程序办理立案手续。监察机关主要负责人依法批准立案后，应当主持召开专题会议，研究确定调查方案，决定需要采取的调查措施。立案调查应当向被调查人宣布，并通报相关组织。涉嫌严重职务违法或者职务犯罪的，应当通知被调查人家属，并向社会公开发布。”上述两条规定主要针对监察线索的初核以及监察立案两项内容，基本上承接了原先纪检机关的办案程序制度。《监督执纪工作规则（试行）》第 26 条规定，对符合立案条件的，由承办部门起草呈批报告，经纪检机关主要负责人审批后，报同级党委（党组）主要负责人批准，予以立案审查。有关负责人应当严格审核把关，认为符合立案条件的，批准立案；认为不符合立案条件的，不批准立案，由监察机关作出其他处理。监察初核、监察立案均为重要的监察职权行使行为，并对公民、法人、社会组织乃至其他国家机关的权益产生极为重要的影响，但上述两项措施相对于刑事立案、刑事初查而言，又具有极大的封闭性，被调查人和被调查单位几乎没有救济权利，也缺乏外部监督手段。以监察初核手段而言，监察机关除了不能使用留置调查手段以外，其他 11 种调查措施（包括技术调查措施）均可以使用，其一旦遭到滥用，将对人权保障、法治秩序乃至政治安全产生巨大的威胁。依照权力的使用与权力的制约相平衡的原则，其实应该有更缜密的程序设计和更严格的权力制约制度。

三是严格的批准手续。《监察法》第 28 条规定：“监察机关调查涉嫌重大贪污贿赂等职务犯罪，根据需要，经过严格的批准手续，可以采取技术调查措施，按照规定交有关机关执行。批准决定应当明确采取技术调查措施的种类和适用对象，自签发之日起三个月内有效；对于复杂疑难案件，期限届满仍有必要继续采用技术调查措施的，经过批准，有效期可以延长，每次不得超过三个月。对于不需要采取技术调查措施的，应当及时解除。”本条所指“技术调查措施”是指监察机关为调查职务犯罪需要，根据国家有关规定，主要通过通讯技术手段对被调查人职务违法犯罪行为进行调查。通讯技术手段通常包括电话窃听、电子监控、拍照或者录像等手段获取某些物证等。[12] 技术调查在为打击犯罪提供便利时，又可能严重影响公民、组织的基本权利（比如隐私权、人格尊严、行动自由、通讯秘密），故应该给予最严格的程序控制。本条所述“严格的批准手续”缺乏明确细化的规定，如批准主体、批准期限、解除程序等，从而有可能形成该项监察措施脱离监督的制度漏洞。本条规定的技术调查启动的前提条件“根据需要”也是一个不确定的语词，需要的强度、需要的密度、需要的构成要素、需要的判断基准等等，都必须经由法律解释或者具体实施法规来进一步明晰。

三、提升政治素质，加强职业伦理

《监察法》强调监察机关独立行使职权，但这种独立性不容许逸出中国特色的政治框架而保持所谓的“政治中立”，故虽然《监察法》强调监察机关必须维护宪法和法律的尊严，宪

12　中共中央纪律检查委员会、中华人民共和国国家监察委员会法规室编写：《〈中华人民共和国监察法〉释义》，方正出版社 2018 年版，第 153 页。

法和法律当然也体现了党的意志和主张，恪守宪法和法律也就是贯彻和实施党的领导。但鉴于监察机关自身组织的特殊性（党的纪检和监察机关合署）和监察权力的特殊性（从事反腐败的专责权力），《监察法》第 2 条专门规定："坚持中国共产党对国家监察工作的领导，以马克思主义、毛泽东思想、邓小平理论、'三个代表'重要思想、科学发展观、习近平新时代中国特色社会主义思想为指导，构建集中统一、权威高效的中国特色监察体制。"

按照中纪委（监察立法的实际主导机关）法规室的解释，本条规定的意旨在于"旗帜鲜明地宣示党的领导，贯彻习近平新时代中国特色社会主义思想，贯彻落实党的十九大精神，体现了'四个意识'，彰显了'四个自信'，有利于党中央和地方各级党委会更加理直气壮、名正言顺地依法领导监察委员会开展反腐败等工作，扛起全面从严治党和依法治国理政的政治责任"。[13] 另外，由于监察改革的紧迫性，未能及时建立监察官法律制度，因此监察官的准入、遴选、分类管理、待遇保障、淘汰机制、退休制度等到底如何安排，尚有待观察，但有一点可以肯定的是，在监察体制改革肇始之际，对监察人员的挑选就特别注重其政治成分、政治素质，比如北京市在监察试点改革时，从检察院转隶到监察委去的全部是中共党员，非党员则

---

13 中共中央纪律检查委员会、中华人民共和国国家监察委员会法规室编写：《〈中华人民共和国监察法〉释义》，中国方正出版社 2018 年版，第 56 页。

留下。[14]《宪法》是在中国共产党的领导下制定和修改的，它也是全体社会共识的表征。《宪法》序言明确规定中华民族复兴的伟大事业必须紧密依靠社会主义的劳动者、拥护社会主义和拥护祖国和平统一的爱国者和社会主义的建设者，因此监察制度必须坚持党的领导、人民当家做主和依法治国的三个统一，在坚持党对监察工作的全面领导的同时，要保持监察权的适度开放性，避免监察运行的神秘性、封闭性，要吸引更广泛的人民群众参与到监察事业中来。

职业伦理是指从事某一行业的人员在长期的实践和环境中，通过市场调节和行业自律，通过社会舆论、习俗、习惯和内心信念形成的具有稳定性的一系列行为规范和道德要求。各行各业都有独特的伦理规范，职业伦理主要是调节某一行业内外部的行为关系，从而保障从业人员依据职业伦理的要求认真履行本职工作，维护本行业的整体职业荣誉感和使命感。职业伦理的行业特点主要表现在个别性和同一性上。个别性意味着，职业伦理是某一特定行业在长期的运行和实践中所形成的符合本行业发展目的的伦理规范，一定的职业伦理只适用于特定的行业。同一性意味着，伦理具有传承性，在历史的发展过程中具有相似的内容。监察官的职业伦理规范是指监察官在履行监察职能的过程中所应遵守的道德观念和行为规范的总称。

---

14 《北京市检察院副检察长甄贞：这次转隶去监察委的全部是党员》，《中国新闻周刊》2017 年 3 月 8 日。

为了保证整个监察队伍干净忠诚、公正权威、责任担当，《监察法》规定了一系列监察伦理准则。《监察法》第 4 条规定："监察委员会依照法律规定独立行使监察权，不受行政机关、社会团体和个人的干涉。"监察机关只有独立行使职权才能排除非法干扰，但独立行使职权必须以"依法"为前提，监察委员会作为行使国家监察职能的专责机关，履行职责必须遵循社会主义法治原则的基本要求，必须严格依照法律进行活动，既不能滥用或者超越职权，违反法定的程序，也不能不担当、不作为，更不允许利用职权徇私枉法，放纵职务犯罪行为。《监察法》第 5 条规定："国家监察工作严格遵守宪法和法律，以事实为根据，以法律为准绳；在适用法律上一律平等，保障当事人的合法权益；权责对等，严格监督；惩戒与教育相结合，宽严相济。"本条规定的主要目的是要求监察人员在开展监察工作时必须遵循法治思维、法治理念，并运用法治方式，严格贯彻执政党的"惩前毖后、治病救人"的政策和策略。其中尤其强调监察工作要权责对等，严格监管。"这总结了党的十八大以来管党治党的做法和经验，体现了行使权力和责任担当相统一的思想。有多大的权力就要承担多大的责任，权力就是责任，有权即有责，有责要担当，不担当要问责，也体现严管厚爱，信任不能代替监督。"[15]《监

15 中共中央纪律检查委员会、中华人民共和国国家监察委员会法规室编写：《〈中华人民共和国监察法〉释义》，中国方正出版社 2018 年版，第 69 页。

察法》第 6 条规定："国家监察工作坚持标本兼治、综合治理，强化监督问责，严厉惩治腐败；深化改革，健全法治，有效制约和监督权力；加强法治教育和道德教育，弘扬中华民族优秀传统文化，构建不敢腐、不能腐、不想腐的长效机制。"本条不仅是对监察对象的要求，也是对监察机关和监察人员自身的严格要求，其主要目的是贯彻党的十九大精神，将党的十八大以来反腐败工作的重要思想、目标、要求和实践经验总结深化，并以法律的形式固定下来，以期继续强化不敢腐的震慑，扎牢不能腐的笼子，增强不想腐的自觉。本条对道德教育的强调，是要重视发挥道德教化作用，把法律和道德的力量结合起来，把自律和他律紧密结合起来，从而提高监察人员的道德操守。《监察法》第 55 条规定："监察机关通过设立内部专门的监督机构等方式，加强对监察人员执行职务和遵守法律情况的监督，建设忠诚、干净、担当的监察队伍。"监察对象范围的过于宽泛，监察规则的供给不足，监察程序的笼统模糊，都可能造成监察权的滥用，本条意在从组织体系的角度，加强对监察权行使的监督制约。《监察法》第 56 条规定："监察人员必须遵守宪法和法律，忠于职守，秉公执法，清正廉洁，保守秘密；必须具有良好的政治素质，熟悉监察业务，具有运用法律、法规、政策和调查取证等能力，自觉接受监督。"本条是对监察人员能力素质的总体要求，也是对其监察职业伦理的具体规定，还是未来构建具体监察官制度的指导性原则。《监察法》第 57 条规定："对于监察人员打听案情、过问案件、说情干预的，办理监察事项的监察人员应当及时报告。有关情况应当登记备案。发现办理监察事项的监察人员未经批准接触被调查人、涉案人员及其特定关系人，或者存在交往情形的，知情人应当及时报告，有关情况应当登记备案。”本条规定的意旨在于完善监察过程管控制度，避免监察人员违反职业伦理跑风漏气、以案谋私、徇情办案等。[16]《监察法》第58条规定：“办理监察事项的监察人员有下列情形之一的，应当自行回避，监察对象、检举人及其他有关人员也有权要求其回避：（一）是监察对象或者检举人的近亲属的；（二）担任过本案的证人的；（三）本人或者其近亲属与办理的监察事项有利害关系的；（四）有可能影响监察事项公正处理的其他情形的。”本条规定的主要目的是确保监察工作的客观、公正、合法，排除一切可能影响监察工作公信力的主客观因素，打消社会的怀疑和困扰，树立监察机关公正执法的良好形象。《监察法》第59条规定：“监察机关涉密人员离岗离职后，应当遵守脱密期管理规定，严格履行保密义务，不得泄露相关秘密。监察人员辞退、退休三年内不得从事与监察和司法工作相关联且可能

16 本条在执行中可能面临的问题是：在《监察法》并未明确监察办案人员是监察权独立行使主体的情况下，如何辨别上级监察机关、本家监察部门领导人员正常了解案情与不当干预、过问之间的界限？在监察人员的职务晋升、待遇保障都受制于本机关的情况下，监察人员是否有足够的勇气记录并检举揭发他人的不当干预？有关情况登记备案后的后续处理程序是什么，需要建立更明确的责任追究制度。

发生利益冲突的职业。”本条规定的意旨在于：防止监察人员泄露利用职务活动的便利获取的办案机密和监察机关内部运作规律，给监察工作的顺利开展带来妨碍；同时，也要防止监察人员利用职业带来的优势地位谋取私人利益，避免监察人员利用手中权力为他人谋取利益，换取辞职、退休后的远期回报。

四、规定监察法律责任制度，打造监察自我监督的闭环

监察法律责任是监察机关和监察人员违反监察法律、法规应当承担的法律后果。《监察法》针对监察机关和监察人员的法律责任制度主要体现在《监察法》第 65 条规定之中：“监察机关及其工作人员有下列行为之一的，对负有责任的领导人员和直接责任人员依法给予处理：（一）未经批准、授权处置问题线索，发现重大案情隐瞒不报，或者私自留存、处理涉案材料的；（二）利用职权或者职务上的影响干预调查工作，以案谋私的；（三）违法窃取、泄露调查工作信息，或者泄露举报事项、举报受理情况或者举报人信息的；（四）对被调查人或者涉案人员逼供、诱供，或者侮辱、打骂、虐待、体罚或者变相体罚的；（五）违反规定处置查封、扣押、冻结的财物的；（六）违反规定发生办案安全事故，或者发生安全事故后隐瞒不报、报告失实、处置不当的；（七）违反规定采取留置措施的；（八）违反规定限制他人出境，或者不按规定

解除出境限制的；（九）其他滥用职权、玩忽职守、徇私舞弊的行为。”本条是对监察机关和监察人员违法行使职权的法律责任追究的规定，其目的在于强化对监察机关及其工作人员依法行使职权的监督管理，维护监察机关的形象和威信。本条采取列举加概括的立法技术方式描述了监察违法行为的情状，应该说是基本覆盖了监察违法行为的主要类型，但基于重要类型必须列举的原则，本条对违反规定进行技术调查、违反规定决定采取通缉方式等严重影响公民权利和自由的行为未作列举，可视为立法上的重要瑕疵。本条使用了大量不确定语词，比如“违反规定”“处置不当”等，如果出现前置性“规定”空缺的情况，本条具体适用将缺乏可操作性。更为重要的是，国家监察机关及其监察人员职务违法的调查、处置权在实操中由监察机关自己行使，《监察法》的规定也意欲确认此种现状的合理性。此种制度安排未必符合“自己不能当自己法官”的公平正义原则，也易使监察的自我监督变成自我庇护。一个可欲可行的制度安排是将监察人员的职务违法和职务犯罪的监督交由国家检察机关，以防止监察权力自身过度膨胀，不受制约。

五、结语

谁来监督监察委，是伴随监察体制改革而来的一个重要议题。对于这样一项突如其来、前所未有的重大政治体制改革，在监察实践没有充分展开并取得丰富的实践样本前，我们必须承认因人的理性建构的局限性而造成制度安排的缺失。一项改革制度的生命力并非仅仅来自逻辑，更来自改革承受者经验上的认同。因此，抱持谦卑的态度，审慎运用监察权力，防范监察权力的过犹不及，也许才是监察改革真正取得成功并行稳致远的王道。

第四编　监察立法与制度完善

第十一章

制定《政务处分法》应处理好的七对关系*

一、引言

十三届全国人大一次会议表决通过的《宪法修正案》《监察法》确立了监察委员会作为国家机构的宪法地位，并为监察权的行使提供了宪法和法律指引。不过，诚如有论者指出的那般，《监察法》的制定工作仍然未能摆脱“宜粗不宜细”的指导思想，[1]这使得《监察法》还只是“一部对国家监察工作起统领性和基础性作用的法律”。[2]从这个意义上来说，《宪

* 本章已发表于《法治现代化研究》2019 年第 1 期。

1 参见童之伟:《国家监察立法预案仍须着力完善》,《政治与法律》2017 年第 10 期。

2 李建国:《关于〈中华人民共和国监察法（草案）〉的说明》,《中华人民共和国全国人民代表大会常务委员会公报》2018 年第 2 期。

法》《监察法》中的现有规定，其实难以为监察权的合理有效行使提供充分的规则供给。完善的制度和规则既可促使监察权有序行使，亦可防范监察权的滥用。因此，在《监察法》这一基础性法律的基础上制定相应的配套规则，将成为今后相当长一段时期内立法工作的重点。其实早在《监察法》的制定过程中，中共中央纪委和国家监察委员会便提出要“研究制定监察机关案件管辖规定和公职人员政务处分规定”。[3] 为此，中共中央纪委和国家监察委员会于 2018 年 4 月先后印发了《国家监察委员会管辖规定（试行）》和《公职人员政务处分暂行规定》（以下简称“《暂行规定》”）。此外，亦有不少地方结合本地实际制定了相应的规范性文件，为监察工作的开展提供指引。

根据《监察法》第 11 条的规定，对违法的公职人员进行政务处分，乃是监察机关履行处置职责的重要内容。同时，《监察法》还在第 45 条列举了 6 种政务处分措施，分别是警告、记过、记大过、降级、撤职、开除。但是，对于政务处分的作出程序、实施依据、执行方式、救济途径，以及政务处分程序与人大及其常委会的任免等相关程序的衔接问题，《监察法》皆未作出具体规定。在此情形之下，为使监察机关的政务处分工作有章可循，诸如《暂行规定》等相关的配套规则便应

3　肖培：《推进党的纪律检查体制和国家监察体制改革》，《人民日报》2018 年 3 月 18 日第 10 版。

运而生。不过，从体例和发布形式上来看，《暂行规定》其实符合党内法规的要件。[4]然而，即便是纪检机关与监察机关实行合署办公的工作体制，且国家监察工作应当坚持党的领导，但政务处分工作属于监察权行使之范畴，因此并非党内事务而是国家事务。于此层面而言，通过《暂行规定》来规范政务处分工作，一则有越出党内法规调整范围的嫌疑，二则不符合《监察法》第45条规定的“依照法定程序作出政务处分决定”之要求。当然，冠以“暂行”之名表明《暂行规定》只是立法经验不足时的临时规定，待经验成熟后即会被正式立法所取代。[5]正因如此，制定《政务处分法》被列入了“十三届全国人大常委会立法规划”，以此促使政务处分工作在法治轨道上运行。

制定一部良善的《政务处分法》绝非易事，因为相较于既往的行政监察部门而言，监察机关的监察对象和监察事项皆有相当程度的扩大，这使得政务处分工作将面临更繁多、更复杂的关系。如若在制定《政务处分法》时未能处理好这些关系，非但会给政务处分工作的实践造成困扰，还会在很大程度上影响司法制度、党纪制度等相关制度的正常运行。笔者以为，至少有以下七对关系需要在制定《政务处分法》

---

4 参见苏绍龙：《论党内法规的制定主体》，《四川师范大学学报（社会科学版）》2018年第5期。

5 参见黎娟：《“试验性立法”的理论建构与实证分析——以我国〈立法法〉第13条为中心》，《政治与法律》2017年第7期。

时慎重对待，它们分别是：《政务处分法》与《监察法》之间的关系，政务处分对象与监察对象之间的关系，政务处分措施及事由与公职人员身份之间的关系，政务处分与内部惩戒之间的关系，政务处分事由与调查事项之间的关系，政务处分的内部救济与外部救济之间的关系，以及政务处分与党纪处分之间的关系。

二、《政务处分法》与《监察法》之间的关系

诚如上述，《监察法》是一部对国家监察工作起统领性和基础性作用的法律，而《政务处分法》则是一部规范政务处分权和政务处分工作的专门立法。如何理解此两部法律之间的关系，乃是关涉法律适用的重大问题，因为根据《立法法》关于法律适用的规定，在适用法律时需要遵循“上位法优于下位法”、“特别法优于一般法”以及“新法优于旧法”等技术性规则。故此，假若《监察法》与《政务处分法》是一般法与特殊法的关系，那么在政务处分工作领域，自然应当优先适用《政务处分法》的规定，甚至《政务处分法》可以变更《监察法》当中有关政务处分的规定，比如增减政务处分措施的种类等；而若认为《监察法》与《政务处分法》是上位法与下位法的关系，那么，在制定《政务处分法》时便应以《监察法》为立法依据，且不可与《监察法》的规定有任何抵触。与此同时，与《监察法》存在类似关系的非但有《政务处分法》，还包括《监

察官法》等与监察委员会组织和职权相涉的法律，以及《刑事诉讼法》等与监察权行使相关的法律。于此层面而言，处理好《政务处分法》与《监察法》之间的关系，还可以为《监察法》与其他相关法律关系的处理提供参考和示例。因此，处理好《政务处分法》与《监察法》之间的关系，无疑是制定《政务处分法》时应当妥善解决的首要问题。

其实，此类关系的处理早已不是立法实践和法学理论中的新问题，比如在《民法总则》编纂完成之前，《民法通则》可谓是民事法律领域的基本法律，但由于其同样是在“宜粗不宜细”的指导思想下进行的立法，因而，仍然需要由《合同法》《物权法》《侵权责任法》等民事单行法律对其进行补充和完善。此时，同样需要处理《民法通则》与其他民事单行法律之间的关系。不过，理论上对此存在不同的见解：有论者认为《民法通则》是民事基本法，而其他民事单行法律则是相对于民事基本法而言的特别法。[6] 亦有论者认为，《民法通则》是我国基本的民事法律，其效力仅次于宪法，[7] 但高于单行的民事法律。[8] 笔者以为，根据《宪法》《立法法》的规定，全国人大有权“制定和修改刑事、民事、国家机构的和其他的基本法律”，全国人大常委会则有权制定“基本法律以外的其他法律”。据此，《监察法》规定的即是监察委员会的组织和职权等事项，

6 参见梁慧星：《民法总论》，法律出版社 2011 年版，第 26 页。

7 王利明：《民法总则研究》，中国人民大学出版社 2003 年版，第 56 页。

8 马俊驹、余延满：《民法原论》，法律出版社 2010 年版，第 7 页。

因此其属于“国家机构的基本法律”。虽然《宪法》《立法法》皆未在效力位阶上对“基本法律”和“基本法律以外的其他法律”作出明确区分，[9] 理论和实践中亦有不少关于其效力位阶高低的论争，[10] 加之制定《政务处分法》的主体既有可能是全国人大，又有可能是全国人大常委会，因此，很难基于效力位阶的差异来处理《政务处分法》与《监察法》的关系。但不可否认的是，《政务处分法》的立法目的乃是落实《监察法》中有关政务处分的规定，故而《监察法》其实是《政务处分法》的立法依据。有鉴于此，《政务处分法》虽可在《监察法》的基础上对政务处分制度进行补充和完善，但不可违反《监察法》当中既已明确的规定，比如政务处分事由应为违法行为，政务处分对象应是公职人员。

三、政务处分对象与监察对象之间的关系

根据《监察法》第 3 条的规定，监察机关的监察对象是所有行使公权力的公职人员，第 15 条还对公职人员的具体范围作出了列举式的规定。同时，根据《监察法》第 11 条的规定，监察机关履行监督、调查、处置三项职责，据此，可将处置职责视为监察权的一项具体权能或子权力。再者，履行处置

9　参见孔德王：《“基本法律”研究的现状与展望》，《人大研究》2017 年第 11 期。

10　参见韩大元：《论全国人民代表大会之宪法地位》，《法学评论》2013 年第 6 期。

职责的方式之一即为作出政务处分决定。由此可见，政务处分权其实只是监察权诸多权能当中的一部分。如此一来，监察权的行使对象（即监察对象）与政务处分权的行使对象（即政务处分对象）究竟是何关系，便成为《政务处分法》制定时需要妥善解决的问题。

（一）政务处分对象应以监察对象为限

既然政务处分权乃是监察权的一项具体权能，那么，监察权的行使虽可及于所有行使公权力的公职人员，乃至公职人员之外的其他主体，但政务处分权的行使可及于的对象则应以监察对象为限。不过，实践中不免存在监察机关对监察对象之外的主体作出政务处分的做法，当然，此类做法主要是缘于某些监察机关未能厘清《监察法》关于监察对象的规定。例如，某公办医院的普通医生为帮助本村村民套取医疗补贴，开具了虚假的诊断证明，因此被当地监察机关给予政务警告处分。[11]根据《监察法》第 15 条第 4 项的规定，公办的医疗卫生单位中从事管理的人员属于监察机关的监察对象。该医生虽然属于公办医疗卫生单位中的工作人员，但并非从事管理的人员。同时，其开具虚假诊断证明的行为，亦非是在行使公权力。如此一来，因为该医生并不属于监察对象，自然也不能成为政务处

11　参见益纪宣:《卖了“人情面子”挨了政务处分——安化县中医医院 4 名医务人员开具虚假证明材料案剖析》,《益阳日报》2018 年 6 月 4 日第 A2 版。

分对象。因此，此般做法应当在实践中予以纠正，即监察对象之外的主体若有违法行为，监察机关不应对其进行政务处分，而应建议有管辖权的国家机关予以处理。比如，对上述开具虚假诊断证明的医生，监察机关可以向卫生行政主管部门提出建议，建议其根据《执业医师法》等的规定，对存在违法行为的医生给予相应的行政处罚。

当然，并非监察权及其所有的子权力皆不得作用于监察对象之外的其他主体。监察权的某些具体权能若在《监察法》当中有明确的规定，其行使的对象其实是可以超出监察对象之范围的，因为根据法律关系的一般理论，“什么样的个人或组织能够成为法律关系的主体，取决于法律的规定”。[12] 例如，根据《监察法》第 41 条第 1 款的规定，留置是监察机关履行调查职责时采取的重要措施之一。因此在一般情况下，留置的对象应当以监察对象为限，亦即监察机关只能对行使公权力的公职人员采取留置措施。不过，根据《监察法》第 22 条第 2 款的规定，对于涉嫌行贿犯罪或者共同职务犯罪的涉案人员，监察机关也可以按照规定采取留置措施。《监察法》之所以作出这一规定，主要是考虑到“如果不将其留置，将严重影响监察机关对违法犯罪事实的进一步调查”。[13] 正是因为有了《监察法》的上述规定，监察机关才有权对监察对象之外的其他主

12　张文显主编:《法理学》，高等教育出版社、北京大学出版社 2007 年版，第 161 页。

13　中共中央纪律检查委员会、中华人民共和国国家监察委员会法规室编写:《〈中华人民共和国监察法〉学习问答》，中国方正出版社 2018 年版，第 74 页。

体采取留置措施，当前的实践中亦有不少对涉嫌行贿犯罪的非公职人员采取留置措施的事例。[14]

（二）监察对象并非皆为政务处分对象

如上所述，政务处分对象应以监察对象为限，监察对象之外的其他主体不能成为政务处分对象。但这是否意味着所有的监察对象都可以成为政务处分对象呢？笔者以为，监察对象并非皆为政务处分对象，具体理由在于：政务处分权虽然是监察权的具体权能之一，但并非监察权的全部内容。因此，监察权行使可及于的监察对象，未必是政务处分权行使可及于的政务处分对象。对此，还可以从《监察法》的规定中得到印证：因为根据《监察法》第 15 条的规定，监察机关有权对公职人员和有关人员进行监察。据此规定，监察对象应包括“公职人员”和“有关人员”两大类。而根据《监察法》第 11 条和第 45 条的规定，监察机关有权依照法律的规定，对违法的公职人员作出政务处分决定。由此可见，政务处分对象只是监察对象当中的“公职人员”，而不包括其中的“有关人员”。这是对《监察法》中“公职人员”概念进行体系解释的应有之义。于此层面而言，判断哪些监察对象属于政务处分对象，便会涉及对《监察法》中“有关人员”范围的理解。因为唯有厘清监察

14 参见张闽生、窦凯：《用好留置措施，打开行贿人这个突破》，《中国纪检监察》2018 年第 13 期。

对象中“有关人员”的范围，才能明确监察对象中属于政务处分对象的“公职人员”的范围。对此有论者认为，“有关人员”是指“按照国家法律或者国家机关委托在公共组织、集体事务组织中从事管理公共事务、集体事务的人员，或者具有执法权力的国家机关、事业单位聘任从事公务的人员”。[15] 还有论者认为，“有关人员”指的是本身并没有公职身份，只不过在临时行使公权力、履行公务时成了监察对象。[16]

然而，仍有不少认为监察对象皆属于政务处分对象的观点，实践中亦有不少监察机关对《监察法》中的“有关人员”作出政务处分决定的事例，特别是对其中的基层群众性自治组织中从事管理的人员。比如，陕西某地的监察机关，即对当地三名非中共党员村干部给予警告、记过等政务处分。[17] 再如，浙江某地一名非中共党员的村民小组组长，因套取村民种粮补贴而受到相应的政务处分。[18] 有鉴于此，有必要就“基层群众性自治组织中从事管理的人员”是否属于政务处分对象的问题进行专门探讨：在国家监察体制改革之前，纪检监察机关有权依照《农村基层干部廉洁履行职责若干规定（试行）》等的规

15　吴建雄主编：《监督、调查、处置法律规范研究》，人民出版社 2018 年版，第 92 页。

16　姚文胜：《准确把握监察对象的两个维度》，《中国纪检监察报》2018 年 8 月 1 日第 8 版。

17　参见杨东峰：《泾阳县监察委发出首批政务处分决定书》，陕西网：http://dangjian.ishaanxi.com/2018/0404/815757.shtml，最后访问时间：2018 年 9 月 11 日。

18　参见吕玥、颜新文、吴有亮：《打造群众家门口的“监委”》，《浙江日报》2018 年 8 月 15 日第 2 版。

定，对村（居）民委员会成员进行监督和调查，但“鉴于村民委员会是基层群众性自治组织”，因此“村民委员会成员本身不适用政纪处分”。[19] 不过，随着《监察法》第 15 条将“基层群众性自治组织中从事管理的人员”纳入监察对象，监察机关能否对此类人员进行政务处分，在实践中成为一个颇具争议的问题。

笔者以为，监察机关虽然有权对此类人员进行监督、调查和处置，但《监察法》第 45 条规定的诸多处置方式中，政务处分是不应包含在内的。原因有三：一是此类人员虽在某些领域承担了一些公共事务，但只是《监察法》中的“有关人员”，而非作为政务处分对象的“公职人员”。二是政务处分是对公职人员违法行为的否定评价，受到处分的公职人员会因此承受一定的不利后果，比如根据《公务员法》第 58 条的规定，公务员在受处分期间不得晋升职务和级别。但是，于“基层群众性自治组织中从事管理的人员”而言，对其进行政务处分并无多少实质意义。恰如监察实践中有观点指出的那般，“对没有档案的非党员村干部而言，记过没有意义”。[20] 三是对此类人员进行政务处分与基层群众自治制度的运行逻辑不符。例如，根据《村民委员会组织法》第 11 条的规定，任何组织或者个人不得撤换村民委员会成员，而假若监察机关有权对村

---

19 本书编写组编：《监督执纪问责实务问答》，中国方正出版社 2016 年版，第 436 页。

20 霍思伊：《监察体制改革：三试点省市全方位推进》，《中国新闻周刊》2018 年第 9 期。

民委员会成员实施撤职的政务处分，便会妨害村民自治的充分实现。当然，监察机关虽不能对此类人员进行政务处分，但亦可运用《监察法》第 45 条规定的其他处置方式，比如可以对其进行批评教育、责令检查等，在涉嫌职务犯罪的情况下将案件移送检察机关审查起诉。此外，亦可以监察建议的形式，建议相应的村民委员会依法罢免相关人员。

四、政务处分措施及事由与公职人员身份之间的关系

在国家监察体制改革之前，行政监察部门依据《行政监察法》《行政机关公务员处分条例》等有关规定，对行政机关公务员实施政纪处分。相较于监察机关的政务处分对象而言，行政监察部门的政纪处分对象相对比较单一，主要是行政机关内部的公职人员。不过，即便是在政纪处分对象相对单一的情况下，行政监察部门在开展政纪处分工作时，由于“不同的适用对象，处分种类和依据也不同”。[21] 是故在国家监察体制改革之后，由于实现了国家监察的全面覆盖，监察机关的监察对象随之大幅度增加，政务处分对象亦不再限于行政机关公职人员，而是可及于所有行使公权力的公职人员。因此，监察机关在对不同身份的公职人员作出政务处分决定时，政务处分措施

21　本书编写组编：《党纪政纪处分工作疑难问题解答》，中国方正出版社 2015 年版，第 247 页。

及事由将会有更大的差异。如此一来，在《政务处分法》制定时，还需处理好政务处分措施与公职人员身份，以及政务处分事由与公职人员身份之间的关系。

（一）政务处分措施与公职人员身份之间的关系

公务员的违法失职行为多种多样，因而其惩戒形式也必然是多种多样的。[22]《监察法》按照公职人员违法行为轻重的顺序，规定了警告、记过、记大过、降级、撤职、开除等六种政务处分措施。由于《监察法》并无例外规定，故此六种政务处分措施原则上可适用于所有政务处分对象。不过，“公务员的职务、职位有着不同分类，不同类型的公务员的具体管理方式各有不同”，[23]这使得为不同类型、不同身份的公职人员设置的政务处分措施也将相应地有所不同。例如，公务员有政务职与事务职的区分，其中的政务职为政策负责，故对政务职的处分应不同于事务职。甚至还有观点认为，政务职公务员的处分不应在公务员惩戒制度中实现，而应由民意机关的政治途径来予以处分。[24]由此观之，公职人员身份对政务处分措施有着相当大的影响，如何处理好二者的关系将是制定《政务处分法》时需要认真对待的问题。

---

22 关保英主编:《公务员法学》，法律出版社 2007 年版，第 226 页。

23 苏保忠、张正河主编:《公共管理学》，清华大学出版社 2015 年版，第 147 页。

24 参见陈新民:《中国行政法学原理》，中国政法大学出版社 2002 年版，第 100—101 页。

笔者以为，在诸多类型、诸多身份的公职人员当中，对《监察法》规定的既有政务处分措施影响最大的当为法官、检察官等司法工作人员。在我国公务员制度发展演进的过程中，也曾多次试图对所有类型、不同身份的公务员，建立统一的公务员制度。尤其是在《公务员法》的制定过程中，为了“有利于保持各类干部的整体一致性，有利于统一管理”，法官和检察官也被纳入公务员范围。[25] 不过，鉴于职业特点的不同，法官、检察官的义务、权利和管理与普通公务员相比也有颇多差异。因而，《公务员法》针对法官和检察官作出了例外规定，即法律对检察官、法官等的义务、权利和管理另有规定的，从其规定。[26] 具体到公务员的惩戒处分领域，也可以发现存在建立公务员统一处分制度的趋势。例如，人事部和监察部于 2007 年 12 月发布《关于行政机关任命的事业单位工作人员参照执行〈行政机关公务员处分条例〉的通知》，监察部与人力资源和社会保障部于 2008 年 5 月发布《关于企业中由行政机关任命的人员参照执行〈行政机关公务员处分条例〉的通知》，此后，中共中央纪委、中共中央组织部、人力资源和社会保障部于 2013 年 5 月联合发布《关于党的机关、人大机关、政协机关、各民主党派和工商

25　张柏林：《关于〈中华人民共和国公务员法（草案）〉的说明》，《中华人民共和国全国人民代表大会常务委员会公报》2005 年第 4 期。

26　参见杨景宇、李飞主编：《〈中华人民共和国公务员法〉释义》，法律出版社 2005 年版，第 12—13 页。

联机关公务员参照执行〈行政机关公务员处分条例〉的通知》。根据上述通知,《行政机关公务员处分条例》的适用范围日渐扩大，几乎是扩及绝大部分公务员。但始终未能及于法官和检察官，这主要是因为相较于行政机关公务员，法官和检察官等司法工作人员有着不同的职业特点，因而分别依不同的法律法规调整。[27]

具体到《监察法》规定的六种政务处分措施，法官和检察官之身份对其产生的最大不同，便是在当前《法官法》《检察官法》的修订工作中，两部法律的修订草案均取消了现行法律中的“降级”这一处分种类，这主要是考虑到法官和检察官在实行单独职务序列之后，已与行政职级脱钩。[28]如此一来，在司法体制改革的背景之下，特别是在《法官法》《检察官法》的修订工作完成之后，“降级”这一处分便难以再在法官和检察官当中适用了。对此问题，相关的立法工作需要予以解决。笔者以为可行的方案有三：一是在制定《政务处分法》时，在具体规定六种政务处分措施之后，再就法官和检察官不适用其中的“降级”处分另行规定。二是鉴于政务处分措施在适用于公职人员时，法官和检察官或许并非唯一的例外，因而《政务处分法》还可以指明，法律另有规定的从其规定。三是考虑到《监察法》

---

27 参见侯觉非主编:《行政机关公务员处分条例通讲》，国家行政学院出版社 2007 年版，第 18 页。

28 刘学文:《法官法、检察官法修订：正规化专业化职业化迈出实质性步伐》,《中国人大》2018 年第 2 期。

《政务处分法》分别是监察工作和政务处分工作的基础性法律，因此其中有关政务处分措施的规定当为一般规定，而《法官法》《检察官法》当中有关法官和检察官政务处分措施的规定则为特别规定，此时，基于特别规定优于一般规定的法律适用规则，也可得出“降级”的政务处分措施不适用于法官和检察官的结论。

（二）政务处分事由与公职人员身份之间的关系

《政务处分法》其实是“统一的公职人员政务处分规定”。[29] 诚然，就监察机关的政务处分工作进行专门立法，能够在很大程度上保证监察机关统一行使政务处分权，防止在进行政务处分时出现“同错异罚”等情况；亦能够有效避免出现规则庞杂混乱的问题，以至于监察机关在适用规则时变得无所适从。但不可否认的是，针对公职人员政务处分工作进行统一立法，其缺陷同样是显而易见的。因为需要细致规定的法律不可编入法典之中，假若将太过细致的条文逐一编入，则会使法典过于庞杂。同时，亦会引致法典的频繁修改，进而扰乱日后整部法典的秩序。[30] 于公职人员的政务处分工作而言，由于公职人员的类型不同、身份不同，所从事的日常工作同样千差万别，调整规范其行为的法律规则亦是因人而异的，如此一来，

29　参见中共中央纪律检查委员会、中华人民共和国国家监察委员会法规室编写：《〈中华人民共和国监察法〉释义》，中国方正出版社 2018 年版，第 205 页。

30　［日］穗积陈重：《法典论》，李求轶译，商务印书馆 2014 年版，第 20 页。

对于不同身份的公职人员，其政务处分事由自然也会随之不同。依此逻辑，若在制定《政务处分法》时未能处理好政务处分事由与公职人员身份之间的关系，或是会致使监察机关开展政务处分工作时缺乏具体的规则依据，或是会使得《政务处分法》进行频繁的修改。

对于这一关系的处理，既往的政纪处分制度可谓提供了一些借鉴。当初在制定《行政机关公务员处分条例》时，考虑到“各部门由于行业性质的不同，各地区由于政治经济发展的不平衡，确有对本条例进行补充规定的必要”，[31] 为此，该条例第 2 条第 3 款专门作出授权规定，即地方性法规、部门规章、地方政府规章可以补充规定该条例未作规定的，但应当给予处分的违法违纪行为以及相应的处分幅度。不过，又鉴于以往一些地方行政机关和有关部门在各种文件中滥设处分事项，导致处分事项的设定政出多门，同错异罚。[32] 因此，该条例还规定，除国务院监察机关、国务院人事部门外，国务院其他部门制定处分规章，应当与国务院监察机关、国务院人事部门联合制定。根据上述授权规定，不少对处分事由和处分幅度制定的补充规定随之颁行，比如由监察部、人力资源和社会保障部、海关总署联合制定的《海关工作人员处分办法》，由监察部、

---

31 曲万祥主编:《〈行政机关公务员处分条例〉释义》，中国方正出版社 2007 年版，第 10 页。

32 李建、耿文清主编:《〈行政机关公务员处分条例〉实用问答》，中国方正出版社 2007 年版，第 12 页。

人力资源和社会保障部、住房和城乡建设部联合制定的《城乡规划违法违纪行为处分办法》等部门规章，以及由浙江省政府制定的《浙江省统计违法违纪行为处分规定》，由湖北省政府制定的《湖北省招标投标违法违纪行为处分规定》等地方政府规章。

借鉴上述政纪处分制度中的既有经验，《政务处分法》在就政务处分事由作出规定时应注意以下四个问题：一是可对普遍适用于所有公职人员的处分事由作出规定。虽然说政务处分事由因公职人员身份的不同而有所差异，但仍不乏诸多具有普遍适用性的处分事由，比如组织或参加非法组织，贪污贿赂，泄露国家秘密或工作秘密，在企业或其他营利性组织中兼职等。二是对于适用于大部分公职人员，且与其他公职人员依法履职行为不相冲突的处分事由，亦可规定在《政务处分法》当中。比如“违法实施行政处罚、行政强制措施”这一处分事由，乃是普遍适用于行政机关公职人员的，且规定这一处分事由并不会妨碍法官、检察官等其他公职人员履行职责。三是对于分散存在于不同身份公职人员的政务处分事由，《政务处分法》宜作原则性、概括性的规定，但不应作细致具体的规定。四是《政务处分法》应作出授权规定，即授权国务院、国家监察委员会、最高人民法院、最高人民检察院、国务院组成部门、省级人大及其常委会、省级政府、省级监察委员会等主体，在不与《政务处分法》等上位法相抵触的情形下，对其机关内部或所属地区公职人员的政务处分事由作出补充规定。

五、政务处分与内部惩戒之间的关系

政务处分其实是监察机关对违法的公职人员施以的一种外部惩戒，除此之外，尚有不少针对公职人员的内部惩戒，比如法官惩戒、检察官惩戒、事业单位的内部处分、政党的内部处分等。但是，此类内部惩戒与政务处分在惩戒对象（处分对象）、惩戒事由（处分事由）、惩戒措施（处分措施）等层面具有一定的重合性，因而，如何处理政务处分与内部惩戒之间的关系，也成为制定《政务处分法》时需要妥善解决的问题。总体而言，在国家监察体制改革之后，一部分内部惩戒被政务处分所完全替代，另一部分内部惩戒被政务处分所部分替代，还有一部分内部惩戒将要与政务处分并存。

（一）被政务处分完全替代的内部惩戒

通常而言，政纪处分是在行政机关内部，上级对有隶属关系的下级违反纪律的行为或者是对尚未构成犯罪的一般违法行为给予的纪律制裁。[33] 在这个意义上来说，对于行政机关的公职人员而言，此前的政纪处分应为一种内部惩戒方式。

---

33 吴高盛主编：《〈中华人民共和国行政处罚法〉释义及实用指南》，中国民主法制出版社 2015 年版，第 30 页。

正是缘于此，政纪处分在行政法学理论上被视为一种“内部行政行为”。在国家监察体制改革过程中，行政监察部门的职能整合至监察机关。相应地，此前作为内部惩戒方式的政务处分便被监察机关的政务处分完全取代，原本用以规范政纪处分工作的《行政机关公务员处分条例》等法规和其他规范性文件，亦将随之失效而不再适用。此外尚需说明的是，政务处分虽然完全取代了此前的政纪处分，因此可以说政纪处分制度乃是政务处分制度构建的基础，诸如《行政机关公务员处分条例》等政纪处分制度中的重要法律法规，也将成为制定《政务处分法》时的重要参照。但是，从“政纪处分”到“政务处分”的变化绝非一字之差，由于处分对象不再限于行政机关公职人员，而是及于所有行使公权力的公职人员，于此层面而言，政务处分也不再是一种纯粹的内部惩戒方式。

虽然政务处分已完全替代政纪处分，但由于政纪处分通常会持续一段期间，比如根据《行政机关公务员处分条例》第7条和第10条的规定，降级和撤职的处分期间为24个月，且若在受处分期间再受到新处分，新旧处分期限在叠加之后最长可至48个月。如此一来，在监察委员会成立之后，甚至在《政务处分法》颁布施行之后，行政机关公务员此前受到的政纪处分可能仍在处分期间，但由于行政监察部门的机构和职能皆已整合至监察委员会，故而此类尚在处分期间的政纪处分，便需要由监察委员会来负责解除。因为根据《公务员法》第

59 条的规定，公务员受到开除之外的处分，在受处分期间有悔改表现，且未再发生违法违纪行为，应当解除处分。但对此问题理论上存在不同认识，实践中亦是做法不一。[34] 因为政纪处分的解除有着一定的决定、批准和备案程序，比如根据《关于解除国家公务员行政处分有关问题的通知》的规定，对于行政监察部门经本级政府批准后作出的政纪处分决定，解除时同样需再经本级政府的批准。那么，由监察委员会“接手”上述政纪处分的解除工作之后，是否仍需履行如此批准程序呢？笔者以为，鉴于监察委员会已不再是政府组成部门，而是独立于行政机关的行使监察权的监察机关，因而其在解除原政纪处分时不必经由本级政府的批准，但因政纪处分的解除涉及行政机关公务员的工资档次、级别和职务的晋升等事项，故而，监察委员会在解除政纪处分后需以函件等形式通报相应的行政机关。其实，考虑到处分的解除并无多少实质意义，反而会徒增监察机关的工作量，因而可以借鉴党纪处分中的相关制度设计，亦即政务处分在期限届满之后便可自动解除，而不必再履行所谓的解除程序。

（二）被政务处分部分替代的内部惩戒

除上述被政务处分完全取代的内部惩戒之外，还有一些

---

34 参见钟纪晟：《监委成立后由原监察机关作出的行政处分期满后如何解除处分》，《中国纪检监察报》2018 年 5 月 30 日第 8 版。

内部惩戒只是被政务处分所部分替代了，比如事业单位内部的处分等。根据《监察法》的规定，事业单位中从事管理的人员成为监察机关的监察对象，由此亦属于政务处分对象。同时，在国家监察体制改革之前，此类事业单位内部通常建立有相应的惩戒处分制度，包括管理人员在内的事业单位工作人员皆属于内部惩戒处分的对象。此时，政务处分对象与内部惩戒对象会出现重合，即事业单位中从事管理的人员既属于政务处分对象，亦属于内部惩戒处分的对象。例如，对于某些由教育部主管的大学的校长、副校长等，教育部有权根据《事业单位工作人员处分暂行规定》第 23 条的规定，对其作出警告、记过、降低岗位等级、撤职等处分。实践中亦有不少部属高校校长、副校长受到教育部处分的事例。[35] 同时，上述人员亦属于《监察法》第 15 条第 4 项规定的“公办的教育单位中从事管理的人员”，由此成为监察机关的监察对象和政务处分对象，监察机关同样可给予其相应的政务处分，比如某高校保卫处副处长便因违规操办婚礼受到监察机关的政务撤职处分。[36] 如此一来，如何在这种情形下处理好政务处分与内部惩戒的关系，显然是《政务处分法》制定时应解决的问题。

35　参见《“湖南大学转学门”：校长副校长等被处分》，《新华每日电讯》2015 年 1 月 31 日第 2 版。

36　参见《自治区公开曝光 6 起违反中央八项规定精神典型问题》，《新疆日报》2018 年 8 月 20 日第 A5 版。

笔者以为，对于上述仅被政务处分部分替代的内部惩戒，在处理其与政务处分之间的关系时应注意以下两个问题：其一，事业单位的内部惩戒应当继续存在，规范内部惩戒的法律法规及其他规范性文件在作相应修改之后继续有效。因为只有事业单位中从事管理的人员成了政务处分对象，除此之外的其他主体仍需通过内部惩戒来追究相应的违法违纪责任。其二，对于政务处分与内部惩戒重合的领域，可以借鉴《暂行规定》所构建的“并行但不重复”的模式，即公职人员的任免机关、单位可以履行主体责任，对公职人员给予处分；同时，对公职人员的同一违法行为，监察机关已经给予政务处分的，任免机关、单位不再给予处分；任免机关、单位已经给予处分的，监察机关不再给予政务处分。

（三）与政务处分并行衔接的内部惩戒

应与政务处分并行衔接的内部惩戒主要是法官、检察官惩戒。经由数轮司法体制改革之后，我国的法官、检察官惩戒制度已日渐完善。当前的惩戒制度按照“调查——审议——惩戒”的路径来运行，即首先由法院、检察院内部的监察部门调查法官、检察官是否存在违反审判、检察职责的行为，若认为存在该行为并需追究司法责任的，则由法官、检察官惩戒委员会审议并提出审查意见，继而由相应的法院、检察院根据审查意见作出惩戒决定。国家监察体制改革对法官、检察官惩戒制度有着不少影响，特别是政务处分措施可能替代法官、检察官惩戒措施。因为法官和检察官当属公职人员之范畴，违反审判、检察职责的行为亦是违法行为。依此逻辑，对于存在违反审判、检察职责的法官、检察官，监察机关自然有权对其作出相应的政务处分决定。同时，现行《法官法》《检察官法》规定的惩戒措施，与《监察法》规定的政务处分措施也是高度重合的。不过，鉴于法官、检察官惩戒制度乃是维持司法自律的重要方式，且是针对司法责任设置的专业追责方式，因而法官、检察官惩戒与政务处分虽在惩戒对象（政务处分对象）及惩戒事由（政务处分事由）等制度设计的具体细节上有着相当程度的重合，但法官、检察官惩戒制度的存续价值仍然存在且明显。当然，法官、检察官惩戒制度同样需要因应国家监察体制改革进行相应的调适，特别是需要设置符合法官职业特点的惩戒措施，以区别于监察机关的政务处分措施。

六、政务处分事由与调查事项之间的关系

当公职人员具有政务处分事由当中的行为时，监察机关可依法对其作出政务处分决定；而调查事项则是指监察机关履行调查职责的范围，亦即监察机关能够对监察对象的哪些事项进行调查。由此可见，二者并非同一概念，所指向的范围亦是不同的。因此，在制定《政务处分法》时，还应当厘清政务处分事由与调查事项之间的关系。

（一）政务处分事由不限于调查事项

根据《监察法》第 11 条第 3 项和第 45 条第 1 款第 2 项的规定，监察机关有权对违法的公职人员作出政务处分决定。据此规定，政务处分事由应当为违法行为。而根据《监察法》第 3 条的规定，监察机关的调查事项为职务违法和职务犯罪行为，即第 11 条第 2 项规定的“涉嫌贪污贿赂、滥用职权、玩忽职守、权力寻租、利益输送、徇私舞弊以及浪费国家资财”。其中，违法行为业已包含了职务违法行为和职务犯罪行为，因而政务处分事由的范围其实大于调查事项的范围。缘何将违法行为（包括职务违法行为，以及职务违法行为之外的一般违法行为）作为公职人员政务处分之事由，乃是由于法律对公职人员在遵纪守法层面有着更高的要求。例如，我国现行《宪法》第 53 条将“遵守宪法和法律”作为一项公民的基本义务，而根据《公务员法》第 12 条的规定，公务员则应当履行“模范遵守宪法和法律”的义务。于此层面而言，公职人员存在的职务违法行为以外的一般违法行为，其实可以视为公职人员违反公务员义务的行为，因此也应受到一定的惩戒处分。

此外还有一个相关的问题：公职人员凡是存在违法行为，是否皆应对其给予政务处分呢？对于该问题，可以参照党纪处分和政纪处分的既有经验。首先，在党的纪检工作中有所谓的监督执纪“四种形态”，即根据《中国共产党纪律检查机关监督执纪工作规则（试行）》第 4 条的规定，监督执纪工作应当“让‘红红脸、出出汗’成为常态；党纪轻处分、组织调整成为违纪处理的大多数；党纪重处分、重大职务调整的成为少数”。因此，假若党员只是存在轻微的违法违纪行为，则不必给予其党纪处分。《中国共产党纪律处分条例》第 28 条亦有规定，党组织在纪律审查中发现党员有其他违法行为，损害党、国家和人民利益的，应当视具体情节给予警告直至开除党籍处分。据此，在纪检监察工作实践中，党员若只是存在违法停放机动车等轻微的交通违法行为，并以普通公民身份接受了行政处理，且没有造成影响党的形象或者损害党、国家和人民利益的后果，就没有必要再给予党纪处分。[37] 再者，在起草《行政机关公务员处分条例》时，一种意见认为，只要违反了法律法规，不论情节轻重，都需要受到处分；另一种意见认为，只有违反法律法规的行为达到承担纪律责任的程度，才应当接受处分，立法者最终采纳了第二种意见。[38] 综上所述，公职人员虽然存在违法行为，但如若违法情节轻微的，监察机关同样不宜给予其政务处分。这既有利于实现国家监察与纪律检查的协调衔接，也是《监察法》第 5 条规定的“惩戒与教育相结合，宽严相济”原则的应有之义。

---

37 刘辉：《对党员干部的交通违法行为，如何给予党纪处分》，《中国纪检监察》2017 年第 8 期。

38 参见李建、耿文清主编：《〈行政机关公务员处分条例〉实用问答》，中国方正出版社 2007 年版，第 17 页。

（二）政务处分程序与刑事司法程序的流转与协调

监察委员会的调查活动具有双重性质，既可指向职务违法行为，亦可指向职务犯罪行为。[39] 因此，《监察法》第 45 条规定的监察委员会履行处置职责的方式，既包括对违法行为的处置，比如谈话提醒、责令检查、作出政务处分决定等，也包括对职务犯罪行为的处置，即将案件移送给检察院审查起诉。同时，由于职务犯罪行为乃是职务违法行为的一种严重形态，加之一般违法责任与刑事责任不具有替代性，因而对于有职务犯罪行为的公职人员，既应由监察委员会给予其相应的政务处分，亦应在检察院提起公诉之后，由法院依法审理并作出裁判决定。如此一来，便会涉及政务处分程序与刑事司法程序的流转与协调问题。对此，《暂行规定》第 7 条给出的方案是：若公职人员涉嫌犯罪的，应当先由监察委员会依法给予政务处分，再依法追究其刑事责任。该规定被认为较好地解决了监察工作中的“法法衔接”问题，但由于其仍然不够具体，以致政务处分实践中的不少困扰依然未能完全消除。例如，在监察委员会将案件移送检察院之后，若检察院作出不起诉决定，或是法院在审理后作出“有罪免刑”及无罪的裁判，那么，此前既已作出的政务处分是否需要相应地撤销或变更呢？对此，

39　参见秦前红、叶海波等：《国家监察制度改革研究》，法律出版社 2018 年版，第 164—165 页。

监察实践中有观点认为：“如果违纪违法事实认定清楚，证据确实、充分，原处分定性准确、处理恰当，则维持原处分决定。”[40]

笔者以为，政务处分程序与刑事司法程序的流转与协调问题，其本质上是一个关于事实和证据的问题。因为《监察法》《刑事诉讼法》皆规定了“以事实为根据”的原则，是故无论是监察委员会是否作出政务处分决定，或是检察院审查之后决定提起公诉与否，还是法院审理后作出何种裁判，其皆需以职务违法和职务犯罪事实是否存在为根据。同时，法律程序中的事实乃是有证据证明的事实，且不同的法律程序对证据的证明标准有着不同的要求。究其缘由，很大程度上是由当事人收集、调查证据的能力不同所决定的，比如在刑事司法程序中，承担证明责任的通常是国家公权力机关，其人员往往训练有素，装备优良，资金充足，由此具有强有力的证据收集和调查能力，是故在刑事诉讼中设定的证据证明标准最高。[41]而于监察委员会而言，其调查权已融职务违法调查和职务犯罪调查于一体，在实践中对涉嫌职务违法和职务犯罪问题的调查亦是同时启动的，[42]且其有权使用留置、搜查、勘验检查等较为严厉的调查措施。如此一来，证据证明标准便也只能“就高不就

40 卢波：《实现纪法有效贯通衔接需要准确把握三个问题》，《人民公安报》2018 年 5 月 25 日第 3 版。

41 参见毕玉谦：《证据制度的核心基础理论》，北京大学出版社 2013 年版，第 212 页。

42 参见钱唐：《坚持纪在法前　实现纪法贯通》，《中国纪检监察》2018 年第 6 期。

低”，即将职务违法案件中的证明标准，提高至职务犯罪案件对证明标准的要求。恰如《监察法》第33条第2款规定的那般：“监察机关在收集、固定、审查、运用证据时，应当与刑事审判关于证据的要求和标准相一致。”由此可见，《监察法》并未为职务违法案件和职务犯罪案件确定不同的证明标准。当然，有论者认为《监察法》的上述规定难免有些矫枉过正。[43]此外，在国家监察体制改革之前，纪检机关在查办违纪案件时，也应使证据证明标准与刑事诉讼保持一致。[44]

据此，监察委员会在进行政务处分时对证据证明标准的要求，自然应与刑事诉讼相一致。如此一来，就需要区分不同的情形，来实现政务处分程序与刑事司法程序的流转与协调。具体来说有五：第一，对于检察院根据现行《刑事诉讼法》第173条第2款作出的“酌定不起诉”决定，因为此时只是犯罪情节轻微不必判处刑罚或免除刑罚，但职务犯罪行为仍然是存在的，此时既已作出的政务处分当然不应撤销或变更。第二，对于检察院根据现行《刑事诉讼法》第15条的规定，以“犯罪已过追诉时效期限”为由作出的“法定不起诉”决定，但因《监察法》并未就政务处分规定时效期限，所以既已作出的政务处分同样不应撤销。第三，对于检察院

43 马方、吴桐：《逻辑与司法：监察程序中证据规则的解构与构建》，《河北法学》2018年第9期。

44 参见中央纪委案件审理室编著：《纪律审查证据收集与运用：以新修订的〈中国共产党纪律处分条例〉为视角》，中国方正出版社2016年版，第18—19页。

根据现行《刑事诉讼法》第15条或第173条第1款的规定，以“情节显著轻微、危害不大，不认为是犯罪”或者“没有犯罪事实”为由作出的“法定不起诉”决定，若公职人员虽不存在职务犯罪行为，但却存在职务违法行为，那么既已作出的政务处分自然不应撤销。第四，对于检察院根据现行《刑事诉讼法》第171条第4款作出的“证据不足不起诉”决定，以及法院作出的无罪判决，若现有证据虽不能证明其存在职务犯罪行为，但足以证明其存在职务违法行为，同样不应撤销既已作出的政务处分，若无以证明存在职务违法行为便应当撤销。第五，对于法院根据现行《刑法》第37条作出的“有罪免刑”判决，但因只是“犯罪情节轻微不需要判处刑罚”，故并不妨碍追究职务违法行为的法律责任，也不应撤销既已作出的政务处分。

（三）实现司法、行政执法与监察工作的衔接

诚如上述，政务处分事由的范围远大于监察调查的范围，因此，监察机关在对公职人员给予政务处分时，事实依据既有监察机关的调查结果（主要是职务违法行为），亦有其他国家机关对公职人员违法行为的认定结果，比如行政处罚决定书、司法裁判文书等。如此一来，为使监察机关能够及时对违法的公职人员给予政务处分，便需要实现司法、行政执法与监察工作的衔接，主要是行政机关在给予具有公职人员身份的行政相对人行政处罚之后；检察院因公职人员的犯罪行

为情节轻微，作出不起诉决定书之后；以及法院对公职人员的犯罪行为作出判决裁定之后，应当将相关违法事实及证据材料移送给监察机关，以便监察机关据此对公职人员作出政务处分决定。《暂行规定》第 7 条同样规定，监察机关可以根据生效的行政处罚决定和司法机关的生效判决、裁定、决定及其认定的事实、性质和情节，依法给予公职人员以政务处分。不过，行政处罚决定书较之于司法判决裁定而言并非终局性的，[45] 而司法权的终极性意味着它是最终判断权，是最权威的判断权，[46] 因此，监察机关应当根据司法机关生效裁判文书认定的事实，给予公职人员相应的政务处分，对于行政处罚决定书认定的事实，则应待监察机关核实后才能据此给予相应的政务处分。

七、政务处分的内部救济与外部救济之间的关系

监察机关的政务处分会对公职人员的权利造成减损，因而在公职人员受到政务处分之后，畅通有效的救济途径便显得尤为重要。通常来说，救济途径可区分为内部救济和外部救济两大类，前者是源自监察机关内部的救济，后者则是来自监察机关外部的救济。此两种救济途径在运行逻辑和功能价值上有

45 本书编写组编：《〈中国共产党纪律处分条例〉实务问答》，中国方正出版社 2016 年版，第 99 页。

46 孙笑侠：《程序的法理》，商务印书馆 2005 年版，第 128 页。

很大的差异，比如内部救济通常被认为是一种及时和直接的救济途径，不过有些时却难免有失公允，因为救济主体通常是作出政务处分决定的监察机关的上级监察机关。相较而言，外部救济则会显得相对客观和公正，却并非最直接、最有效的救济途径。因此，如何在《政务处分法》中设置合理的救济途径，以使公职人员的合法权益得到及时有效的救济，无疑是需要认真对待的问题。

（一）复审和复核是否为唯一的救济途径

对于公职人员受到政务处分后的救济途径，在《监察法》当中有明确规定的只有复审和复核的程序。根据《监察法》第49条的规定，监察对象对监察机关作出的涉及本人的处理决定不服的，可以向作出决定的监察机关申请复审；对复审决定仍然不服的，可以向上一级监察机关申请复核。该条当中的“处理决定”即包括监察机关作出的政务处分决定，因而政务处分对象如果不服政务处分决定，便可通过复审和复核的途径来寻求救济。对此，《暂行规定》第16条亦规定，对公职人员不服政务处分决定的复审、复核，按照《监察法》的相关规定办理。此外，根据中共中央纪委和国家监察委员会法规室的理解，“复审是复核的前置程序，未经复审的，不能提出复核申请”。[47] 同

47　中共中央纪律检查委员会、中华人民共和国国家监察委员会法规室编写：《〈中华人民共和国监察法〉学习问答》，中国方正出版社2018年版，第146页。

时，复审主体是作出处理决定的监察机关，复核主体则是作出处理决定的监察机关的上一级监察机关，因此可以说复审和复核其实是一种监察机关内部的救济途径。那么，虽然《监察法》只明确规定了复审和复核的救济途径，但这是否意味着该内部救济途径是政务处分的唯一救济途径呢？或者说政务处分对象不服政务处分决定，其救济途径是否在经由复审和复核之后即告终结呢？

（二）适当引入外部救济途径的可行性

其实，《监察法》中有关复审和复核的规定，乃是《行政监察法》相关规定的借鉴和延续。根据原《行政监察法》第40条的规定，对监察决定不服的，可以向作出决定的监察机关申请复审；对复审决定仍不服的，可以向上一级监察机关申请复核。不过，与《监察法》不同的是，《行政监察法》在规定复审和复核程序时还确立了“两审终结制”的原则，亦即原《行政监察法》第42条规定：“上一级监察机关的复核决定和国务院监察机关的复查决定或者复审决定为最终决定。”这主要是考虑到“行政机关对其工作人员的行政处分决定属于内部行政行为，监察机关应有最终裁决权”，也是“为了避免申诉人无休止地申诉而影响监察决定的严肃性”。[48]同时，根据《行政诉讼法》有关受案范围的规定，对于内部行

48 屈万祥主编：《行政监察法实施条例解说》，中国方正出版社2004年版，第70页。

政行为和行政机关最终裁决行为，法院都是不予受理的。由此，行政监察部门对行政机关工作人员的处分，因为属于行政机关内部的人事管理行为，不同于针对行政相对人的外部行政行为，乃是不能提起行政诉讼。[49] 再者，当事人虽可就处分决定申请复审和复核，但因“两审终结制”的原则，上一级监察机关的复核决定和国务院监察机关的复查决定或者复审决定同样为最终决定。如此一来，行政机关工作人员在受到政纪处分之后如欲寻求救济，便只得通过复审和复核这一内部救济渠道。

不过，在政务处分取代政纪处分之后，相应的救济途径也随之有所变化，尤其体现在为政务处分设置外部救济途径成为可能。具体原因有二：其一，以“政纪处分属于内部行政行为”为由，来拒绝司法救济的条件在政务处分中已不具备。认为不服政纪处分决定不能通过司法途径寻求救济，主要是考虑到此类行为属于内部行政行为，只影响政府机关的内部，对政府机关外部不发生权利义务关系，因此法院不应过问和干涉。[50] 但在国家监察体制改革之后，监察机关已不同于既往的行政监察部门，监察机关的政务处分权可以及于所有行使公权力的公职人员，而不再局限于监察机关内部。正是基于此，有论者才提出疑问：监察委员会未来将成为一个独立于行政机关

49　全国人大常委会法制工作委员会行政法室编著：《中华人民共和国行政诉讼法解读》，中国法制出版社 2014 年版，第 48 页。

50　参见梁凤云编著：《行政诉讼法逐条注释》，中国法制出版社 2014 年版，第 72 页。

的国家机关，内部行政行为是否还对其适用呢？[51] 其二，不同于《行政监察法》所规定的“两审终结制”原则，现行《监察法》并非规定上一级监察机关的复核决定和国家监察委员会的复查决定或者复审决定是最终决定。如此一来，自然也不能再以“复查和复核属于最终裁决行为”为由来拒绝司法救济。

那么，具体如何为政务处分设置司法救济途径呢？对此，《监察法》尚在制定过程中，便有论者指出，国家监察立法有必要适当引入司法救济，监察对象如果对开除公职等严厉的处分不服，有权向法院提起诉讼。[52] 同时，在此前《行政诉讼法》的修改过程中，适当扩大行政诉讼受案范围也是法律修改的指导思想之一。因而，也有论者提出，可以考虑将开除等涉及公务员基本身份关系的行政行为纳入行政诉讼受案范围。[53] 笔者以为，为政务处分设置司法救济途径应注意以下三个问题：其一，不宜将所有政务处分措施皆纳入司法救济途径，只应将对公职人员权利影响较大的政务处分措施纳入，比如撤职、开除等。其二，司法救济应以复查和复审的内部救济作为前置程序，亦即公职人员不服政务处分决定，应当先向作出处分决定的监察机关及其上一级监察机关申请复查和复核，对复

---

51 王锴、王心阳:《如何监督监督者——兼谈对监察委员会的诉讼监督问题》,《浙江社会科学》2017 年第 8 期。

52 参见姜明安:《国家监察法立法应处理的主要法律关系》,《环球法律评论》2017 年第 2 期。

53 应松年:《完善行政诉讼制度——行政诉讼法修改核心问题探讨》,《广东社会科学》2013 年第 1 期。

核决定仍不服的才能够向法院寻求司法救济。其三，需要为司法救济途径提供合适的诉讼渠道。对此，有论者认为，鉴于监察机关的政务处分行为具有广义行政行为的性质，因此，可将不服政务处分向法院提起的诉讼归入行政诉讼的渠道。[54]不过，诚如有论者指出的那般："能不能将内部行政行为纳入法治轨道，本身就是一个政治问题"，[55]同样，能否为政务处分引入司法救济途径其实也并非单纯的法律问题。

八、政务处分与党纪处分之间的关系

党纪处分是指党组织对违反党的纪律和国家法律的党员给予的纪律处分，由《中国共产党党内监督条例》第7条的规定可知，党纪处分乃是党内监督的重要内容之一。与此相对应，政务处分是监察机关对违反法律的公职人员给予的法律制裁，是监察机关履行处置职责的重要方式之一。而基于中国共产党之执政党和领导党的政治地位，加之"我国公务员队伍中党员比例超过百分之八十"，[56]党内监督与国家监察具有相当程度的一致性。同时，纪检机关作为党内行使党纪处分权的主体，监察机关作为国家机关内行使政务处分权的主体，二者在

54 参见姜明安：《国家监察立法的若干问题探讨》，《法学杂志》2017年第3期。

55 蒋德海：《内部行政行为不应长期排斥在法治之外》，《学术月刊》2017年第12期。

56 中共中央文献研究室编：《习近平关于全面从严治党论述摘编》，中央文献出版社2016年版，第208页。

实践中实行合署办公的工作体制。如此一来，如何处理好政务处分与党纪处分之间的关系，既是纪检监察工作实践中的重要问题，也是制定《政务处分法》时需要妥善解决的问题。

（一）政务处分与党纪处分的区别与联系

在当前的实践中，将政务处分与党纪处分予以合并表述的情况比较普遍，例如，2018 年，中共中央纪委和国家监察委员会便曾发布消息："今年 6 月全国共查处违反中央八项规定精神问题 6 692 起，6 802 人受到党纪政务处分。"[57] 这其实表明政务处分与党纪处分乃是两个存在诸多关联的概念，但二者的差异同样是不容忽视的。具体而言，政务处分与党纪处分的区别有四：其一，处分主体不同。根据《中国共产党章程》的规定，党纪处分的主体是各级党委（党组）和纪检机关，而政务处分的主体则为各级监察机关。其二，处分对象不同。党纪处分的对象是中共党员，政务处分的对象是公职人员。其三，处分事由不同。党纪处分的事由是党员存在违反党纪和国家法律的行为，而政务处分的事由则是公职人员存在违法行为。其四，处分措施不同。根据《中国共产党章程》第 41 条的规定，党纪处分措施有警告、严重警告、撤销党内职务、留党察看、开除党籍等五种，而政务处分措施则是《监察法》规定的警告、记过、记大过、降级、撤职、开除。

57　赵兵：《6 月全国 9515 人受处理》，《人民日报》2018 年 7 月 31 日第 4 版。

与此同时，由于党内监督与国家监察的高度一致性，政务处分与党纪处分之间亦有着诸多联系。具体来说有三：一是在处分主体方面。因为纪检机关与监察机关合署办公，“实行一套工作机构、两个机关名称，履行纪检、监察两项职责，既执纪又执法”，[58] 故而行使政务处分权的主体，其实亦是政纪处分权的行使主体。二是在处分对象方面。相当一部分公职人员是中共党员，且《监察法》第 15 条第 1 项也将中国共产党机关的公务员纳入监察对象，因此，政务处分与党纪处分于此类人员而言乃是高度重合的。三是在处分事由方面。“党员有模范遵守国家法律法规的义务，违反国家法律法规的行为都是违纪行为”，[59] 因此，于具有中共党员身份的公职人员而言，其违法行为在受到政务处分的同时，通常还应由党组织给予其相应的党纪处分。

（二）政务处分与党纪处分的区分与衔接

由上可见，政务处分与党纪处分之间既有联系，亦不乏诸多区别。基于二者的区别，应当对政务处分与党纪处分予以区分；同时鉴于其联系，则应当实现政务处分与党纪处分的衔接。不过在既往的实践中，政务处分与党纪处分的区分

---

58 钟纪轩:《深化国家监察体制改革　健全党和国家监督体系》,《求是》2018 年第 9 期。

59 本书编写组编写:《党纪处分运用规则和纪法衔接适用指南》，中国方正出版社 2017 年版，第 73 页。

衔接其实是未能较好实现的，比如曾有调研表明，有些地方存在“党纪、政务处分和组织处理之间不配套，顾此失彼”的问题。[60] 因此，如何实现政务处分与党纪处分的区分与衔接，将成为《政务处分法》的制定乃至今后的纪检监察工作中需要特别注意的问题。笔者以为，首先，应当实现党内法规与国家法律的区分与衔接。因为党纪处分与政务处分分别属于纪检机关和监察机关的职责，而此二机关在机构和职能层面的整合，实质上是党内法规与国家法律间的协调衔接问题。[61] 例如，在《中国共产党纪律处分条例》修订过程中，便在很大程度上实现了党内法规与国家法律区分与衔接：区分主要表现为“实现纪法分开”；[62] 衔接则是《中国共产党纪律处分条例》在修订之后，增加了若干促进政务处分工作与党纪处分工作贯通的条款，比如第 23 条第 2 款，党员受到政务处分后还应追究党纪责任的，党组织可根据生效的政务处分决定依照规定给予党纪处分。

其次，应当实现监察执法工作与纪检执纪工作的区分与衔接。如果说党内法规与国家法律的区分与衔接乃是规则制定层面的要求，那么执法工作与执纪工作的区分与衔接则是在规

---

60 参见孙永军：《精准运用纪律法律两把“尺子”——当前有关案件审理工作实务问题的调研》，《中国纪检监察报》2018 年 5 月 24 日第 7 版。

61 参见秦前红：《监察体制改革的逻辑与方法》，《环球法律评论》2017 年第 2 期。

62 《十八届中央纪律检查委员会向中国共产党第十九次全国代表大会的工作报告》，《中国共产党第十九次全国代表大会文件汇编》，人民出版社 2017 年版，第 141 页。

则实施层面的要求。例如，北京市纪检监察机关便探索出执纪执法“一程序两报告”的工作模式：对于具有党员身份的公职人员，如果同时存在违纪问题和职务违法犯罪问题的，纪检监察机关只履行一套程序，但会形成执纪审查、职务违法犯罪调查两份报告，审理部门对两个报告同时审核，党纪处分和政务处分并行不悖。[63] 其中，“履行一套程序”是为了实现政务处分与党纪处分之间的衔接，而“两份报告”则彰显政务处分与党纪处分之间的区分。此外，对于同一具有党员身份公职人员的同一违法违纪行为，政务处分措施与党纪处分措施之间也应当彼此协调。例如，根据《公职人员政务处分暂行规定》第 8 条的规定，政务处分一般应与党纪处分的轻重程度相匹配。

九、结语

诚如上述，给予违法的公职人员以政务处分，乃是监察机关履行处置职责的重要方式。即便《监察法》未就政务处分的作出程序、实施依据和救济途径等事项作出规定，但监察机关的政务处分工作并未因此而处于“停滞”状态。相反，各级监察机关在成立之后积极履行职责，政务处分工作随之取得诸多成效，比如国家监察体制改革第一批试点的北京市、山西省

---

63 李兵、赵艳群：《北京探索执纪执法“一程序两报告”》，《中国纪检监察报》2018 年 3 月 20 日第 5 版。

和浙江省，在 2017 年 1 月至 8 月分别给予政务处分 284 人、1 180 人和 951 人。[64] 当然，为使政务处分工作有章可循，各地还制定了不少规范性文件，比如《天津市监察机关实施政务处分的规定（试行）》等。[65] 毫无疑问，各地政务处分工作的具体实践，以及就政务处分工作制定的规范性文件，为《政务处分法》的制定提供了颇多的素材和经验。诚如我国社会主义法制主要奠基人彭真所言，“立法需要有两个根据，一是实际情况，二是宪法”，[66] 因此，制定《政务处分法》除了以《宪法》《监察法》作为根据之外，还应当紧密结合政务处分工作的经验和实际情况。

---

64 本报记者：《国家监察体制改革试点取得成效——国家监察体制改革试点工作综述》，《人民日报》2017 年 11 月 6 日第 1 版。

65 参见张晃榕：《如何作出政务处分决定初探》，《中国纪检监察》2018 年第 6 期。

66 彭真：《关于立法工作》，载彭真：《彭真文选》，人民出版社 1991 年版，第 505 页。

第十二章

论依法监察与监察立法[*]

一、引言

2018 年 3 月 20 日，十三届全国人大一次会议表决通过了《中华人民共和国监察法》。持续深化国家监察体制改革、推进反腐败工作法治化规范化，要求“健全完善配套法规，制定同监察法配套的法律法规，形成系统完备、科学规范、运行有效的法规体系”。[1] 2018 年 3 月以来，中央纪委国家监委连续制定并印发了多种规范性文件，包括《国家监察委员会管辖规定（试行）》《公职人员政务处分暂行规定》《中央纪委国家监委监督检查审查调查措施使用规定（试行）》《中央纪委国家监委立案相关工作程序规定（试行）》等。这些规范性文件的法律性

* 本章已发表于《法学论坛》2019 年第 5 期。

1 《习近平在中共中央政治局第十一次集体学习时强调　持续深化国家监察体制改革　推进反腐败工作法治化规范化》，《人民日报》2018 年 12 月 15 日第 1 版。

质及其效力究竟如何？它们与全国人大及其常委会制定的监察法律之间是何种关系？监察机关制定规范性文件的行为应当在何种原理的指导下进行，方能契合现代法治一般规律，同时遵循我国人大根本政治制度？这些问题，从根本上说就是如何理顺法律与监察之间的关系，在中国特色社会主义法律体系框架下形成并完善国家监察规范体系。为此，有必要从“依法监察”之法治基本原理出发，为我国监察立法工作提供必要的基本理论指引。

二、监察立法工作应当以“依法监察”理论为根本指导

行政法学传统观点认为，在法与国家的关系上，必须严格遵循依法行政原则。依法行政，作为法治国的基本原理之一，是任何现代法治国家都必须遵循的一项基本原则，这已成为我国各界的普遍共识。桎梏于传统法制观念重重藩篱，我国社会公众多数对于所谓“依法行政”还停留于一切法律制度及活动皆须严格遵循法律之规定这种狭隘的形式意义的法治观层面，其本质上是将依法行政与“法律优越”（或称“法律优先”“法律优位”）等同视之。得益于 20 世纪 90 年代以来学者们对依法行政理论的研究与鼓呼，法律保留原则在我国现行行政法治实践中逐渐得到重视，并在 2015 年写入修改后的《立法法》。有学者指出，法律保留原则“更能体现依法行政的本质要求因而构成依法行政的特有原

则”。[2]在德国，奥托·迈耶的依法行政理论影响极为深远，其主要观点是，权力分立原则决定了国家的“司法行政大联盟”[3]皆须受法律约束，普遍拘束力是判断法律事项的标准，进而可推导出依法行政的三项子原则：法律的法规创造力原则、法律优越原则和法律保留原则。[4]在广义法律已然涵盖行政规范的前提下，将法律的法规创造力原则纳入依法行政，意味着从形式意义的法治观转向实质意义的法治观，“由此划定了属于法律保留的、行政不得侵入立法的核心范围”。[5]

关于法律保留原则和法律的法规创造力原则在我国宪法中的适用，相关理论和实务争议还比较大，其中一个主要的焦点是国务院是否具有职权立法权。例如，有学者主张将一般性规范作为判断法律事项的标准，限缩甚至逐步废止国务院职权立法。[6]总体来看，质疑职权立法者有多种解释路径。[7]持相反

---

2 参见黄学贤：《行政法中的法律保留原则研究》，《中国法学》2004年第5期。

3 洛克在《政府论》中提出所谓“三权”指向立法、行政和外交，可见彼时司法独立价值尚未被全面认可。参见［英］约翰·洛克：《政府论》（下篇），叶启芳译，商务印书馆1964年版。

4 参见陈新民：《行政法学总论》，台湾三民书局1998年第6版，第51页。

5 门中敬：《论宪法与行政法意义上的法律保留之区分——以我国行政保留理论的建构为取向》，《法学杂志》2015年第12期。

6 参见王贵松：《论法律的法规创造力》，《中国法学》2017年第1期。

7 除前述观点外，还有其他解释路径。有一种观点从“三权分立”学说引申的结构主义立法范式出发，认为立法机关是授权立法的唯一授权主体，行政机关是唯一受权主体，行政机关不可沾染任何立法权，因此职权立法是不存在的，行政立法的范围即是行政机关根据议会授权制定的各种行政法规，一切行政立法行为都是（转下页）

态度的另一方则认为，我国《宪法》实际上承认了法律之外的自主行政立法，[8]可见我国并未完全吸收前述原则。例如，谢立斌教授另辟蹊径，从国务院能否制定执行性规范和创制性规范两个维度探讨国务院的职权立法权，提出我国《宪法》分散配置立法权的总体思路、《宪法》关于规范国务院地位及职权的具体条款和《立法法》确立的法律保留制度，共同说明了国务院具有制定创制性规范的一定权限。还有学者基于宪法架构的差异，主张从立法体制层面区分宪法意义上和行政法意义上的两种法律保留，进而提出引入类似法国行政保留之概

（接上页）授权立法。还有一种观点认为，行政立法包含于广义授权立法，如英国学者沃克在赞成立法机关是唯一授权主体的同时，将被授权主体扩大至政府、公共事业机构和委员会、地方当局、大学和其他无立法权的机构（而不限于行政机关）。参见王名扬：《英国行政法》，中国政法大学出版社 1987 年版，第 8 页。上述两种观点均认为行政机关无立法职权，行政机关一切立法行为都基于授权。近年来，也有一些学者提出所谓职权立法本身源于宪法授权，认为职权立法本质是法条授权立法。此种观点之初衷可鉴，然其缺陷在于：法条授权立法和专门授权立法都基于议会之授权，而宪法（至少成文宪法）的制定程序不同于普通立法或授权，故而宪法制定主体应当是全体国民或专门制宪机关，而非议会。

8 这种观点认为，从我国《宪法》第 89 条第 1 项和《立法法》第 65 条第 1 款的表述来看，所谓行政法规有两种内容，一种是执行性的，另一种是补充或创制性的。可见，在我国，行政机关存在未经法律授权而自行制定法规（法律事项）的空间。同时，此观点也认识到了不同层级之行政机关在职权立法的权限上存在差异。有学者指出，我国《宪法》明文规定，国务院、省级地方国家权力机关和自治地方权力有制定行政法规、地方性法规和自治条例、单行条例的权力，也即我国《宪法》以根本法的形式确认了这些机关职权立法的合法地位。但是，这种立法在权利来源、规范事项的范围、行使权力所受到的监督控制程度，均不同于普通的授权立法，应做区别。参见金军瑞：《行政立法与授权立法关系问题刍议》，《中共郑州市委党校学报》2006 年第 4 期。

念。[9] 笔者认为，从我国宪制架构层面来解读狭义法律与法规之间界限可知，我国宪法并没有采纳法律的法规创造力原则，也并没有在法规（法律事项）制定层面采纳全面法律保留原则，[10] 法律保留学说与我国宪法架构之间尚有一定理论间隙。因此，《立法法》第 8 条和第 9 条所确立的与其说是"法律保留"，不如称为"立法保留"，所解决的是在我国宪法框架下立法体制之塑造问题。[11] 当然，尽管我国宪法层面还未完全采纳这些理论，但这并不妨碍监察法学研究从中吸收理论精髓与有益内核。

所谓"依法监察"，也称形式上的监察法治、监察法治的合法性原则，所要解决的是法律与监察之间关系的问题，其基本含义是各级监察机关及其派驻机构（派出专员）以及其中的工作人员必须在法律规定的范围内行使职权。监察法治所蕴含的监察合法化逻辑，本质上就是要求一切监察活动都符合法律，由此在最低程度上使其获得形式正当性，意在形成监察在法之下的法治监察良道。依法监察理论是监察法治原理的本质要求，也是一切监察有关制度及活动的基本前提。我国《宪法》第 127 条规定了"监察委员会依照法律规定独立行使监

9　参见门中敬：《论宪法与行政法意义上的法律保留之区分——以我国行政保留理论的建构为取向》，《法学杂志》2015 年第 12 期。

10　同上。

11　对此还有其他类似主张。例如，有学者主张，存在自主行政立法的情况下，如欲探究具体行为和抽象规范之间的关系，则不应采用"'法律'保留"，应是"'法'的保留"。参见黄宇骁：《也论法律的法规创造力原则》，《中外法学》2017 年第 5 期。

察权”的宪法原则。独立监察原则的根本价值，乃是通过保障监察权行使不受外界不合理干扰，从而确保权力严格遵循法律规定来行使，最终实现所谓“法的统治”（rule of law）。于此层面而言，独立监察便是依法监察的题中应有之义，《宪法》第 127 条亦是对依法监察另一种方式的强调。《监察法》第 4 条直接引用了《宪法》原文表述。与此同时，我国《宪法》作为国家根本大法的地位，决定了其相对于《监察法》等的高级法地位，[12] 这就要求监察机关通过遵从宪法最高法律效力、奉宪法为根本活动准则、维护宪法尊严和保证宪法实施等多种方式遵守宪法。

我国监察立法工作，应当以“依法监察”理论为根本指导。所谓“监察立法”，主要有静态和动态两种含义。静态意义上的监察立法，是指有权机关依据法定职权在特定范围内所制定的规范性法律文件，包括监察法律和监察法规两种形式；动态意义上的监察立法，指向的是有权机关依据法定职权在特定范围内制定规范性法律文件的行为，包括人大机关制定监察法律的行为和监察机关制定监察法规的行为两种情形。监察立

12 高级法的观念可以说是当代立宪主义之核心，自古希腊始即贯穿于西方法文化传统之始终，在世界范围内占据着重要地位；在我国，1982 年宪法在序言中宣称宪法是国家的根本法，具有最高的法律效力，这在一定程度上是对我国宪法的高级法地位的一种宣告。关于宪法作为高级法之系统表达，可见诸美国宪法学著名学者爱德华 · S. 考文于 20 世纪 20 年代在《哈佛法律评论》发表的著述，本书中译本参见［美］爱德华 · S. 考文：《美国宪法的“高级法”背景》，强世功译，生活 · 读书 · 新知三联书店 1996 年版。

法作为监察机关最重要的活动之一，理所当然地受到依法监察要求的制约。依法监察理论对监察立法工作的指导，主要表现在监察机关制定规范性文件的行为，必须遵循一定的法治规律。我们认为，依法监察理论对监察机关的监察立法活动依次提出了三大原则，即“法律优越”原则、“法律保留”原则和“依法规（法律事项）监察”原则。

三、“法律优越”原则及其要求

所谓“法律优越”，旨在确认法律与监察活动的上下位关系，保证立法权相对于监察权的优越地位，其基本含义是“不抵触”。“法律优越”原则决定了只要有法律存在，任何监察活动只得严格依照法律规定而不得抵触之。

值得注意的是，监察委员会依照“法律”行使监察权，但谈不上依照“宪法”行使监察权，所以监察机关只是宪法实施机关，不是宪法监督机关。尽管《监察法》第 3 条关于监察机关职权之表述，除了规定“调查职务违法和职务犯罪，开展廉政建设和反腐败工作”，还规定了“维护宪法和法律的尊严”，但这并不意味着监察机关乃是宪法监督机关。我国《宪法》序言规定，“全国各族人民、一切国家机关和武装力量、各政党和各社会团体、各企业事业组织，都必须以宪法为根本的活动准则，并且负有维护宪法尊严、保证宪法实施的职责”，因此，一切国家机关和武装力量、各政党和各社会团体、各企业事业组织，都可以称作“护宪主体”；如果按照《立法法》对“合宪性审查要求”（第99条第1款）和“合宪性审查建议”（第99条第2款）做严格区分，第99条第1款所列主体，即国务院、中央军委、“两高”和省级人大常委会（以及国家监委），都可称作“护宪机关”。根据我国《宪法》第62条和第67条的规定，我国宪法监督机关有且仅有全国人大及其常委会，全国人大宪法与法律委员会作为全国人大的专门委员会具体负责合宪性审查工作，全国人大常委会法工委作为全国人大常委会的工作机构具体负责备案审查工作。

在监察立法工作层面，“法律优越”原则之适用的一个前置问题是：监察机关有权制定“法”吗？它与全国人大及其常委会制定的“法律”处于何种关系？我们看到，2018年3月以来，中央纪委、国家监委以“国监发”名义连续制定并印发了多种规范性文件，然而，目前我国《宪法》《立法法》并没有关于监察法规的明确规定，故而学界对此争议颇大。从理论层面探讨，这主要可能有党内法规、党内规范性文件、监察法规、监察解释和监察内部规范性文件等几种可能性。有学者指出，从制定依据、制定职权、文件内容等来看，显然不属于党内法规或者党内规范性文件。[13]这种理解符合对党内法规的基本认知。我们认为，监察机关制定监察法规本身具备宪制合理性，

13 参见苏绍龙：《论党内法规的制定主体》，《四川师范大学学报（社会科学版）》2018年第5期。

故而符合特定程序和范围的监察法规是具备法律效力的，其与监察法律之间的位阶关系亦需遵从“法律优越”原则。

首先，监察法规之存在本身具备宪制合理性。理由如下：第一，这与我国立法权限分配的宪法惯例一脉相承。从立法机关与其他国家机构的立法权限分配来看，我国《宪法》《立法法》在事实上认可了部分国家机构的广义立法权，并且已经试图在立法权限配置层面对立法机关和其他国家机构进行某种看似合理的划分。[14] 第二，这符合监察机关的宪法地位和本次修宪意图，有助于实现监察一体化的组织目标和“全国一盘棋”的改革目标，亦有助于监察机关落实宪法地位、构建现实权威，进而“构建集中统一、权威高效的中国特色国家监察体制”。第三，这一定程度上可以填补《监察法》的立法漏洞和空白、避免《监察法》过于简约带来的具体因应性不足，一方面确保国

---

14 根据我国《宪法》关于立法权限的分配，不仅全国人大及其常委会可以制定法律，原有的其他中央国家机关也都有广义的立法权，例如国务院、国家军事委员会可以制定行政法规、军事法规，两高可以出台司法解释。关于行政法规的具体规定，见《宪法》第 89 条第 1 项和《立法法》第 65 条第 1 款，从后者表述看，行政法规的内容有两种：一是执行性的，二是补充或创制性的。可见，我国行政机关拥有不经法律授权而自行制定法规（法律事项）的空间。关于军事法规、司法解释的具体规定，见《立法法》第 103 条、第 104 条。值得注意的是，我国军事机关的广义立法权，是对立法权更广泛意义上的理解。如果从“法律事项”“一般性规范”等效力层面来判断，军事法规规章的法律地位还存疑。根据《立法法》第 103 条第 3 款，军事法规规章“在武装力量内部实施”，因此不对普通公民和其他机关发生效力。不过，军事法规规章在内容上的普遍性和规范性，以及在武装力量内部针对不特定公众制定权利义务规范等特征，使其在特定范围内具备法规的根本特征。

家监察权在法治轨道上有序行使，另一方面通过在更大范围内统一监察执法力度，从而实现“同案同果”，贯彻平等原则。反向观之，若不赋予国家监察委员会以监察法规制定权，这既与国家监察委员会的宪制地位不符，也使因《监察法》本身制定的简约带来的具体因应性的不足无法及时解决，同时还造成将一切监察活动纳入法治化轨道的目标难以完全落地，不利于全国监察机关集中统一领导，统一工作步调，统一依法履职。综合上述，授予并规范国家监察委员会之法规制定权，不仅无碍于权力机关立法权威之实现，反而是监察法治原理的应有之义。

但是，监察法规之存在本身的宪制合理性，并不意味着监察机关制定监察法规的行为具有直接意义上的形式合法性。监察机关如欲使其制定之规范性文件成为严格意义上的监察法规，从而具有法律效力（普遍拘束力），至少需要满足两个条件：一是符合关于制定监察法规的特定程序，二是符合关于制定监察法规的特定范围。为此，必须适时提请全国人大及其常委会修改《立法法》等法律，明确授予国家监察委员会监察法规制定权，同时将授权立法纳入《立法法》关于授权立法的体系之中，并修改《立法法》关于“适用与备案审查”的规定；与此同时，有必要制定专门的《监察法规制定程序条例》，针对监察法规的制定过程及相关程序予以明确规定。

其次，监察法规与监察法律之间在上下位关系上必须严格遵循“法律优越”原则。从制定主体来看，监察法规和监察法律分别是由监察机关和权力机关制定的。我国监察机关作为监察专责机关的宪法地位，从根本上就决定了监察机关与权力机关之间的组织关系、监察法规与监察法律之间的位阶关系：第一，监察法规的内容不得抵触监察法律的内容，包括监察法律的立法目的、法律原则和具体规则等；第二，监察法规的效力在位阶上低于监察法律；第三，当二者在内容上存在不一致时，须以监察法律为准，同时启动相关审查及修改程序。

最后，上述讨论中有一个尤为重要的关键问题是：监察机关能否及在多大范围内可以进行"职权立法"？以权力来源的差异为标准，我们可以将监察机关制定监察法规的行为区分为监察授权立法和监察职权立法两种。所谓监察"职权"立法，指的是监察机关直接依据宪法所规定的宪制职权来制定法规范。从权力来源来看，狭义上的"职权"，仅指宪法赋予某国家机构之宪制权力，严格来讲不同于"授权"。[15] 依职权制定的监察法规，权力来源是宪法的直接授予；依授权制定的监察法规，权力来源是全国人大及其常委会的授权决定，或者全国人大及其常委会制定的法律条文的授权。我们看到，现行《宪法》第 124 条第 4 款（"监察委员会的组织和职权由法律

15 从授权形式来看公法授权，可分为机关授权和法条授权。法条授权分为法律授权、法规授权和宪法授权，前两者就其主体而言其实也是机关授权；宪法授权的主体是制宪主体，严格讲不是"授权"，而是"职权"。因此，公法领域权力来源之恰当划分，应当是"委托"、"授权"与"职权"的三分。参见秦前红、石泽华：《〈监察法〉派驻条款之合理解释》，《法学》2018 年第 12 期。由于监察机关是依法独立行使监察权的唯一主体，不存在被委托之情形，因此监察法规根据权力来源的差异，主要可分为依职权制定的监察法规和依授权制定的监察法规两种。

规定”）相较于第 129 条第 3 款（“人民法院的组织由法律规定”）和第 135 条第 3 款（“人民检察院的组织由法律规定”）有一个重大差异，即不仅规定了其“组织”由法律规定，还规定了其“职权”由法律规定。这是否意味着《立法法》可以直接授予监察机关法规制定权？宪法作为国家根本大法的地位，决定了其在内容上规定的是最根本最主要的问题。一个理所当然的结论是：创制职权乃是宪法保留事项，立法机关无权通过制定法律、决定等法规范文件来创制或补充某个国家机构的职权范围。因此，《立法法》作为一部法律在地位上并不比其他法律更加优越，也无法提供比其他法律更充分的法律依据，所以它只能重复、细化或引证《宪法》关于监察职权的表述，或者限制监察机关的职权立法，而不得为监察机关赋予新的职权。总之，鉴于宪制职权有关事项已经超越了立法机关的职权范围，监察机关之“职权立法”如欲取得充分形式正当性，唯有以宪法为依据而不得求诸法律。这意味着：第一，在《宪法》明确规定监察机关有权制定监察法规之前，监察机关之职权立法唯得在职权范围内制定执行性规范，不得制定补充性或者创制性规范；第二，在《宪法》对此已作明确规定之后，监察机关不仅不能在其职权范围之外自行立法，而且不能在其职权范围之外基于立法机关之授权而立法。[16]

---

16 值得注意的是，正是因为我国权力机关与立法机关的身份同构性，严格区分制宪机关与立法机关两个主体对我国之重要性便更为突出，将其混淆是极为危险的。

四、“法律保留”原则及其要求

所谓“法律保留”，旨在厘清我国监察立法权限分配问题，要求某些法律事项必须由法律规定，监察机关不得僭越，或非经授权不得补充或创制。“法律保留”原则在监察立法工作中，主要表现为监察法规与监察法律之间的界限问题。

首先，在监察立法工作中，要严格区分法律特别保留事项、法律相对保留事项和非法律保留事项。第一，监察法律相对于监察法规有哪些保留事项？参考《立法法》第 8 条的规定，至少以下十类事项只能制定法律：一是关于各级监察委员会的产生、组织和职权的事项；二是关于监察法在民族区域自治地区的特别适用的事项；三是关于监察法与基层群众自治制度的衔接的事项；四是关于监察机关处置职权中的实体法相关事项，尤其涉及处理决定（例如政务处分决定、问责决定等）的事项；五是关于留置措施的事项；六是关于冻结、扣押、查封等措施的事项；七是关于监察处置中对非国有财产是否属于“违法取得的财产”和“涉嫌犯罪取得的财物”的认定方式及其具体处置办法的事项；八是关于反腐败国际合作的事项；九是关于监察程序与诉讼程序衔接的事项；十是必须由全国人民代表大会及其常务委员会制定法律的其他事项。第二，参考《立法法》第 9 条但书条款列举的除外事项，即“有关犯罪和刑罚、对公民政治权利的剥夺和限制人身自由的强制措施和处罚、司法制度等事项”，前述十类事项中至少第四类、第五类和第九类共三类事项，应当纳入绝对保留范畴。第三，参考《立法法》第 9 条，对于前述事项中尚未制定法律且非绝对保留事项者，全国人大及其常委会有权作出决定，授权国家监察委员会可以根据实际需要，对其中的部分事项先制定监察法规；参考《立法法》第 10—13 条规定，监察领域之授权立法还需以特定的要式行为（授权决定）为前提，符合授权决定规定的权限和时限，遵循“立、改、废”之原则顺序，等等。

其次，如果将针对各种法律事项所制定的规范，根据内容差异严格划分为创制性规范、补充性规范和执行性规范等三类，可以进一步区分监察法规与监察法律的界限。（1）对于法律绝对保留的事项，监察机关可以针对这些事项制定执行性规范，但是必须满足两个条件：一是只能在职权范围内，二是不得包含任何创制性规范和补充性规范。（2）对于法律相对保留的事项，监察机关除了可以在职权范围内制定执行性规范外，还可以依据合法授权制定创制性规范和补充性规范。（3）对于非法律保留的事项，我国宪法并未采纳法律的法规创造力原则，故而如果有关事项属于监察机关的职权范围，则可以在该范围内制定执行性规范、补充性规范和创制性规范。

基于前述内容差异之区分，同时结合监察法规之权力来源的差异，可以将其类型化为三种主要形式：（1）在职权范围内就法律保留（包括绝对保留和相对保留）的事项或者法律保留之外的事项制定执行性规范；（2）在职权范围内就法律相对保留的事项经合法授权而制定创制性规范、补充性规范；（3）在职权范围内就法律保留之外的事项制定创制性、补充性规范。其中，第一种和第三种形式属于监察机关的职权立法，第二种形式属于监察机关的授权立法。此外，诚如前述，鉴于宪制职权之划分已经超越了立法机关本身的职权范围，只要超出了监察机关本身之职权，即便基于立法机关之授权，且所涉事项不在法律保留范围内，监察机关仍不得制定任何类型的法规。

最后，从上一节中有关监察机关之职权立法权的讨论出发，还可延伸出有待探讨的另一个问题：法律的法规创造力原则在我国监察领域是否存在移植可能或者调和空间呢？正如黄宇骁所指出的，奥托·迈耶的法规创造力原则和法律保留原则之间，应该是递进关系而非互不干扰。如果法律的法规创造力原则没有确立，只要行政机关还拥有不经法律授权独自制定法规（法律事项）的空间，那么迈耶的法律保留原则根本不起作用；在此背景下，宽泛地讨论法律保留原则或者宪法与行政法意义上的法律保留的区分，也都没有意义。[17] 本节关于“法律保留”原则的讨论中，我们归纳了监察机关制定监察法规的三种主要形式，其中第三种是“在职权范围内就法律保留之外的事项制定创制性、补充性规范”。问题在

17 参见黄宇骁：《也论法律的法规创造力原则》，《中外法学》2017 年第 5 期。

于，监察机关在职权范围内就法律保留之外的事项自行（即未经合法授权）制定创制性或者补充性规范，这具备当然意义上的合理性吗？这个问题，其实仍然与监察机关的职权立法权牵扯甚密。质言之，假使我国《宪法》已经规定监察机关有权制定监察法规，这是否就当然意味着承认国家监察委员会可以直接根据宪法制定（创制性或者补充性的）法规范？以行政立法为参考，可以说，关于立法机关和行政机关在立法上的权限配置问题，长期以来便是行政法学研究的一个经典课题，进而有关国务院是否具有职权立法权之论争业已成为关于依法行政原则研究的一个重要焦点。未来，关于立法机关和监察机关在立法上的权限配置的问题，必然也将成为监察法学研究的一个重要领域，而关于国家监察委员会是否具有职权立法权的问题，亦很可能成为监察法学研究中的一个重要论战点。王贵松曾主张，在我国宪制结构背景下，行政机关定位为立法机关的执行机关，并且从产生来看缺乏直接意义上的民主正当性，故而对于国务院“不宜承认其可以直接依据宪法制定法规范”；为了维护发端于人民主权的自上而下的法秩序，在人大制度之下理顺法律与行政立法之间的关系，国务院“只能在宪法规定的职权范围内根据法律制定执行性的行政法规，或者在法律专门授权时制定补充性、创制性行政法规”。[18] 行政法学界对此之诸多创见，监察立法

18　参见王贵松：《论法律的法规创造力》，《中国法学》2017 年第 1 期。

相关理论研究亦值得深入探讨、择长借鉴。

五、“依法规监察”原则及其要求

所谓“依法规监察”，一方面，要求在作出减损权利或预设义务的具体监察行为时，必须以明确的法规（法律事项）之行为规范为依据，至于组织规范推导的授权则不足为据；另一方面，并非任何监察领域之规范性文件皆可作为前述法律依据，得为此法律依据者必须是法规（法律事项）。从法律依据的具体范围来看，所谓“法规”（法律事项）主要是指以下两类：一是全国人大及其常委会制定的法规范文件，二是国家监察委员会依照法定职权和法定程序在法定范围内制定的监察法规。这意味着，国家监察委员会和地方各级监察委员会制定的内部规范性文件，以及中央纪委国家监委联合发布而未冠以“国监发”字号的规范性文件，都无法作为监察活动的规范依据；还可帮助我们否定监察规章存在之正当性，并将监察法规与监察解释区分开来。

（一）省级及以下监察机关和派驻（派出）监察机构（专员）无权制定“监察规章”

有论者结合本次修宪条款、立法效率原则，提出在《宪法》第46条、第51条删除国务院及地方政府管理监察职权内容的背景下，授予省级监察机关监察规章制定权有其必要性和现实意义。[19]这种观点有一定道理，但是，我们认为，省级监察机关制定“监察规章”，无论是在宪制正当性上，还是在现实必要性上，都是值得商榷的。结合国家公权自行扩张的天然属性、国家监察权的中央事权属性、监察一体化的组织目标和“全国一盘棋”的改革目标、同级党政机关相对于本级监察机关的优势地位、反腐地域差异的实际程度以及监察活动的实践需求等多重因素，省级监察机关制定法规规章不仅与监察改革初衷不符，亦有违监察法治原理，甚或导致各个省份在监察工作上各自为政、自行其是的尴尬局面。

有两点值得注意。第一，所谓“无权”制定监察规章，包含了两重意思：一方面，省级监察机关本身不具有自行立法之宪制职权；另一方面，这还隐含着法律法规不得授权省级监察机关制定监察规章。第二，举重以明轻，省级以下监察机关和各级监察机关的派驻监察机构、派出监察专员等当然也无权制定“监察规章”。

（二）监察内部规范性文件的识别及效力

行政法学传统观点认为，行政行为以其对象是否特定为标准，分为具体行政行为和广义上的抽象行政行为，其中后者指行政主体针对不特定管理对象而制定行政规范文件的行为，包括行政法规、规章和行政内部规范性文件等。可以说，“行

19　参见冯铁拴：《国家监察立法体系化论析》，《西南政法大学学报》2019 年第 1 期。

政行为”之概念的提出对于传统行政法学理论的体系化建构具有标志性意义。其中，关于行政内部规范性文件的法律效力，学界主流观点认为其不具备“普遍拘束力”。对此之研究，监察法学可适当借鉴。值得注意的是，本章明确区分了广义上和狭义上的两种“抽象行为”。狭义上的抽象监察行为，在外延上需要涤除笔者前述监察立法之行为，即仅指监察机关制定内部规范性文件之行为，二者在权力依据、拘束对象和法律效力上截然不同。“监察行为”之概念的提出，对于未来监察法学理论体系之建构必然同样具有重要意义。

笔者认为，就本质而言，作为内部规则，监察内部规范性文件只是监察机关的自我拘束，[20]不是监察法规，并不普遍约束广大公民及其他机关。理由如下：内容上的规范性和对象上的普遍性并不等于效力上的普遍性，尽管监察机关可以自由制定涉及不特定公众权利义务的规范，而且后者具有相对外部效力，[21]但若此种规范缺乏法律明确授权，则应否定其法律效力（普遍拘束力）。这意味着：第一，监察内部规范性文件不

20 行政法学理论认为，通过自我拘束措施，行政机关得以将政策成文化，其本质是行政机关的自我拘束。在当代，行政自我拘束原则已放大至行政自制、软法治理和裁量基准等方面之微量研究。参见尚海龙：《论行政自我拘束原则》，《政治与法律》2007 年第 4 期；熊樟林：《“行政自我拘束原则”的现代化扩张与评介》，《公法研究》2011 年第 2 期；高秦伟：《论行政裁量的自我约束》，《当代法学》2014 年第 1 期。

21 从行政法经验来看，基于行政自我拘束和信赖利益保护原则，裁量基准之效力具有相对性，即对行政相对人具有相对外部效力，并在一般情况下可充当司法裁判的依据。参见戴建华：《裁量基准效力研究》，《法学评论》2012 年第 2 期。

具法律效力（普遍拘束力）；第二，监察内部规范性文件不得创制或补充新的法律事项，更不得制定涉及不特定公众权利义务的规范，尤其是权利减损或预设义务的规范；第三，即便规定了上述事项，仍只有相对效力，而无普遍拘束力。

（三）监察法规与监察解释的界限

法律解释是解释机关对法律文本含义的理解与说明。[22] 根据 1981 年 6 月全国人大常委会《关于加强法律解释工作的决议》规定，全国人大赋予司法机关司法解释权，最高人民法院和最高人民检察院分别就审判工作和检察工作中具体应用法律的问题进行解释；我国 2015 年修改后的《立法法》第 104 条对此作出正式规定。参考"司法解释"的概念和《立法法》第 104 条之规定，所谓"监察解释"，指的是国家监察委员会作出的属于监察工作中具体应用法律的解释，且该解释应当主要针对具体的法律条文，并符合立法的目的、原则和原意。

2018 年 3 月以来，中央纪委、国家监委连续制定并印发了多种规范性文件。有一种观点认为，这些规范性文件符合我国法律具体应用解释的内容与形式，故而在性质上属于监察解释。我们以为，一方面，监察解释之设计似有考虑避免监察法规制定过于随意，故其存在本身是合理的，亦符合"适用者解释原则"的原理；另一方面，监察法规仍有其不可取代的法治

22　张志铭：《法律解释原理（上）》，《国家检察官学院学报》2007 年第 6 期。

意涵，故而欲通过监察解释来完全取代监察法规，其实过于理想化。理由如下：第一，法律解释相较立法解释在程序上更加简化，与行政法规相似甚至更宽松，是以很难对监察解释作出比监察法规更加严格的程序控制；第二，前述国家监委已出台的许多规范性文件，在内容上已经超出“具体应用法律问题”，故监察解释难以概括其内容之正当性；第三，尽管学界针对司法解释的法律效力以及与被解释条款本身之间效力位阶，存在许多不同的观点，[23] 但是鉴于司法解释的实践价值，其业已发展成为裁判文书法律依据环节不可忽略的重要组成部分，故而我们很难判断，未来监察解释究竟如何适用、效力几何？如何处理好司法解释（监察解释）与立法解释之间的合理界分？如何避免“以释代法”现象频发？有学者一针见血地指出：“《立法法》针对司法解释范围进行的规制没有真正达到效果，其根本原因在于，该法对立法解释范围与司法解释的界分不合理且缺乏现实可行性。”[24] 由此可见，以监察解释取代监察法

23 我国立法机关（通过《立法法》《人民法院组织法》等法律）授权“两高”制定司法解释的权力，却没有明确司法解释的效力。对此，学界主流学说基本认同“司法解释具有法律效力”。问题在于，司法解释的效力位阶如何？就此，主要有“类型化说”、“效力低于法律说”和“效力等同于行政法规说”等学说，各有其理由；此外，还有“效力模糊说”、“制定机关决定说”和“解释对象决定说”等主张。参见王成：《最高法院司法解释效力研究》，《中外法学》2016 年第 1 期。

24 此文指出，目前司法解释制度存在两个方面的结构性缺陷，其中一大缺陷是“司法解释备案审查制度与修改后的《立法法》对司法解释进行的规制不匹配”，为此其还提出了“合理界定司法解释的范围”和“完善司法解释备案审查制度”等优化路径。参见苗炎：《司法解释制度之法理反思与结构优化》，《法制与社会发展》2019 年第 2 期。

规，其实不一定能够达致设计初衷。进一步而论，从规范内容的制定主体及其权限来看，前述规范性文件所涉及之事项，应当通过“立法解释”（“进一步明确界限或者作出补充性规定”）或者“监察法规”（在监察权限范围内作出的补充性规定或者创制性规定）予以规定。

比较可行的解决方案是：明确前述文件之性质乃是国家监委制定的监察法规，同时厘清监察法规、监察解释之关系（前者指国家监委在监察权限范围内执行、补充或者创制一般性规范，后者则指国家监委在监察工作中作出的针对具体应用既有法律事项的解释），由此形成“（宪法→）监察法律→立法解释→监察法规→监察解释（→监察内部规范性文件）”的国家监察规范体系。这有利于实现严格程序控制、理顺效力位阶、厘清规范内容等目标。与此同时，还需对行政解释、司法解释、监察解释统一制定专门法律，以此区分它们与立法解释之间、与法规之间的差异，避免“以释代法”等现象。

六、结语

持续深化国家监察体制改革、推进反腐败工作法治化规范化，要求根据宪法和监察法有关精神和规范，有序推进国家监察立法工作。依法监察理论作为监察法治原理的本质要求，可以为我国监察立法工作提供必要的基本理论指引，由此成为监察立法工作的根本指导。在认真总结我国监察法学理论特征和监察改革具体实践的基础上，吸收、借鉴行政法学理论和行政法律体系的有益内核，可以推导出依法监察理论为我国监察立法工作提出的三大基本原则。这些原则及其具体要求，一方面以现代法治一般规律为逻辑起点，另一方面使监察立法契合我国人大制度根本遵循，有利于在人大制度之下理顺法律与监察之间的关系，在中国特色社会主义法律体系框架下形成并完善国家监察规范体系，最终维护发端于人民主权的自上而下的法秩序。

第五编　监察法学的体系建构

第十三章

国家监察体制改革的法学关照：回顾与展望*

一、引言

自中央决定开展国家监察体制改革试点工作，迄今已两年有余，在此期间，以国家监察体制改革和国家监察立法为对象的理论探讨，俨然成为一个新的学术热点和理论研究“富矿”，[1] 一系列相关的论著相继发表和出版，可谓一时之间蔚为大观。大批法学研究者以各种方式直接或间接地参与到此项重大改革和立法活动当中，从宪法学、行政法学、诉讼法学、法律史学等多学科的视角展开讨论，解释并建构着改革中的颇多制度设计。早在中共十八届六中全会上，执政党即已对改革作

* 本章已发表于《比较法研究》2019 年第 3 期。

1 参见光明日报理论部、学术月刊编辑部、中国人民大学书报资料中心：《2018 年度中国十大学术热点》，《光明日报》2019 年 1 月 11 日第 11 版。

出部署，此次全会提出："各级党委应当支持和保证同级人大、政府、监察机关、司法机关等对国家机关及公职人员依法进行监督。"部分敏锐的研究者察觉到了其中表述的变化，认为"这意味着推动国家监察体制改革的序幕已经拉开"。[2]此后，愈来愈多的研究者参与到此项重大政治改革的学术讨论之中。在改革之初，研究者们的讨论大多是对改革方案和路径进行宏观的理论建构，主要有改革应遵循的基本原则，[3]以及制定《监察法》应处理的主要法律关系等，[4]这些相对宏观的理论探讨为后续更为细致的研究奠定了基础。随着改革的不断推进和深入，特别是在《监察法》颁布施行之后，有关国家监察体制改革的讨论愈加精细化，其中既有围绕改革和立法展开的"精耕细作"，亦不乏由改革引发的更深层次的理论思考。

时至今日，《监察法》已经生效施行近一年，各级监察委员会亦是依法有序运作，但国家监察体制改革并未因此终止，而是进入了持续深化的新阶段。[5]毫无疑问，丰富的改革实践为学术研究提供了诸多素材，学术研究同样为改革实践提供了智识支持。可以预见的是，随着改革的不断深化，改革实践与

2　马怀德：《全面从严治党亟待改革国家监察体制》，《光明日报》2016 年 11 月 12 日第 3 版。

3　参见秦前红：《监察体制改革的逻辑与方法》，《环球法律评论》2017 年第 2 期。

4　参见姜明安：《国家监察法立法应处理的主要法律关系》，《环球法律评论》2017 年第 2 期。

5　参见《中国共产党第十九届中央纪律检查委员会第三次全体会议公报》，《人民日报》2019 年 1 月 14 日第 3 版。

学术研究之间的互动将更为充分和有效。于此层面而言，对国家监察体制改革的法学理论研究成果进行相对完整的梳理，一则可以为今后该领域的学术研究提供参照性的研究“坐标”，二则可以为监察委员会的运作提供具有参考价值的指导。诚然，研究综述贵在求真与全，以客观全面地揭示研究现状和脉络为要义。但是，研究综述亦非对现有的论著进行简单的“裁剪”和“拼接”。为了兼顾综述的真实全面和行文的便宜展开，笔者在对该领域的法学研究成果进行全面爬梳的基础上，将既有的学术观点分别置于下述六大主题中予以呈现。

二、国家监察体制改革的宪法设计

宪法以国家权力的构造和限制为首要内容，而国家监察体制改革意在构造出国家监察权及行使该权力的监察委员会。于此层面而言，此项改革首先是一个宪法命题，应对其进行严密的宪法设计。[6]

（一）改革试点的合宪性依据

中共中央办公厅于2016年11月印发《关于在北京市、山西省、浙江省开展国家监察体制改革试点方案》，改革试点

6　参见秦前红：《国家监察体制改革宪法设计中的若干问题思考》，《探索》2017年第6期。

由此正式启动。为了“做到重大改革于法有据，为试点工作提供法制保障”，[7] 全国人大常委会于同年 12 月 25 日通过了《关于在北京市、山西省、浙江省开展国家监察体制改革试点工作的决定》(以下简称“《试点决定》”)。对此，吴建雄认为，这“标志着相关试点地区改革获得人大授权”，《试点决定》“就是试点工作的法律依据”。[8] 不过，改革试点的启动路径仍然面临不少合宪性层面的责问，沈岿提出质疑：“在国家局部地区对根本法安排的国家机构之结构做如此变动，在宪法文本上没有修宪权的全国人大常委会是否有权作出授权试点的决定呢？”[9] 童之伟指出：“是否准许进行改革试点，属于全国人大的职权范围，要授权进行改革试点必须由全国人大为之。”[10] 当然，亦有研究者认为全国人大常委会有权作出此类决定，例如，马怀德认为：“在全国人大闭会期间，全国人大常委会可以行使全国人大的权力，有权作出关于设立国家监察委员会的决定。”[11] 再如，焦洪昌、古龙元表示：“立足于宪法规范和宪法惯例，

---

7 李建国：《关于〈全国人民代表大会常务委员会关于在北京市、山西省、浙江省开展国家监察体制改革试点工作的决定（草案）〉的说明》，《全国人民代表大会常务委员会公报》2017 年第 1 期。

8 吴建雄：《论国家监察体制改革的价值基础与制度构建》，《中共中央党校学报》2017 年第 2 期。

9 沈岿：《论宪制改革试验的授权主体——以监察体制改革试点为分析样本》，《当代法学》2017 年第 4 期。

10 童之伟：《将监察体制改革全程纳入法治轨道之方略》，《法学》2016 年第 12 期。

11 马怀德：《全面从严治党亟待改革国家监察体制》，《光明日报》2016 年 11 月 12 日第 3 版。

我们应当尊重全国人大常委会对国家监察体制改革试点授权的权威性与合宪性。”[12]

研究者们之所以对《试点决定》的合宪性提出责问，乃是由于全国人大与全国人大常委会在职权上的差异。我国《宪法》以权力清单的形式列举了全国人大及其常委会的职权，因此上述讨论其实涉及对《宪法》文本的解释，通过解释宪法以探讨能否从中析出全国人大常委会启动改革的依据。[13]但是，因相关条款的高度概括性及兜底条款的存在，故二者的职权差异在某些问题上并非绝对分明，正是缘于此，研究者们才对改革试点是否存在充分的合宪性依据产生争论。与此同时，有关改革试点启动路径及《试点决定》合宪性的讨论，还引发了研究者们对与此相涉的其他深层问题的关注。例如，韩大元围绕“全国人大以‘决定’的方式提供改革依据”进行了探讨。[14]再如，张峰振以“《试点决定》能否为改革提供合法依据和正当性”发问，探讨了宪法保留的相关问题，并指出“政府组成和结构的重大变化属于宪法绝对保留范围，这恐怕是《试点决定》备受质疑的原因”。[15]

---

12 焦洪昌、古龙元:《从全国人大常委会授权看监察体制改革》,《行政法学研究》2017年第4期。

13 参见秦前红:《全国人大常委会授权与全国人大授权之关系探讨——以国家监察委员会为研究对象》,《中国法律评论》2018年第2期。

14 参见韩大元:《论国家监察体制改革中的若干宪法问题》,《法学评论》2017年第3期。

15 张峰振:《论宪法保留》,《政法论坛》2018年第4期。

（二）是否需要修改宪法的论争

十三届全国人大一次会议表决通过的《宪法修正案》，增加了有关监察委员会的规定，这是“为成立监察委员会提供宪法依据”。[16] 可以说，宪法的适时修改既是改革的必然结果，亦是改革得以实质性推进的前提。[17] 但是，对于是否需要修宪这一问题，在改革之初其实存在不同的学术观点：马怀德认为，“在不修改宪法的情况下设立监察委员会亦是可行的”，其理由是全国人大有权根据《宪法》“制定有关国家机构方面的基本法律”。[18] 不少研究者对此提出质疑，例如，马岭认为：“设立监察委员会涉及国家政体的变化，因此仅通过修改法律是不够的，必须启动修宪机制。”[19] 韩大元指出：“全国人大有权制定和修改有关国家机构的基本法律，但仅限于宪法上已经列举的国家机关，不能涉及宪法上没有规定的国家机关。”[20] 童之伟同样表示：“《宪法》第 62 条中的‘国家机构’是特指宪

16 王晨：《关于〈中华人民共和国宪法修正案（草案）〉的说明》，载全国人民代表大会常务委员会办公厅编：《中华人民共和国第十三届全国人民代表大会第一次会议文件汇编》，人民出版社 2018 年版，第 186 页。

17 参见秦前红、叶海波等：《国家监察制度改革研究》，法律出版社 2018 年版，第 118 页。

18 马怀德：《国家监察体制改革的重要意义和主要任务》，《国家行政学院学报》2016 年第 6 期。

19 马岭：《政体变化与宪法修改：监察委员会入宪之讨论》，《中国法律评论》2017 年第 4 期。

20 韩大元：《论国家监察体制改革中的若干宪法问题》，《法学评论》2017 年第 3 期。

法已经列入国家机构名单的那些国家机关。”[21]

随着讨论的不断深入，研究者们对此问题最终达成共识，即唯有修宪始得为改革提供正当性基础。但随之而来的便是何时修宪、如何修宪等问题，研究者们同样对此展开了讨论。韩大元认为：“如启动宪法修改程序，要有充分的论证和准备时间，要与修宪的政治惯例保持衔接。”[22]郑磊认为，鉴于此项改革是“重大政治体制改革，与此对应的修宪幅度自然不会小”。[23]胡锦光还对《宪法》条款的具体修改问题提出了理论方案。[24]同时，亦有研究者认为与改革相伴的修宪有着一定的边界。例如，叶海波指出：“修宪机关修改宪法改革国家监察体制时，其‘改革权’并非不受限制，不得改变宪法核。”[25]王旭认为，“要用宪法有关国家机构的‘宪法核’来约束这个机构”，并提出了“国家监察机关进入宪法必须遵循的三条指针”。[26]其实，改革中的修宪边界与改革本身的宪法界限，乃是一体两面的问题，因此，也有研究者循着国家监察体制改革

---

21 童之伟：《宪法学研究须重温的常识和规范——从监察体制改革中的一种提法说起》，《法学评论》2018 年第 2 期。

22 韩大元：《论国家监察体制改革中的若干宪法问题》，《法学评论》2017 年第 3 期，第 21 页。

23 郑磊：《国家监察体制改革的修宪论纲》，《环球法律评论》2017 年第 2 期，第 134 页。

24 参见胡锦光：《论国家监察体制改革语境下的宪法修改》，《北京行政学院学报》2017 年第 5 期。

25 叶海波：《国家监察体制改革的宪法约束》，《武汉大学学报（哲学社会科学版）》2017 年第 3 期。

26 王旭：《国家监察机构设置的宪法学思考》，《中国政法大学学报》2017 年第 5 期。

对“国家机构改革的宪法界限”进行了探讨。[27]

（三）国家机构体系中的监察机关

现行《宪法》中有关监察机关的规定，乃是认知监察机关和监察权的基础素材。在《宪法修正案》表决通过之后，研究者们围绕此展开了讨论，这些讨论主要有：一是有关监察委员会与其他国家机关相互间关系的探讨，因为“欲在宪法层面认识监察机关，需借由监察机关与其他国家机关间关系的讨论”。[28] 这些关系主要有监察机关与权力机关、司法机关、行政机关，以及上下级监察机关间的关系。例如，陶辉、汪进元便探讨了监察机关、检察机关和审判机关之间的关系，并认为“基于宪法条款的抽象性，有必要从立宪主义原理上准确把握三机关的宪法关系”。[29] 二是对《宪法》中的具体条款进行的教义学分析，例如，汪习根、宋丁博男基于《宪法》中关于监察委员会的规定，对“监察委员会依法独立行使监察权”，“监察委员会统一管理国家监察工作”，以及“监察委员会协调各方监督资源”等问题表达了观点。[30] 再如，汪江连基于其对

---

27 参见任喜荣：《国家机构改革的宪法界限》，《当代法学》2017 年第 4 期。

28 秦前红：《我国监察机关的宪法定位：以国家机关相互间的关系为中心》，《中外法学》2018 年第 3 期。

29 陈辉、汪进元：《论“监、检、审”三机关间的分工、配合与制约关系》，《南京社会科学》2018 年第 5 期。

30 参见汪习根、宋丁博男：《新时代宪法修正案的宪法价值分析》，《理论探索》2018 年第 3 期。

《宪法》第 127 条第 1 款的理解，对“监察机关依法独立行使监察权”这一原则进行了阐释。[31]

国家机构体系中的监察机关不仅包括各级监察委员会，还有监察委员会派驻或派出的监察机构和监察专员，《监察法》第 12 条和第 13 条对此有所规定。因此有必要结合相关条款和改革实践，对监察委员会的派驻对象、派驻条件，以及对派驻机构的授权等问题进行理论诠释。[32] 蒋来用较为全面地梳理了派驻监督的历史变迁、面临的现实难题等，并提出了解决派驻监督困难的若干思路。[33] 吕永祥、王立峰则专门探讨了县级监察委员会派出监察机构、监察专员的问题，认为当前的法律和实践皆存在较多问题，有待解决。[34] 张瑜就监察委员会向高等学校派驻监察机构和监察专员的问题提出了理论构想，具体包括派驻主体、派驻监察领导体制、派驻监察与内部监察的关系等诸多问题。[35] 当然亦有研究者对监察派驻问题持否定观点，比如，童之伟指出，“派驻的做法不是国家机关的正常工作方式，不应成为常态”，其“违反各公共机关自主行使职权的国家治理现代化需求”，因此，“向其他国家机关等公共组织

---

31 参见汪江连：《论监察机关依法独立行使监察权》，《法治研究》2018 年第 6 期。

32 参见秦前红、石泽华：《〈监察法〉派驻条款之合理解释》，《法学》2018 年第 12 期。

33 参见蒋来用：《有关派驻监督的几点探讨》，《理论探索》2018 年第 5 期。

34 参见吕永祥、王立峰：《县级监察委员会的公权力监督存在的现实问题与优化路径》，《河南社会科学》2018 年第 7 期。

35 参见张瑜：《国家监察体制改革背景下高校监察制度模式设计探索》，《国家教育行政学院学报》2018 年第 6 期。

派驻常设监察机构、监察专员的做法不宜写进《监察法》”。[36]

此外，还有一个与之相涉的问题，即如何对监察机关进行命名。如何对国家机构进行命名绝非一个单纯的语言文字问题，恰如列宁所言，“名称问题不只是一个形式问题，而且是具有重大意义的政治问题”。[37] 在共和国成立伊始，便面临如何命名政权机关的问题，毛泽东指出：“我们是人民民主专政，各种政权机关都要加上‘人民’二字。”[38] 不少研究者对此展开了讨论，例如，童之伟认为：“监察机关应冠以‘人民’的称谓，以彰显对人大制度的尊重。”[39] 李洪雷则指出，对监察机关命名应“符合监察机关作为国家机关的基本性质”，且“与其他国家机关的名称保持协调”，并“符合对宪制机关命名的传统”，因此宜将其命名为“人民监察院”。[40] 亦有研究者对此持不同的观点，如翟志勇认为，“为何监察委员会名称中未加‘人民’二字”，乃是因为纪检监察合署办公使得“监察委员会不仅是人民的监察委员会，亦是中国共产党的监察委员会”。[41]

---

36 童之伟：《国家监察立法预案仍须着力完善》，《政治与法律》2017 年第 10 期。

37 中共中央马克思恩格斯列宁斯大林著作编译局编译：《列宁选集》（第四卷），人民出版社 2012 年版，第 255 页。

38 毛泽东：《在中共中央政治局会议上的报告和结论》，载中共中央文献研究室编：《中华人民共和国开国文选》，中央文献出版社 1999 年版，第 12 页。

39 童之伟：《国家监察立法预案仍须着力完善》，《政治与法律》2017 年第 10 期。

40 李洪雷：《论我国监察机关的名与实》，《当代法学》2018 年第 1 期。

41 翟志勇：《论监察权的宪法性质——兼论八二宪法的分权体系》，《中国法律评论》2018 年第 1 期。

三、监察权的配置、属性及行使

国家监察体制改革形塑出的监察权，乃是研究者们最为关注的核心议题之一，与监察权配置和行使相关的诸多制度设计，亦是最需借由理论予以构建和阐释的。

（一）职能的整合与监察权的配置

机构与职能的整合乃是改革的首要方法论，[42] 尚在改革之初，改革者即通过《试点决定》等法律文件明确了机构与职能整合的顶层设计，即“将人民政府的监察厅（局）、预防腐败局及人民检察院查处贪污贿赂、失职渎职以及预防职务犯罪等部门的相关职能整合至监察委员会”。即便顶层设计业已明朗，围绕职能整合的讨论也有不少：一是认为需要将与反腐相涉的职能皆整合至监察委员会。例如，何家弘指出，“反腐败资源力量的整合并不限于监察与检察，还包括其他承担反腐败职能的机构，如公安机关和审计机关”。[43] 焦洪昌、叶远涛认为，必须将行政审计部门整合至监察委员会，并提出在监察委员会内部设置审计部门。[44] 对此问题，亦有不少研究者持相异看法。比如，冀睿认为，“考虑到审计机关除反腐作用以外，在

42　参见秦前红：《监察体制改革的逻辑与方法》，《环球法律评论》2017 年第 2 期。

43　何家弘：《论反腐败机构之整合》，《中国高校社会科学》2017 年第 1 期。

44　参见焦洪昌、叶远涛：《监察委员会的宪法定位》，《国家行政学院学报》2017 年第 2 期。

财政资金的合理有效利用方面还承担着很重的责任”，假若“审计机关并入监察委员会，政府在预算资金审查、财经控制方面的需求将无法得到满足”。[45] 程乃胜指出了审计机关与监察机关在监督对象、权力行使范围以及功能上的差异，并认为这些差异使得二者以各自独立存在为佳。[46]

二是对行政监察职能不完全整合的讨论。江利红指出，《行政监察法》规定行政监察机关履行执法监察、效能监察和廉政监察三项行政监察职能。其中执法监察和效能监察是一种内部监督方式，且是一种全面性的工作监督。加之监察委员会被定位为“专门的反腐败工作机构”，并且其监察对象仅限于人员而不得及于机构。因此行政廉政监察职能应纳入监察委员会，而执法监察和效能监察则不宜整合，同时建议由行政机关内部的其他机构来承接此二职能。[47] 刘峰铭则认为，行政监察具有专业性、综合性和实体性等特征，这使得廉政职能固然被整合，但行政监察制度仍不乏继续存在的价值。同时提出应对行政监察制度作适当调整，以顺应国家监察体制改革的需要，包括“从双重领导到垂直领导的体制革新”，“从对人监督到对事监督的职能转变”，以及“从监审分离到监审合一的机构整合”。[48]

45　冀睿：《审计权与监察权之关系》，《法学》2018 年第 7 期。

46　参见程乃胜：《监审合一抑或监审分立——监察体制改革试点背景下的我国国家审计制度完善》，《中国法律评论》2017 年第 4 期。

47　参见江利红：《行政监察职能在监察体制改革中的整合》，《法学》2018 年第 3 期。

48　参见刘峰铭：《国家监察体制改革背景下行政监察制度的转型》，《湖北社会科学》2017 年第 7 期。

（二）监察委员会和监察权的属性

监察委员会和监察权作为一个新的国家机关和一项新的国家权力，其属性为何，同样为研究者们所关注：首先，关于监察委员会性质的探讨。迟方旭认为，“监察委员会兼具行政机关和司法机关的双重身份”，[49] 而改革者则认为“监察委员会是政治机关，不是行政机关、司法机关”。[50] 马怀德对此解释道，“将监察委员会定位为政治机关或政法机关，这是从政治角度出发展开的分析”，但其同时认为“从法律属性上看，将监察委员会定义为专门的监督机关更为妥当”。[51] 陈光中、兰哲则认为：“‘政治机关’的提法并没有错，但由于属于政治机关的国家机构并非独此一家，我国的政法机关都不能说是非政治机关，因此‘政治机关’不能体现出监察机关的质的特点。”[52] 韩大元结合改革实践认为：“监察委员会是集党纪监督、行政监督与法律监督于一体的综合性、混合性与独立性的机关，既不同于党的机关，也不同于行政机关或司法机关。”[53] 与此观点类似，江国华在讨论监察委员会的性质时亦指出，监察

49　迟方旭：《对界定监察委员会法律性质的思考》，《中国社会科学报》2018 年 1 月 16 日。

50　钟纪言：《赋予监察委员会宪法地位　健全党和国家监督体系》，《人民日报》2018 年 3 月 3 日第 3 版。

51　马怀德：《再论国家监察立法的主要问题》，《行政法学研究》2018 年第 1 期。

52　陈光中、兰哲：《监察制度改革的重大成就与完善期待》，《行政法学研究》2018 年第 4 期。

53　韩大元：《论国家监察体制改革中的若干宪法问题》，《法学评论》2017 年第 3 期。

委员会是“国家机构”，以有别于党的机构；是“监察机关”，以有别于行政机关、审判机关和检察机关；以及，是专门行使国家监察职能的“专责机关”。[54]

其次，关于监察权属性的探讨，研究者们主要从以下三个视角进行观察：一是监察权生成过程的观察视角，认为监察权是职务犯罪侦查权和行政监察权的结合体。例如徐汉明认为，监察权是“行政监察权、腐败预防权、职务犯罪查处与预防权融合在一起产生的新权力形态”。[55]郑曦认为，监察权是一项“兼具行政与专门调查性”的权力，前者源自行政监察权，指向的是职务违法行为，后者则源自检察机关的职务犯罪侦查权。[56]同时，也有不少研究者基于此种视角观察监察权的三项具体权能，例如，陈光中认为：“监察机关的调查权呈现行政调查和刑事调查一体化趋势。监察委员会的调查权包括一般调查和特殊调查，前者针对一般职务违法和违纪行为，后者针对职务犯罪行为。”[57]刘艳红对此进一步指出：“是否从形式上区分一般调查与特殊调查并不重要，关键在于如何赋予这种形式区分以实质意义。”[58]二是基于法律规范的观察

54　参见江国华：《中国监察法学》，中国政法大学出版社 2018 年版。

55　徐汉明：《国家监察权的属性探究》，《法学评论》2018 年第 1 期。

56　参见郑曦：《监察委员会的权力二元属性及其协调》，《暨南学报（哲学社会科学版）》2017 年第 11 期。

57　陈光中：《关于我国监察体制改革的几点看法》，《环球法律评论》2017 年第 2 期。

58　刘艳红：《监察委员会调查权运作的双重困境及其法治路径》，《法学论坛》2017 年第 6 期。

视角，即根据《监察法》《试点决定》等的规定，从权力构成层面阐述监察权的属性，比如吴建雄认为，监察权是一项“包括监督、调查、处置三项基本职权”的新型权力。[59] 三是注重“法外因素”的观察视角，而不局限于既有的法律规范，例如莫纪宏基于纪检监察合署办公的体制，认为监察权“属于一种执政党的执政权与国家机构的国家治理权相混合的产物”。[60]

此外，还有一个与监察权属性相涉的问题，即监察调查权与刑事侦查权是何关系。改革者认为“监察机关行使的是调查权，不同于侦查权”，[61] 陈瑞华分析了改革者秉持此般认识的背后考量。[62]

但研究者对此主要持三种有别的学术观点：一是认为调查权实质即为侦查权，如熊秋红指出，“从功能主义的进路来看，监察委员会行使的职权已经溢出了对‘调查权’内涵的通常理解，而实质性地成为一种‘侦查权’”。[63] 二是认为对职务犯罪的调查权本质上为侦查权，如汪海燕认为，“无论是从权力渊源，还是行使目的，抑或是从行使的具体方式等角度考

---

59 吴建雄主编：《监督、调查、处置法律规范研究》，人民出版社 2018 年版，第 33 页。

60 莫纪宏：《国家监察体制改革要注重对监察权性质的研究》，《中州学刊》2017 年第 10 期。

61 中共中央纪律检查委员会、中华人民共和国国家监察委员会法规室编写：《〈中华人民共和国监察法〉释义》，中国方正出版社 2018 年版，第 63 页。

62 参见陈瑞华：《论国家监察权的性质》，《比较法研究》2019 年第 1 期。

63 熊秋红：《监察体制改革中职务犯罪侦查权比较研究》，《环球法律评论》2017 年第 2 期。

察，监察委员会职务犯罪调查权本质就是侦查权”。[64] 三是认为调查权不同于侦查权，如左卫民、安琪认为，调查权与侦查权在权力内涵及外延上有一定差异，但也有不少相似之处。[65] 当然，还有一些研究者持相对辩证的观点，如卞建林、谢澍认为，“不能把监察调查等同于刑事侦查，也不能因为称其为调查便掩盖其侦查的实质”。[66]

（三）监察权的规范行使及监督制约

改革创设出了强大的监察权，如何对其施以必要的监督制约，乃是研究者们重点关注的话题之一。童之伟在改革之初便指出，鉴于监察委员会地位极高、权力厚重的特点，对其的监督制约须足以防止“过犹不及”，并认为既要扩展和利用现行宪制本身设定的监督制约形式，还要适应监察委员会的特点创制新的监督制约形式。[67] 谭世贵围绕“监督制约监察权应遵循的原则”和“监督制约监察权的主体、方式和程序”等问题提出了理论构想。[68]

首先，有关监察权规范行使的讨论。一是就监察权行使

64 汪海燕：《监察制度与〈刑事诉讼法〉的衔接》，《政法论坛》2017 年第 6 期。

65 参见左卫民、安琪：《监察委员会调查权：性质、行使与规制的审思》，《武汉大学学报（哲学社会科学版）》2018 年第 1 期。

66 卞建林、谢澍：《刑事诉讼法再修改：解读与反思》，《中共中央党校学报》2018 年第 6 期。

67 参见童之伟：《对监察委员会自身的监督制约何以强化》，《法学评论》2017 年第 1 期。

68 参见谭世贵：《论对国家监察权的制约与监督》，《政法论丛》2017 年第 5 期。

应遵循的原则提出了构想，如华小鹏认为，监察权的运行应遵循比例原则和保障人权原则。[69]二是对监察权中最引人关注的调查权展开探讨，如陈瑞华认为，监察调查融党纪调查、政纪调查和刑事调查为一体，鉴于刑事调查的特殊性，应当在区分党纪政纪调查与刑事调查的基础上确立一种“双规调查体制”。[70]冯俊伟认为：“监察委员会享有政务违纪违法调查权和职务犯罪调查权的复合性权力，按照程序分离原则的要求，两种不同性质的调查权在运行上应当适当分离。”[71]三是探讨对公民人身自由有重大影响的留置措施，陈光中、姜丹认为，留置相较于“双规”而言已是重大进步，但仍有诸多问题，并对如何进一步完善提出构想，比如参照取保候审的做法增设留置取保措施。[72]刘艳红建议“通过制定实施细则或解释对留置规则进行‘两分’重塑，区分‘严重职务违法’与‘职务犯罪’两种不同情形，分别设置不同的留置规则”。[73]张翔、赖伟能指出“基本权利是国家权力配置的消极规范”，并以此对留置措施进行了合宪性层

69 参见华小鹏：《监察权运行中的若干重大问题探讨》，《法学杂志》2019 年第 1 期。

70 参见陈瑞华：《论监察委员会的调查权》，《中国人民大学学报》2018 年第 4 期。

71 冯俊伟：《国家监察体制改革中的程序分离与衔接》，《法律科学》2017 年第 6 期。

72 参见陈光中、姜丹：《关于〈监察法（草案）〉的八点修改意见》，《比较法研究》2017 年第 6 期。

73 刘艳红：《程序自然法作为规则自洽的必要条件——〈监察法〉留置权运作的法治化路径》，《华东政法大学学报》2018 年第 3 期。

面的检视。[74]

其次，有关监察权内部制约机制的讨论。尚在改革之初，便有研究者探讨了监察权的内部监督问题，如李红勃提出，可以从“机构设置与职能分工”、“工作程序设计”和“上下级间的监督”等方面“构建监察系统内部监督机制”。[75]《监察法》第 7 章对监察权监督机制的构建，虽是一种内外结合的总体监督，但其实更偏向于内部的控权。[76] 对此，张杰认为，《监察法》“设计了一系列自我监督的制度，这些措施能在一定程度上发挥作用，但也有一定的局限，它需要和外部监督相配合”。[77] 杜倩博则从监察机关内部机构设置的角度，讨论了如何“完善监察委员会内部流程各环节、各内设机构间的权力制约机制”等问题。[78]

最后，有关其他国家机关监督制约监察机关的讨论。一是权力机关监督监察机关的方式和程序。《监察法》仅规定了四种具体监督方式，且未规定此四种方式如何在实践中展

74 参见张翔、赖伟能：《基本权利作为国家权力配置的消极规范——以监察制度改革试点中的留置措施为例》，《法律科学》2017 年第 6 期。

75 参见李红勃：《迈向监察委员会：权力监督中国模式的法治化转型》，《法学评论》2017 年第 3 期。

76 秦前红：《监察机关依法开展自我监督之路径研究》，《深圳社会科学》2018 年第 1 期。

77 张杰：《〈监察法〉适用中的重要问题》，《法学》2018 年第 6 期。

78 杜倩博：《监察委员会内部机构设置与运行机制：流程导向的组织变革》，《中共中央党校学报》2018 年第 4 期。

开，[79] 对此姜明安认为，“现行《监督法》规定的对‘一府两院’的监督措施大多可以适用于监察机关”。[80] 二是权力机关如何通过听取审议工作报告的方式进行监督。不少研究者认为，监察委员会应当向同级人大作年度工作报告，但《监察法》只规定其应向人大常委会作专项工作报告。对此刘小妹解释道，“监察委员会不宜向人大报告工作”，因为“我国的人大代表实行的是兼职代表制度”，“这些具有双重身份的人大代表，可能利用对监察委员会工作报告的投票权，来牵制监察委员会对其公职行为的监督”。[81] 三是在权力机关内部设置专门机构以监督监察机关。如马岭认为，可以“在人大内部增加设立常设性的专门委员会，以加强对监察委员会的监督”。[82] 四是行政机关如何制约监察机关，如江国华认为，“行政机关可依法控制监察机关的人员编制与财政拨付”。[83]

四、监察对象的范围界定及权利保障

实现监察全面覆盖是国家监察体制改革的主要目标，《监察法》虽以列举的形式规定了监察对象的范围，但其亦存在较

---

79 参见秦前红：《我国监察机关的宪法定位：以国家机关相互间的关系为中心》，《中外法学》2018 年第 3 期。

80 姜明安：《国家监察法立法的若干问题探讨》，《法学杂志》2017 年第 3 期。

81 刘小妹：《人大制度下的国家监督体制与监察机制》，《政法论坛》2018 年第 3 期。

82 马岭：《监察委员会与其他国家机关的关系》，《法律科学》2017 年第 6 期。

83 江国华：《国家监察体制改革的逻辑与取向》，《学术论坛》2017 年第 3 期。

大的解释空间，且该目标的实现不乏一定限度。[84] 并且，改革在形塑出“位高权重”的监察委员会的同时，还应关注监察对象的权利保障，《监察法》亦将“保障当事人的合法权益”作为一项基本原则。相应地，研究者们对此二话题进行了充分探讨。

（一）监察对象范围的合理界定

“监察全面覆盖”的改革目标一经提出，便引致了研究者们的极大关注，主要有监察对象能否及于机构，人大代表是否为监察对象，如何理解“公权力”“公职人员”的内涵和外延，以及如何对法官、检察官等特殊公职人员进行监督等问题。同时，在《监察法》颁行后，有不少研究者对其中有关监察对象范围的规定进行理论阐释。[85]

其一，关于监察对象能否及于机构的探讨。一是基于民主集中制的国家机构组织原则，认为监察机关不应对权力机关施以监督，如韩大元指出，“权力机关整体上不受监委的监察，否则容易引起权力机关与监察机关间的紧张关系”。[86] 二是认为，监察监督限于人员而非机构，如刘小妹指出，对国家机关的监督与对国家机关工作人员的监督在法律基础和法律依据上

84　参见秦前红、刘怡达：《监察全面覆盖的可能与限度——兼论监察体制改革的宪法边界》，《甘肃政法学院学报》2017 年第 2 期。

85　参见姜明安：《监察工作理论与实务》，中国法制出版社 2018 年版。

86　韩大元：《论国家监察体制改革中的若干宪法问题》，《法学评论》2017 年第 3 期。

有所不同，前者“涉及国家政治体制和国家权力结构关系，体现着国家机关之间的制约关系”；后者“则是依法定权限和程序监督纠察其行使公权力的行为的机制，是一个法律问题，也是人事监督和干部管理问题”。[87] 马怀德则进一步认为，“对公职人员的监督在客观上会对组织机构产生一定的作用力，故而应当建立一定的防范和隔离措施，防止通过人员对机构形成实质监督”。[88] 当然也有研究者持不同看法，如钱小平认为，“应将监察监督对象扩张至行政机关，以真正贯彻‘全面覆盖’的反腐立场”。[89]

其二，关于人大代表是否为监察对象的探讨。既有研究者认为人大代表并非监察对象，如李忠表示，“为保证人大代表不受威胁和干扰行使民主权力，似以不对人大代表实施监察为宜”；[90] 亦有研究者认为，人大代表属于监察对象，如郭文涛认为，若将数目甚巨的人大代表排除在监察对象范围外，“与监察全面覆盖的立法意旨不符”，且根据《监察法》的规定和我国国情，“监察委员会是能够监察人大代表的”。[91] 不过，鉴于我国兼职代表制的现实，不加区分地认为人大代表皆可免于监察无疑

---

87 刘小妹：《人大制度下的国家监督体制与监察机制》，《政法论坛》2018 年第 3 期。

88 马怀德：《再论国家监察立法的主要问题》，《行政法学研究》2018 年第 1 期。

89 钱小平：《监察委员会监督职能激活及其制度构建——兼评〈监察法〉的中国特色》，《华东政法大学学报》2018 年第 3 期。

90 李忠：《国家监察体制改革与宪法再造》，《环球法律评论》2017 年第 2 期。

91 郭文涛：《监察委员会监察人大代表的理解与论证》，《西南政法大学学报》2018 年第 4 期。

是不切实际的。[92]对此，刘小妹提出，“应将与人大代表相关的监督对象区分为人大代表、人大代表选举或决定的官员、人大代表中的党政领导干部和人员三种类型，并对这三种监督对象是否应该纳入监察委员会的监察范围分别予以研判”。[93]

其三，关于如何理解“公权力”和“公职人员”的探讨。《监察法》第3条将监察对象概括表述为“所有行使公权力的公职人员”，因此便需要对其中“公权力”和“公职人员”的内涵和外延进行解释。马岭曾对《监察法（草案）》提出修改意见，认为应在立法中“对‘公权力’进行界定，如本法所称‘公权力’是指……”。[94]蔡金荣认为，“公权力有着不同的内在属性和运行特点，不能想当然地推导出所有公权力都应不加区分地接受监察监督”。[95]蔡乐渭对公权力的内涵、类别与范围进行了系统研究，认为公权力可分为国家公权力和社会公权力，国家公权力的行使主体当然属于监察对象，而社会公权力的主体在符合一定条件的情况下亦应纳入监察对象。[96]杨解君则认为，监察对象限于行使国家公权力的公职人员，“对于党务机关、民主党派机关以及企事业单位、群众自治组织中的工

92 参见秦前红：《我国监察机关的宪法定位：以国家机关相互间的关系为中心》，《中外法学》2018年第3期。

93 刘小妹：《人大制度下的国家监督体制与监察机制》，《政法论坛》2018年第3期。

94 马岭：《〈监察法〉二审稿修改意见》，《中国经济报告》2018年第2期。

95 蔡金荣：《“国家监察全面覆盖”的规范结构探析》，《求实》2019年第1期。

96 参见蔡乐渭：《论国家监察视野下公权力的内涵、类别与范围》，《河南社会科学》2018年第8期。

作人员，不宜纳入国家监察对象”。[97]

其四，关于如何监督法官、检察官等特殊公职人员的探讨。法官和检察官分别作为审判权和检察权的行使主体，自然属于监察对象，但司法权具有独立性、专业性等特征，因此，如何监督此类特殊公职人员亦为研究者们所关注。李忠提出，如何在监督法官的同时保证其独立办案，对此需认真研究。[98]为此，胡锦光指出，对于法官、检察官的职务违法违纪行为，应由其所在的国家机关而非监察委员会进行追责。理由是这些人员是否构成职务违法违纪，通常采用专业的判断标准。[99]江国华则认为：“监察机关仅能对法官、检察官个人的行为失范进行监察，不得介入司法权运行的‘核心领域’。”[100]不过，《监察法》并未对此类特殊公职人员进行区分，因而刘小妹建议，对法官、检察官等特定公职人员的监察范围、程度和程序有待未来相关立法予以明确。[101]

（二）监察对象权利的有效保障

研究者们主要从监察机关的国家赔偿责任、监察对象权

---

97 杨解君：《全面深化改革背景下的国家公权力监督体系重构》，《武汉大学学报（哲学社会科学版）》2017 年第 3 期。

98 参见李忠：《国家监察体制改革与宪法再造》，《环球法律评论》2017 年第 2 期。

99 参见胡锦光：《论监察委员会“全覆盖”的限度》，《中州学刊》2017 年第 9 期。

100 江国华：《中国监察法学》，中国政法大学出版社 2018 年版，第 73 页。

101 参见刘小妹：《人大制度下的国家监督体制与监察机制》，《政法论坛》2018 年第 3 期。

利的司法救济，以及监察对象的律师帮助权等视角，讨论如何有效保障监察对象的合法权益。

第一，有关监察机关国家赔偿责任的讨论。尚在改革之初，便有研究者指出了该问题，例如，陈越峰认为，“对监察机关违法或错误办案而受到的损害，应设置相应的国家赔偿路径”，“在《监察法》制定中对国家赔偿的条件、范围和途径等作出详细规定”。[102] 不过，《监察法》虽在第 67 条对监察机关的国家赔偿责任作出了规定，但并未进行具体的制度设计。加之改革者将监察委员会定位为既非行政机关亦非司法机关的政治机关，这意味着现行《国家赔偿法》中的行政赔偿和司法赔偿皆难以直接适用。为此，王鸾鸾提出了两条可供选择的路径，一是基于监察权的混合性，将其分别嵌入行政赔偿和司法赔偿之中；二是在行政赔偿和司法赔偿之外，新增监察赔偿的相关内容。[103] 张红建议修改《国家赔偿法》，设专章规定监察赔偿，并对归责原则、赔偿范围、赔偿程序等提出了理论构想。[104] 杨红则认为，可以通过法律解释的方式，对《国家赔偿法》中的赔偿义务机关进行解释，从而将监察机关纳入其中。[105]

102　陈越峰：《监察措施的合法性研究》，《环球法律评论》2017 年第 2 期。

103　参见王鸾鸾：《监察委纳入国家赔偿义务机关的证成与路径》，《行政与法》2017 年第 12 期。

104　参见张红：《监察赔偿论要》，《行政法学研究》2018 年第 6 期。

105　杨红：《被监察者的权利及其保障研究》，《行政法学研究》2017 年第 6 期。

第二，有关监察对象权利司法救济的讨论。司法最为主要的功能即在于定分止争和救济权利，因此有研究者探讨了监察对象权利的司法救济问题。一是讨论是否可以起诉监察委员会，如王锴、王心阳认为，公职人员起诉监察委员会虽存在特别权力关系和内部行政行为的理论障碍，但鉴于该理论已有松动迹象，加之不少监察措施严重影响公职人员的基本权利，因而公职人员可对监察委员会提起诉讼。[106] 二是讨论可以对哪些监察行为提起诉讼，如姜明安认为，对留置、查封、扣押、冻结等对人身自由和财产权利的强制措施，以及开除公职等严厉的处分决定，公职人员若不服可以提起诉讼。[107] 徐继敏则认为："应当将全部政务处分纳入诉讼救济范畴。"[108] 三是讨论通过何种方式提起诉讼，如马岭认为，"监察机关在性质上与行政权非常接近，可通过修改《行政诉讼法》将其纳入行政诉讼范畴"。[109]

第三，有关监察对象律师帮助权的讨论。《监察法》并未就监察程序中的律师参与问题进行规定，但不少研究者对此进行了讨论。一是讨论律师能否参与监察程序，大部分研究者皆

---

106 参见王锴、王心阳：《如何监督监督者——兼谈对监察委员会的诉讼监督问题》，《浙江社会科学》2017 年第 8 期。

107 参见姜明安：《国家监察法立法的若干问题探讨》，《法学杂志》2017 年第 3 期。

108 徐继敏：《监察委员会政务处分行为探究》，《河南社会科学》2018 年第 10 期。

109 马岭：《监察委员会与其他国家机关的关系》，《法律科学》2017 年第 6 期。

认为律师应当参与监察程序，如秦文峰认为，“无论从改革的性质与任务等宏观视角出发，还是从保障人权、推动程序正义、制约公权力等具体理念出发，国家监察体制的职务犯罪体系均应吸纳律师帮助权”。[110] 亦有少数研究者持否定观点，如吴建雄认为，监察调查时的证据尚未确定，律师提前介入存在极大的证据风险，易导致腐败分子逍遥法外，且被调查人在移送审查起诉前并非犯罪嫌疑人，因而律师介入监察程序为时过早。[111] 二是讨论律师如何参与监察程序，包括律师参与的时间、方式等问题。对此，卞建林认为，“自采取留置措施之日起，应允许律师介入职务犯罪调查程序”。[112] 陈光中、邵俊建议，“若现阶段允许聘请律师有一定难度，可考虑在留置室等办案场所派驻值班律师，为被调查人提供必要的法律咨询”。[113] 陈卫东认为，可以采取兼顾反腐败斗争与保障被调查人权利的方式，即由监察委员会设立的法律顾问或公职律师为被调查人提供法律帮助。[114]

---

110 秦文峰：《国家监察体制改革背景下律师帮助权研究》，《吉林大学社会科学学报》2017 年第 6 期。

111 参见吴建雄：《监察体制改革试点视域下监察委员会职权的配置与运行规范》，《新疆师范大学学报（哲学社会科学版）》2018 年第 5 期。

112 卞建林：《配合与制约：监察调查与刑事诉讼的衔接》，《法商研究》2019 年第 1 期。

113 陈光中、邵俊：《我国监察体制改革若干问题思考》，《中国法学》2017 年第 4 期。

114 参见陈卫东：《职务犯罪监察调查程序若干问题研究》，《政治与法律》2018 年第 1 期。

五、国家监察体制改革中的刑事诉讼问题

监察机关的职务犯罪调查权整合自检察机关的职务犯罪侦查权，该权力原本由《刑事诉讼法》进行规范，加之监察程序唯有与刑事诉讼程序进行衔接，才能达致追究职务犯罪责任的最终目标，这使得改革中存在颇多的刑事诉讼问题有待进行理论关照。

（一）监察、检察、审判三机关的关系

监察机关、检察机关和审判机关是办理职务犯罪案件的重要主体，如何处理此三机关间的关系，既关涉反腐败工作的有效开展，亦影响公民权利的有效保障。诸多研究者对此问题展开探讨：一是对如何处理三机关之间的关系提出理论构思，如王超强基于“职权等量配置”等原则，认为应采用“等边三角形”的关系模式。[115] 二是对《宪法》第127条和《监察法》第4条确立的“互相配合、互相制约”关系进行理论阐释，如陈辉、汪进元便结合《宪法》的相关规定，对三机关之间关系的规范结构、价值诉求、实现路径等问题进行了系统诠释。[116] 朱福惠则在探讨“互相配合、互相制约”条款含义的基础上，

115 参见王超强：《论监察体制改革背景下监、检、法关系新构》，《东方法学》2017年第5期。

116 参见陈辉、汪进元：《论“监、检、审”三机关间的分工、配合与制约关系》，《南京社会科学》2018年第5期。

就检察机关对监察机关职务犯罪调查的制约问题予以全面展开。[117] 三是探讨如何落实“互相配合、互相制约”的关系。如左卫民、唐清宇就检察机关如何制约监察机关进行了探讨，认为“检察机关有权在事前、事中或事后依请求或依职权对监察机关的调查活动提供咨询性甚至指导性的意见”。[118] 不过，审判、检察机关能否对监察机关形成实质制约仍是不无疑问之事。[119]

（二）《监察法》与《刑事诉讼法》的衔接

在职务犯罪案件办理过程中，国家监察与刑事司法并非单纯地“各管一段”，而是需要有序对接，其中最关键的即为《监察法》与《刑事诉讼法》的衔接，由此引发一系列实体法和程序法上的问题，研究者们对此高度关注。

其一，《监察法》与《刑事诉讼法》效力位阶的认识。效力位阶可谓“法法衔接”的前提，因为这决定着衔接程序是单向的还是双向的。吴建雄、王友武认为，“《刑事诉讼法》虽然也是基本法，但其作为诉讼领域的法律规范，与《监察法》作为政治领域的法律规范相比，其在法律体系中的从属地位不

---

117 参见朱福惠：《论检察机关对监察机关职务犯罪调查的制约》，《法学评论》2018 年第 3 期。

118 左卫民、唐清宇：《制约模式：监察机关与检察机关的关系模式思考》，《现代法学》2018 年第 4 期。

119 参见秦前红：《我国监察机关的宪法定位：以国家机关相互间的关系为中心》，《中外法学》2018 年第 3 期。

言而喻”。[120] 卞建林对此观点予以批判，认为二者“皆属于基本法律，并不存在从属关系”，且“刻意弱化《刑事诉讼法》的地位有碍改革目标之实现”。[121] 姜涛则秉持一种相对辩证的态度，认为若从政治维度分析，“两法自然具有位阶关系，《监察法》效力高于《刑事诉讼法》”，若“撇开《监察法》承担的政治任务不谈，《监察法》与《刑事诉讼法》皆属基本法律，具有相同的法律效力”。[122]

其二，监察管辖与刑事诉讼管辖的衔接。一是对监察管辖与审判管辖之间矛盾的探讨，即《监察法》按照干部管理权限确立的监察管辖原则，与《刑事诉讼法》根据案件重大程度确立的审判管辖原则存在冲突。如樊崇义、哈腾指出，这可能导致上级监察委员会查办的案件，交由下级监察委员会移送审查起诉，但具体如何操作《监察法》却未予明确。[123] 二是对《监察法》第 34 条确立的“监察为主”的管辖规则的检讨，龙宗智认为，这“与长期的管辖实践和相关规范相冲突，还因违背一般管辖规律会造成实践中的困难，且与监察机关的职能

120 吴建雄、王友武：《监察与司法衔接的价值基础、核心要素与规则构建》，《国家行政学院学报》2018 年第 4 期。

121 卞建林：《配合与制约：监察调查与刑事诉讼的衔接》，《法商研究》2019 年第 1 期。

122 姜涛：《国家监察法与刑事诉讼法衔接的重大问题研究》，《南京师大学报（社会科学版）》2018 年第 6 期。

123 参见樊崇义、哈腾：《论监察与检察协调衔接机制的构建》，《浙江工商大学学报》2018 年第 6 期。

不符”。[124] 齐小力、陆冬华则认为《监察法》使用了“一般”的表述，故对于该管辖规则还有待进一步解释，否则仍应沿用“主罪为主”的管辖规则。[125]

其三，留置措施与刑事强制措施的衔接。在监察机关将案件移送至检察机关后，留置措施需变更为刑事强制措施，《监察法》第 47 条和《刑事诉讼法》第 170 条进行了相应的制度设计。对此，卞建林认为，“留置措施与刑事强制措施的衔接并非自行衔接，必须经检察机关严格审查后依法衔接”。[126] 朱孝清更是指出，“检察机关需对被调查人采取什么强制措施，是检察机关的事”。[127] 潘金贵、王志坚认为，《监察法》《刑事诉讼法》未规定退回补充调查时的强制措施衔接问题是明显疏漏，并建议“检察机关退回补充调查时，已采取逮捕措施的无须变更为留置，取保候审措施则应变更为留置”。[128] 王一超对《刑事诉讼法》第 170 条中的“先行拘留”规定提出质疑，一是认为这不符合“少押慎押”的理念，二是认为若存在错误羁押难以确定国家赔偿义务机关，因此建议检察机关在留置期限

---

124 龙宗智:《监察与司法协调衔接的法规范分析》,《政治与法律》2018 年第 1 期。

125 参见齐小力、陆冬华:《论公安机关和监察机关互相配合、互相制约》,《中国人民公安大学学报（社会科学版）》2018 年第 3 期。

126 卞建林:《配合与制约：监察调查与刑事诉讼的衔接》,《法商研究》2019 年第 1 期。

127 朱孝清:《修改后刑诉法与监察法的衔接》,《法治研究》2019 年第 1 期。

128 潘金贵、王志坚:《以审判为中心背景下监察调查与刑事司法的衔接机制研究——兼评〈刑事诉讼法（修正草案）〉相关条文》,《社会科学研究》2018 年第 6 期。

届满前即完成刑事强制措施的决定事宜。[129]

其四，监察程序与审查起诉程序的衔接。一是对补充调查和补充侦查如何运用的探讨，夏伟、刘艳红结合《刑事诉讼法》的相关规定对《监察法》第 47 条进行体系解释，认为“即便移送的证据存在问题，绝大多数情况只能退回补充调查而不能自行侦查”。[130] 马怀德认为，这“表明检察机关对监察权运用应当保持谦抑和尊重的态度”。[131] 叶青则指出，鉴于案件已进入刑事司法程序，故补充调查应当参照《刑事诉讼法》的相关规定进行。同时考虑到检察机关职务犯罪案件侦查力量的缺乏，应对补充侦查的范围予以明确和限制。[132] 二是对何时开始适用《刑事诉讼法》的探讨，既包括法律的适用方式，如陈光中认为对职务犯罪的调查应受《监察法》《刑事诉讼法》的双重规范。[133] 纵博认为：“《监察法》中对调查措施的规定不完善、不明确之处，应适用《刑事诉讼法》的规定。”[134] 亦有法

129 参见王一超：《论〈监察法〉与〈刑事诉讼法〉适用中的程序衔接》，《法治研究》2018 年第 6 期。

130 夏伟、刘艳红：《程序正义视野下监察证据规则的审查》，《南京师大学报（社会科学版）》2019 年第 1 期。

131 马怀德主编：《中华人民共和国监察法理解与适用》，中国法制出版社 2018 年版，第 182 页。

132 参见叶青：《监察机关调查犯罪程序的流转与衔接》，《华东政法大学学报》2018 年第 3 期。

133 参见陈光中：《关于我国监察体制改革的几点看法》，《环球法律评论》2017 年第 2 期。

134 纵博：《监察委员会调查权运行法治化的若干问题探讨》，《宁夏社会科学》2018 年第 3 期。

律的适用时间，如姚莉提出，职务犯罪监察案件应以刑事立案程序作为适用《刑事诉讼法》的前提，并将该时间节点确定为“发现被调查人已经涉嫌职务犯罪的调查”之时。[135]

（三）改革中的证据制度问题探讨

改革对既有的证据规则产生较大影响，甚至创设出了一些新的证据规则和证据形态。研究者们围绕《监察法》中的证据规则、监察证据的标准和要求、非法证据排除规则的适用，以及监察证据在刑事诉讼中的使用等问题展开探讨。

第一，如何确定监察机关收集证据的要求和标准。研究者大都认为对此问题不可一概论之，而应结合证据的运用领域分别讨论，例如，姜涛表示，“对职务违法与职务犯罪是否采用相同的证明标准，这是《监察法》颁布实施后面临的重要问题”。[136] 刘艳红、夏伟同样提出疑问，“所有案件的证据都与刑事诉讼关于证据的要求和标准相一致，是否会使证据门槛提高，不利于打击腐败行为”。[137] 陈瑞华在对监察委员会的调查权进行“三分”的基础上，认为党纪调查和政纪调查应确立低于刑事诉讼的证据要求和标准，而对刑事调查则应确立刑事诉

135　参见姚莉：《监察案件的立案转化与“法法衔接”》，《法商研究》2019 年第 1 期。

136　姜涛：《国家监察法与刑事诉讼法衔接的重大问题研究》，《南京师大学报（社会科学版）》2018 年第 6 期。

137　刘艳红、夏伟：《法治反腐视域下国家监察体制改革的新路径》，《武汉大学学报（哲学社会科学版）》2018 年第 1 期。

讼那般严格的要求和证明标准。[138] 此外，张中还对监察证据的形式要件和实质要件进行了探讨。[139]

第二，《监察法》中的非法证据排除规则的理解与适用。一是如何理解“非法”的含义，亦即哪些非法证据应予排除，比如高通对《监察法》第 33 条进行文义解释，认为该规定未使用“刑讯逼供、暴力、威胁”等非法要件，因而只需满足“非法”要件即可予以排除，故监察非法证据的范围应等于或宽于刑事非法证据的范围。但同时也指出这种笼统规定可能导致非法证据排除规则在实践中难以适用。[140] 刘艳红从体系解释的思路出发，认为“《监察法》第 33 条为监察机关适用非法证据排除规则提供了准用《刑事诉讼法》相关证据规则的指示性依据”，因此“‘非法证据’应结合《刑事诉讼法》等予以阐释”。[141] 陈卫东、聂友伦则认为，对于追究刑事责任的监察调查程序而言，非法证据的认定须以刑事审判的标准为标准，即符合《刑事诉讼法》及相关司法解释的要求。[142] 二是表达对非法证据排除规则适用的担忧，如郑曦认为，内部监督的缺陷致使监察委员会的自我排除恐难实现，而监察

138 参见陈瑞华：《论监察委员会的调查权》，《中国人民大学学报》2018 年第 4 期。

139 参见张中：《论监察案件的证据标准——以刑事诉讼证据为参照》，《比较法研究》2019 年第 1 期。

140 参见高通：《监察程序中非法证据的法解释学分析》，《证据科学》2018 年第 4 期。

141 刘艳红：《职务犯罪案件非法证据的审查与排除——以〈监察法〉与〈刑事诉讼法〉之衔接为背景》，《法学评论》2019 年第 1 期。

142 参见陈卫东、聂友伦：《职务犯罪监察证据若干问题研究——以〈监察法〉第 33 条为中心》，《中国人民大学学报》2018 年第 4 期。

机关与检察、审判机关间悬殊的地位，使得后续刑事诉讼中排除非法证据也较乏力。[143]

第三，监察证据如何在刑事诉讼中使用的探讨。既有研究者认为监察证据不必经过转化即可运用于刑事诉讼，比如卞建林认为，《监察法》第 33 条规定的“可以作为证据使用”，指的是“证据具有进入刑事诉讼的资格，不需侦查机关再次履行取证手续”。[144] 纵博同样认为：“对于监察委员会收集的证据来说，只要是以合法手段获取的具有关联性、可靠性的证据，就可以作为诉讼证据使用，无论对于实物证据，还是言词证据均应如此。”[145] 当然，还有不少研究者认为应当经由必要的转化程序，比如陈卫东将监察证据区分为实物类证据和言词类证据，并认为将前者“直接用作刑事诉讼证据使用具有一定合理性”，但“对言词类证据而言，在律师和司法机关无法介入监察程序的情况下，其内容的真实性和收集程序的合法性难免遭受质疑”。[146] 谢登科则认为，应根据收集证据的阶段来进行判断，即监察机关在初核阶段收集的证据需由检察机关重新收集，监察立案后获取的证据则可以直接在刑事诉讼中使用。[147]

---

143 参见郑曦：《论非法证据排除规则对监察委办理案件的适用》，《证据科学》2018 年第 4 期。

144 卞建林：《监察机关办案程序初探》，《法律科学》2017 年第 6 期。

145 纵博：《监察体制改革中的证据制度问题探讨》，《法学》2018 年第 2 期。

146 陈卫东：《职务犯罪监察调查程序若干问题研究》，《政治与法律》2018 年第 1 期。

147 参见谢登科：《监察证据在刑事诉讼中的使用——兼论〈监察法〉第 33 条的理解与适用》，《中共中央党校学报》2018 年第 5 期。

六、国家监察体制改革对司法体制的影响

监察体制与司法体制同属政治体制之范畴，随着国家监察体制改革的全面展开，司法体制因此受到的影响甚巨，特别是对检察机关和检察制度的冲击，以及对司法体制改革既有制度设计的影响。

（一）检察制度的困境与出路

职务犯罪侦查职能的整合对检察制度的影响颇大，既有对检察机关宪法定位等宏观层面的影响，亦对人民监督员制度等微观层面的制度产生冲击，研究者们围绕此类问题进行了探讨。

其一，改革对检察机关宪法定位的影响。有研究者认为，改革引发对检察机关的重新定位，如胡勇指出，“职务犯罪侦查权是《宪法》把检察机关定位为‘法律监督机关’的主要根据和重要支撑”，改革致使“监察委员会取代检察机关成为法律监督机关”，因此应“将检察机关定位为国家的公诉机关和诉讼监督机关”。[148] 陈冬认为，应以“公共利益的守护者”来重新定位检察机关。[149] 不过，更多的研究者则认为，改革并未

148　胡勇：《监察体制改革背景下检察机关的再定位与职能调整》，《法治研究》2017 年第 3 期。

149　参见陈冬：《监察委员会的设置与检察权的重构》，《首都师范大学学报（社会科学版）》2017 年第 2 期。

改变检察机关的宪法定位，甚至使检察机关回归了“法律监督机关”的宪法定位。例如，夏金莱指出，职务犯罪侦查权并非《宪法》将检察机关定位为法律监督机关的主要根据，因此改革并不会改变其法律监督机关的宪法定位。[150] 田夫则指出，检察院的侦查监督权、审判监督权、监所监督权、执行监督权、民事调解监督权和行政公益诉讼起诉权依然支撑着检察院法律监督机关的性质。[151] 姚岳绒认为，职务犯罪侦查权使检察院在现实中异化为一个刑事追诉机关，由此脱离了《宪法》对检察院性质的定位，因此改革“正是将检察院作为法律监督机关的回归与加强”。[152]

其二，改革对检察机关职权和机构的影响。职务犯罪侦查权是“检察机关树立公信和履行其他职能的强有力后盾”，[153] 是故检察机关的其他职权难免受到影响。例如，朱孝清指出，职务犯罪侦查职能“对检察机关的其他职能特别是诉讼监督职能有支撑作用，故该职能的转隶会导致诉讼监督职能进一步软化和弱化”。[154] 孙谦认为，改革调整了检察机关法律监督的职

---

150 参见夏金莱：《论监察体制改革背景下的监察权与检察权》，《政治与法律》2017年第8期。

151 参见田夫：《检察院性质新解》，《法制与社会发展》2018年第6期。

152 姚岳绒：《监察体制改革中检察院宪法地位之审视》，《中国政法大学学报》2018年第1期。

153 秦前红、王天鸿：《国家监察体制改革背景下检察权优化配置》，《理论视野》2018年第8期。

154 朱孝清：《国家监察体制改革后检察制度的巩固与发展》，《法学研究》2018年第4期。

权范围和行使方式，包括原有职权范围的调整，以及法律监督职权的拓展。[155] 与此同时，职权乃是由各类机构具体承载的，因而职权的调整也会对机构产生影响，如龙宗智认为，改革"直接减少了检察机关的内设业务机构，检察机关产生内部机构适度分离和'蓬松化'需求"。[156] 王玄玮则具体讨论了改革对举报中心、司法警察部门、检察技术部门等检察机关内设机构的影响。[157]

其三，改革对人民监督员制度的影响。人民监督员制度的初衷在于消解社会对检察机关办理职务犯罪案件的疑虑，但改革致使其监督对象被整合至监察机关，由此产生"人民监督员制度何去何从"的疑问，[158] 研究者大多认为该制度应继续存在，但对于如何进行制度调适则有三种相异的观点：一是认为可将该制度引入监察领域，如谭世贵认为"可引进人民监督员制度并作适当的调整和改进，以增强对监察权的外部监督"。[159] 李勇甚至结合《监察法》对人民监督员监督监察机关的范围提出了构想。[160] 二是认为应限缩该制度在检察系统的适用范围，

155 参见孙谦：《新时代检察机关法律监督的理念、原则与职能（下）》，《检察日报》2018 年 11 月 4 日第 3 版。

156 龙宗智：《检察机关内部机构及功能设置研究》，《法学家》2018 年第 1 期。

157 参见王玄玮：《挑战与机遇："监察委员会"时代的检察机关》，《民主与法制时报》2017 年 1 月 5 日第 7 版。

158 参见秦前红：《实现监察体制改革与人民监督员制度改革的衔接》，《法制日报》2017 年 9 月 27 日第 9 版。

159 谭世贵：《论对国家监察权的制约与监督》，《政法论丛》2017 年第 5 期。

160 参见李勇：《人民监督员制度基本构造之完善》，《中国检察官》2018 年第 23 期。

例如，高一飞认为，鉴于该制度的实施效果并不理想，且外行人监督侦查权的做法有违侦查规律，因此应将人民监督员的监督范围限于检察机关的公诉权，特别是职务犯罪公诉权。[161] 三是认为应扩展该制度在检察系统的适用范围，例如，王步远提出，可将人民监督员制度适用领域扩展至各类公诉、审查批捕和公益诉讼等各项检察工作。[162]

其四，改革背景下检察制度的可能出路。在改革的巨大冲击下，检察制度如何寻求可能出路，亦是研究者们关注的话题。一是探讨检察机关如何寻找新的职能“增长点”。对此，李奋飞认为：“检察机关既不必因职务犯罪侦查权的剥离而六神无主，也不必为寻求新的权力增长点而四面出击。应继续围绕公诉、批捕等监督主业进行挖掘，稳步推进一些特色职能的开发。”[163] 姚岳绒认为，职务犯罪侦查使用了检察机关大量业务资源，因此改革为监督职权的发挥释放出更多空间，除传统的诉讼监督外，还应开展行政违法检察监督、公益诉讼等。[164] 二是探讨检察机关如何行使保留的部分职务犯罪侦查权。检察机关的职务犯罪侦查权虽被整合，但现行《刑事诉讼法》第 19 条仍为其保留了对

---

161 参见高一飞：《国家监察体制改革背景下人民监督员制度的出路》，《中州学刊》2018 年第 2 期。

162 参见王步远：《监察体制改革背景下人民监督员制度发展思路探讨》，《北京人大》2017 年第 7 期。

163 李奋飞：《检察再造论——以职务犯罪侦查权的转隶为基点》，《政法论坛》2018 年第 1 期。

164 参见姚岳绒：《监察体制改革中检察院宪法地位之审视》，《中国政法大学学报》2018 年第 1 期。

部分职务犯罪案件的侦查权。缘何作出此般制度安排，陈国庆认为，这是由于“检察机关在发现此类职务犯罪的线索方面具有天然的优势”。[165] 顾永忠指出：“这一安排不仅保持和发挥了检察机关长期形成的业务优势，且可以节约司法资源。”[166] 朱孝清则表示，这是支撑检察机关诉讼监督职能的需要，[167] 但也表明“如此狭小的侦查范围，难以给诉讼监督起到支撑作用”。[168] 而对于此类侦查权如何行使，不少研究者对《刑事诉讼法》第 19 条中的“可以”二字进行诠释，如郭华认为这表明检察机关并非此类案件的唯一侦查主体，在实践中会引发一系列的疑问。[169] 还有研究者探讨了具体由何主体行使该职权，如万毅建议在检察机关设立侦查部等专门的内设机构，集中行使补充侦查权、司法工作人员职务犯罪侦查权和机动侦查权。[170]

（二）司法改革的回应与调适

“司法体制改革在前，监察体制改革在后的秩序安排，易导

---

165 陈国庆：《刑事诉讼法修改与刑事检察工作的新发展》，《国家检察官学院学报》2019 年第 1 期。

166 顾永忠：《公职人员职务犯罪追诉程序的重大变革、创新与完善——以〈监察法〉和〈刑事诉讼法〉的有关规定为背景》，《法治研究》2019 年第 1 期。

167 参见朱孝清：《修改后刑诉法与监察法的衔接》，《法治研究》2019 年第 1 期。

168 朱孝清：《国家监察体制改革后检察制度的巩固与发展》，《法学研究》2018 年第 4 期。

169 参见郭华：《我国检察机关侦查权调整及其互涉案件程序的探讨》，《法治研究》2019 年第 1 期。

170 参见万毅：《检察机关内设机构改革的基本理论问题》，《政法论坛》2018 年第 5 期。

致前后冲突、改革无功的困扰。”[171] 在国家监察体制改革的大背景之下，司法体制改革如何有效回应与调适亦为研究者们所关注。

第一，改革对以审判为中心的诉讼制度的影响。一是改革对审判中心主义的冲击，例如，陈瑞华在改革之初便提出担忧：“国家监察体制改革可能使审判中心主义陷入新的困境。”[172] 陈邦达认为：“监察委员会以位高权重的政治和法律地位介入刑事诉讼程序，将对‘以审判为中心’的诉讼制度带来一定影响。”[173] 周长军认为,改革之后的“职务犯罪案件办理程序可能重新回归‘流水作业’模式，进而出现‘调查中心主义’的格局”。[174] 李奋飞则指出，鉴于检察机关无法对监察机关的调查活动进行法律监督，因而调查中心主义比侦查中心主义更容易出现。[175] 二是如何防范可能出现的调查中心主义，并重申审判中心主义。对此，汪海燕指出，“在监察委员会调查的职务犯罪案件中，非法证据排除规则和无罪判决是审判中心的两块试金石”。[176] 褚福民从证据规则、诉讼职能和诉讼主体

171　秦前红：《中国政治体制改革“试点”模式需解决好四大问题》,《中国法律评论》2017 年第 4 期。

172　陈瑞华：《审判中心主义改革的理论反思》,《苏州大学学报（哲学社会科学版）》2017 年第 1 期。

173　陈邦达：《推进监察体制改革应当坚持以审判为中心》,《法律科学》2018 年第 6 期。

174　周长军：《监察委员会调查职务犯罪的程序构造研究》,《法学论坛》2018 年第 2 期。

175　参见李奋飞：《“调查——公诉”模式研究》,《法学杂志》2018 年第 6 期。

176　汪海燕：《监察制度与〈刑事诉讼法〉的衔接》,《政法论坛》2017 年第 6 期。

权力三个层面，分析了改革背景下审判中心主义的实现问题。[177]潘金贵、王志坚则从“监察调查与刑事司法的程序衔接”、“监察与司法的证据衔接”以及“监察与司法的诉权保障衔接”三个方面，探讨了如何在监察案件中落实审判中心主义。[178]卞建林从非法证据排除和监察人员出庭作证两个方面，分析了如何防范调查中心主义。[179]

第二，改革对法官、检察官惩戒制度的影响。法官和检察官的多重身份使其承担着多层责任，因此需要接受多源监督。而改革在相当程度上改变了法官和检察官的多源监督格局，致使法官、检察官惩戒制度的运作空间变得模糊，[180]其如何在改革的背景下进行调适，引发了不少研究者的讨论。如张涛提出，“在国家监察体制改革的背景下，如何设计好检察官惩戒委员会的职能定位、工作程序，做好衔接与配套，需要各地结合实际积极探索”。[181]葛琳则认为，在国家监察体制改革的背景下，司法责任作为独立存在的责任类型，其保障司法人

177 参见褚福民：《以审判为中心与国家监察体制改革》，《比较法研究》2019 年第 1 期。

178 参见潘金贵、王志坚：《以审判为中心背景下监察调查与刑事司法的衔接机制研究——兼评〈刑事诉讼法（修正草案）〉相关条文》，《社会科学研究》2018 年第 6 期。

179 参见卞建林：《配合与制约：监察调查与刑事诉讼的衔接》，《法商研究》2019 年第 1 期。

180 参见秦前红、刘怡达：《国家监察体制改革背景下人民法院监察制度述要》，《现代法学》2018 年第 4 期。

181 张涛：《检察官办案责任制改革情况及其完善路径》，《人民检察》2018 年第 8 期。

员正当履职的价值取向和制度设计不应发生改变，同时，检察官惩戒制度也应与国家监察体制有效衔接。[182] 张梦星指出，鉴于司法有其特殊的规律，且已经设有法官惩戒委员会，法官的司法责任追究不应由监察委员会负责。[183]

七、监察制度的比较研究与借鉴

古今中外的监察制度可谓为改革提供了颇多的制度启迪乃至制度原型，不少研究者对此展开比较分析，以期从中觅得制度设计的“模板”。例如，陈光中、邵俊指出：“改革继承了监察历史传统，借鉴了域外监察制度的有益经验。”[184] 不过亦有研究者对此持相异观点，比如王旭认为，国家监察体制“既非传统的转化也非西方制度的摹写”，因此“无法简单套用任何一种既有模式来解释和说明”。[185]

（一）对中国历史上监察制度的研究

张晋藩系统梳理了上溯春秋战国时期，下至清朝末年的

182 参见葛琳：《检察官惩戒委员会的职能定位及其实现——兼论国家监察体制改革背景下司法责任追究的独立性》，《法学评论》2018 年第 2 期。

183 参见张梦星：《公安机关刑事执法办案责任制体系研究》，《中国政法大学学报》2018 年第 3 期。

184 陈光中、邵俊：《我国监察体制改革若干问题思考》，《中国法学》2017 年第 4 期。

185 王旭：《国家监察机构设置的宪法学思考》，《中国政法大学学报》2017 年第 5 期。

监察机构和监察法制，他认为“中国古代的监察机构经过漫长发展日趋完备，它所缔造的监察文化和积累的丰富经验，对于当前的中国特色的监察法制建设具有重要镜鉴价值”。[186] 朱福惠对古代中国的监察御史体制、南京国民政府监察院体制以及共和国成立以来的行政监察体制进行宪法史角度的考察，并与国家监察体制进行了比较式的探讨。[187] 范依畴、范忠信认为，国家监察体制是对传统中国御史监察体制和苏俄工农革命监察体制的传续。[188] 李青对中国古代的司法监察制度进行了系统研究，提出“司法依律是司法监察监督的重要依据”和“渎职枉法是司法监察的重要内容”等主要论点，并探讨了古代司法监察的现代意义。[189] 艾永明探究了中国古代监察与司法的关系，认为在古代中国，“监察既是司法又高于司法”，这致使“监察严重混淆和侵夺审判”，此种制度安排“是一种政治统治的需要，而不是理性选择”。[190] 吕永祥、王立峰从监察主体、监察对象、监察内容、监察职权和监察方式等方面，对清代《钦定台规》这部古代监察法律的主要内容进行了系统诠释，并提出

186 张晋藩：《中国古代的治国之要——监察机构体系与监察法》，《中共中央党校学报》2018 年第 5 期。

187 参见朱福惠：《国家监察体制之宪法史观察——兼论监察委员会制度的时代特征》，《武汉大学学报（哲学社会科学版）》2017 年第 3 期。

188 参见范依畴、范忠信：《三大法律传统共塑新监察体制的法治省察》，《国家行政学院学报》2017 年第 6 期。

189 参见李青：《中国古代司法监察的现代意义》，《政法论坛》2018 年第 4 期。

190 艾永明：《中国古代监察与司法的关系——兼议对当代监察体制改革的启示》，《法治研究》2018 年第 5 期。

了其对当代国家监察立法的启示。[191]

（二）对域外监察制度的研究

尚在改革之初，研究者们便已开始关注域外监察制度中的先进经验，例如，马怀德提出了"重视域外有益经验与我国实际国情"的国家监察立法思路。[192]叶青、王小光对域外监察制度的起源、发展和演变进行了较为系统的研究，并提出了对我国的启发。[193]蒋来用以域外监察体制改革的实践经验为素材，比较分析了其中的积极因素和不利因素，并在总结利弊得失的基础上，提出了完善我国国家监察体制的对策建议。[194]雷磊、刘雪利则探讨了世界范围内监察机关的设置模式，认为主要存在国会监察模式、行政监察模式和独立监察模式，并对此三种模式下监察机关的独立性进行了比较研究，同时提出要"基于中国的体制结构、司法模式与基本国情，设计出一套有效的监察机制来确保监察机关职能的独立行使"。[195]吕永祥、王立峰认为，世界上绝大多数国家和地区皆设有专门的反腐败

---

191 参见吕永祥、王立峰:《〈钦定台规〉对国家监察立法的启示》,《广西社会科学》2018年第6期。

192 马怀德:《〈国家监察法〉的立法思路与立法重点》,《环球法律评论》2017年第2期。

193 参见叶青、王小光:《域外监察制度发展评述》,《法律科学》2017年第6期。

194 参见蒋来用:《比较视角下的国家监察体制改革》,《河南社会科学》2017年第6期。

195 雷磊、刘雪利:《国家监察机关的设置模式：基于"独立性"的比较研究》,《北京行政学院学报》2017年第6期。

机构，但这并不必然带来良好的腐败治理效果，为此提出了独立性、专业性、职权的充分性和廉洁性这四项“有效的反腐败机构标准”。[196]张倩对英国监察专员制度的类型、功能衍变等问题进行了较为系统的探讨，并提出对我国监察体制改革的启示。[197]周磊分析了域外监察官制度的特征及其借鉴价值，但同时认为其与我国监察官制度存在本质上的不同。[198]

（三）对香港地区廉政公署制度的研究

我国香港特别行政区的廉政公署制度可谓改革的制度模板之一，[199]诚如杨晓楠指出的那般，“在组织机构建制和权力制约方面，香港廉政公署的经验都有一定借鉴意义”。[200]与此相关的比较研究集中在以下三方面：其一，反腐败机构的独立性。赵心认为，香港廉政公署在机构设置上的独立性是其有力反腐的重要保障，为此应在机构、人事、经费等方面，保障监察委员会的独立性。[201]其二，对反腐败机构的监督制约。童之

---

196 参见吕永祥、王立峰：《反腐败机构的模式比较及其启示》，《中州学刊》2018年第9期。

197 参见张倩：《英国监察专员的类型、功能及启示》，《政法论丛》2017年第4期。

198 参见周磊：《中国监察官制度的构建及路径研究》，《国家行政学院学报》2018年第4期。

199 参见秦前红、叶海波等：《国家监察制度改革研究》，法律出版社2018年版，第301—302页。

200 杨晓楠：《国家机构现代化视角下之监察体制改革——以香港廉政公署为借鉴》，《浙江社会科学》2017年第8期。

201 参见赵心：《香港反腐制度设计对内地国家监察体制改革的借鉴研究》，《理论月刊》2017年第8期。

伟结合香港廉政公署的运行实践，探讨了对监察委员会的监督制约问题。[202] 朱超然、王杰则提出，借鉴香港廉政公署完善的内外部监督体系，构建监察委员会的内外部监督机制。[203] 阳平指出，香港廉政公署存在静态控权和动态控权两种模式，前者指向权力的授予，后者则是指基于权力制衡原理实现对调查权的制约，并表明，这为控制监察委员会的权力提供了参考经验，比如细化对监察委员会权力的静态控制，以及确保动态控权主体有效发挥监督制约作用等。[204] 其三，机构反腐与社会反腐的互动。对此，李红勃结合香港社会的反腐败经验，认为"在通过改革推进国家反腐的同时，也应在制度设计中重视社会反腐，为反腐败的公众参与留下空间"。[205]

八、研究评述与展望

上文大致呈现了法学研究者对国家监察体制改革的理论思考，侧重于梳理研究者们共同关注的理论和实践命题。从总体上看，国家监察体制改革的法学研究成果是丰硕的，数

202 参见童之伟：《对监察委员会自身的监督制约何以强化》，《法学评论》2017 年第 1 期。

203 参见朱超然、王杰：《对香港特区廉政公署制度设计的思考与借鉴》，《河南社会科学》2018 年第 3 期。

204 参见阳平：《论我国香港地区廉政公署调查权的法律控制——兼评〈中华人民共和国监察法（草案）〉》，《政治与法律》2018 年第 1 期。

205 李红勃：《香港廉政公署的廉洁社会改造运动》，《中国政法大学学报》2018 年第 1 期。

以千计的学术论著相继发表或出版，其中既有对改革方案展开的宏大构建与批判，亦不乏围绕具体制度设计进行的缜密论辩。法学研究者们从不同的学科视角展开探讨，为此项系统工程的有效推进提供了相对全面的理论支撑和知识储备。改革实践与理论研究之间形成了较为良好的互动关系，研究者们以改革中的重大现实问题作为主攻方向，数量颇丰的研究成果在此过程中产出，这既丰富了新时代的中国法学研究，也为改革和立法提供了理论支持，不少研究观点或是体现在改革者的制度设计中，或是校正了原初的改革方案。不过，国家监察体制改革的法学研究仍有较大的提升空间和拓展领域，首先，随着《监察法》的颁布施行，监察法学研究面临从立法论向解释论的转型趋势，监察法律制度的建立与改进无疑仍将继续，但既已建立的制度如何在实践中运行将是更为重大的课题；其次，随着各级监察委员会的相继运转，此前理论上的“沙盘推演”或许难以应对“实战”中的各类问题，是故如何解决此类实践问题自然成为后续研究的当务之急。

（一）合署办公与党规国法衔接问题

监察委员会与党的纪委实行合署办公的体制，此般制度安排对改革和立法，以及监察委员会的运转皆影响甚大。例如《监察法》第 5 条规定的“惩戒与教育相结合，宽严相济”原则，其实就是《中国共产党党内监督条例》第 7 条规定的“四种形态”在监察工作中的具体体现。[206]再如，监察委员会不像其他国家机关那般设置党组，这是因为在合署办公的体制下，监察委员会“本质上就是党的工作机构”。[207]倘若罔顾合署办公体制对监察权运行的影响，一则无法有效控制监察权的行使，因为合署办公的体制使得监察权和纪检权“结合”为纪检监察权，故而“仅有国家法律的权力治理机制在实践中显然难以奏效”；[208]二则无法与党的纪律检查体制协同高效运行，因为合署办公后的纪检监察机关“履行纪检、监察两项职责，既执纪又执法”，[209]但执纪与执法既有联系亦不乏区分，为此需要在实践中实现“纪法贯通”。现有研究对此类问题其实是有所涉及的，例如，翟志勇认为，合署办公体制给“监察权中融入了中国共产党的纪律检查权”。[210]不过总体上都是寥寥数笔带过，未曾围绕相关话题展开更为详致的探讨。

首先，关注合署办公体制对监察权运行的影响，意识到仅依靠国家法律控制监察权具有不可避免的局限性，继而认知到党内法规与国家法律在“驯化”监察权时所分别具有的功

---

206 参见中共中央纪律检查委员会、中华人民共和国国家监察委员会法规室编写：《〈中华人民共和国监察法〉释义》，中国方正出版社2018年版，第70页。

207 闫鸣：《监察委员会是政治机关》，《中国纪检监察报》2018年3月8日第3版。

208 刘怡达：《论纪检监察权的二元属性及其党规国法共治》，《社会主义研究》2019年第1期。

209 钟纪轩：《深化国家监察体制改革健全党和国家监督体系》，《求是》2018年第9期。

210 翟志勇：《论监察权的宪法性质——兼论八二宪法的分权体系》，《中国法律评论》2018年第1期。

能。有鉴于此，可以借鉴既往控制纪律检查权的相关经验，将其运用于构建监察权的控制机制，但应注意选择合适的制度表现形式，不宜借由党内法规及其他党内规范性文件来规范监察委员会的组织和职权。同时，由于监察权本质上仍属于一项国家权力而非执政党权力，故而不可因合署办公体制而漠视了二者之间应有的区别与界限。其次，考察并检视实践中“纪法贯通”的实现方式，探讨如何从立法、组织和程序等方面更为科学有效地实现“纪法贯通”。[211] 实践中对此已有颇多行之有效的经验，但通常是对执纪与执法的联系关注有余，而对二者的区分则缺乏足够的重视。最后，探讨纪检监察领域的党内法规与国家法律如何实现双向衔接，例如今后制定《中国共产党纪律检查委员会工作条例》时，应在纪检工作和监察工作的共通问题上与《监察法》保持一致。

(二)《监察法》的配套立法问题

因为未能摆脱“宜粗不宜细”的立法指导思想，《监察法》仍只是“一部对国家监察工作起统领性和基础性作用的法律”,[212] 其中的现有规定难以为监察委员会的运行提供充足的规制供给。为此，《监察法》的配套立法将成为今后一段时期内

211 参见江国华、何盼盼:《国家监察纪法贯通保障机制研究》,《中国高校社会科学》2019 年第 1 期。

212 李建国:《关于〈中华人民共和国监察法(草案)〉的说明》,《全国人民代表大会常务委员会公报》2018 年第 2 期。

立法工作的主要任务之一，[213]制定《政务处分法》《监察官法》即被列入“十三届全国人大常委会立法规划”。现有研究对此问题已有所关注，如江国华认为应制定《国家监察组织法》《国家监察程序法》《监察官法》等，并就相关立法内容提出了构想。[214]《监察法》的配套立法问题需要慎重研究，至少有以下问题应予以解决：一是配套立法的表现形式。应明确监察委员会属于国家机关，监察权属于国家权力，因此，配套立法应以国家法律的形式进行，而不宜在党内法规中作出规定。二是配套立法的主要内容。应根据实践中真实存在的立法需求，并在综合考虑立法必要性与可行性的基础上，研究制定相应的配套立法，除上述《政务处分法》《监察官法》之外，还可对监察管辖、监察程序等事项进行配套立法。三是配套立法与《监察法》的关系。《立法法》规定了“特别法优于一般法”、“新法优于旧法”和“上位法优于下位法”等技术性规则，是故如何处理配套立法与《监察法》的关系，直接关涉法律的适用和实施。考虑到《监察法》是由全国人大制定的基本法律，且系“对国家监察工作起统领性和基础性作用的法律”，故配套立法的效力位阶应低于《监察法》，同时原则上不可作出与《监察法》相异的规定。四是建议授予国家监察委员会制定监察法规的权力。鉴于与监察委员会运行相涉的事项纷繁复杂，若所有

213 参见秦前红、刘怡达：《制定〈政务处分法〉应处理好的七对关系》，《法治现代化研究》2019 年第 1 期。

214 参见江国华：《国家监察体制改革的逻辑与取向》，《学术论坛》2017 年第 3 期。

事项皆由全国人大及其常委会进行立法，虽有裨于提升监察法制的权威，但会占用权力机关过多的立法资源，为此可考虑修改《立法法》授予国家监察委员会制定监察法规的权力，借由监察法规对重要程度较低的事项作出规定。

（三）《监察法》与相关法律的衔接问题

《监察法》如何与《刑法》《刑事诉讼法》等刑事法律、监察程序如何与刑事司法程序相衔接，乃是国家监察体制中“法法衔接”的主要方面，亦是当前理论研究的关注重点，《刑事诉讼法》《人民检察院组织法》最近的修改即是为了回应该问题。不过，有关“法法衔接”的研究尚有以下拓展余地：一是实践中诸多“法法衔接”机制还有待理论的进一步关照，比如，以监察机关和刑事司法机关的内部联合工作机制解决程序衔接问题，是否具有相应的外部效力及充分的程序正当性？再如，当前的“法法衔接”机制其实是以监察程序为“优位”的，而刑事司法程序则需进行调适以与之相衔接，此般做法如何才能遵循刑事正义的理念尚待理论探讨。二是“法法衔接”指向的绝不止于《监察法》与刑事法律，还应包括其与《各级人民代表大会常务委员会监督法》《地方各级人民代表大会和地方各级人民政府组织法》《公务员法》《国家赔偿法》《行政诉讼法》等法律，以及与《联合国反腐败公约》等国际条约的衔接，这既涉及国家监察体制的有序运行，亦关乎国家法律体系的统一和协调。三是监察程序与行政执法程序的衔接同样应是“法法衔接”的重要方面，其中涉及的监察机关与行政机关对违法事项的管辖区分，监察程序与行政处罚程序的衔接与流转，以及行政机关与监察机关的配合制约关系等问题，既有的理论和实践皆缺乏充分探讨。

（四）国家监察体制与治理现代化的关系问题

国家监察体制改革是实现国家治理体系和治理能力现代化的重要举措，但将此项重大改革置于国家治理现代化的视域之下予以考察，却是现有研究未能充分关注的。潜在的研究议题大致有：一是认识到既往的改革路径有着特定客观环境下的政治考量，这也是改革者在较短时期内完成改革试点工作和国家监察立法的重要因素。不过，其正当性和实效性需要根据执政党治国理政的方式、中国民主政治的发展客观要求不断评估和调整。因为真正能够实现政治昌明的反腐方式，还必须考虑反腐败的价值选择，研究监察机关与其他国家机关之间的功能优化，准确定位监察机关与社会组织、公民之间的合理关系，并充分借鉴世界上其他政治实体反腐的有效经验。特别是“改革所强调的‘权威高效的监察体系’，在某种意义上表征着权利未能对权力施以有效监督，以及权力机关的监督尚未具备应然的权威与实效”。[215] 为此，探讨如何扩大公民在腐败治理中的政治参与，以及国家反腐败专门机构与媒体监督之间的妥恰

215　秦前红、叶海波等：《国家监察制度改革研究》，法律出版社 2018 年版，第 139 页。

关系等，也将成为今后研究无法回避的重大课题。二是探讨改革对新时代党政关系的影响和借鉴。因为监察委员会与纪委实行的合署办公体制看似是对此前行政监察部门与纪委合署办公体制的延续，但由于监察机关的地位已然跃升至宪法机关，加之监察委员会的监察对象和事项皆有较大程度的扩宽，由此执政党纪律检查权延伸至国家权力体系的空间变得更为广阔。于此层面而言，当前纪检监察合署办公的体制，尤其是其中有关内设机构设置、权力配置行使、运行规则供给和“纪法贯通”机制等，无疑是研究者们观察新时代党政关系的重要“窗口”，相关研究也可为探索党政职能分工和强化党的领导提供理论支撑。

（五）监察法学研究方法的多元化问题

随着改革实践的持续深化，监察法学研究的精致化和自主性特征日渐凸显，为此曾有部分研究者建议“开辟监察法学这一崭新的学科领域”。[216] 监察法学如欲成为法学学科的一门独立二级学科，除必须具备独特的研究对象、研究范围和知识话语体系外，还应具有与其他法学二级学科既相同又相异的研究方法，其中尤为重要的研究方法便是法教义学研究方法和社科法学研究方法。

---

216 陈东升：《开展监察法学研究破解反腐法律难题》，《法制日报》2018 年 6 月 15 日第 5 版。

首先，在《宪法修正案》《监察法》颁布施行之后，由立法论向解释论的研究方法转型乃是不可避免的。可以预见的是，围绕《监察法》中的具体条款进行的法教义学分析，将成为今后监察法学研究的主要内容，因为国家监察立法采取的是“综合立法模式”，一部《监察法》中含有组织法和程序法等众多的立法元素，加之既往大量调整纪检机关的规则将继续对监察机关起指导作用，且政治机关的定位致使《监察法》中有着颇多的政治性话语。于此层面而言，如何梳理《监察法》规范体系的意义脉络，保持其规范意义的融贯性，就成为监察法教义学必须处理的重要问题，进而为监察法制的健全和国家法律体系的融通做出有益贡献。特别是《监察法》中的诸多微观制度设计和不确定法律概念，譬如“监察建议”、“权力寻租”和“利益输送”等，如何获取上述法律用语的确定意涵，对于《监察法》的严格执行和监察权的依法行使至关重要。这既需要监察委员会在实践中对此不断探索，亦应“仰仗”监察法教义学的审慎思辨。例如，如若未厘清监察建议的法律性质、法律效力、作出主体、执行方式和救济渠道等具体问题，将极易致使监察建议在实践中被滥用。[217] 与此同时，根据《监察法》第 11 条的规定，监察权其实包含监督、调查和处置三项具体权能，从现有的研究情况来看，研究者们对其中的调查权和处

217 参见秦前红、石泽华:《基于监察机关法定职权的监察建议：功能、定位及其法治化》,《行政法学研究》2019 年第 2 期。

置权有着较为充分的探讨，但对于监督权则缺乏足够的重视。鉴于“监督是监察委员会的首要职责”，[218]如何结合《监察法》中有关监督权的具体条款，对其法律内涵、监督方式和监督程序等问题进行法教义学分析，也应成为未来监察法学研究的重点。

其次，监察委员会的运行和《监察法》的实施为法学研究提供了相当多的素材，数量众多的监察案例事例为法学实证研究创造了条件。当前，已有部分研究者将监察案例和事例作为论据予以运用，例如，刘艳红运用了山西省夏县人民法院作出的一份刑事判决书，以揭示实践中的留置折抵刑期问题，[219]但严格意义上的监察实证研究依旧寥寥无几。然而，不少“真问题”其实是“隐藏”在监察案例和事例背后的，唯有开展有效的实证研究，始得触及问题的症结，继而解决问题。例如，中国裁判文书网等媒介上公布的裁判文书，乃是研究者们观察监察程序与刑事司法程序衔接的“一手资料”。其中有关调查措施的采取、监察案件的管辖、强制措施的衔接，以及监察证据在刑事诉讼中的运用等诸多实践素材，既可供研究者们验证既有的理论构想，亦可基于理论预设对此加以检视和批判。再如，中共中央纪委机关报《中国纪检监察报》等报刊披露的国

218 中共中央纪律检查委员会、中华人民共和国国家监察委员会法规室编写：《〈中华人民共和国监察法〉学习问答》，中国方正出版社 2018 年版，第 26 页。

219 参见刘艳红：《监察委员会调查权运作的双重困境及其法治路径》，《法学论坛》2017 年第 6 期。

家监察体制运行情况，不少涉及监察委员会的专项工作报告、监察派驻机构的设置、监察对象范围的确定，以及监察建议的运用等具体问题，无疑是颇值得关注的研究素材。不过，鉴于裁判文书和报刊披露的信息大多只是一个个“片段”，加之此类信息在公之于众之前通常有所择取和加工，因此，研究者们在运用上述研究素材时应具有理性判断和细致甄别的能力。

第十四章

监察法学的研究方法刍议*

中国法学的发展已经逐渐摆脱了既往简单、粗糙的状态，进入一种“问题凸显，方法精致”的格局，此种格局将奠定法学学科的自主性，也以此建立法学学科与其他学科的分立格局。且“法学虽属一门‘应用科学’，但仍须以理论科学为其基础，透过法律的应用，以实践法律之目的”。[1] 此种理论科学的发展中法学研究的相关理论不可或缺，其对于法学研究的成熟、细致以及最终践行法律的目的有着不可替代的作用。监察法学如欲在未来成为法学学科的一门独立二级学科，除了其必须具备独特的研究对象、研究范围、独特的知识话语体系外，还必须具有与其他法学学科既相同又相异的研究方法。法学研究方法历经数百年的发展，在法学界有影响力的研究方法包括

---

* 本章已发表于《河北法学》2019 年第 4 期。

1 杨仁寿:《法学方法论》，中国政法大学出版社 2013 年版，第 25 页。

法教义学、社科法学的研究方法。

一、监察法教义学

作为法学研究方法的法教义学（又称法释义学）是指将现行实在法秩序作为其坚定信奉而不加怀疑的前提，并以此为出发点开展体系化与解释工作的一门规范科学。[2]法教义学与法学的发展以及法学作为一门独立学科的兴盛息息相关，美国法学家伯尔曼指出："如果说存在着一门法律科学的话，它必定是对于这类材料的科学研究，是关于法律的科学知识体。"[3]那么，要形成一门法律科学势必要有符合自身学科特色的研究方法，"12世纪的法律科学家如同今天的法律科学家一样，通常从事的是很晚以后被称为'法律教条学'（legal dogmatics）的工作，即系统地阐述法律规则的细节以及它们的相互关联、它们对于具体类型的情况的适用"。[4]在法学发达史上，德国法学界对于法教义学的贡献甚著，诚如有的学者所言，"如何通过方法论努力科学地进行国家法和宪法的体系建构或者解释，一直是（德国宪法）问题的重心"。[5]法教义学的发展与法学成

2 白斌：《论法教义学：源流、特征及其功能》，《环球法律评论》2010年第3期。

3 ［美］伯尔曼：《法律与革命：西方法律传统的形成》，贺卫方等译，法律出版社2008年版，第116页。

4 同上书，第149页。

5 李忠夏：《宪法学的教义化——德国国家法学方法论的发展》，《法学家》2009年第5期。

为独立自主的学科、摆脱与政治话语的缠斗密不可分，并且这一法学方法的兴盛与司法适用密切相关，法律适用过程中不可避免地会涉及对法律的解释，因此，从总体上而论，可以说法教义学自始跟解释学相关，到后来则是跟西方历史法学与概念法学有密切的关系。后者为法教义学提供了重要的方法论基础。在对法的本质及其适用过程的理解上，这种法教义学乃致力于客观的认识概念、封闭的法体系理念以及机械的逻辑演绎推理方法等。自 19 世纪以来，越来越多的法律学者认为，法教义学的任务主要在于对法概念进行逻辑分析，建构法律体系，并且将概念体系运用于司法裁判。[6] 同时，为了摆脱概念法学方法所导致的将实定法绝对化的倾向，法教义学主张可以对现行法进行批判，但是这种对现行法律的批判的标准“并非来自既存的、独立于现存法秩序之外的伦理典范，反之，乃是由法学本身不断检讨其于实证法秩序中一再遭遇的法律思想及评价准则而发展出来的。法学以实证法为其‘工作前提’”。[7] 在当下中国法学界，有学者认为法教义学可以从三个面向来认知：“在裁判理论上，法教义学坚持三个基本主张：（1）法教义学反对摆脱‘法律约束’的要求，主张法律（规范）对于司法裁判的约束作用。（2）法教义学反对过度夸大法律的不确定性，主张司法裁判的法律（规范）属性。（3）法教义学反

6　焦宝乾：《法教义学的观念及其演变》，《法商研究》2006 年第 4 期。

7　［德］卡尔·拉伦茨：《法学方法论》，陈爱娥译，商务印书馆 2003 年版，第 76 页。

对轻视规范文义的倾向，主张认真对待文本本身。在法概念论上，法教义学反对‘事实还原命题’，主张法律的规范属性。在法学理论上，法教义学反对纯粹的描述性法学理论，秉持规范性法学理论的立场。”[8] 笔者赞同这一主张。

由于国家监察立法没有采取惯行的立法路径，即过去的国家机关立法，大多是先有组织法，再有主体法，然后还有行为法、程序法等，这样的立法模式于监察体制改革而言被认为缓不济急，于是监察改革采取了“综合立法模式”，即在一部法典中包含了上述所有立法元素。又由于监察机关被定位为政治机关与国家机关的结合，不仅既往大量调整党的纪检机关的规则继续对国家监察机关起指导作用，而且监察立法中大量写入政治性的话语，在此情况下，如何梳理监察法规范体系的意义脉络，保持其规范意义的融贯性，就成为监察法教义学必须处理的重要问题。拉伦茨教授就提出：“解释规范时亦须考量该规范之意义脉络、上下关系体系地位及其对该当规范的整个脉络之功能为何”，“以体系的形式将之表现出来，乃是法学最重要的任务之一”。[9]

监察法教义学的研究方法必须首先解决监察权配置的逻辑起点问题。如果仅以高效权威的反腐为目的来构建监察法规

---

8 雷磊：《什么是我们所认同的法教义学》，《光明日报》2014 年 8 月 13 日第 16 版。

9 拉伦茨倡导的法律解释方法主要包括五种：字义解释；法律的意义脉络；历史上的立法者之规定意向、目标及规范想法；客观目的论；合宪性解释。参见［德］卡尔·拉伦茨：《法学方法论》，陈爱娥译，商务印书馆 2003 年版，第 194—203 页。

范体系，并以权力反腐为手段来达成该目的，那么可能在监察法规范内部也许能够实现一种整全、系统的解释，但在处理监察法与宪法以及其他法律的关系时，就可能出现价值冲突、意义抵触的问题。比如，宪法确立的尊重保障人权原则、法治原则、法律面前人人平等原则，行政法中的比例原则、过错与惩处相当的原则，如何体现在监察执法中的被调查人的权利保障上？纪法贯通和法法衔接是推进国家监察体制改革的重要环节。在《监察法》与《刑事诉讼法》《刑法》《监督法》《立法法》不一致的情况下，是通过法律解释、具体实施细则的制定，使它们之间保持一致，还是只是单向地修改《刑事诉讼法》等相关法律，使其迎合《监察法》的要求？古今中外反腐败的经验教训表明，依赖权力反腐只是一种治标性的手段，而要在长远、根本意义上解决腐败问题，必须依靠民主和法治的协同推进。法治能够打造囚住权力的笼子，而民主才能决定笼子的品质和强度。国际上成功的反腐败手段，比如官员财产公开、政府（广义上的大政府）信息公开、开放言论和新闻监督的渠道、竞争性的选举制度等，这些在我国当下要么付之阙如，要么制度极不健全，这些都要通过监察法教义学的研究，为完善监察立法做出更有益的贡献。

《监察法》中有诸多不确定法律概念，比如“秉公用权”“权力寻租”“利益输送”等均非经典的法言法语，在法治主义立场下，如何获取上述语词的确定意涵，对于严格监察立法至关重要。《监察法》第3条规定：“各级监察委员会是行使国家监察职能的专责机关，依照本法对所有行使公权力的公职人员（以下称“公职人员”）进行监察，调查职务违法和职务犯罪……”第4条规定：“监察委员会依照法律规定独立行使监察权，不受行政机关、社会团体和个人的干涉。”第5条规定：“国家监察工作严格依照宪法和法律，以事实为根据，以法律为准绳；在适用法律上一律平等，保障当事人的合法权益……”第11条规定：“监察委员会依照本法和有关法律规定履行监督、调查、处置职责……”按照上述条款规定，监察委员会进行监察是“依照本法”，开展“监察工作是依照宪法和法律”；“履行监督、调查、处置职责是依照本法和有关法律”，而按照最为通常的理解，监督、调查、处置是监察权的具体行使方式，监察工作与监察权行使基本上亦可相互替换，那么上述三个条款中所表述的监察行为法律依据不一致的问题，就必须借助体系解释方法，得出监察机关行使监察权不能仅限于《监察法》，《宪法》和其他法律只要与监察权的行使相关，监察机关就必须恪守。又如，《监察法》第31条和第32条规定，国家监察机关可以向检察院提出“从宽处罚的建议”。第45条第3款规定：“对不履行或者不正确履行职责负有责任的领导人员，按照管理权限对其直接作出问责决定，或者向有权作出问责决定的机关提出问责建议。”第5款规定：“对监察对象所在单位廉政建设和履行职责存在的问题等提出监察建议。”中央纪委国家监察委2018年颁布的《公职人员政务处分暂行规定》第9条规定：“对前款人员，监察机关可以依法向有关机关、单位提出下列监察建议：（一）取消当选资格或者担任相应职务资格；（二）调离岗位、降职、免职、罢免。”第 11 条第 4 款规定：“对基层群众性自治组织中从事管理的人员给予责令辞职等处理的，由县级监察机关向其所在的基层群众自治组织及上级管理单位（机构）提出建议。”这里需要研究的是，上述条款所涉及的“从宽处罚建议”“监察建议”“问责建议”“建议”，是否同属于监察建议的不同类型，还是各自有着不同的功能定位、内容构成、效力指向？监察建议与监察决定有何不同？监察建议的作出主体、作出程序、送达程序、法律效力是什么？监察建议是否必须有一定的限度，比如，监察机关能否使用监察建议要求法院再审或者要求人大机关必须作出某种决定等。上述问题如果不能从理论上充分厘清，必然会导致监察建议的滥用，从而损害监察机关的权威，影响其他国家机关、社会组织的正常运行秩序。

《监察法》的立法粗糙还造成诸多疏漏和缺失，这是未来监察执法必须直面的重大问题。试举例而言之，《监察法》没有清晰的立法价值追求原点。《监察法》第 2 条规定要构建“集中统一、权威高效的中国特色国家监察体制”，第 3 条规定“开展廉政建设和反腐败工作，维护宪法和法律的尊严”，第 6 条规定“国家监察工作坚持标本兼治、综合治理，强化监督问责，严厉惩治腐败；深化改革、健全法治，有效制约和监督权力；加强法治教育和道德教育，弘扬中华优秀传统文化，构建不敢腐、不能腐、不想腐的长效机制”。上述“集中统一、权威高效”、“维护宪法和法律的尊严”和“构建不敢腐、不能腐、不想腐的长效机制”等多种目标之间存在内在的张力，且这些目标之间并不完全处于同一价值位阶上，这容易造成监察立法制度安排的矛盾和监察执法指导思想的混乱。进而论之，如果只追求权威高效反腐，就可能会助长便宜执法，忽略程序正义，从而损害人权保障。从终极角度来说，在立宪主义的立场下，如果要维护宪法法律的尊严，就必须把保障人权作为首要目标，这样才能获得法治意义上的正当性。

国家监察的立案管辖在反腐败的路径依赖之下采行依据被调查对象的行政身份等级不同而由相应监察机关管辖的制度，这与刑事诉讼以属地管辖为主的制度安排殊为不同。这在逻辑上可能导致在未来的监察实践中，国家监察委办理的案件，因被调查人犯罪情节较为轻微，可能判处有期徒刑以下的刑罚，而只能移交基层检察院审查起诉和基层法院审理裁判。反之，一个基层监察机关调查的案件却因为“小官大贪”而可能判处无期徒刑甚至死刑，因而必须移送市级检察院审查起诉和中级法院审理裁判。个别案件因为案情特殊酌情采取移送管辖的方式倒也无妨，但常规性的办案都要采取频繁、不确定的案件移送方式，一定会造成执法、司法的不稳定，耗费巨大的法治协调成本，也影响法治统一。

《监察法》对监察机关查封、扣押、冻结公民、企业、社会组织的财产没有明确的时限规定。《监察法》第 23 条规定：“监察机关调查涉嫌贪污贿赂、失职渎职等严重职务违法或者职务犯罪，根据工作需要，可以依照规定查询、冻结涉案单位和个人的存款、汇款、债券、股票、基金份额等财产。有关单位和个人应当配合。冻结的财产经查明与案件无关的，应当在查明后三日内解除冻结，予以退还。”第 25 条规定：“监察机关在调查过程中，可以调取、查封、扣押用以证明被调查人涉嫌违法犯罪的财务、文件和电子数据等信息。……查封、扣押的财物、文件经查明与案件无关的，应当在查明后三日内解除查封、扣押，予以退还。”财产、财物和相关文件资料是其所有人或者持有人开展经营活动或社会活动的物质基础，也是个人享有人格尊严的重要保障。一旦监察机关采取过度限制措施，将对社会秩序产生极大的损害，因此在保障监察部门正常开展监察工作与保护公民个人和企业、社会组织的财产权之间必须保持良性的平衡，以防止监察权的恣意和滥用。上述规定中，仅有监察机关查明冻结、查封、扣押不当，应当退还的期限限制，而并无监察机关应当在多长时间查明的期限约束，这给监察机关的不当拖延或者怠于履职留下了制度空白，是制度设计上的不周延。

作为全国人大通过的基本性法律，《监察法》在贯彻实施中，如果与全国人大通过的其他基本性法律的内容相冲突或者不能相互衔接，应该如何处理，也是监察法教义学必须研究处理的重大问题。国家监察体制改革是前所未有的重大政治改革，国家监察机关是一个全新的国家机关，《监察法》是对行政监察法等有关法律法规的代替，监察职权与其他国家职权具有非同质性，因此，《监察法》与其他国家法律在调整某些表面上类似的事项时，是否能够简单依照《立法法》规定的法律冲突解决规则来处理，这在理论上是需要斟酌推敲的。比如说，疑罪从无是刑事法律的基本适用原则，按照此原则，“证据不足，无法形成完整证据链条的案件应该作为无罪处理”，但《监察法》第 45 条规定：“对涉嫌职务犯罪的，监察机关经调查认为犯罪事实清楚，证据确实充分的，制作起诉意见书，连同案卷材料、证据一并移送人民检察院依法审查，提起公诉；……监察机关经调查，对没有证据证明被调查人存在违法犯罪行为的，应当撤销案件，并通知被调查人所在单位。”这里的“没有证据证明、证据不足”两种情形，如果不能作出如此解释，那“证据不充分”的处理情形能否依照刑事法律的原则来处理？如果依照刑事法律的原则来处理，那又与《监察法》排斥《刑事诉讼法》适用的初衷如何协调？

《监察法》根据《宪法》而制定，严格遵守并服从《宪法》是法治统一的基本要求，《宪法》的原则和规则必须在监察立法和监察执法中得到严格贯彻。以此来审视《宪法》和《监察法》的相关规定，不难发现有一系列内容需要进行法教义学的整合。比如，《宪法》第 33 条规定：“国家尊重和保障人权。”被限制人身自由的当事人获得律师会见和律师帮助的权利，及时告知当事人家属被限制的时间、地点和原因的权利，都是人权保障的具体内容。《监察法》规定对被调查人采取留置措施后不允许律师会见，也可因某种事由不通知家属，此规定与《宪法》第 33 条的规定精神是否吻合？《宪法》第 127 条规定：“中华人民共和国监察委员会是国家的监察机关。”《监察法》规定：“各级监察委员会是行使国家监察职能的专责机关。”国家监察机关与“行使国家监察职能的专责机关”是否是等同关系？《宪法》第37条规定：“任何公民，非经人民检察院批准或者决定或者人民法院决定，并由公安机关执行，不受逮捕。”本条所指“逮捕”到底是狭义的刑事诉讼中的强制措施逮捕，还是泛指一切限制人身自由的强制措施？如果指涉后者，那么《监察法》规定的留置措施决定程序如何与本条规定兼容？

《宪法》第40条规定：“中华人民共和国公民的通信自由和通信秘密受法律的保护，除因国家安全或者追查刑事犯罪的需要，由公安机关或者检察机关依照法律的规定对通信进行检查外，任何组织或者个人不得以任何理由侵犯公民的通信自由和通信秘密。”按照本条规定，《宪法》仅授权公安机关或者检察机关可以对中华人民共和国公民的通信进行检查，而监察机关并未获得授权。《监察法》第25条第1款规定：“监察机关在调查过程中，可以调取、查封、扣押用以证明被调查人涉嫌违法犯罪的财物、文件和电子数据等信息。采取调取、查封、扣押措施，应当收集原物原件，会同持有人或者保管人、见证人，当面逐一拍照、登记、编号，开列清单，由在场人员当面核对、签名，并将清单副本交财物、文件的持有人或者保管人。”《监察法》第28条规定：“监察机关调查涉嫌重大贪污贿赂等职务犯罪，根据需要，经过严格的批准手续，可以采取技术调查措施，按照规定交有关机关执行。”从文义解释的角度，调取、查封、扣押与检查的意涵明显不同。依循常理，没有检查则无调取、查封和扣押。而技术调查措施是指监察机关在查获特定的职务犯罪中，依据国家赋予的特殊调查权力，运用各种专门的技术调查手段和秘密调查力量收集证据、查明案情的专门特殊的调查手段，包括但不限于电子、电话监听监控、电子侦听、秘密拍照录像、秘密跟踪调查、秘密搜查、秘密获取某些物品、邮件检查等专门性技术手段。按照《监察法》第 28 条之规定，技术调查是否可以扩大解释为包括通信检查？技术调查是监察机关不得独立采行的调查措施，而必须依赖其他专门国家机关配合执行。基于上述，对于《监察法》与《宪法》第 40 条关于通信检查文义解释不一致的情况，可以基于法秩序安定性要求作合宪性推定，但为了防止此项权力的滥用而损害《宪法》规定的精神内核，必须严格依照《监察法》的要求进行程序控制，而且对于规则空缺或模糊之处，可以考虑暂时通过建立监察机关与其他相关国家机关的工作协调机制来予以解决。在实践运行充分后，可以考虑在总结经验教训的基础上，通过全国人大常委会的解释决定，细化对技术调查措施的法律规制。

《监察法》第 67 条规定："监察机关及其工作人员行使职权，侵犯公民、法人和其他组织的合法权益造成损害的，依法给予国家赔偿。"现有的《国家赔偿法》仅仅调整行政赔偿和刑事司法赔偿两种情形，由于监察机关被定位为既不是行政机关，又不是司法机关，因此现有的《国家赔偿法》程序无法适用于监察损害赔偿。为了保证监察损害赔偿规定的贯彻实施，也需要通过法律解释和法律修改来建立和健全有关制度。

制度的设计需要因应社会大众的心理认受和心理期待。留置作为一种调查措施，针对职务违法行为，又针对职务犯罪行为，这显然不符合比例原则。留置期间一律禁止律师会见，既有悖于改革开放四十年中国法治积累的共识，又不利于制约监察权的滥用，因此，对监察留置措施采取区分、递进式的制度设计方式，以更为清晰地界定和规范具有复合属性的监察调查权，避免监察调查手段的不适当运用，尤显迫切。

二、监察社科法学

监察社科法学的研究进路注重整合法学与其他学科，研究与法律相关的经验事实。“从观察视角来看，社科法学可以从宏观社会、微观社会和微观个体的视角展开研究。而且随着实地调查的变化，研究者也需要经常进行视角的转换。从认识论来看，社科法学主张批判主客两分、法律 / 社会的二元对立观念，强调研究的‘视域融合’，即有关法律经验事实的知识要通过研究者、他者和共同面对的世界这样一种三角关系获得。从研究方法来看，社科法学倾向于实现：定性方法与定量、经验事实与理论抽象、经验研究与规范研究的有机整合。”[10] 社科法学也可以分为不同的知识类型或研究面向。其中，国内已经形成规模

10 侯猛：《社科法学的研究格局：从分立走向整合》，《法学》2017 年第 2 期。

的是法律社会学、法律经济学、法律认知科学。就监察法学而言，主要涉及监督党规学、监察法政治学以及监察法经济学。

监察社科法学作为一种刚刚开始而远未成熟的研究进路，亟须从以下几个层面开展对监察法现象的深入研究，以因应监察法实践的紧迫要求。

1. 监察党规学。已经颁行的《监察法》采取综合立法、简明立法的模式，并未按照传统的国家机关立法路径分步骤制定组织法、主体法、程序法，而是熔上述立法内容于一炉；为了规避立法难点，求取立法的最大公约数，《监察法》采行了立法宜粗不宜细的思路，这导致实践中大量监察行为处于无法可依的规则空缺状态，国家监察委并未被赋予制定“监察法规或监察法实施细则”的权力，人大常委会的法律解释权由于种种原因也依然处于“沉睡状态”，因此，国家监察机关不得不频繁求助于纪检部门颁行党规党法来为监察权的顺利运行输送规则。由此需要明晰的问题是，监察党规党法与监察法律法规各自发挥作用的畛域是什么？党规党法的效力范围是什么？党规党法能否对公民、社会组织的权利义务产生外部效力？监察党规党法如何与监察法律法规有效衔接……监察党规学对上述问题都应展开深入并有实效性的研究。

2. 监察法政治学。法律与政治密切相关，[11] 国家监察制度

11 卓泽渊教授认为，法律与政治关系的一致性表现为它们的产生前后相继、进程基本一致、内容相互交叉、变化彼此互动。参见卓泽渊：《法政治学研究》，法律出版社 2011 年版，第 32 页。

改革肇启以后，政治学者、法律学者皆密集地展开了研究，并形成诸多有价值的成果，比如国家监察与代议机构自治、监察全覆盖与独立司法、监察监督与学术自由、监察监督与基层自治、监察监督与企业经营自由等。但以上研究大多局限于规范主义、制度主义的研究，而缺乏经验层面的观察和研究；大多局限于宏观层面的理论论证，而缺乏对某一个具体的监察主体行为的全景描述，从而未能形成对监察规范与监察事实互动的精细观察。因此，为了能够对监察法与政治的联系进行更为深入的研究和把握，我们需要对监察法与立法权（包括其与人大制度、监察机关对人大代表的监督）、监察机关与行政机关、监察机关依法独立行使监察权与司法机关依法独立行使职权之间的关系、通过监察机关职权的行使进而构建社会主义法治国家等方面进行研究。

3. 监察法经济学。法经济学是指利用经济学的分析架构，探讨法律问题。[12] 从根本上来说法律的经济分析是一种方法论。[13] 法经济学的目标在于从效力优先、财富最大化的角度来考虑法律规范应该如何的问题。[14] 因此，法经济学的要旨在于如何通过制度的有效安排，将所有的法律活动以及规则设计都

12 熊秉元：《法的经济解释》，东方出版社 2017 年版，第 3 页。

13 美国经济分析法学派代表人物波斯纳认为，法经济学是归属于法理学的一种经济学和法学交叉研究的方法论。参见［美］理查德·波斯纳：《法律的经济分析》，蒋兆康译，中国大百科全书出版社 1996 年版，第 25 页。

14 周林彬：《法律经济学：中国的理论与实践》，北京大学出版社 2008 年版，第 33 页。

纳入这一分析方法之中，进而实现资源利用的最优化。当然，法经济学并非只是关注效率的最大化，而忽视法本身对于公平和争议的追求，法律的经济分析方法要求在制度设计之时就兼顾二者间的平衡。因此，这一方法在监察法研究中具有广阔的适用空间。国家监察改革是一场前所未有的重大政治改革，它引致了国家机关组织体系和国家权力配置架构的重大变化，也导致各种政治利益和政治关系的重大调整，面对这样一项全新的改革，我们并没有现成的经验可以参照和依循，因此，监察制度的总体改革和每一项具体改革举措到底成败利弊如何？政治效果、社会效果怎么样？在实现监察法立法目的之时，如何实现立法效果的最大化？如何兼顾效率和公平？这些问题都必定可以借助经济学的分析方法和研究手段进行精准的定量分析，以为改革决策、制度完善提供有益的支撑，同时为学术共同体的学术研究提供有益的智识支持。

三、结语

监察法学的研究始于为监察改革提供正当性、合宪性证成并为《监察法》的制定提供智力支持。当下监察法学的研究应该围绕国家《监察法》的规范释义、法律体系的融贯而展开，同时要密切跟踪观察监察法制实践，以辩思性立场对待监察实践样本，从而为补强《监察法》规则短板，提升《监察法》法治水准做出法律学人的应有贡献。

第十五章

监察法学研究体系建构的若干问题*

一、引言

2018 年 3 月，第十三届全国人民代表大会第一次会议先后表决通过《中华人民共和国宪法修正案》《中华人民共和国监察法》，标志着我国正式实现从人大之下“一府两院”到“一府一委两院”的重大宪制结构变革，也意味着全面深化监察体制改革正式拉开序幕。近几年，有关监察理论与实践的研究成果呈井喷式发展，监察法学研究方兴未艾。但是，许多基本的理论和实际问题其实并没有得到充分的解决，监察法学亦未在现行法学学科体系中取得恰当定位。为此，笔者不避浅陋，尝试对监察法学进行初步的体系建构，以期对我国监察法

* 本章已发表于《武汉大学学报（哲学社会科学版）》2019 年第 5 期。

学的学科发展及监察法治事业有所裨益。

二、监察法学研究之现状及评析

（一）监察法学研究之复兴

我国传统法学理论上并没有“国家监察法学”这个术语。中华人民共和国成立初期，我国先后设立了中央人民政府人民监察委员会和作为国务院组成部门的监察部，后来监察机关在“文革”期间被撤销。自 1987 年恢复重建以来，监察机关经历了合署办公、立法立规、派驻改革等标志性事件，直至 2018 年《行政监察法》废止。既往有关监察的研究主要是在行政法学框架下展开的研究。[1] 现代意义上的中国行政监察制度走过了三十年，我国行政监察学（或称“监察行政法学”）的研究亦主要立足于此。[2] 所谓“行政监察学”，旨在研究以“行政内部

---

1 总体来看，针对行政监察工作的研究主要存在法学、政治学、管理学和教育学等几种取向。在法学研究视阈下，尽管也有关于能否及如何建立行政监察学独立学科的讨论，但相关研究主要是在行政法学框架之下进行的。

2 从 1987 年监察部成立，到 2018 年《行政监察法》废止，我国行政监察学之研究与行政监察制度之变革相生相伴。1989 年 5 月底，“华东地区行政监察学术讨论会”在浙江省召开。1990 年《行政监察条例》实施后约一年，至少已有五部专著教材正式出版［例如，魏天祺、樊增富编写的《行政监察学概要》（1990 年），卢汉桥、郑洁、熊志庭、贺培育编写的《行政监察概论》（1990 年），张镇平、姚守中、孙育征编写的《行政监察学》（1991 年），李和仁、李耀省编写的《行政监察概论》（1991 年），彭武文、赵世义、秦前红编写的《中国行政监察学》（1991 年）］。进入新世纪以来，有关专著教材的出版量较少，与之对应的是，1993 年纪检监察合署办公、1997 年颁布《行政监察法》、2004 年颁布《行政监察法实施条例》、2007 年颁布《公务员法》《行政机关公务员处分条例》等，皆伴随而生一大批优秀论文著述。

监察”为主要特征的此前我国行政监察制度有关理论与实践问题，其指向的是从行政机关内设机构层面而言的“行政监察”。

2016 年 11 月，中共中央办公厅印发《关于在北京市、山西省、浙江省开展国家监察体制改革试点方案》；同年 12 月，全国人大常委会通过《关于在北京市、山西省、浙江省开展国家监察体制改革试点工作的决定》，正式启动了国家监察体制改革试点工作。当前意义上的国家监察法学研究，一般认为以上述事件为起始标志。所谓“国家监察法学”，旨在研究以“监察全面覆盖”为主要特征的我国国家监察制度有关理论与实践问题，其指向的是从国家机构序列层面而言的“统一监察”。

近年来，关于国家监察法学的研究成果呈现井喷式发展，已经在国内外引起广泛关注。在中国知网以“监察体制”为主题进行搜索，可以看到，2016 年 11 月以来发表的有关期刊文章已经超过一千篇，其中有相当比例的文章发表在各类核心期刊上，相关硕博士论文超过两百篇，此外，外文期刊发表的文章也不在少数。与此同时，从内容广度来看，学界现有理论成果已经基本覆盖国家监察法学研究的各个方面。值得说明的是，国家监察法学研究范围并不限于我国国家监察制度理论实践问题，还包括从相关视角切入而开展的研究。其一，我国国家监察制度相关的历史研究和比较研究，也属此范围。例如，我国现行监察制度与此前行政监察制度之间、与苏联监督制度之间、与域外其他国家监察制度例如议会专员监察制度之间、与我国古代监察制度之间，分别有何相似之处或者独有特征？

这些制度中有哪些内容值得借鉴？其二，国家监察法学还涉及宪法学、党规学、行政法学、刑法学、民法学、经济法学、诉讼法学和法律史等多个法学学科。例如，监察权和行政权在权源、属性和表征上存在千丝万缕的关联，那么监察法学与行政法学是什么关系？行政法学理论和行政法律体系的学说观点及原则规则，能否在监察法学研究中借鉴？[3]不仅如此，国家监察法学还涉及政治学、经济学和管理学等其他学科。

（二）国家监察法学的发展历程

1. 从发展过程来看，如果以改革实践的进程为主线，大致可将近几年国家监察法学研究划分为三个阶段：（1）论证阶段（2016 年 11 月—2017 年 6 月）。该阶段以 2016 年 11 月《试点方案》的印发公布为开始标志。这一阶段，学界主要探讨国家监察体制改革的正当性、可行性、方法论以及其中可能存在的重大难点问题及其解决方案。（2）建构阶段（2017 年 6 月—2018 年 3 月）。该阶段以 2017 年 6 月全国人大常委会首次审议《监察法（草案）》为开始标志。这一阶段，学界主要围绕监察组织、监察职权、监察活动及其相关法律关系等对监察有关制度进行初步探讨。（3）完善阶段（2018 年 3 月至今）。该阶段以 2018 年全国人大表决通过《宪法修正案》《监

3　例如，笔者注意到，中国政法大学主办的 CSSCI 来源期刊《行政法学研究》在其公布的 2019 年的七个重点关注选题中，即罗列了“监察法实施中的行政法问题”这个专题。

察法》为开始标志。这一阶段，学界主要围绕已经颁布施行的《宪法修正案》《监察法》的有关内容以及制度实践过程中新出现的诸多问题，进行进一步的深入研究。

2. 根据此前国家监察法学研究的情况，可以大致预测下一阶段的研究重心：（1）从法律实施层面出发，结合具体法律文本进行的规范探讨及完善建议；[4]或者结合现有文本探讨如何制定配套法律法规，例如《监察组织法》《政务处分法》《监察官法》等；[5]（2）从制度衔接层面出发，分析《监察法》与《刑事诉讼法》、《国家赔偿法》以及党内纪检规范等在实体及程序层面如何进行有效衔接。[6]从

---

4 例如，围绕《监察法》的派驻条款、监察对象列举条款、非法证据排除条款等进行规范分析，并提出完善建议。有学者结合派驻条款（第 12 条、第 13 条），解释了派驻对象的范围，派驻机构的法律地位、权力来源、派出条件等问题，并对组织条款提出完善建议；有学者结合非法证据条款（第 33 条第 3 款、第 40 条第 2 款），提出应摆脱“调查中心主义”、发挥检察监督职能、保障犯罪嫌疑人辩护权和不得降低证据审查要求等灼见；有学者结合监察对象条款（第 15 条），指出《监察法》第 15 条的列举式规定并不周延，并提出要综合运用公权、公职、公务、公财等四个要素标准来具体识别判断是否属于监察对象。参见秦前红、石泽华：《〈监察法〉派驻条款之合理解释》，《法学》2018 年第 12 期；刘艳红：《职务犯罪案件非法证据的审查与排除——以〈监察法〉与〈刑事诉讼法〉之衔接为背景》，《法学评论》2019 年第 1 期；谭宗泽：《论国家监察对象的识别标准》，《政治与法律》2019 年第 2 期。

5 对此，目前比较系统的探讨可以参见刘练军：《监察委员会组织立法刍议》，《法治研究》2018 年第 6 期；秦前红、刘怡达：《制定〈政务处分法〉应处理好的七对关系》，《法治现代化研究》2019 年第 1 期；周磊：《中国监察官制度的构建及路径研究》，《国家行政学院学报》2018 年第 4 期。

6 马怀德教授提出，为了配合监察法的实施，现有 260 多部法律中需要修改的相关法律有 160 多部，高达三分之二。参见徐浩程：《马怀德：配合监察法需修订现有三分之二法律》，《廉政瞭望（上半月）》2018 年第 11 期。

近期刊载的文章来看，这类主题的研究相对较多，其中讨论的主要方向是《监察法》和刑事法律的衔接，关于《监察法》如何与其他法律有效衔接的讨论还比较少；（3）针对尚存争议的重大基础理论问题进行再探讨。例如，针对监察权的属性[7]、调查权的性质[8]、监察委员会的宪法地

---

7 关于监察权属性的探讨，徐汉明教授从国家监察权的内容出发，指出其是一种“复合性”权力而非“综合性”权力；曾哲教授等结合德法两国监察权的产生发展，提出我国监察权“凸显出中国特色之复合型权力的法精神”；王希鹏副研究员从国家权力和政治权力两个层面，将其分别定性为“独立的监察权”和“具有直接的政治属性”；亦有学者基于治理和制衡两个维度，指出就前一维度而言其“侧重权力的专业能力和有效使用”，就后一维度而言其“强调权力的制约监督与人文关怀”；还有文章从监察权与纪检权的关系出发，讨论纪检监察权的二元属性。参见徐汉明：《国家监察权的属性研究》，《法学评论》2018 年第 1 期；曾哲、杨庆：《大陆法系国家之监察法权立法言说》，《河北法学》2019 年第 3 期；王希鹏：《国家监察权的属性》，《求索》2018 年第 4 期；王仲羊：《双重维度下的国家监察权属性论纲》，《中国刑警学院学报》2018 年第 6 期；刘怡达：《论纪检监察权的二元属性及其党规国法共治》，《社会主义研究》2019 年第 1 期。

8 关于调查权性质的探讨，可以说是改革初期理论研究的一个胶着点，对此除了早先学者们提出的“调查权就是侦查权”、“调查权具有刑事与行政的二元属性”和“至少在涉及犯罪调查时，调查权要定位在刑事侦查范畴”等几种观点外，近来还有学者提出比较新颖的观点。例如，程雷副教授认为，新修改的《刑事诉讼法》修改“侦查”的定义不仅未能澄清其与“调查”的区别，反而加剧了二者概念的模糊，同时提出“监察调查权的本质系收集证据、查明事实，这与侦查并无明显区别”，并归纳出“监察调查权”区别于侦查权和原行政调查权的六个特点；有学者认为，应当从调查权所具备的“执行”“判断”“监督”的权力本质出发，将其定位于“行政执法系统、国家监督体系和刑事司法系统的过渡地带”，从而定性为“具有行政、司法和监察的复合性质”的权力；陈端洪教授则提出，《监察法》确立的党纪、政纪和刑事三种调查权于一身的单轨调查体制，混淆了三种的界限和差异，故需改其为双规调查体制，“在监察机构内部设置相对独立的党纪政纪调查部门与刑事调查部门”。参见程雷：《“侦查”定义的修改与监察调查权》，《国家检察官行政学院学报》2018 年第 5 期；王仲羊：《监察委员会调查权的性质刍议与改革进路》，《广西大学学报（哲学社会科学版）》2018 年第 5 期；陈端洪：《论监察委员会的调查权》，《中国人民大学学报》2018 年第 4 期。

位[9]和监察对象的范围等改革初期即被提出的基础理论问题，近期不少学者做了进一步探讨。

（三）当下监察法学研究的主要特征

1. 突出理论研究与改革实践的良性互动

从理论与实践的关系来看，我国监察法学自产生始便重视实践性，尤其突出理论研究与改革实践之间的良性互动，对改革实践的发展动向以及有关事件报以极高的理论关注。我国监察法学之复兴，乃是与本轮国家监察体制改革相伴而生的。一方面，国家监察体制改革的全局性、紧迫性和现实性，决定了此项改革乃是牵一发而动全身的重大政治体制改革，改革实践的一举一动皆会引发理论研究的高度关切，并推动后者发展。故而，借由《宪法修正案》《监察法》等宪法法律法规和国家监察体制改革全面铺开而引发的大量实践问题，也为监察法学的深入研究提供了比较充分的研究素材。另一方面，监察法学研究的一个重要价值，体现在理论研究对改革实践的指引作用和纠偏作用。总之，监察法学研

---

9 关于监察委员会的宪法地位，除了早先关于其与权力机关及其他国家机关的宪法关系外，近来也有学者提出比较新颖的观点，例如，朱福惠教授从监察监督与审计监督的关系出发，指出应当构建二者的协助配合关系，实现两种监督的有效衔接；还有学者提出“通过党内法规规范权力运行后，将政治机关法治化”这一新思路。参见朱福惠、刘心宇：《监察监督与审计监督衔接机制研究》,《山东警察学院学报》2018 年第 6 期；朱程斌、李龙：《新时代的国家监察委：通过党内法规的政治机关法治化路径初探》,《广西社会科学》2018 年第 3 期。

究相较于其他领域的研究，更加强调理论与实践的互动关系。

2. 注重在消弭分歧的过程中凝聚共识

从分歧与共识的关系来看，我国监察法学研究注重在消弭分歧的过程中凝聚共识，尤其在国家宪制结构和公民基本权利等重大问题层面，学界已经凝聚了相当程度上的共识，并体现于改革实践和立法修法。例如，试点改革和人大常委会授权之正当性问题、修宪和立法之先后问题、监察机关与人大机关之关系问题（例如，是“报告工作”还是“专项工作报告”？[10]）、监察机关与审判检察机关之关系问题（例如，监察机关是否一并负责司法机关工作人员乃至监察机关工作人员职务犯罪案件？），以及调查证据之法律地位问题等。对于以上问题，回首2018年《宪法》修改、《监察法》施行、《刑事诉讼法》及两院组织法修改等重要事件，已经给出初步答复。

归纳学界有关著述，我们以为，监察法学研究已经至少就以下六大问题凝聚了基本共识，并在此基础上形成了一套比较稳定的改革理念：（1）国家监察体制改革势在必行；（2）国家监察体制改革应当遵循“重大改革于法有据”和“先修宪、再立法”的改革理念和改革顺序；（3）国家监察体制改革的目标是构建“集中统一、权威高效”的中国特色

---

10 对此，现行《宪法》明确规定，监察机关由权力机关产生，对其负责、受其监督；《监察法》第53条进一步细化规定，权力机关对监察机关的监督方式是“专项工作报告”、“组织执法检查”和“就监察工作中的有关问题提出询问或质询”。

国家监察体制；（4）监察委员会必须贯彻“尊重和保障人权”的宪法原则，遵循正当法律程序之自然法理；（5）监察委员会必须恰宜融入我国宪制结构，监察权之行使不得违背我国人大制度根本遵循；（6）监察权应当在依法独立行使之基础上，与有关机关单位相互配合、相互制约，同时监察机关不仅本身要形成有效内部监督机制，还须接受外部监督。

3. 已经形成了一批系统性研究成果

从研究的内容和体系来看，当下已经形成了一批系统性研究成果，这些已经发行出版的监察法学有关书籍为监察法学的系统研究和教学培养提供了基本载体。从编撰者来看，它们的作者主要有监察机关内设机构和专家学者两种身份；从作用来看，监察机关内设机构出版的书籍主要用于工作指导，专家学者出版的书籍主要用于教学研究。因此，这些书籍大致可分为三类：（1）监察机关旨在统一内部工作人员实践操作而出版的指导用书。这类书籍一般由中国方正出版社出版，主要有《〈中华人民共和国监察法〉释义》《〈中华人民共和国监察法〉学习问答》《〈中华人民共和国监察法〉案例解读》《纪检监察监督工作实践探索》《监察机关调查职务犯罪案件证据收集与运用》《88种职务犯罪相关规定与问题解答》等。（2）专家学者针对相关理论问题进行学术探讨的理论专著，主要有《监察工作理论与实务》《中华人民共和国监察法理解与适用》《国家监察制度改革研究》《监督、调查、处置法律规范研究》《监察法与刑事诉讼法衔接问题研究》等。[11]（3）专家学者以教学应用为主要目标撰写的学科教程，主要有《中国监察法学》《监察法教程》《监察法学教程》等。[12]

从学科教程来看，目前基本上已经形成了比较完整的教学内容和教学体系。（1）从教学内容来看，主要包括：一、监察委员会的性质和地位；二、监察委员会的组织形式和领导体制；三、监察委员会的职责、权限和监察范围；四、国家监察委员会的工作原则；五、监察程序；六、国家监察与刑事司法的衔接等。（2）从教学体系来看，目前监察法学应用教材主要是围绕“监察机关及其工作”进行编写的。例如，江国华主编的国内第一部监察法学教材《中国监察法学》按照“宗旨原则—监察机关及其职责—监察范围和管辖—监察权限—监察程序—国家监察与刑事司法的衔接—被监察人员的权利保障—反腐败国际合作—对监察机关和监察人员的监督—法律责任”的体系进行编排；谢尚果、申君贵主编的《监察法教程》一书，从监察法的基本理论和我国监察制度的历史发展引入，主要围绕《监察法》具体条文的规定，针对《监察法》的基本原则、

11　参见姜明安：《监察工作理论与实务》，中国法制出版社 2018 年版；马怀德主编：《中华人民共和国监察法理解与适用》，中国法制出版社 2018 年版；秦前红、叶海波等：《国家监察制度改革研究》，法律出版社 2017 年版；吴建雄主编：《监督、调查、处置法律规范研究》，人民出版社 2018 年版；杨宇冠：《监察法与刑事诉讼法衔接问题研究》，中国政法大学出版社 2018 年版。

12　参见江国华：《中国监察法学》，中国政法大学出版社 2018 年版；秦前红主编：《监察法学教程》，法律出版社 2019 年版；谢尚果、申君贵主编：《监察法教程》，法律出版社 2019 年版。

监察范围和管辖、监察权限、监察证据、监察程序、反腐败国际合作、对监察机关及其工作人员的监督和监察法律责任等八个方面进行阐述。

（四）当下监察法学研究的主要缺陷

总体来看，近几年来有关监察理论与实践的研究成果呈井喷式发展，但是这些研究也面临许多问题：一是选题过于追逐热点，理论研究对改革实践映射有余、折射不足，难以发挥应有的理论指引和纠偏作用；二是基础理论研究严重缺失，在一些基础的理论和实践问题上争议还比较大；三是尚未形成系统性的理论体系，还没有在现行学科体系中取得恰当定位。

1. 理论指引和纠偏效果不佳

正因为现有研究过于注重实践性，“映射有余、折射不足”便成为我国监察法学研究的一个重要问题，并由此导致改革实践长期缺乏清晰的基础理论指引。监察体制改革不同于行政体制改革、司法体制改革等其他领域的政治体制改革，监察法学理论研究亦不同于行政法学研究、基本权利研究等其他领域的公法学研究。一方面，我国监察法学理论既没有与其他学科一样几个世纪积累下来的理论底蕴，也没有其他国家改革所提供的比较研究样本，甚至“监察权”在国家权力体系中能否独立于其他三权，“监察法学”在学科体系中能否（相对）独立于其他学科，都尚有争议；另一方面，政治体制改革本身所具有的在发展走向上的难测性、易变性和在决策部署上的博弈性、妥协性，决定了学者们很难归纳和总结出一个简单直观的学术论断来对整场改革做出周延解释，故而理论研究如欲对政治改革之发展走向切实产生影响，其实颇具难度（实际上，正确预测已非易事）；再一方面，学术观点与政治立场之间难以道明的模糊关系，也使得学者们对此多抱持谨慎态度。这些因素直接导致学者们在选题时通常趋于热点化、碎片化和技术化，进一步导致现有著述中尤其缺少直面现实争议、具有理论深度和蕴含价值关怀的研究成果，最终导致在理论研究与改革实践的互动关系中陷入“映射有余、折射不足”之境地，理论研究难以对改革实践发挥应有的指引作用和纠偏作用。

2. 基础理论研究严重缺失

现有研究中已经形成的共识主要集中在基本理念层面，在一些基础的理论和实践问题上争议还比较大。这些分歧突出表现在两个方面：（1）监察机关如何恰宜融入我国宪制环境。此分歧之产生主要在于立法过于一般化和原则性，由此监察法之理解与适用便难免无法一致。例如，在监察机关与人大机关的关系层面，监察机关能否监督人大代表的履职行为？考虑到我国的一元宪制结构、权力机关与监察机关的宪法关系、人大代表本身之身份特殊性及其“履职行为”之内容特殊性等多重因素，这个问题就不能仅在人大代表是否属于行使公权力的公职人员这个简单层面来衡量其应否纳入监察对象，由此可谓“国家《监察法》实施中的一个重大难点”。[13]又如，在监察机关与检察机关的关系层面，监察监督与检察监督的界限在哪里？一方面，我国《宪法》规定人民检察院是国家的法律监督机关，同时，党的十八届四中全会《决定》提出检察机关应当督促纠正行政机关的行政违法或不作为情形；另一方面，《监察法》第3条规定“各级监察委员会……维护宪法和法律的尊严”。两种监督在性质、对象和方式等方面是否存在交集？如何在法理上解释两次改革举措之间的外部逻辑以及各自的正当性？监察监督是否在“对人监察”的基础上还进一步涵盖“对事监察”？[14]其未来会不会成为新的“一般监督”？[15]“监察体制改革并不动

---

13 对此，笔者曾从人大代表本身的性质地位出发撰文指出，对于人大代表的违法违纪问题“应该建立特殊的惩戒制度来予以处理”，监察改革必须“对监察人大代表采取特别慎重的态度”。刘小妹指出，“对人大选举或决定的官员、人大代表中的党政领导干部的监督不能超出人大制度和代表理论的框架”；还有学者认为，监察委员会对人大代表在监察职责上的限度在于“对于人大代表因为不能忠实代表民意等原因而产生的政治责任，应该按照《代表法》第47条的规定”，而不是由监察委员会“按照《监察法》第11条第3项规定的通过处置这种法律手段加以解决”。参见秦前红：《国家监察法实施中的一个重大难点：人大代表能否成为监察对象》，《武汉大学学报（哲学社会科学版）》2018年第6期；刘小妹：《人大制度下的国家监督体制与监察机制》，《政法论坛》2018年第3期；郭文涛：《监察委员会监察人大代表的理解与论证》，《西南政法大学学报》2018年第4期。

14 有学者提出，监察权“即使具有对‘权’进行监察的监察权也仅具有事实上的对权监督制约效果，无权作出具有法律强制力的约束性决定”，并认为基于我国目前的法治国情及历史经验，应该坚持以事后为监察路径的“对人监察”。参见周乐军：《“对人监察”抑或“对事监察”——论我国监察委员会监察权的边界》，《时代法学》2018年第4期。

15 为了实现对监督机关有关职权的精准定位，应当注意将“监察监督”与“一般监督”在监督内容上进行严格区分。参见秦前红、石泽华：《基于监察机关法定职权的监察建议：功能、定位及其法治化》，《行政法学研究》2019年第2期。

摇法律监督机关的宪法定位”之前提下，检察机关如何强化现实权威，匹配宪法地位？[16]再如，在监察机关与被监察单位的关系层面，监察监督与内部监督的界限在哪里？[17]以司法审判机关为例，监察机关能否使用监察建议要求法院再审？与之相似的是，能否要求高等院校或科研机构的学术委员会及学位委员会等作出撤销学位或者其他决定？对于这些问题，目前立法并未明确，学界亦争议颇大。（2）监察机关如何切实保障公民实际基本权利。尽管立法对此已经予以明确，但学界有关分歧仍未完全消弭。例如，调查阶段律师能否介入？留置措施在性质上是否应纳入《宪法》第 37 条第 2 款广义“逮捕”的范畴，[18]并由此遵循其明确规定的正当程序抑或采取严格的司法令状主义？[19]这些问题，都还有待取得进一步共识。

---

16 参见秦前红：《全面深化改革背景下检察机关的宪法定位》，《中国法律评论》2017 年第 5 期。

17 关于被监察单位自主惩戒权与国家监察权之界限的有关讨论，参见秦前红、石泽华：《基于监察机关法定职权的监察建议：功能、定位及其法治化》，《行政法学研究》2019 年第 2 期。

18 有学者从《宪法》第 37 条第 2 款之规范出发，以立法权限视角切入探讨留置措施有关条款之合宪性，可谓别具一格。此文提出：“留置措施对人身自由的限制强度与逮捕类似，在我国《宪法》第 37 条对组织法立法权限的限制下存在合宪性困难。”参见张翔、赖伟能：《基本权利作为国家权力配置的消极规范——以监察制度改革试点中的留置措施为例》，《法律科学（西北政法大学学报）》2017 年第 6 期。

19 《宪法》第 37 条第 2 款强调的究竟是“限权”抑或“授权”？将批捕权统一收归法院而采取严格司法令状主义，是否较之现状而更具合理性？如此改革，是否非经修宪而不可为之？随着《监察法》颁布施行，关于留置措施的决定及批准之主体的争论业已尘埃落定，但前述议题仍不失为未来宪法学研究的重要内容。

3. 未能形成完整、系统的理论体系

当前已经发行出版的系统性研究成果，大多数是以《宪法修正案》《监察法》为依据进行内容选取和体系划分的，故而它们很难在《监察法》既有的条款内容及章节体系之基础上实现突破。诚如前述，当前监察法学的研究在基础理论层面其实是存在严重缺失的，许多基本的理论和实践问题并未得到有效解决或者暂未取得基本共识。学界在理论基础、研究对象、主要内容和基本范畴等许多方面都没有形成统一认知，更遑论形成完整、系统的体系架构，乃至进一步在现行学科体系中取得恰当定位。与此同时，研究方法上过于单一化也在很大程度上限制了监察法学研究的进一步发展。现有研究过于注重主题选取的新颖性和研究结论的现实性，对研究方法的关注度严重不够。由于研究方法不够明确，现有成果之形成过程，通常是作者从自身多年形成价值观念出发，提前预设文章结论并设法证明之，但其论证过程多是从文本来到文本去的“点对点”式的“二维推导”，而法学研究中的一些传统且较成熟的研究方法，包括监察法的教义学研究方法和监察法的社科法学研究方法，以及新兴的大数据式研究方法等，都还没有得到充分的重视和运用。未来监察法学之研究，需要形成与其他法学学科既相同又相异的研究方法，“围绕国家《监察法》的规范释义、法律体系的融贯而展开，同时要密切跟踪观察监察法制实践，以辩思性立场对待监察实践样本，从而为补强《监察法》规则短板，提升《监察法》法治水准做出法律学人应有的贡

献”。[20] 进一步讲，在人才培养层面，尽管监察法学学科已经出版发行了一系列培养教程，但是在教学发展的目标、理念和内容等许多方面，其实都还处于荒芜状态，亟待拓荒开发。对此，需要考虑多种因素并综合考量，例如全面依法治国之宏观背景、《监察法》之立法目标、监察法学之学科理念、监察官等有关职业行使公权力之职业性质等。

未来监察法学如欲在法学学科体系中成为一门独立二级学科，关键就在于提出并建立一个完整、系统的“监察法学理论体系”。这要求从理论基点、研究对象和基本范畴等几个方面着手，描绘出一幅监察法学研究的“三维全景图”。另一方面，国家监察体制改革已经走入全面深化阶段，我国监察法学研究必须形成周延自洽、自给自足的系统性理论学说，才有可能在我国监察法治人才培养的过程中充分发挥教学服务的应有价值，在我国深化监察改革的实践中更好地发挥理论指引和纠偏的现实作用。

三、国家监察法学研究的理论基点

所谓“谋事之基、成事之道”，监察法学之理论建构，首先就建立在科学严谨的理论基点之上。在严格区分“监察法学”和“监察法”的前提下，所谓国家监察法学之理论基点，强调的主要是此学科存在并延续的立论依据和理论前提。

20 秦前红：《监察法学的研究方法刍议》，《北方法学》2019 年第 4 期。

（一）社会主义权力监督原则和民主集中制

社会主义权力监督原则，是权力制约原则在社会主义国家的一种具体实践，与西方传统的分权与制衡原则对应。分权理论可追溯至古希腊著名学者亚里士多德，近代分权学说则由洛克倡导，经过孟德斯鸠发展完善，历经法国、英国和美国等国之实践，它们所形成的法国半总统制、英国制和美国总统制等国家政体在当前世界范围内颇具代表性；马克思主义经典作家在批判“三权分立”理论的同时，也同样强调了权力制约的不可或缺性。总之，权力制约原则是现代法治国家涉及宪制结构的一项重要原则，与人民主权原则、基本人权原则和法治原则共同构成宪法的四大基本原则。

我国监察法学是建立在社会主义权力监督原则和民主集中制等理论基础上的。以分权与制衡原则为理论基点，目前世界范围内主要形成了代议机关下设监察专员、行政机关内设行政监察机构和独立监察三种监察模式。我国当前的国家监察模式与前述三种情形皆有差异。我国《宪法》第 3 条第 1 款规定，“中华人民共和国的国家机构实行民主集中制的原则”，并在此基础上规定了“人民—人大—国家机构”的主权逻辑。此种作为政体组织原则的民主集中制，[21] 在我国改革实践中表现

21　此处采取“民主集中制”的表述，主要是为避免学界关于“议行合一”和“议行不宜合一”的争论，并无表达观点之意。例如，有学者指出，“‘议行合一’曾被作为社会主义国家权力配置的重要原则，一度也是我国的主流学说，但在（转下页）

于国家机构关系、中央地方关系、政治经济关系和国家社会关系等多方关系之中，[22]其所形成的一元宪制结构和权力二层级构造，决定了监察机关的宪法定位应当是“人大监督之下行使国家监察职能的专责机关”。正是在此基础上，我国从国家机构序列层面出发，并以“监察全面覆盖”为主要特征的国家监察制度始得形成。

（二）公职人员廉洁义务

在传统行政法上，诸如政府与公务员之间的关系一般被视为属于特别权力关系之范畴，伴随“二战”以来法治观点和人权理念之提升，该理论实际适用范围亦有所限缩。[23]关于特别权力关系之正当性以及它是否属于“法治普遍性之例外”，目前还有争议。另一方面，在公务员的权利义务关系中，传统行政法上所秉持的“公务员义务本位”理念已经有所式微。[24]搁置争论，关于公务员制度，一个广受认可的原则是：公务员应当遵循廉洁义务。公务员之廉洁义务关涉有三：一是个人品德及社会风气，二是政府声誉及公正信任，三是公权行使及政

（接上页）理论和实践上都存在争议”，并从历史维度切入进行解释。参见钱坤、张翔：《从议行合一到合理分工：我国国家权力配置原则的历史解释》，《国家检察官学院学报》2018 年第 1 期。

22 杨光斌、乔哲青：《论作为“中国模式”的民主集中制政体》，《政治学研究》2015 年第 6 期。

23 参见江国华：《正当性、权限与边界——特别权力关系理论与党内法规之证成》，《法律科学（西北政法大学学报）》2019 年第 1 期。

24 参见王国文：《公务员义务本位辨析》，《广东行政学院学报》2012 年第 3 期。

权稳定。[25] 正如著名启蒙思想家孟德斯鸠所言："在共和政体和民主政治中，品德是一种国家力量。如果贪污、堕落、腐化，那么法治就会瘫痪，国家就会解体。"[26]

我国公务员的廉洁义务是由宪法和法律设定的，其规范结构包括命令性规范和禁止性规范。[27] 我国现行《宪法》第 27 条第 2 款规定："一切国家机关和国家工作人员必须依靠人民的支持，经常保持同人民的密切联系，倾听人民的意见和建议，接受人民的监督，努力为人民服务。"我国《公务员法》第 12 条规定，公务员应当履行"清正廉洁"义务，并在第 53 条规定公务员必须遵守纪律，不得有下列行为："贪污、行贿、受贿，利用职务之便为自己或者他人谋取私利"，"违反财经纪律，浪费国家资财"，以及"从事或者参与营利性活动，在企业或者其他营利性组织中兼任职务"。我国国家监察制度对公务员廉洁义务之拓展在于，将其延伸至公职人员廉洁义务，并具体指向《监察法》第 3 条所称之"所有行使公权力的公职人员"和第 15 条所列举之六类"公职人员"和"有关人员"。有学者指出："国家监察全覆盖已经超越了对传统'公权力'的理解。"[28]

---

25 参见叶必丰：《论公务员的廉洁义务》，《东方法学》2018 年第 1 期。

26 [法]孟德斯鸠：《论法的精神》(上册)，张雁深译，商务印书馆 1982 年版，第 19—22 页。

27 参见叶必丰：《论公务员的廉洁义务》，《东方法学》2018 年第 1 期。

28 谭宗泽：《论国家监察对象的识别标准》，《政治与法律》2019 年第 2 期。

公职人员廉洁义务之所以成为国家监察法学之理论基点，原因有二：第一，公职人员廉洁义务与社会主义监督原则和民主集中制共同为国家监察法学学科之存在提供了最基本的立论前提。正是因为公职人员必须秉持廉洁义务，其公权行使便不得任性妄为，而须于法律规定的范围内严格依法行使，并由此提出不得贪污、受贿、行贿以及经商办企业或兼任有酬职务，不得以权谋私，不得浪费国家资财等一系列要求，国家监察法学才有其存在的现实意义和理论价值。第二，公职人员廉洁义务为划定国家监察法学之研究对象、研究范畴等提供了比较明确的限定依据。例如，遵循廉洁义务之主体范围，即为国家监察法学所研究之监察对象，故而某类主体如需秉持此种义务，其便很可能纳入监察对象之范围；又如，违反廉洁义务之表现形式，即为国家监察法学所研究的职务违纪违法犯罪之内容，故而不得以权谋私和不得浪费国家资财等之构成内容，便关系到国家监察法学所研究的监察内容及职务犯罪所涉罪名；此外，还有确保廉洁义务之组织机构即为国家监察法学所研究的监察组织及其宪制关系，确保廉洁义务之监督手段即为国家监察法学所研究的职权范围及措施，等等。

（三）监察法治原理

监察法治原理，是近现代国家宪法法治原则在国家监察领域的具体表现，其核心价值是用宪法法律来调整整个国家的监察活动。监察法治是监察法的理论基础、基本理念、价值取向和评判标准，也是监察法学理论建构之基石、理论体系之核心、价值评判之标准。几年来，国家监察体制改革为全面推进依法治国、建设中国特色社会主义法治国家作出了重要贡献；同时，也要看到诸项改革举措之间在系统性、全局性和关联性上，还有不小的进步空间。这归结到底，是因为改革实践缺乏基本理论的指引。笔者提出监察法治的四项子原则，其亦可作为改革决策以及监察制度和行为之标准：

1. 合法性原则

合法性原则也即形式上的监察法治，或称狭义上的依法监察。监察法治所蕴含的监察合法化逻辑，本质上就是要求一切监察活动都符合法律，由此在最低程度上使其获得形式正当性。合法性原则是一切监察相关制度及活动的前提，是监察法治的基本要求和最低标准。（1）在法律适用层面，合法性原则为监察提出以下要求：一是“法律优越”，由此确认法律与监察活动的上下位关系，保证立法权相对于监察权的优越地位，基本含义是“不抵触”；二是“法律保留”，即某些法律事项必须由法律规定，监察机关不得僭越，或非经授权不得补充或创制；三是“依法规监察”，这要求减损权利或预设义务的具体监察行为，须以法律或监察法规之行为规范为依据，组织规范推导的授权不足为据。（2）在具体工作层面，合法性原则还为监察进一步提出“主体合法”、“程序合法”和“方式合法”等三个要求，即国家监察活动之行为主体、活动程序和活动方式等都必须符合有关法律法规之规定。

2. 民主正当性原则

民主正当性原则乃是合法性原则的一种更高层次的表现形式，符合法律的监察于此意义上得到了政治意义上的合法化，其根源则是多数决民主（majoritarian democracy）所赋予的正当性。民主正当性原则作为监察法治的基本方略和一般标准，体现在监察改革方案的讨论与形成、监察有关制度及立法的制定与通过、各级监察机关领导人员和其他工作人员的产生与履职，以及各级监察机关组织运作与日常活动等各个方面。民主正当性原则之缺陷，在于容易牺牲少数群体的利益，其一方面需要“共识型”决策模式加以正当性补强，[29] 另一方面，更重要的是，必须以人权保障原则作为监察法治的价值取向和最高标准。

3. 功能优化原则

功能优化原则是提升反腐效能和实现监察体系和能力现代化的必然要求，既为监察法之缘起提供了实质意义上的理论依据，也是监察法之延续及发展的重要目标，因此是监察法治的直接目标和较高标准。此原则之由来，乃是一个延续几百年的疑问：“三权分立”必定是完美无缺的分权范式吗？正如阿克曼教授所言：“没有理由认为这些经典作者已经将分权制设计得尽善尽美。”“没有哪个领域的学术探索被单独一个思想家

29 “共识型”决策是近年来西方公共行政和民主理论界提出的一种理想类型的决策模式，是相对于传统决策模式而言的。关于“共识型”体制之缘起及中外两种“共识型”决策模式之比较，参见樊鹏：《论中国的“共识型”体制》，《开放时代》2013 年第 3 期。

所主宰，遑论一位 18 世纪的思想家。”[30] 在国家权力配置上，德国在战后发展出的“功能适当原则”，不仅关注传统形式主义分权学说的个人自由保障，同时重视国家权力行使的“正确性”，即讲求通过国家权力的最优化配置以取得国家权力配置方案之正当性前提。[31] 这种功能主义的权力配置原理，要求将各种国家任务的相应职权配置给在组织、结构、程序、人员上具有功能优势的机关，由此，一方面“实质性填充民主集中制的内涵”，[32] 另一方面也“实质性”解释了我国监察机关之独立宪法地位。进一步而论，功能优化原则不仅表现于国家宪制结构层面，也同样适用于监察法律实施层面，包括以功能优化原则为指导进行立法修法、监察执法和司法适用等。

4. 人权保障原则

人权保障原则是建设中国特色社会主义法治国家的必然趋势，是监察法治的价值取向和最高标准。2004 年，第十届全国人大第二次会议通过宪法修正案，首次将“人权”概念引入宪法，明确规定“国家尊重和保障人权”。尊重和保障人权，是现代民主政治最基本的价值观念、文本表达和制度要求，是社会主义政治文明的重要标志。在现代法治背景下，宪法法律

---

30 参见聂鑫：《〈别了，孟德斯鸠〉译后记》，载［美］布鲁斯·阿克曼：《别了，孟德斯鸠：新分权的理论与实践》，聂鑫译，中国政法大学出版社 2016 年版。

31 参见张翔：《国家权力配置的功能适当原则——以德国法为中心》，《比较法研究》2018 年第 3 期。

32 张翔：《我国国家权力配置原则的功能主义解释》，《中外法学》2018 年第 2 期。

要保障公民权利与自由的实现，此乃法治之价值所在。监察法治的根本要求，就在于在宪制框架下保障公民权利与自由的实现。一方面，就一般公众而言，廉政建设和反腐败执法工作的更深层次追求，乃是通过确保公职人员廉洁和公权力合理行使，从而促进社会长治久安，保障经济持续发展，实现发展成果由人民共享，故而，国家监察之存在本身即在于保障人权；另一方面，就（违纪、违法或者职务犯罪的）监察对象而言，监察制度及活动亦非一味剥夺他们的权利，而是惩治腐败与保障人权二者各执一端，于监察法治天平之下作出多方考量并最终维系价值平衡。

四、国家监察法学的研究对象

（一）监察基础理论

所谓监察基础理论，是区别于监察理论基础的另一个概念，二者休戚相关。其关系大致可归纳为：前者通常围绕后者而建立，同时后者指导前者之研究，并作为前者正确与否之标准。[33] 监察基础理论，是相对于监察法律制度和监察实践应用而言的，是关于监察制度的本质属性、监察活动的一般规律的认识和理论概括。监察基础理论的研究范围至少包括：1. 监

33 参见王桂五：《检察制度的理论基础和基础理论的关系》，《检察理论研究》1991年第2期。

察制度史的研究；2. 关于我国监察制度法律渊源的研究；3. 关于监察制度本质属性和特征的研究；4. 关于监察制度在国家政治制度和法律体系中的地位、作用的研究；5. 关于监察活动一般规律的研究；6. 监察制度比较研究；7. 监察法学与宪法学、党规学、行政法学、刑法学、民法学、经济法学、诉讼法学和法律史等相邻学科的关系的研究，以及监察法学与政治学、经济学等其他学科的关系的研究等。

（二）监察法律制度

所谓监察法律制度研究，所指向的是作为实然法而存在的我国监察法律及其配套法规所确立的一系列法律制度，其与前述监察基础理论中所谓监察制度之间是实然与应然、实践与理论的区分关系。监察法律制度的研究范围至少包括：

1. 监察组织及其内外关系。（1）于宏观层面而言，这指的是监察机关在我国宪制结构下的定位问题，包括监察机关本身之设置、监察机关与其他国家机关之间的组织关系；（2）于中观层面而言，这指的是监察机关之层级设置、不同监察机关之间的组织关系，其中后者包括上下级监察机关之间的纵向组织关系和同级监察机关之间的横向组织关系两种；（3）于微观层面而言，所指有三：一是监察机关内部之架构设置和不同内设机构、直属机构、派驻机构和派出专员之间的关系，二是监察官制度，包括监察官的职级设置、权利义务和职业伦理等，三是监察人员与其隶属之监察机关之间的关系。

2. 监察职权及其范围。（1）于宏观层面而言，这指的是监察权的职权范围、监察权与其他国家权力之间的权限边界；（2）于中观层面而言，这指的是监察权本身的属性、内容及特征；（3）于微观层面而言，这指的是监督权、调查权和处置权等各自的属性、内容及特征。

3. 监察措施及其程序。所指有三：一是不同监察措施各自的属性、内容及特征；二是不同监察措施的正当法律程序及其规制体系，包括监督程序、问题线索管理和处置程序、立案程序、调查程序和处置程序等；三是不同监察措施的异议机制和救济程序等。

4. 监察法律制度与其他法律制度的衔接。这主要是指监察法律制度与刑事法律制度、行政法律制度等各项法律制度之间如何衔接的问题。

5. 监察法律责任。法律责任制度是我国监察法律制度的重要内容之一。我国《监察法》第 8 章根据主体差异规定了四类法律责任：一是有关单位（被监察单位）的法律责任，二是有关人员的法律责任，三是监察对象的法律责任，四是监察机关及其工作人员的法律责任。

（三）监察实践应用

所谓监察实践应用，是指对各项监察业务的理论与实践的研究，以及监察管理学的研究。此方面之研究，需注意以下两点：

1. 在法律适用层面，如何在遵循法律法规有关规定的前提下“因地制宜、因时制宜”，这里一个重要表现就是：面对不同监察领域和监察对象之间的较大差异，如何秉持权力行使的科学性和谦抑性？例如，“居委会大妈”“小学教师”“乡镇医生”等普通职业者和“省部级高官”之间的差异便难以用“‘老虎’‘苍蝇’一起打”来看待；已经沦为“阶下囚”的狱中人和掌握巨大社会资源的现任高官之间的差异也值得细分把握。

2. 在日常运作和管理层面，一方面，要在监察管理的过程中有效运用现代管理科学有关理论，提升监察实效，实现由经验型监察管理到科学化监察管理的重要转变；另一方面，还要注意强化自我监督和外部监督，避免“灯下黑”。

五、国家监察法学的基本范畴

学科范畴是学科建立的基础。监察法学作为一门科学，从理论形态上说，是由范畴建立起来的理论大厦；[34] 监察法学的基本范畴，则是对其中的基本对象及其本质与规律进行高度抽象和概括的基本概念。可以说，监察法学的基本范畴是监察法学理论体系的核心内容，也是推动监察法学基础理论研究的关

34 张文显教授便曾提出，任何一门科学，从理论形态上说，都是由范畴建构起来的理论大厦。参见张文显：《论法学的范畴意识、范畴体系与基石范畴》，《法学研究》1991 年第 3 期。

键环节。当前，学界对监察法学基本范畴的研究相当薄弱，还没有形成对哪些范畴应当归于监察法学基本范畴的统一认识。笔者认为，监察法与监察法治、监察权（力）与监察权利、监察机关与监察对象、监察行为与监察责任这四对范畴，可以作为监察法学的基本范畴。以下简述之。

（一）监察法与监察法治

监察法与监察法治，是监察法学基本范畴体系的逻辑起点，它们不仅涉及监察法学理论体系的构成，而且直接关乎监察法学理论与实践的有机统一。可以认为，监察法与监察法治是监察法学研究过程中最基本的一对关系。如此定位，与监察法治原理作为监察法学理论建构之基石、理论体系之核心、价值评判之标准的地位是一致的。离开监察法与监察法治的监察法学研究，必然成为无源之水、无本之木。因此，监察法与监察法治可以作为监察法学理论研究的第一对基本范畴。

其中，所谓“监察法”，除了已经通过施行的《监察法》和正在研究制定的《政务处分法》《监察官法》等外，还包括其他监察法律、配套法规、监察解释以及司法解释中与监察有关的内容等；关于监察法治，此处不再赘述。

（二）监察权（力）与监察权利

监察权（力）与监察权利，是监察法学基本范畴体系的核心内容。权利与权力之间的关系以及何者为本位的问题，是法学研究中的一个重要命题。有学者指出："权利和权力是法律上的一对基本范畴，它们具有相互依存和相互制约的密切关系。"[35] 人民主权学说的一个著名论断，即在于"主权在民"。这个现代法治的基本逻辑，描绘出国家权力与公民权利之关系，乃是前者源于后者，同时在根本上统一于后者。[36] 将其适用于监察法学领域，可推得：监察权力源于公民权利，在根本上统一于公民权利。这与我国宪法规定的主权逻辑和治理逻辑是一致的，即"各级人大是人民行使权力之机关"，以及"监察机关由权力机关产生，对其负责、受其监督"。

当前，我国监察法学对于"监察权"的研究已经颇具气候，但是对于监察权利尚处在零星的呼吁阶段。笔者以为，"监察权利"应当与"监察权"一起被列为监察法学的基本范畴，乃至作为监察法学基本范畴体系之核心内容，其主体包括监察人员和监察对象两类，前者权利之范围至少包括监察人员履行工作职责之安全保障、隐私权以及承担法律责任之救济权；后者权利之范围至少包括监察对象的生命健康权、陈述申辩权、辩护权和救济权等。

（三）监察机关与监察对象

监察机关与监察对象是监察法学研究中最重要的两个主

---

35 郭道晖：《试论权利与权力的对立统一》，《法学研究》1990 年第 4 期。

36 参见童之伟：《公民权利国家权力对立统一关系论纲》，《中国法学》1995 年第 6 期。

体，是监察法学基本范畴体系中的重要内容和主要载体。监察主体是监察权的行使主体，也是监察活动的实施主体；监察对象是监察权的监督对象，也是监察活动的相对人。在监察法律关系之中，监察主体和监察对象二者无疑是不可或缺的两端。

根据《监察法》规定，监察主体主要有两种类型：一类是国家监察委员会、地方各级监察委员会等独立一级监察机关，另一类是独立一级监察机关的派驻机构和派出专员。二者之区分，关键有二：一是明确对象范围、主体地位、授权性质和前提条件，二是厘清独立一级监察机关与其派驻机构（派出专员）在诸多方面的差异。[37] 此外，监察主体的相关问题还包括主体资格和责任承担、职责权限和超越职权等，这将在下文说明。

关于监察对象，《监察法》仅在第 3 条规定“行使公权力的公职人员”，在第 15 条列举六类“公职人员”，并将“有关人员”纳入。关于监察对象的识别标准，人大代表作为监察对象之特殊性，国有企业、公办单位、基层群众性自治组织中（从事）管理（的）人员作为监察对象之特殊性，“有关人员”纳入监察对象是否合理、如何区别对待等，都值得进一步探讨。

37 关于派驻的对象范围、主体地位、授权性质和前提条件等研究，参见秦前红、石泽华：《〈监察法〉派驻条款之合理解释》，《法学》2018 年第 12 期。

（四）监察行为与监察责任

监察行为与监察责任是监察法学研究中的关键衔接点，是监察法学基本范畴体系中的重要内容和核心机制。目前，我国监察法学研究尚无“监察行为”之概念，而此概念之提出，恰可解决目前监察法学研究中的诸多难点。

参考行政法学理论和行政法律体系，一般将“行政行为”从“行政权（本身）”中区分开来，后者主要研究行政权的属性、特征、外延和授权理论等，并衍生出对行政机关的宪制地位、组织关系和权限边界等的研究；前者则区分抽象和具体两种行为，其中对具体行政行为之研究主要关涉其类型、要件、效力、程序、救济等问题以及各类具体行为之特征。可以说，“行政行为”作为行政法学研究的核心概念，几乎贯穿整个行政法学理论及法律体系。这对监察法学研究亦有借鉴意义。关于监察措施的种类以及各项措施之属性、内容与特征，监察机关制定监察法规、监察解释和内部规范性文件等抽象性行为，监察机关及其工作人员就他们的调查措施和处置措施是否及如何承担法律责任等问题，皆可由“监察行为”囊括之。如果从这个层面出发认识“监察行为”，其重要性便值得纳入监察法学基本范畴之列。有鉴于此，有必要提出“监察行为”之概念，并在“监察权”“监察措施”等概念之外对其展开独立研究，尤其着重研究其中的基础理论问题。学界对此之研究，几乎还处在空白状态，亟待补全有关理论。例如，“监察行为”

具备何种性质和效力？它们与行政行为之间有哪些异同？《监察法》关于救济途径的规定与行政行为之救济为何如此迥异，这合理吗？调查行为和处置行为都具有哪些特性？监察处理决定与监察建议之间又有何种不同？还有，国家监察委员会能否制定面向不特定多数人的具有相对普遍效力的监察法规？各级监察机关能否制定内部规范性文件？这些规范性文件分别是何种性质和效力？

以“监察行为”之概念为中心，还可引申出“监察行为能力”“监察主体资格”等概念，由此实现“监察责任”与“监察主体”“监察权”等概念之并轨。在现代法治国家，权责一致原则是权力运行和机构设置的一项基本要求，不仅作为行政法律原则适用于我国法治政府建设的方方面面，也直接体现在诸轮司法改革之中。监察主体履行监察权，绕不过去的一个问题是：以谁的名义办案？谁来承担责任？怎么承担责任？诚如前述，法律责任制度是我国监察法律制度的重要内容之一。我国《监察法》第 8 章规定的四类法律责任，如果以立法目标为标准，大致可以被归纳为“为了‘保障’监察机关依法履职而规定的法律责任”和“为了‘规范’监察机关依法履职而规定的法律责任”两种。对于前一种法律责任，学界已有不少研究成果；对于后一种法律责任，则还有待进一步探讨。所谓“监察机关及其工作人员的法律责任”，指的是监察人员违法监察法律法规应当承担的法律责任。有关问题至少包括以下四个层面：哪些情形下应当承担法律责任，有哪些机制以追究相关责任，谁来追究相关责任，应当承担何种法律责任。《监察法》第 65 条以较大篇幅规定了我国监察法律责任制度，力求打造监察自我监督的闭环。[38] 但是，该条款之规定针对的仅仅是“哪些情形下应当承担法律责任”这个第一层面的问题。而从“监察行为”出发，便可以使监察权、监察主体、监察行为、监察责任等多重概念在现实中实现映射，具体解决“哪些监察主体得以自己名义作出哪些监察行为（并得承担由此引发之法律责任）”，“当监察主体超越职权作出监察行为时，谁来承担法律责任”以及“当监察对象寻求法律救济时，究竟向谁提出”等实践难题。

六、结语

我国监察法学研究之复兴缘起于 2016 年监察体制试点改革，经历了论证、建构和完善三个阶段。近几年，学界已有不少关于构建“监察法学”学科的呼声，部分地区已经做出探索。例如，部分高校开设了监察法学学科建设，西南政法大学成立了监察法学院，浙江省已经成立了浙江省法学会下属的监察法学研究会，有的地方监察委员会还成立了监察官学院。这些探索一方面说明我国监察法治人才培养存在较大缺口，监察

38　参见秦前红：《监察机关应该如何依法开展自我监督》，《深圳社会科学》2018 年第 1 期。

法学之学科建构具有现实必要性；另一方面也要求学界加快节奏，形成一套系统、完善的监察法学理论体系，最终更好地服务于监察法学的学科发展和监察法治事业。

本章从理论基础、研究对象和基本范畴三个层面着手，旨在勾勒监察法学研究之“三维全景图”。其中，本章提出的“监察法治”“监察权利”“监察主体”“监察行为”等概念，在监察法学未来研究中将占据举足轻重的地位，学界目前对此缺乏应有的理论关切，有关研究亟待填白；此外，监察法学教学发展的价值导向、基本理念和主要内容等，是监察法学研究体系建构下一步必须解决的重要问题。

第十六章

法律汉语概念规范化
——以“留置”为例*

一、研究方法概述

法理学家考夫曼说：“概念在未明确定义之前，不应使用它，且在没有相信其真实性之前，不应提出该主张。”[1] 据此，我们在研究法律和适用法律时都需要辨明法律概念。分析法律概念最直接的路径即法律语言，语言是法律的承载者，它不仅仅是法律权力借以展开运作的工具，在许多至关重要的方面，语言就是法律权力。[2] 对法律的分析在一定程度上即是对语言的分析，因此运用语言学理论研究法律是可行的，也是必要

---

* 本章已发表于《湖南社会科学》2017 年第 6 期。

1 ［德］考夫曼：《法律哲学》，刘幸义等译，法律出版社 2004 年版，第 10 页。

2 参见［美］约翰·M. 康利、威廉·M. 欧巴尔：《法律、语言与权力》，程朝阳译，法律出版社 2007 年版，第 18 页。

的。正如国际法律语言学协会第三任主席劳伦斯·索兰教授所言：语言研究能在法治的可能性和局限性方面给我们以启示，有助于我们了解法律机构的运作，帮助改善法律制度的运作方式。[3]

传统法律概念分析多遵循逻辑学范式，以概念的内涵和外延为研究对象。在一阶逻辑中，概念的名字被认为和概念的内涵具有相同的意义，即被定义项与定义等价。[4]这就导致法律概念分析时常忽视概念的名字，只解释概念的内涵，扩充或限缩概念的外延。与此相反，语言学自始便重视名字。现代语言学的开创者索绪尔认为语言是表现言语活动的符号，[5]这种符号是连接能指（声音的心理迹象）与所指（概念的内涵）的一种形式。[6]此结论的提出建立在以对话为基础的言语循环模型上，尽管此后的语言学理论不都采用言语循环模型，但这种把概念的名字和概念的内涵相分离的做法被此后的一些语言学理论保留，20 世纪 60 年代兴起的模态

---

3 参见［美］约翰·吉本斯：《法律语言学导论》，程朝阳、毛凤凡、秦明译，法律出版社 2007 年版，第 2 页。

4 弗雷格在《概念文字——一种模仿算数语言构造的纯思维的形式语言》一文中尝试构造了我们现在所使用的符号逻辑系统的雏形，他在创造“≡”时指出，这一逻辑符号表示在它两端的名字具有相同的概念内容并且能够相互替换。参见［德］弗雷格：《弗雷格哲学论著选辑》，王路译，商务印书馆 2006 年版，第 20—22 页。

5 参见［瑞士］费尔迪南·德·索绪尔：《普通语言学教程》，高名凯译，商务印书馆 1980 年版，第 28—39 页。

6 同上书，第 167—169 页。

语义学同样吸收了这一观点。[7]根据这种理念，分析法律语言时，从名字、解释摹状词（概念的内涵）和指称对象（概念的外延）三方面来考察，既符合语言学范式，又契合法学范式。本章采用模态语义学的观点，以“留置”为例，通过分析它的名字、解释摹状词和指称对象，来阐述法律汉语概念不规范的现状，以期找到规范化路径。因此，在本章开篇有必要先行阐述模态语义学的观点，说明采用模态语义学的原因。

“历史的、因果的命名理论”是模态语义学的重要观点之一，此观点不同于弗雷格、罗素提出的“摹状词理论”。传统的“摹状词理论”认为，专名和通名都具有各自的意义，它们是一些缩略的或伪装的确定摹状词，或者至少与这些确定摹状词是同义的。名称能够被用来给对象命名的原因在于这些意义规定了名称指称的条件。“历史的、因果的命名理论”则认为，名称不具有上述类摹状词意义，而是依靠命名

---

7 名字可以直接指称一个对象，而不把任何特性归属于这个对象，因此当它指称一个对象时，并不以世界上发生的任何偶然的事件或过程为转移。只要一个对象的本质属性不变，不论这个对象的非本质属性发生多大的变化，这个通名或专名所指的对象始终不变。摹状词仅仅凭借把某些特性归于对象来指称一个对象，因此它的指称方式受到世界上发生的种种偶然的事件和过程的影响。如果对象的属性发生变化，确定摹状词的指称也发生变化。因此当使用某个确定摹状词或某个起识别作用的特性去规定某个名称所指的对象时，那种特性所起的作用在大多数场合并不是作为这个名称的同义词，而不过是作为规定所指对象的手段。参见［美］索尔·克里普克:《命名与必然性》，梅文译，上海译文出版社 2016 年版，中译本序第 3—6 页。

活动及其因果影响来指称对象，它们的意义仅仅是指称对象。[8]法律语言当中概念的解释摹状词相较日常通用语的解释摹状词更为复杂，常常包含主体、客体、行为、心理等限定。在传统的“摹状词理论”下，已无法解释重名现象，将“摹状词理论”适用于法律语言则更为困难。因此笔者采用“历史的、因果的命名理论”，来寻求法律汉语规范化路径。下文所述的名称的意义均采用“历史的、因果的命名理论”的观点。

二、问题提出

作为一种孤立语，汉语具有“单足以喻则单，单不足以喻则兼”[9]这种使用习惯，加之汉语词汇没有明显的词性，[10]致使划分汉语复合词的最小意义单位存在障碍。具体表现为在一个复合词中，难以认定到底以单字、多字词或复合词整体哪种为最小意义单位。[11]在法律汉语领域，最小意义单位的不确定使得部分重名概念或完全重名概念充斥于法律条文中。这种有意

8 参见［美］索尔·克里普克：《命名与必然性》，梅文译，上海译文出版社 2016 年版，中译本序第 2—3 页。

9 出自《荀子·正名》。

10 ［瑞典］高本汉：《汉语的本质和历史》，聂鸿飞译，商务印书馆 2010 年版，第 9 页。

11 参见庄会彬、刘振前：《汉语合成复合词的构词机制与韵律制约》，《世界汉语教学》2011 年第 4 期。

识或无意识所造成的立法状况会导致人们在辨明法律概念时出现本不应有的偏差。因此，需要规范化处理这些法律概念，以彰显法律的真正意涵。

部分重名概念是指两个或两个以上，在字面上按照偏正构词法来看，中心词相同而修饰语不同的概念，尽管有的概念事实上不是偏正词。虽然重名部分的解释摹状词和指称对象不一定相同，但其能够被受过法律训练的人辨别。例如，“合同”与“行政合同”。两者虽然均使用“合同”一词，但是“行政合同”的行政主体一方往往具有一定特权并有相应限制，因此，两个概念中的“合同”的法律性质不同，也就意味着“合同”的解释摹状词和指称对象不相同。[12] 故可以认为“行政合同”的最小意义单位是它本身，其并不是“行政”前缀与“合同”主体词所组成的偏正词。

完全重名概念是指两个或两个以上名字相同但解释摹状词和指称对象不同的概念。尽管完全重名概念在名字构成上可能遵循不同的最小意义单位标准，但是直观不可辨。且其解释摹状词和指称对象大多只能通过语境来区分，有的甚至不能区分。在立法活动中，名字的产生有时先于解释摹状词和指称对象的存在，此时出现的重名概念则难以分辨，使人产生误解。2017 年上半年学界对国家监察委员会留置措施的争论即是最

12 参见朱新力:《行政合同的基本特性》,《浙江大学学报（人文社会科学版）》2002 年第 2 期。

好的例证。

2016 年 12 月 25 日，全国人大常委会发布了《关于在北京市、山西省、浙江省开展国家监察体制改革试点工作的决定》(以下简称“《决定》”)。《决定》第二条即规定了监察委员会为履行监督、调查、处置职权，可以采取谈话、讯问、询问、查询、冻结、调取、查封、扣押、搜查、勘验检查、鉴定、留置等措施。此处的“留置”即为完全重名概念。由于没有相应的规范作出解释，且缺少案例来表明“留置”的指称对象，学界就国家监察委员会的“留置”仅在理论层面比照已有的一些“留置”概念作了关于法律性质的分析和制度设置构想。随着国家监察体制改革试点工作的深入，三地监察委员会在转隶工作完成后，均已进入正式办案阶段。此后三地相继出台了有关工作规则，并出现了适用“留置”的具体案件。在此基础上，《决定》所规定的“留置”概念采用了新的解释摹状词和指称对象。此时，我们有必要梳理现有法律文件当中以“留置”为名字的概念，理清它们的解释摹状词和指称对象，分析《决定》中所要表述的措施使用“留置”作为名字是否合理，以便在可能到来的监察立法中对这一措施做到规范化表述。

三、法律汉语中“留置”的渊源

在分析法律概念时，必须要考证其名称的来源，才能构建概念的历史链条，[13]做到准确把握其解释摹状词和指称对象。法律语言不同于通用语言，其具有独特的法律解释摹状词，且其指称对象多是法律领域所独有的事物、行为。但法律语言来自通用语言，是通用语言分化独立出来的行业语言，无论是本土法律语言的产生，还是不同国家法律语言的转换，都需要通用语言作为母体。[14]故法律语言须遵从通用语言的语法，所使用的词汇在通用语言中亦有迹可循。

（一）“留置”的本土渊源

在通用的现代汉语中，“留置”并非一个常用词语。笔者遍查《辞源》、《辞海》、《汉语大词典》（以下简称“《大词典》”）三部辞书，“留置”仅被《大词典》所收录，与“留置”相关的词语仅有《辞海》收录的“留置权”。这三部辞书的定位不尽相同，《辞海》定位为集字典、语文词典和百科辞典主要功能于一体的大型综合性辞书，词条收录偏向日常使用的现代汉语。[15]因此《辞海》未收录“留置”可以在一定程度

---

13 历史链条是指称引申传递而形成的链条。一个指称可以从另一个指称那里借用它的凭证，成为一个真正的识别性指称；后一个指称又仰仗于另一个指称。且这种回溯不是无限的。克里普克在 1970 年 1 月 22 日的演讲中谈道：“如果你确信自己知道那样一根链条，而且在这根链条上的其他每个人都使用一些恰当的条件，从而不会偏离这根链条，那么或许你就能通过一个一个地借用指称的方式来指称这样一根链条，从而追溯到那个人身上。”参见［美］索尔·克里普克：《命名与必然性》，梅文译，上海译文出版社 2016 年版，第 74 页。

14 参见宋北平：《法律语言规范化研究》，法律出版社 2011 年版，第 48—49 页。

15 参见《辞海》（第六版）前言，上海辞书出版社 2009 年版；徐庆凯：《〈辞源〉和〈辞海〉的性质》，《辞书研究》2015 年第 2 期。

上反映该词在日常语言的使用中较为生僻。

在《大词典》中，“留置”的释义为放置、布置。例句出自收录于《全唐文》卷三一九李华所作的《杭州馀姚县龙泉寺故大律师碑》：“惟铜瓶锡杖留置左右。”毛泽东所作的《抗日游击战争的战略问题》第四章：“集中兵力并不是说绝对的集中，集中主力使用于某一重要方面，对其他方面则留置或派出部分兵力，为钳制、扰乱、破坏等用，或作民众运动。”[16]《大词典》作为一部大型的、历史性的汉语语文辞典，只收汉语的一般语词，着重从语词的历史演变过程加以全面阐述。[17] 因此，对其收录的词语应当兼从古代汉语角度考察而非单纯从现代汉语角度考察。而且，具体到“留置”，两个例句中，一个来自古代汉语《全唐文》，另一个写作语言文白相间。所以，对于《大词典》中“留置”的考证，势必要参考古代汉语。

谈到古代汉语，《辞源》作为阅读古籍用的工具书和古典文史工作者的参考书，是不可回避的参考文献。[18] 2015 年出版的第三版《辞源》较 1915 年出版的第一版《辞源》和 1979 年至 1984 年出版的第二版《辞源》，收录词语数量有所增加，但三个版本的《辞源》均未收录“留置”。这一情况的出现有两种原因，即要么《辞源》漏录“留置”一词，要么“留置”一词在古汉语中并不是固定词。

16　参见《汉语大词典》（第七卷）“留置”词条，汉语大词典出版社 1991 年版，第 1332 页。

17　参见《汉语大词典》（第一卷）前言，汉语大词典出版社 1986 年版。

18　参见徐庆凯：《〈辞源〉和〈辞海〉的性质》，《辞书研究》2015 年第 2 期。

《大词典》的古文参考文献同《辞源》的参考文献有所重合，单纯就《大词典》“留置”一词的出处文献为参考标准，《辞源》第三版使用李华的文章作为词语出处有五十一例之多，其中又收录于《全唐文》的词语例句出处的亦有两例，分别是：“教门”一词的例句出自收录于《全唐文》卷三一九李华所作的《荆州南泉大云寺故兰若和尚碑》，[19]“睒睗”例句出自收录于《全唐文》卷三一四李华所作的《含元殿赋》。[20]因此，从古文参考文献的广度上来考察，很大程度上降低了《辞源》在“留置”一词的收录上有漏录的可能性，同时也就增大了《大词典》在“留置”一词的收录上有误录的可能性。

有学者认为《大词典》收录的有些词目荒唐随意，存在假目、误目、滥目、一证两目等情形。滥目是指不符合收词原则而收入词典的词目，造成滥目的原因往往是编纂者没有准确地把握收词原则，在判断词与非词、固定词组与非固定词组等方面出现失误，致使非词立目，或自由词组立目。[21]单纯比较《辞源》和《大词典》中“留”字下的词语收录情况，后者收录的词语数量远超前者，[22]但部分词语收录有随意之嫌。汉语最重要的特征是单音节性质，表现为一字即一词，而一个词由

---

19 参见《辞源》(第三版)“教门”词条，商务印书馆2015年版，第1767页。

20 同上书，第2933页。

21 曲文军:《论〈汉语大词典〉的严重缺陷》,《临沂师范学院学报》2004年第4期。

22 《辞海》(第六版)收录“留”字头的二字词40个,《汉语大词典》收录“留”字头的二字词132个。

一个单音节构成。[23] 在用法上则以“单足以喻则单，单不足以喻则兼”为原则。[24] 在《大词典》收录的“留置”一词的例句“惟铜瓶锡杖留置左右”“对其他方面则留置或派出部分兵力”当中，“留置”的用法实为“留”与“置”单独使用表意，意义为“留而置”或“留且置”，且前例句侧重于“置”，而后例句侧重于“留”。这一用法显示“留置”并非固定词组，更像是一种为了兼顾韵律所造的偏义复合自由词组。

综上所述，“留置”表征上是包含“留”与“置”两个汉字的组合词，但根据例句中的用法可知最小意义单位是单字，而非词语本身。“留置”这个两字连用表意词并非来源于古代汉语，而是另有渊源。

（二）“留置”的域外渊源

“留置”一词具有汉字的书写外形，且来源并非古代汉语，那么它很有可能是一个日语外来词。[25]

通过在“辞典・百科事典の検索サービス–Weblio 辞

---

23 ［瑞典］高本汉：《汉语的本质和历史》，聂鸿飞译，商务印书馆 2010 年版，第 16 页。

24 出自《荀子・正名》。

25 对现代汉语究竟吸收了多少日语外来词，中外学者看法也不尽相同。日本学者实藤惠秀认为现代汉语吸收了源自日语的字词大约 844 个。1984 年上海辞书出版社出版的《汉语外来词词典》收录了大约 892 个。顾江萍认为从晚清民初期间收集到的日语借词大约有 1 763 个。参见孙逊：《现代汉语中日语外来词词源考辨》，《外语教学》2015 年第 3 期。

書”[26]上对“留置”的检索，笔者发现“留置”是一个多义词，其在日语中的意义与用法包含了它在现代汉语中的意义和用法。“留置”在日语中的使用范围广泛，涵盖通用语言和行业语言。在通用语言和非法律行业语言中有“留置”“原級留置”“留置針”“留置線”“留置郵便”“留置法”等。在法律语言中则有“留置”“労役場留置”“鑑定留置”“留置場”“留置権”等。因此，我们认为“留置”是一个日语中常用的词语，基本可以断定现代汉语中的“留置”来源于日语。

1907年上海商务印书馆出版的《新译日本法规大全》用于解释法律术语的附录《法规解字》便收录了“留置”，同时还收录了与“留置”相关的“留置人”、“留置权”、“留置局所”和“留置通知料”。[27]值得注意的是，《法规解字》收录的“留置”及与之相关的术语不是以意译的方式从日文译成中文，而是原封不动地照搬日文中的和制汉语。[28]于是，笔者进一步在Westlaw Japan[29]上检索“留置”，807条检索结果中“留置”的使用方法和意义涵盖但不限于我国现行法律当中“留置”的意义和使用方法。

根据上文的种种迹象，我们认为两字连用成词表意的“留置”虽未收录于《汉语外来词词典》，但它的确是一个来自日

26 http://www.weblio.jp/，最后访问日期：2017年9月10日。

27 参见《新译日本法规大全（点校本）· 法规解字》，钱恂、董鸿祎译，何勤华点校，商务印书馆2007年版，第97页。

28 屈文生：《和制汉语法律新名词在近代中国的翻译与传播——以清末民初若干法律辞书收录的词条为例》，《学术研究》2012年第11期。

29 https://www.westlawjapan.com/，最后访问日期：2017年9月10日。

语的外来词。日语“留置”的解释摹状词和指称对象已然种类多样，当时参与编写出版《新译日本法规大全》的日本法学家也意识到这一点，在《法规解字》中写道：“留置二字之义，时有不同。”[30] 日语“留置”以术语的形式引进中国，又经历了术语向日常通用语的转化，经过本土加工，产生了符合现代汉语使用习惯的现代汉语“留置”。现代汉语“留置”在日语“留置”的解释摹状词和指称对象的基础上，有了新的解释摹状词和指称对象。而法律汉语中“留置”的渊源既包括了日语“留置”，又包括了现代汉语“留置”。

四、法律汉语中“留置”的意义

哈特在《法律的概念》一书中提出了法律规则的“开放性结构”（open texture）。该观点认为，法律规则总是有具体的意义核心（core of meaning）和值得怀疑的意义边缘。[31] 尽管哈特这一观点建立在“摹状词理论”之上，他所说的“意义”直观表现在概念的内涵（解释摹状词）上，进而反映在概念的外延（指称对象）上，但在模态语义学中同样适用，而且没有经历解释摹状词传递环节，直接表现在指称对象

30 参见《新译日本法规大全（点校本）· 法规解字》，钱恂、董鸿祎译，何勤华点校，商务印书馆 2007 年版，第 97 页。

31 ［英］H. L. A. 哈特：《法律的概念》，许家馨、李冠宜译，法律出版社 2006 年版，第 117 页。

上。本章以最为直观的“留置”行为实施主体为标准，将《决定》公布后法律汉语中的“留置”的核心意义划分为五类，并将其他边缘意义归为一类。

（一）占有人实施的“留置”之意义

占有人实施的“留置”即与留置权相关的“留置”。多数国家的法律都规定了留置权，尽管它们在本国语言中的名称不同，法律性质不一。[32] 这也就意味着这些留置权的名称、解释摹状词和指称对象均存在差异，使它们能够互译的原因在于制度的移植借鉴和语言的“拓扑性”。

中国现行法律规定了留置权和与之相应的“留置”。它们来自日本民法典当中的“留置権”和与“留置権”相关的留置。众所周知，日本民法典编纂经历了效仿法国民法典的“旧民法”时期和效仿德国民法典的“新民法”时期。[33] 留置权在法国民法中为“Droit de rétention”，在德国民法中为“Zurückbehaltungsrecht”。从这两个词的构词法上来看，法语和德语中的留置权在名称上可以分解为“留置＋权利”的形式。因此我国“留置权”具有这样的构词特征，它的最小意义

32 参见史尚宽：《物权法论》，中国政法大学出版社 2000 年版，第 483—486 页；参见汤旻利、刘炯：《英美法下 lien 之浅析——兼论与我国〈物权法〉下留置权的异同 》，http://www.allbrightlaw.com/info/d1abe0ef9742493abd19278c3dd0df58， 发布日期：2017 年 4 月 7 日，最后访问日期：2017 年 9 月 10 日。

33 参见江平：《日本民法典 100 年的启示》，《环球法律评论》2001 年秋季号。

单位是“留置”和“权（利）”，字面意思为行使留置行为的权利。与留置权相关的“留置”的意义则可以认为是对物行使留置权的行为。尽管这样会陷入循环解释，但这样的说明能够清晰直观地与其他“留置”的意义相区分。

（二）送达人实施的“留置”之意义

送达人实施的“留置”即与“留置送达”相关的“留置”，它源于日语“留置郵便”、“留置局所”和“留置通知料”，但意义有所不同。日语的“留置”在这里的意义为：将邮件留于邮局，以备自取的行为。[34]“留置送达”中“留置”的意义可以概括为：在法律文书被受送达人拒收的前提下，将其留于受送达人住所的行为。此处不做展开，能够与其他“留置”的意义相区分即可。

（三）公安机关实施的“留置”之意义

学界一致认为，“留置”作为一种措施的名称，最初来自1995年颁布实施的《中华人民共和国警察法》（以下简称“《警察法》”）第9条所规定的“继续盘问”[35]：“……经盘问、

---

34 参见《新译日本法规大全（点校本）· 法规解字》，钱恂、董鸿袆译，何勤华点校，商务印书馆2007年版，第97页。

35 对于“继续盘问”是否能够作为一种措施的名称，笔者持肯定态度。原因在于公安部于2004年发布实施的《公安机关适用继续盘问规定》第2条将“继续盘问”固定为一种措施的名称，其后又有《公安机关办理刑事案件程序规定》（2012年12月13日发布，2013年1月1日实施）第153条重申。

检查，有下列情形之一的，可以将其带至公安机关，经该公安机关批准，对其继续盘问……对被盘问人的留置时间自带至公安机关之时起不超过二十四小时……”此后有些地方用“留置盘问”，[36] 有些地方用“留置”。[37]

这里的“留置”就是“继续盘问”，它的意义是其所指称的那一类行为，具体用解释摹状词形容为：公安机关作出的，将符合一定情节的违法犯罪嫌疑人员带至公安机关，在法定时限内盘问的行为。再进一步细致描述还可以加上对情节、时限的解释，同时对法律性质做出说明。情节上首先必须经当场盘问、检查不能排除其违法犯罪嫌疑；其次必须符合以下四类条件之一：1. 被害人、证人控告或者指认其有犯罪行为的；2. 有正在实施违反治安管理或者犯罪行为嫌疑的；3. 有违反治安管理或者犯罪嫌疑且身份不明的；4. 携带的物品可能是违反治安管理或者犯罪的赃物的。在时限上有一般与例外，一般时限为十二小时，例外时限分为缩短时限和延长时限。缩短

---

36 参见《公安机关办理刑事案件程序规定》（1998 年 5 月 14 日发布实施，已失效）第 132 条（2012 年 12 月 13 日修订后的《公安机关办理刑事案件程序规定》第 153 条将“留置盘问”改为“继续盘问”），《公安部关于〈中华人民共和国行政复议法〉实施后出入境边防检查行政复议工作有关问题的通知》（1999 年 10 月 26 日发布实施）第 3 条第 1 款第 2 项，《公安部关于实施〈中华人民共和国行政复议法〉中有关问题的批复》（2000 年 3 月 3 日发布实施），《公安机关执法质量考核评议规定》（2001 年 10 月 10 日发布实施，已失效）第 7 条第 3 款，《最高人民法院最高人民检察院海关总署关于办理走私刑事案件适用法律若干问题的意见》（2002 年 7 月 8 日发布实施）第 4 条第 1 款第 3 项。

37 参见《最高人民法院行政审判庭关于对当事人不服公安机关采取的留置措施提起的诉讼法院能否作为行政案件受理的答复》（1997 年 10 月 27 日发布实施）。

时限为四小时，适用于怀孕或者正在哺乳自己不满一周岁婴儿的妇女、不满十六周岁的未成年人和已满七十周岁的老年人。延长时限为二十四小时和四十八小时。[38] 它的法律性质为立案前的一种行政强制措施。[39]

（四）检察机关实施的“留置”之意义

最高人民检察院曹建明检察长在《中华人民共和国第十一届全国人民代表大会第五次会议最高人民检察院工作报告》（2012 年 3 月 11 日）中提出，对职务犯罪侦查工作做到“十个依法、十个严禁”。其中第五点要求，坚持依法执行送押制度，严禁在检察机关办案工作区或其他办案场所留置已经决定拘留、逮捕的犯罪嫌疑人。另外，《最高人民检察院、公安部关于在看守所设置同步录音录像讯问室的通知》（2012 年 10 月 8 日发布实施）第 6 条规定：“人民检察院在看守所同步录音录像讯问室讯问在押职务犯罪嫌疑人，应当严格执行看守所有关规定。严禁在同步录音录像讯问室安放床铺留置职务犯罪嫌疑人，……”

从“十个依法、十个严禁”的行文逻辑来看，前六点依照检察机关自侦行为的步骤，递进式地对自侦行为作出规

38　参见《公安机关适用继续盘问规定》第 8 条、第 9 条、第 10 条、第 11 条。

39　参见《中华人民共和国警察法》第 9 条，《最高人民法院行政审判庭关于对当事人不服公安机关采取的留置措施提起的诉讼法院能否作为行政案件受理的答复》（1997 年 10 月 27 日发布实施）。

定；[40] 后四点则是整体性、原则性地对其作出规定。因此，第五点中“留置”所指称的对象应当是检察机关在自侦案件立案后能够使用的一种侦查措施。按照《人民检察院刑事诉讼规则（试行）》对检察机关侦查手段和强制措施的规定，同时比照《最高人民检察院、公安部关于在看守所设置同步录音录像讯问室的通知》第 6 条的禁止性规定，我们认为检察机关实施的“留置”所指称的行为应当是一种长时间的讯问行为。故在羁押之前“留置”的意义是传唤、拘传，在羁押之后“留置”的意义为长时间讯问。将其用摹状词笼统解释为检察机关作出的，于一定地点，在法定时限内对犯罪嫌疑人进行讯问的行为。再进一步细致描述可加上对嫌疑人、时限的解释，同时对法律性质做出说明。嫌疑人须是检察院自侦案件范围内的犯罪嫌疑人。当“留置”指称的是羁押前的讯问时，单次时限不得超过十二小时，延长时限为二十四小时。不得连续“留置”，且若指称拘传，两次之间间隔不少于十二小时。它的法律性质为刑事调查措施。

（五）国家监察委员会实施的“留置”之意义

此处的“留置”来源于《决定》的规定，由于《决定》规定将试点地区人民政府的监察厅（局）、预防腐败局及人民检察

40　第一点规定初查，第二点、第三点规定讯问、询问，第四点规定传唤、拘传，第五点规定送押，第六点规定提审、还押。

院查处贪污贿赂、失职渎职以及预防职务犯罪等部门的相关职能整合至监察委员会，故很自然地会将《决定》所规定的12项措施与上述机关能够实施的措施进行比较。《决定》规定了监察委可以采取讯问措施，因此《决定》中的“留置”不是来自上文检察机关实施的“留置”,而是一项新的措施。[41] 在《决定》公布之后很长一段时间内，它的解释摹状词和指称对象没人知晓。

依现有披露资料考据，“留置”是一种与以往任意一种调查措施和强制措施都无相似性的措施。它指称的是一种由国家监察委员会对涉嫌职务违法和职务犯罪的人作出的，期限较长的，[42] 在立案后、逮捕前[43] 能够折抵刑期的，[44] 带有羁押性质的调查措施。[45]

---

41 马怀德教授持“留置”来源于《人民警察法》相关规定的观点显然是错误的。参见马怀德:《〈国家监察法〉的立法思路与立法重点》，载《环球法律评论》2017年第2期。

42 《山西省纪委监委机关审查措施使用规范》规定使用留置措施时间不得超过90日，特殊情况下经批准可延长一次，时间不得超过90日。实践中，从中国裁判文书网公开的判决书来看，山西省两例留置时间50日（参见中国裁判文书网《张某受贿刑事一审判决书》，http://wenshu.court.gov.cn/content/content?DocID=3a8ecb82–f222–4344–91c2–a7df017a99e3，发布日期2017年8月30日，最后访问日期2017年9月20日;《被告人魏典臣受贿罪一案刑事判决书》，http://wenshu.court.gov.cn/content/content?DocID=602ff7c3–bd5b–4cd9–9c01–a7e101028d63，发布日期2017年9月1日，最后访问日期2017年9月20日），北京市一例留置时间为29日（参见《李某挪用公款一审刑事判决书》，http://wenshu.court.gov.cn/content/content?DocID=3ada332b–82b0–4afe–8f38–a7a200107ac1，发布日期2017年6月3日，最后访问日期2017年9月20日）。

43 参见前注三例判决书，在留置后又有检察院决定逮捕。

44 参见前注山西省两例判决书，判决执行以前先行留置、羁押一日折抵刑期一日。

45 参见秦前红、石泽华:《监察委员会调查活动性质研究——以山西省第一案为研究对象》,《学术界》2017年第6期。

（六）其他“留置”之意义

除开上述五种“留置”，还有些其他意义的“留置”零星见于现有规范性文件之中。它们的使用方法有的遵循字面用法，有的则为误用。

1. 遵循字面用法的“留置”

遵循字面用法的“留置”的最小意义单位是单字，而非整个词。《诉讼档案收集、整理、立卷、归档、借阅的操作程序》（2003 年 8 月 26 日发布实施）第 6 条和《人民法院执行文书立卷归档办法（试行）》（2006 年 5 月 18 日发布实施）第 28 条均规定了卷内严禁留置金属物。此处的“留置”可以认为遵循字面用法。

《最高人民检察院关于进一步加强检察机关司法警察队伍建设的意见》（2012 年 11 月 20 日发布实施）规定：“……因工作原因暂时分散留置在其他部门、具有履行警务能力的司法警察，可作为机动警力，……”这里的“留置”可以近似认为遵循字面用法，也可理解为一种误用。

2. 误用的“留置”

《最高人民法院研究室关于如何理解犯罪嫌疑人自动投案的有关问题的答复》（2003 年 8 月 27 日发布实施，已失效）规定：“对于犯罪嫌疑人实施犯罪后潜逃至异地，其罪行尚未被异地司法机关发觉，仅因形迹可疑，被异地司法机关留置盘问、教育后，主动交代自己的罪行的，应当视为自动投案。”

此处留置盘问的实施主体为司法机关，确切地说，是检察机关。符合“留置”字面意思的措施是一种较长时间的讯问，故可以认定这里的留置盘问是刑事调查措施。对于刑事调查措施而言，其行使必须以立案为基础。那么就不能仅因形迹可疑开展刑事调查。该条规范前后矛盾。正是基于这一原因，新的《关于处理自首和立功若干具体问题的意见》（2010 年 12 月 22 日公布实施）删去“留置”二字，将其改为：“罪行未被有关部门、司法机关发觉，仅因形迹可疑被盘问、教育后，主动交代了犯罪事实的，应当视为自动投案，……”

五、法律汉语概念规范化路径

上文“留置”的种种意义通过“历史的、因果的命名理论”能够合理化，这些“留置”沿着不同的历史链条指称着不同的行为。但是，有一点值得我们注意，法律概念被写入规范时即具有了法律效力，它需要一个使其生效的“仪式”，这个“仪式”因规范层级的不同而有所不同。无论这个概念在成为法律概念之前由谁最早提出并使用，它的名字都只是一种私人语言；当它成为一个法律概念时，它的名字才转变为公共语言。也就是说，法律概念的历史链条以名字被法律规范确立为起点。当一个名字成为法律概念时，它的命名者只能是抽象的立法者。换句话说，这些历史链条都始于同一人对不同对象的命名活动。此时，如果有一个名字在相同层级的规范中指称不同对象，就会给人以法律词汇使用不当的印象。当一个名字在不同层级的规范中指称不同对象时，也会给人以法律词汇贫乏的印象。具体到《决定》规定的“留置”则更为特殊，《决定》规定的“留置”仅使用了已有法律概念的名字，而对指称对象无具体规定，它的指称对象和解释摹状词并未确定，根本不符合本章开篇所引用的考夫曼关于法律概念使用条件的说明。法律书面文本的一个显著特征是去语境化，即法律文本应该使用文本自身的内部资源使其变得清楚明白。[46]也就是说，法律概念所指称的对象的辨别应当从法律文本到现实世界，而非从现实世界到法律文本。本章所述《规定》中“留置”的解释摹状词和指称对象依靠的是对事实行为的归纳总结，而非从法律文本直接或间接获取。尽管作为试点立法的《决定》可能特意不限定“留置”，使得试点三地有各自版本的“留置”，进而选取最适当的作为全面铺开时的“留置”，但明显可以使用一些摹状词来描述“留置”的范围，这样做才称得上使用了“法律语言的模糊性处理”这种立法技术。而《决定》规定“留置”的做法体现出的只是法律用语失范，暴露的只是立法技术欠缺。

法律汉语中“留置”的使用情况呈现出涉及部门法众多，指称对象多，意义易混淆，使用方法有对有错这些特征。这种

46 参见［美］约翰·吉本斯：《法律语言学导论》，程朝阳、毛凤凡、秦明译，法律出版社 2007 年版，第 44 页。

现象是少有的，大部分不规范的法律汉语概念只具有上述一个或几个特征。规范这些法律汉语概念需要先订立标准，再具体实施。

（一）订立标准

法律汉语概念规范化标准至少应当具备两点，即准确和简明。

准确标准立足于语用层面。[47] 大多数情况下不会脱离语用环境而单纯提取一个法律概念来述说其解释摹状词和指称对象，例如述说“留置”“传唤”这些多主体可实施的行为概念，或述说“拘留”这一类因不同事由而有所差别的行为概念必须结合语用环境。而结合语用环境的法律概念的意义又遵循维特根斯坦所说的“语言游戏”规则，即词的意义在于词在一定语境中的功能。故而要求立足于语用层面的准确标准可以使得概念在语义层面清晰明了，易于分辨。

简明标准着眼于构词层面。索绪尔认为“语言不可能先于语言系统而存在”，该断言有两层意思，一是语言的任何符号都受语言系统的制约，二是社会对符号有制约作用。[48] 这就使得法律概念的语言需要按照能够被理解的方式组合。乔姆斯基指出语言是经济的，这就令法律概念的语言要按照最简

47　参见宋北平：《法律语言规范化研究》，法律出版社 2011 年版，第 160 页。

48　许国璋：《语言符号的任意性问题——语言哲学探索之一》，《外语教学与研究》1988 年第 3 期。

方案来构成。因此，简洁标准要求法律概念语言简单，意义到位。

（二）具体实施

法律汉语概念规范化需要参照准确标准和简明标准进行，根据需要规范的概念种类，可以把规范化方法分为以下三类。

1. 规范部分重名概念

当部分重名概念都是按照偏正构词法组成时，即它们的最小意义单位为修饰语和中心词时，规范它们只需要按照准确标准，根据实际要表达的意义确定或更改修饰语和中心词即可。当部分重名概念既有偏正词又有最小意义单位为概念本身的词时，则表明重名部分具有一定的相似性。需要提取重名部分的属概念，将最小意义单位为概念本身的词转化为偏正词，例如将“行政合同”规范化为“行政契约”。[49]

2. 规范完全重名概念

对于使用差异较大的完全重名概念可以维持现状，对于使用范围近似的完全重名概念，应将其改为偏正词。做法可以参考现有法律法规中的“拘留”概念。法律层级的规范只用了“拘留”“行政拘留”两个概念，没有使用“刑事拘留”概念，“刑事拘留”概念只出现在行政法规、司法解释及其他效力次之的规范中。因此，我们可以认为“行政拘留”“刑事

49 参见贺卫方:《“契约”与“合同”的辨析》,《法学研究》1992 年第 2 期。

拘留”是立法者有意为之的，是为了规范“拘留”概念而创设的新概念。具体到“留置”概念的规范化，笔者拟提出以下意见：对于占有人实施的“留置”和送达人实施的“留置”可以予以保留。对于公安机关实施的“留置”建议恢复“继续盘问”。对于检察机关实施的“留置”，倘若国家监察委员会全面铺开，则其将不复存在，直接废止即可；倘若国家监察委员会不全面铺开，则保留“留置”，因为其作为一个类概念符合简明标准。对于监察委员会实施的“留置”建议，以“监察留置”替代。

3. 规范附会概念

附会概念是为了使法律规范看起来法言法语、节律有制而牵强附会造出来的概念，这类概念的数量在现有法律中最为庞大。例如《食品安全法》第 34 条：“禁止生产经营下列食品、食品添加剂、食品相关产品：……（六）腐败变质、油脂酸败、霉变生虫、污秽不洁、混有异物、掺假掺杂或者感官性状异常的食品、食品添加剂；……”这里的“腐败变质”“油脂酸败”“霉变生虫”“掺假掺杂”都是两两组合的合成词，它们的每一部分都看作动词词性，组合而成的新词是两部分的合取。[50] 对于这种附会概念直接使用日常通用语，并按照准确标准和简明标准表达即可。具体到遵循字面用法的“留置”，则可以完全用“遗留”或其他词语代替。

50　参见宋北平：《法律语言规范化研究》，法律出版社 2011 年版，第 163 页。

六、结语

作为法律规范的基本构成单位，法律概念长久以来一直受到法律人的重视，以至于历史上曾经存在过“概念法学派”，时至今日，仍有“分析法学派”以法律概念为研究法律问题时的切入点。因此，规范法律概念是重要的，也是必需的。

西方式的法律是一种晚近的舶来品，在西方法律和现代汉语的共同作用下产生的法律汉语具有不中不西、不文不白的特点，在法律汉语概念上其表现尤为突出。法律汉语概念中既夹杂了外来翻译法律概念，又包含了本土自生法律概念；既存在准确严谨使用的情形，也存在莫名其妙运用的状况。受制于以往语文学科的滞后和立法技术的限制，今人需要清理大量的法律汉语概念，这项工作充满艰辛，但意义非凡。

界面新闻专访：展望《政务处分法》《监察官法》

据中央纪委国家监委网站消息，按照十九届中央纪委三次全会部署，中央纪委国家监委将深刻把握纪法贯通、法法衔接的基本要求，坚持稳中求进工作总基调，有条不紊推进《政务处分法》《监察官法》的起草工作。这两项法规均已经纳入去年（2018 年）9 月公布的十三届全国人大常委会立法规划。《监察官法》将进一步明确监察官的条件、任免、等级设置等内容，为建立忠诚、干净、担当的监察官队伍提供法律依据。

《监察法》首次以法律的形式明确了“政务处分”这一法律概念。《政务处分法》将党内法规纪律转化为对公职人员的要求，作出政务处分的主体是监察机关，对象即监察对象，包括所有行使公权力的公职人员，依据包括《监察法》《公务员法》《法官法》《检察官法》《行政机关公务员处分条例》《事业单位工作人员处分暂行规定》《公职人员政务处分暂行规定》等法律法规。为此，界面新闻深度专访了教育部“长江学者”特聘教授、武汉大学法学院教授、中国宪法学研究会副会长秦前红。

《政务处分法》不能违背《宪法》《监察法》的基本精神

界面新闻：中央纪委国家监委今年（2019 年）将重点研究起草《政务处分法》，为什么考虑制定这样一部法律？

秦前红：根据我看到的资料，在起草制定《监察法》的时候，就同时考虑到了《政务处分法》《监察官法》，甚至也考虑到了其他有关监察法律等。中纪委副书记、国家监察委副主任肖培于去年（2018 年）3 月的讲话中指出，要完善监察法的配套法规制度，直接提到了起草《政务处分法》《监察官法》。总的来说，监察体制改革到来得太突然了、太快了，作为基础性法律的《监察法》只有 69 条，从制度的供给上来讲，是不充分的。实践中，遇到了很多问题无法可依，这就造成供求关系的不平衡。

起草《监察法》时，也考虑到了时间表的问题。但不可能把所有的问题想全了、想细了再去做。按照过去调整国家机构的立法模式，一般先有组织法，再有官员法，然后是行为法或职权法。如果依照这样的立法进程，也会出现缓不济急的情况，不能符合监察体制改革的需要。现在，《监察法》对组织、官员和职权等问题其实也没有处理得很完备，很系统。所以，先把综合性的法律制定出来，以配合监察体制改革的进程，后面再完善配套法律。

界面新闻：此前，中央纪委国家监委颁布《公职人员政务处分暂行规定》（以下简称“《暂行规定》”），它与《政务处分法》有什么不同？

秦前红：颁布《暂行规定》至少有两方面的考虑。一是配合监察体制改革的运行。监委的职责是监督、调查、处置，处置里面就包括政务处分的问题，需要有一个规矩。另外，也有“立法试错”的考虑。法律未出台之前，先有一个《暂行规定》，看它可不可行，看哪些问题是符合实践需要的，哪些是制度建设中没有考虑到的，哪些是在实践中运行有障碍的，要通过立法改进和完善。

在我看来，《暂行规定》也有不足。第一，它的性质不明。它是由中央纪委、国家监委联合颁布，那么是把它理解为党内法规还是国家监察委的规范性文件？第二，效力不明。如果是党内法规，只能管党内。如果是规范性文件，不能与上位法冲突，或与《宪法》不一致，不能约束监委以外的机构。第三，适用不方便。《暂行规定》提到，实施政务处分的依据，包括《行政机关公务员处分条例》《国有企业领导人员廉洁从业若干规定》《农村基层干部廉洁履行职责若干规定》等。这些规定并不是协调一致的，甚至有相互打架的情况。而且其中有的是某些部门的内部规定。监察委作为具有宪法地位的机构，怎么能依据内部规定作处分呢，这也造成很多问题。

界面新闻：《政务处分法》将具体衔接《监察法》的哪些条款?

秦前红：主要是第 11 条，监察委员会履行监督、调查、处置职责，对违法的公职人员作出政务处分决定；还有第 55 条、第 56 条、第 57 条等规定了违反《监察法》应承担的法律后果，都是可以作衔接的。

界面新闻：现实中《监察法》有哪些无法可依的情况，使得《政务处分法》的出台十分有必要?

秦前红：比如，现有的大公务员体系，公务员、法官、检察官都有选拔制度，但没有规定监察官怎么管理和如何奖惩，如此庞大的队伍要不要分不同的类型，定不同的奖惩制度？上述问题，有的在《暂行规定》中作过原则性的表述，大部分是缺失的，需要立法来解决。总之，第一要与现有的制度衔接，第二是整合，构建一个整体的框架。

界面新闻：《政务处分法》与《监察法》的关系是怎样的？是一般法与特别法还是上位法与下位法？是完全依据《监察法》，还是某些方面有抵触?

秦前红：这要看立法的进程，制定的主体是怎么样的。如从调整内容来看，应该是一般法与特别法的关系。从效力来看，如果《监察法》是全国人大制定的，《政务处分法》是全国人大常委会制定的，就应该有不同效力位阶。当然学界对这个问题也有争议，有学者主张全国人大常委会是全国人大的常设机构，所以它们制定法律的效力应该是相同的。也可以把它们看作新法和旧法的关系。《监察法》出台时，有它的宪法地位，是对宪法立法的具体化。严格来说，《监察法》是一部基础性法律，确定了监察体制改革应该走到哪一步，边界在哪里。之后出台的法律不能与之相违背。否则我们就不清楚监察体制改革的蓝图是什么，相应地会造成路线图的混乱，产生内耗等诸多问题。总体上来说，《政务处分法》不能违背《宪法》《监察法》的基本精神。

监察处分对象不一定是政务处分对象

界面新闻：监察处分对象和政务处分对象的范围有什么不同？

秦前红：简单总结，政务处分对象不能超越监察处分对象的范围，但监察处分对象不一定是政务处分对象。国家治理是很复杂的体系，各个组织的存在要符合功能分工和功能优化的基本规律，以发挥最大的效用，提升治理能力。如果政务处分超过监察对象的范围就越界了，不符合机构之间功能分工、功能优化的道理。

为什么说监察处分对象不一定是政务处分对象？监察对象是特别广泛也特别庞杂的。政务处分对象是公职人员的违法行为。《监察法》规定，监察对象还包括涉案人员、相关人员。比如公职人员受贿，行贿人可能是普通公民或者企业法人，也纳入了监察调查范围，但不是政务处分对象。一个基层自治组织的负责人，比如村长，如果他不是党员，对他是不是适用所有政务处分的措施，就要考虑特殊情况。因为他没有公职身份，有些政务处分的措施对他就不适用。

界面新闻：所以，执行公务即行使公权力的人员但非公职身份，适用于《政务处分法》吗？

秦前红：实际上要看特定情形。比如，对有些国有企业的管理人员，我们现在对国有企业的界定是不清楚的，国有独资当然是国有企业，国有参股的公司是不是国有企业呢？按照《公司法》的规定，它有一套公司治理的制度。股东、管理层等是不是政务处分的对象呢？打个比方，中美贸易谈判之后，有可能大量的外来金融资本进入国内金融服务业，假设四大国有金融企业和国外的银行成立一个公司，按照《政务处分法》撤职某个高管，但是按照公司制来讲，公司高管却必须是由股东大会或董事会决定是否解聘等。这就会产生冲突。

总之，一部《政务处分法》不能包打天下，一些行业或单位有特殊管理规定时，要通过《政务处分法》作一个授权，让他们根据具体情形，制定实施细则。比如，法院或检察院为了保证独立行使审判权、检察权，有一套内部的惩戒规则，由法官、检察官惩戒委员会判断他们是否滥用职权等，再由法院、检察院作出处分决定。《政务处分法》不能不考虑司法运作的特殊规定。再比如一个大学被纳为管理对象，涉及学术问题，是内部惩戒机构作出专业判断。《政务处分法》如果把这些问题都涵盖进去，就使整个立法的逻辑体系不协调。这时就应当采取授权的办法，《政务处分法》只能起一个公约数作用，它的条款是各行各业都适用的。

界面新闻：《政务处分法》与《行政机关公务员处分条例》有什么不同？与《公务员法》的惩戒部分又有什么不同？

秦前红：首先，名称不同，过去叫行政处分，现在是政务处分。其次，处分适用的对象范围不同，行政处分主要适用于行政部门，国家监察体制改革后，人大政协、法院、检察院、企事业单位，特定的人民团体和社会组织如共青团、工会、妇联、证监会、法学会、基金会等全部纳入进来了。最后，处分的措施也有不同。

新法出台后，一批旧法就废止了。就比如《监察法》出台后，《行政监察法》废止了。《政务处分法》一旦颁布实施，以前关于行政处分的法律法规，大多要废止。法规、规章的位阶比《政务处分法》低得多。除非有特殊保留的，要通过某些程序确认它的效力。

界面新闻：《政务处分法》将如何与刑事法律相衔接？

秦前红：政务处分是针对违法的问题，刑事法律是针对犯罪。违法、犯罪的界限有时不能完全划分清楚。新的国家监察体制建立，改变了过去违纪违法犯罪由不同的部门“九龙治水”的模式。现在统一由监委来处理。但也有一种冲突，一个人被移送起诉了，结果被判无罪，前面已经给了政务处分，比如撤职了，降级了。因为无罪有很多情形，有的是证据不足，有的是情节轻微，那么，是不是回过头去，解决政务处分的问题？这些方面，在立法中要具体完善。

界面新闻：政务处分既然是一种外部惩戒，如果不服，能提起诉讼吗？

秦前红：从法律的基本原理出发，有权利的受损，就一定要有权利的救济。我更希望未来的设计中有外部救济渠道。当然这还要看政治决断以及立法机关的考量。有了司法审查，某种程度上会对监察权的运行带来不便甚至困扰。监委作为反腐败高效权威的机构，在制度设计时有一个初衷，是不希望有太多外部的介入。如果对政务处分不服，经过内部复议程序后，还可以到法院去告，这对监察权的运行会产生什么后果，我估计立法者会做审慎的沙盘推演。连带产生的一个问题是，假设在这个层面上都允许外部介入了，那为什么在监察调查期间、留置期间不允许律师介入，不允许其他机关介入？这就产生了制度设计逻辑的打架。这可能是立法中争议的焦点，是立法者很头疼的问题。

界面新闻：您对《政务处分法》有什么立法建议？

秦前红：第一，立法要遵循公开性、民主性的原则，吸纳专家学者和社会大众提出的好的意见。第二，要把我们过去多年来机关单位内部的行政、纪律处分运行的经验得失做一个梳理，吸纳到立法中去。第三，借鉴国外好的立法经验。

员额制能实现监察队伍的优化

界面新闻：《监察官法》立法通过后，监察官将成为公务员队伍中区别于法官、检察官的第三种“官”，怎么理解“监察官”？

秦前红： 中国的监察体制改革是前所未有的，如果不是想构建监察人员制度的特殊性，完全可以有一种办法，比如全国人大常委会出台一个决定，监察人员的管理参照公务员、法官、检察官的管理办法进行。现在单独建立一个法，就意味着单独建立一个制度，包括管理、惩戒、选拔任用等，都会有一些独立的制度设计。

界面新闻： 展望制度设计，监察官会不会实行员额制？现任的监委工作人员会不会全部成为“监察官”？

秦前红： 这个问题很复杂，涉及方方面面。首先是如何处理存量。已经加入纪委和监察队伍的人，是不是一定要全部转进去变成监察官？其次是增量。监察队伍补充的新的人员，是通过调动、考试还是其他选用途径？在机关里的，在企业、大学里面派驻的监察人员，又怎么处理？这都是立法者应当考量的。还有，监察官制度和法官检察官制度、公务员制度有什么不同？总之，这只“靴子”何时能落地，在内部有很大关切的，这与个人利益、整个队伍的士气也有很大关系。

从应然的角度讲，我是赞同员额制的。不搞员额制，就不能实现监察队伍的优化。法官和检察官都实行员额制，公务员也有严格的编制制度，为什么监察官不搞员额制呢？一支过于庞大的队伍，没有效率，也让我们财政的供养负担很重。有一次，某地的一位组织部长跟我讲，现在没有搞监察官制度，纪委、监委办案需要人，我们新增的编制很大部分都给了纪监委。如果没有法律限制，它会不断扩充队伍，变得位高权重，地位过于强势。所以，员额制应该是代表监察队伍管理的一种趋势。

界面新闻：为了配合《监察法》的实施，未来还有哪些方面的法律需要修订？

秦前红：事实上这两年能把这两部立法制定出来就很不错了。通过人大常委会作法律解释，来弥补监察立法的规则短板，之后也可能长期存在。事实上能不能给国家监委以《监察法》法规制定权，依据实际需要将现有法律细化，还有法法衔接的问题，过去只限于《监察法》和《刑事诉讼法》的衔接，那么未来跟《公务员法》《人大代表法》《律师法》《国家赔偿法》等都有衔接问题，这些都要提上日程。

参考文献

党的重要文献

中共中央马克思恩格斯列宁斯大林著作编译局编译：《列宁选集》（第四卷），人民出版社 2012 年版。

《毛泽东选集》（第二卷），人民出版社 1991 年版。

习近平：《在首都各界纪念现行宪法公布施行 30 周年大会上的讲话》，人民出版社 2012 年版。

习近平：《在第十八届中央纪律检查委员会第二次全体会议上的讲话》，《人民日报》2013 年 1 月 23 日第 1 版。

中共中央文献研究室编：《习近平关于全面从严治党论述摘编》，中央文献出版社 2016 年版。

习近平：《习近平谈治国理政》（第一卷），外文出版社 2018 年版。

《中国共产党第十九届中央纪律检查委员会第三次全体会议公报》，《人民日报》2019 年 1 月 14 日第 3 版。

中国共产党全国代表大会:《中国共产党第十九次全国代表大会文件汇编》，人民出版社2017年版。

彭真:《关于七个法律草案的说明》，载《中华人民共和国第五届全国人民代表大会第二次会议文件》，人民出版社1979年版。

彭真:《彭真文选》，人民出版社1991年版。

《彭真传》编写组编:《彭真传》(第四卷)，中央文献出版社2012年版。

乔石:《乔石谈民主与法制》(下)，人民出版社、中国长安出版社2012年版。

李建国:《关于〈全国人民代表大会常务委员会关于在北京市、山西省、浙江省开展国家监察体制改革试点工作的决定(草案)〉的说明》，《全国人民代表大会常务委员会公报》2017年第1期。

李建国:《关于〈中华人民共和国监察法(草案)〉的说明》，《人民日报》2018年3月14日第5版。

李建国:《关于〈中华人民共和国监察法(草案)〉的说明》，《全国人民代表大会常务委员会公报》2018年第2期。

王晨:《关于〈中华人民共和国宪法修正案(草案)〉的说明(摘要)》，《人民日报》2018年3月7日第6版。

《中国共产党第十八届中央委员会第三次全体会议文件汇编》，人民出版社2013年版。

中共中央文献研究室编:《十四大以来重要文献选编》(中)，人民出版社1997年版。

董必武:《董必武法学文集》，法律出版社2001年版。

本书编写组:《〈中共中央关于全面深化改革若干重大问题的决定〉辅导

读本》，人民出版社 2013 年版。

中共中央文献研究室编：《中华人民共和国开国文选》，中央文献出版社 1999 年版。

中文著作

本书编写组：《监督执纪问责实务问答》，中国方正出版社 2016 年版。

本书编写组：《党纪处分运用规则和纪法衔接适用指南》，中国方正出版社 2017 年版。

本书编写组：《〈中华人民共和国监察法〉案例解读》，中国方正出版社 2018 年版。

毕玉谦：《证据制度的核心基础理论》，北京大学出版社 2013 年版。

卞建林：《中国司法制度基础理论研究》，中国人民公安大学出版社 2013 年版。

蔡定剑：《中国人民代表大会制度》，法律出版社 2003 年版。

陈陟云、孙文波：《法官员额问题研究》，中国民主法制出版社 2016 年版。

陈光中、徐静村：《刑事诉讼法学》，中国政法大学出版社 2015 年版。

陈奎、梁平：《司法运行的一般机理》，中国政法大学出版社 2014 年版。

陈晓枫：《中国宪法文化研究》，武汉大学出版社 2014 年版。

陈新民:《行政法学总论》(第六版),台湾三民书局 1998 年版。

陈新民:《中国行政法学原理》,中国政法大学出版社 2002 年版。

陈新民:《宪法学释论》,台湾三民书局 2014 年版。

法治斌、董保城:《宪法新论》,台湾元照出版有限公司 2006 年版。

何华辉:《比较宪法学》,武汉大学出版社 2013 年版。

江国华:《中国监察法学》,中国政法大学出版社 2018 年版。

姜明安:《监察工作理论与实务》,中国法制出版社 2018 年版。

蒋伟亮、张先昌:《国家权力结构中的检察监督》,中国检察出版社 2007 年版。

李昌道、董茂云:《比较司法制度》,上海人民出版社 2004 年版。

李建、耿文清:《〈行政机关公务员处分条例〉实用问答》,中国方正出版社 2007 年版。

梁凤云:《行政诉讼法逐条注释》,中国法制出版社 2014 年版。

梁慧星:《民法总论》,法律出版社 2011 年版。

林来梵:《从宪法规范到规范宪法》,法律出版社 2001 年版。

刘练军:《消极主义:宪法审查的一种哲学立场》,法律出版社 2010 年版。

马怀德:《中华人民共和国监察法理解与适用》,中国法制出版社 2018 年版。

马俊驹、余延满:《民法原论》,法律出版社 2010 年版。

钱穆:《中国历代政治得失》,九州出版社 2012 年版。

乔晓阳:《〈中华人民共和国各级人民代表大会常务委员会监督法〉学习问答》,中国民主法制出版社 2006 年版。

秦前红:《新宪法学》，武汉大学出版社 2015 年版。

秦前红:《走出书斋看法》，上海三联书店 2015 年版。

秦前红、叶海波:《国家监察制度改革研究》，法律出版社 2018 年版。

全国人大常委会研究室政治组编:《中国宪法精释》，中国民主法制出版社 1995 年版。

全国人大常委会法制工作委员会行政法室编著:《中华人民共和国行政诉讼法解读》，中国法制出版社 2014 年版。

任永安、卢显洋:《中国特色司法行政制度新论》，中国政法大学出版社 2014 年版。

史尚宽:《物权法论》，中国政法大学出版社 2000 年版。

宋北平:《法律语言规范化研究》，法律出版社 2011 年版。

孙谦主编:《中国特色社会主义检察制度》，中国检察出版社 2009 年版。

孙笑侠:《西方法谚精选：法、权利和司法》，法律出版社 2005 年版。

孙笑侠:《司法的特性》，法律出版社 2016 年版。

孙笑侠:《程序的法理》，商务印书馆 2005 年版。

王桂五:《王桂五论检察》，中国检察出版社 2008 年版。

王利明:《民法总则研究》，中国人民大学出版社 2003 年版。

王世杰、钱端升:《比较宪法》，商务印书馆 2010 年版。

吴家麟:《宪法学》，群众出版社 1983 年版。

吴建雄:《监督、调查、处置法律规范研究》，人民出版社 2018 年版。

肖蔚云:《新宪法对民主集中制原则的发展》，载肖蔚云:《论宪法》，北京大学出版社 2004 年版。

《新译日本法规大全（点校本）·法规解字》，钱恂、董鸿祎译，何勤华点校，商务印书馆 2007 年版。
熊秉元：《法的经济解释》，东方出版社 2017 年版。
许宗力：《国会议事规则与国会议事自治》，载氏著：《法与国家权力》，月旦出版社股份有限公司 1993 年版。
杨仁寿：《法学方法论》，中国政法大学出版社 2013 年版。
杨宇冠：《监察法与刑事诉讼法衔接问题研究》，中国政法大学出版社 2018 年版。
余敏声：《中国法制化的历时进程》，安徽人民出版社 1997 年版。
张文显：《法理学》，高等教育出版社、北京大学出版社 2007 年版。
张智辉：《检察权优化配置研究》（第一版），中国检察出版社 2014 年版。
政治大学法学院公法学中心：《审判独立与权利救济、行政诉讼之发展与变革》，新学林出版股份有限公司 2016 年版。
中央纪委监察部案件审理室：《纪检监察机关查处的“七类案件”办理程序及其文书式样》，中国方正出版社 2005 年版。
中共中央纪律检查委员会、中华人民共和国国家监察委员会法规室：《〈中华人民共和国监察法〉学习问答》，中国方正出版社 2018 年版。
朱力、肖萍、翟进：《社会学原理》，社会科学文献出版社 2003 年版。
朱孝清、张智辉：《检察学》（第一版），中国检察出版社 2010 年版。
卓泽渊：《法政治学研究》，法律出版社 2011 年版。
最高人民法院监察室：《人民法院监察工作讲义》，人民法院出版社 1993 年版。

外文译著

[德]卡尔·拉伦茨:《法学方法论》,陈爱娥译,商务印书馆 2003 年版。

[德]考夫曼:《法律哲学》,刘幸义等译,法律出版社 2004 年版。

[美]爱德华·S. 考文:《美国宪法的“高级法”背景》,强世功译,生活·读书·新知三联书店 1996 年版。

[美]戴伊、齐格勒、舒伯特:《民主的反讽:美国精英政治是如何运作的》,林朝晖译,新华出版社 2015 年版。

[美]E. 博登海默:《法理学:法律哲学及其方法》,邓正来译,中国政法大学出版社 1999 年版。

[美]哈维·曼菲尔德:《驯化君主》,冯克利译,译林出版社 2005 年版。

[美]汉密尔顿、杰伊、麦迪逊:《联邦党人文集》,程逢如等译,商务印书馆 1980 年版。

[美]理查德·波斯纳:《法律的经济分析》,蒋兆康译,中国大百科全书出版社 1996 年版。

[美]约翰·M. 康利、威廉·M. 欧巴尔:《法律、语言与权力》,程朝阳译,法律出版社 2007 年版。

[美]索尔·克里普克:《命名与必然性》,梅文译,上海译文出版社 2016 年版。

[美]约翰·J. 麦休尼斯:《社会学》,风笑天等译,中国人民大学出版社 2009 年版。

［美］约翰·吉本斯:《法律语言学导论》，程朝阳、毛凤凡、秦明译，法律出版社 2007 年版。

［日］芦部信喜:《宪法》，林来梵、凌维慈、龙绚丽译，北京大学出版社 2006 年版。

［日］穗积陈重:《法典论》，李求轶译，商务印书馆 2014 年版。

［瑞士］费尔迪南·德·索绪尔:《普通语言学教程》，高名凯译，商务印书馆 1980 年版。

［瑞典］高本汉:《汉语的本质和历史》，聂鸿飞译，商务印书馆 2010 年版。

［英］H. L. A. 哈特:《法律的概念》，许家馨、李冠宜译，法律出版社 2006 年版。

［英］约翰·洛克:《政府论》（下篇），叶启芳译，商务印书馆 1964 年版。

期刊论文

阿克曼:《新分权理论与民主合法性》，杜刚建、彭亚楠译，《国家行政学院学报》2001 年第 4 期。

白斌:《论法教义学：源流、特征及其功能》，《环球法律评论》2010 年第 3 期。

卞建林:《监察机关办案程序初探》，《法律科学》2017 年第 6 期。

卞建林、谢澍:《刑事诉讼法再修改：解读与反思》，《中共中央党校学报》2018 年第 6 期。

卞建林:《配合与制约:监察调查与刑事诉讼的衔接》,《法商研究》2019年第1期。

蔡金荣:《"国家监察全面覆盖"的规范结构探析》,《求实》2019年第1期。

蔡乐渭:《国家监察机关的监察对象》,《环球法律评论》2017年第2期。

蔡乐渭:《论国家监察视野下公权力的内涵、类别与范围》,《河南社会科学》2018年第8期。

曹延亮:《行政备案的法理界说》,《法学杂志》2010年第4期。

陈邦达:《推进监察体制改革应当坚持以审判为中心》,《法律科学》2018年第6期。

陈冬:《监察委员会的设置与检察权的重构》,《首都师范大学学报(社会科学版)》2017年第2期。

陈端洪:《论宪法作为国家的根本法与高级法》,《中外法学》2008年第4期。

陈端洪:《论监察委员会的调查权》,《中国人民大学学报》2018年第4期。

陈光中、姜丹:《关于〈监察法(草案)〉的八点修改意见》,《比较法研究》2017年第6期。

陈光中:《我国监察体制改革的几点看法》,《环球法律评论》2017年第2期。

陈光中、邵俊:《我国监察体制改革若干问题思考》,《中国法学》2017年第4期。

陈光中、兰哲:《监察制度改革的重大成就与完善期待》,《行政法学研究》2018 年第 4 期。

陈国庆:《刑事诉讼法修改与刑事检察工作的新发展》,《国家检察官学院学报》2019 年第 1 期。

陈辉、汪进元:《论"监、检、审"三机关间的分工、配合与制约关系》,《南京社会科学》2018 年第 5 期。

陈鹏:《重大具体行政行为备案审查制度的规范阐释》,《政治与法律》2012 年第 5 期。

陈瑞华:《审判中心主义改革的理论反思》,《苏州大学学报(哲学社会科学版)》2017 年第 1 期。

陈瑞华:《论监察委员会的调查权》,《中国人民大学学报》2018 年第 4 期。

陈瑞华:《论国家监察权的性质》,《比较法研究》2019 年第 1 期。

陈卫东:《认罪认罚从宽制度研究》,《中国法学》2016 年第 2 期。

陈卫东:《职务犯罪监察调查程序若干问题研究》,《政治与法律》2018 年第 1 期。

陈卫东、聂友伦:《职务犯罪监察证据若干问题研究——以〈监察法〉第 33 条为中心》,《中国人民大学学报》2018 年第 4 期。

陈越峰:《监察措施的合法性研究》,《环球法律评论》2017 年第 2 期。

程雷:《"侦查"定义的修改与监察调查权》,《国家检察官行政学院学报》2018 年第 5 期。

程乃胜:《监审合一抑或监审分立——监察体制改革试点背景下的我国国

家审计制度完善》,《中国法律评论》2017 年第 4 期。
褚福民:《以审判为中心与国家监察体制改革》,《比较法研究》2019 年第 1 期。
崔建科:《论行政执法检察监督制度的构建》,《法学论坛》2014 年第 4 期。
戴建华:《裁量基准效力研究》,《法学评论》2012 年第 2 期。
董芳:《如何界定公务员纪律惩戒中的处分决定机关》,《中国监察》2013 年第 20 期。
杜强强:《人大代表惩戒宜由罢免制改为开除制》,《法学》2006 年第 10 期。
杜倩博:《监察委员会内部机构设置与运行机制：流程导向的组织变革》,《中共中央党校学报》2018 年第 4 期。
樊崇义、哈腾:《论监察与检察协调衔接机制的构建》,《浙江工商大学学报》2018 年第 6 期。
樊鹏:《论中国的“共识型”体制》,《开放时代》2013 年第 3 期。
范依畴、范忠信:《三大法律传统共塑新监察体制的法治省察》,《国家行政学院学报》2017 年第 6 期。
冯俊伟:《国家监察体制改革中的程序分离与衔接》,《法律科学》2017 年第 6 期。
高秦伟:《论行政裁量的自我约束》,《当代法学》2014 年第 1 期。
高通:《监察程序中非法证据的法解释学分析》,《证据科学》2018 年第 4 期。
高一飞:《国家监察体制改革背景下人民监督员制度的出路》,《中州学刊》2018 年第 2 期。

葛琳:《检察官惩戒委员会的职能定位及其实现——兼论国家监察体制改革背景下司法责任追究的独立性》,《法学评论》2018 年第 2 期。

郭道晖:《试论权利与权力的对立统一》,《法学研究》1990 年第 4 期。

郭文涛:《监察委员会监察人大代表的理解与论证》,《西南政法大学学报》2018 年第 4 期。

韩成军:《检察建议的本质属性和法律规制》,《河南大学学报(社会科学版)》2014 年第 5 期。

韩大元:《认真对待我国宪法文本》,《清华法学》2012 年第 6 期。

韩大元:《论全国人民代表大会之宪法地位》,《法学评论》2013 年第 6 期。

韩大元:《论国家监察体制改革中的若干宪法问题》,《法学评论》2017 年第 3 期。

郝银钟:《检察权质疑》,《中国人民大学学报》1999 年第 3 期。

何家弘:《论反腐败机构之整合》,《中国高校社会科学》2017 年第 1 期。

贺卫方:《"契约"与"合同"的辨析》,《法学研究》1992 年第 2 期。

侯猛:《社科法学的研究格局:从分立走向整合》,《法学》2017 年第 2 期。

侯学宾:《法官惩戒制度的中国特色》,《法律适用》2017 年第 7 期。

胡勇:《监察体制改革背景下检察机关的再定位与职能调整》,《法治研究》2017 年第 3 期。

胡锦光:《论监察委员会"全覆盖"的限度》,《中州学刊》2017 年第

9期。
华小鹏:《监察权运行中的若干重大问题探讨》,《法学杂志》2019年第1期。
黄伟文:《从道德责任到职业伦理——法官责任的道德性》,《广东社会科学》2017年第5期。
黄学贤:《行政法中的法律保留原则研究》,《中国法学》2004年第5期。
黄宇骁:《也论法律的法规创造力原则》,《中外法学》2017年第5期。
冀睿:《审计权与监察权之关系》,《法学》2018年第7期。
江国华:《国家监察体制改革的逻辑与取向》,《学术论坛》2017年第3期。
江国华、何盼盼:《国家监察纪法贯通保障机制研究》,《中国高校社会科学》2019年第1期。
江国华:《正当性、权限与边界——特别权力关系理论与党内法规之证成》,《法律科学(西北政法大学学报)》2019年第1期。
江利红:《行政监察职能在监察体制改革中的整合》,《法学》2018年第3期。
姜明安:《国家监察法立法的若干问题探讨》,《法学杂志》2017年第3期。
姜明安:《国家监察立法应处理的主要法律关系》,《环球法律评论》2017年第2期。
姜明安:《论监察法的立法目的与基本原则》,《行政法学研究》2018年第 4 期。

江平：《日本民法典 100 年的启示》，《环球法律评论》2001 年秋季号。

姜涛：《国家监察法与刑事诉讼法衔接的重大问题研究》，《南京师大学报（社会科学版）》2018 年第 6 期。

姜伟、杨隽：《检察建议法制化的历史、现实和比较》，《政治与法律》2010 年第 10 期。

蒋德海：《内部行政行为不应长期排斥在法治之外》，《学术月刊》2017 年第 12 期。

蒋来用：《有关派驻监督的几点探讨》，《理论探索》2018 年第 5 期。

焦洪昌、叶远涛：《监察委员会的宪法定位》，《国家行政学院学报》2017 年第 2 期。

焦洪昌、古龙元：《从全国人大常委会授权看监察体制改革》，《行政法学研究》2017 年第 4 期。

蒋来用：《比较视角下的国家监察体制改革》，《河南社会科学》2017 年第 6 期。

敬大力：《关于检察机关职责问题的再认识》，《人民检察》2017 年第 11 期。

焦宝乾：《法教义学的观念及其演变》，《法商研究》2006 年第 4 期。

孔德王：《"基本法律"研究的现状与展望》，《人大研究》2017 年第 11 期。

雷磊：《法律概念是重要的吗》，《法学研究》2017 年第 4 期。

雷磊、刘雪利：《国家监察机关的设置模式：基于"独立性"的比较研究》，《北京行政学院学报》2017 年第 6 期。

黎娟:《"试验性立法"的理论建构与实证分析——以我国〈立法法〉第13条为中心》,《政治与法律》2017年第7期。

李德恩:《法院监察目标之设定及其实现机理》,《北方法学》2017年第3期。

李奋飞:《检察再造论——以职务犯罪侦查权的转隶为基点》,《政法论坛》2018年第1期。

李奋飞:《"调查——公诉"模式研究》,《法学杂志》2018年第6期。

李红勃:《迈向监察委员会:权力监督中国模式的法治化转型》,《法学评论》2017年第3期。

李红勃:《香港廉政公署的廉洁社会改造运动》,《中国政法大学学报》2018年第1期。

李洪雷:《论我国监察机关的名与实》,《当代法学》2018年第1期。

李鸿禧:《议会自律权之比较宪法底研究:上——兼谈地方议会议员之免责特权》,《台大法学论丛》1991年第20(1)期。

李莉:《对我国人大代表不受逮捕权的几个问题的探讨》,《政治与法律》2011年第3期。

李琦:《职权:宪法学与法理学考察》,《中外法学》1999年第3期。

李青:《中国古代司法监察的现代意义》,《政法论坛》2018年第4期。

李少文:《民主宪法的工程学》,《环球法律评论》2017年第4期。

李少文:《宪法工程:一种宪法学方法论》,《法学评论》2017年第1期。

李颂银、刘婷婷:《我国司法机关"法规制定权"探讨》,《法学评论》

2004 年第 1 期。
李雅云:《中国法治建设里程碑式的党的文件——纪念中共中央发布〈关于坚决保证刑法、刑事诉讼法切实实施的指示〉25 周年》,《法学》2004 年第 9 期。
李忠:《国家监察体制改革与宪法再造》,《环球法律评论》2017 年第 2 期。
李忠夏:《宪法学的教义化——德国国家法学方法论的发展》,《法学家》2009 年第 5 期。
林彦:《从"一府两院"制的四元结构论国家监察体制改革的合宪性路径》,《法学评论》2017 年第 3 期。
刘茂林:《国家监察体制改革与中国宪法体制发展》,《苏州大学学报(法学版)》2017 年第 4 期。
刘峰铭:《国家监察体制改革背景下行政监察制度的转型》,《湖北社会科学》2017 年第 7 期。
刘练军:《监察委员会组织立法刍议》,《法治研究》2018 年第 6 期。
刘松山:《开发区法院是违宪违法设立的审判机关》,《法学》2005 年第 5 期。
刘小妹:《人大制度下的国家监督体制与监察机制》,《政法论坛》2018 年第 3 期。
刘艳红:《监察委员会调查权运作的双重困境及其法治路径》,《法学论坛》2017 年第 6 期。
刘艳红、夏伟:《法治反腐视域下国家监察体制改革的新路径》,《武汉大学学报(哲学社会科学版)》2018 年第 1 期。

刘艳红:《程序自然法作为规则自洽的必要条件——〈监察法〉留置权运作的法治化路径》,《华东政法大学学报》2018 年第 3 期。

刘艳红:《职务犯罪案件非法证据的审查与排除——以〈监察法〉与〈刑事诉讼法〉之衔接为背景》,《法学评论》2019 年第 1 期。

刘怡达:《论纪检监察权的二元属性及其党规国法共治》,《社会主义研究》2019 年第 1 期。

龙宗智:《监察与司法协调衔接的法规范分析》,《政治与法律》2018 年第 1 期。

龙宗智:《检察机关内部机构及功能设置研究》,《法学家》2018 年第 1 期。

罗亚苍:《国家监察体制改革的实践考察和理论省思》,《理论与改革》2017 年第 5 期。

吕涛:《检察建议的法理分析》,《法学论坛》2009 年第 2 期。

吕永祥、王立峰:《反腐败机构的模式比较及其启示》,《中州学刊》2018 年第 9 期。

吕永祥、王立峰:《〈钦定台规〉对国家监察立法的启示》,《广西社会科学》2018 年第 6 期。

马方、吴桐:《逻辑与司法:监察程序中证据规则的解构与构建》,《河北法学》2018 年第 9 期。

马怀德:《国家监察体制改革的重要意义和主要任务》,《国家行政学院学报》2016 年第 6 期。

马怀德:《〈国家监察法〉的立法思路与立法重点》,《环球法律评论》2017 年第 2 期。

马怀德:《再论国家监察立法的几个主要问题》,《行政法学研究》2018年第1期。

马岭:《关于监察制度立法问题的探讨》,《法学评论》2017年第3期。

马岭:《政体变化与宪法修改:监察委员会入宪之讨论》,《中国法律评论》2017年第4期。

马岭:《监察委员会与其他国家机关的关系》,《法律科学》2017年第6期。

马岭:《论监察委员会的宪法条款设计》,《中国法律评论》2017年第6期。

马駇:《服务党和国家工作大局——纪念监察机关恢复组建25周年》,《中国监察》2012年第13期。

门中敬:《论宪法与行政法意义上的法律保留之区分——以我国行政保留理论的建构为取向》,《法学杂志》2015年第12期。

莫纪宏:《国家监察体制改革要注重对监察权性质的研究》,《中州学刊》2017年第10期。

潘波:《开发区管理委员会的法律地位》,《行政法学研究》2006年第1期。

潘金贵、王志坚:《以审判为中心背景下监察调查与刑事司法的衔接机制研究——兼评〈刑事诉讼法(修正草案)〉相关条文》,《社会科学研究》2018年第6期。

庞正:《论权力制约的社会之维》,《社会科学战线》2016年第2期。

齐小力、陆冬华:《论公安机关和监察机关互相配合、互相制约》,《中国人民公安大学学报（社会科学版）》2018 年第 3 期。
钱坤、张翔:《从议行合一到合理分工：我国国家权力配置原则的历史解释》,《国家检察官学院学报》2018 年第 1 期。
钱列阳:《羁押必要性审查及律师参与》,《国家检察官学院学报》2012 年第 6 期。
钱小平:《监察委员会监督职能激活及其制度构建——兼评〈监察法〉的中国特色》,《华东政法大学学报》2018 年第 3 期。
秦前红、刘怡达:《全国人大常委会基本法律修改权之实证研究——以刑法修正案为样本的统计学分析》,《华东政法大学学报》2016 年第 4 期。
秦前红:《困境、改革与出路：从“三驾马车”到国家监察——我国监察体系的宪制思考》,《中国法律评论》2017 年第 1 期。
秦前红、刘怡达:《人大司法监督与检察院法律监督衔接机制论纲》,《地方立法研究》2017 年第 1 期。
秦前红:《中国政治体制改革“试点”模式需解决好四大问题》,《中国法律评论》2017 年第 4 期。
秦前红:《国家监察体制改革宪法设计中的若干问题思考》,《探索》2017 年第 6 期。
秦前红:《监察体制改革的逻辑与方法》,《环球法律评论》2017 年第 2 期。
秦前红:《全面深化改革背景下检察机关的宪法定位》,《中国法律评论》2017 年第 5 期。
秦前红、石泽华:《目的、原则与规则：监察委员会调查活动法律规制体系初构》,《求是学刊》2017 年第 5 期。

秦前红、刘怡达:《监察全面覆盖的可能与限度——兼论监察体制改革的宪法边界》,《甘肃政法学院学报》2017 年第 2 期。

秦前红:《国家监察委员会制度试点改革中的两个问题》,《四川师范大学学报(社会科学版)》2017 年第 3 期。

秦前红、石泽华:《论监察权的独立行使及其外部衔接》,《法治现代化研究》2017 年第 6 期。

秦前红、石泽华:《监察委员会调查活动性质研究——以山西省第一案为研究对象》,《学术界》2017 年第 6 期。

秦前红:《监察机关依法开展自我监督之路径研究》,《深圳社会科学》2018 年第 1 期。

秦前红:《两种“法律监督”概念的分野与行政检察监督之归位》, 载于《东方法学》2018 年第 1 期。

秦前红:《全国人大常委会授权与全国人大授权之关系探讨——以国家监察委员会为研究对象》,《中国法律评论》2018 年第 2 期。

秦前红:《我国监察机关的宪法定位:以国家机关相互间的关系为中心》,《中外法学》2018 年第 3 期。

秦前红、王天鸿:《国家监察体制改革背景下检察权优化配置》,《理论视野》2018 年第 8 期。

秦前红、刘怡达:《论国家监察体制改革背景下的法院监察》,《现代法学》2018 年第 4 期。

秦前红:《国家监察法实施中的一个重大难点:人大代表能否成为监察对象》,《武汉大学学报(哲学社会科学版)》2018 年第 6 期。

秦前红、石泽华:《〈监察法〉派驻条款之合理解释》,《法学》2018 年第 12 期。
秦前红、刘怡达:《制定〈政务处分法〉应处理好的七对关系》,《法治现代化研究》2019 年第 1 期。
秦前红:《监察法学的研究方法刍议》,《河北法学》2019 年第 4 期。
秦文峰:《国家监察体制改革背景下律师帮助权研究》,《吉林大学社会科学学报》2017 年第 6 期。
屈文生:《和制汉语法律新名词在近代中国的翻译与传播——以清末民初若干法律辞书收录的词条为例》,《学术研究》2012 年第 11 期。
曲相霏:《国家机构"报告工作"的宪法分析——兼论监察委员会"报告工作"问题》,《北京联合大学学报(人文社会科学版)》2017 年第 2 期。
任宗祺:《控告部门受理民事、行政枉法裁判罪举报的规范》,《中国检察官》2017 年第 6 期。
任喜荣:《国家机构改革的宪法界限》,《当代法学》2017 年第 4 期。
尚海龙:《论行政自我拘束原则》,《政治与法律》2007 年第 4 期。
沈岿:《论宪制改革试验的授权主体——以监察体制改革试点为分析样本》,《当代法学》2017 年第 4 期。
师长青:《根本在加强党对反腐败的统一领导》,《中国纪检监察》2017 年第 13 期。
施鹏鹏:《国家监察委员会的侦查权及其限制》,《中国法律评论》2017 年第 2 期。
苏绍龙:《论党内法规的制定主体》,《四川师范大学学报(社会科学版)》

2018年第5期。

孙远:《“分工负责、互相配合、互相制约”原则之教义学原理:以审判中心主义为视角》,《中外法学》2017年第1期。

田夫:《检察院性质新解》,《法制与社会发展》2018年第6期。

田瑶:《论行政行为的送达》,《政法论坛》2011年第5期。

谭世贵:《论对国家监察权的制约与监督》,《政法论丛》2017年第5期。

谭宗泽:《论国家监察对象的识别标准》,《政治与法律》2019年第2期。

童之伟:《从若干起冤案看人身自由的宪法保护》,《现代法学》2004年第5期。

童之伟:《宪法学研究须重温的常识和规范——从监察体制改革中的一种提法说起》,《法学评论》2018年第2期。

童之伟:《将监察体制改革全程纳入法治轨道之方略》,《法学》2016年第12期。

童之伟:《对监察委员会自身的监督制约何以强化》,《法学评论》2017年第1期。

童之伟:《国家监察立法预案仍须着力完善》,《政治与法律》2017年第10期。

童之伟:《“法无授权不可为”的宪法学展开》,《中外法学》2018年第3期。

万毅、李小东:《权力的边界检察建议的实证分析》,《东方法学》2008年第1期。

汪海燕:《监察制度与〈刑事诉讼法〉的衔接》,《政法论坛》2017 年第 6 期。

汪进元:《人身自由的构成与限制》,《华东政法大学学报》2011 年第 2 期。

汪江连:《论监察机关依法独立行使监察权》,《法治研究》2018 年第 6 期。

汪习根、宋丁博男:《新时代宪法修正案的宪法价值分析》,《理论探索》2018 年第 3 期。

王博勋:《2 980 名十三届全国人大代表的代表资格全部有效》,《中国人大》2018 年第 5 期。

王超强:《论监察体制改革背景下监、检、法关系新构》,《东方法学》2017 年第 5 期。

王成:《最高法院司法解释效力研究》,《中外法学》2016 年第 1 期。

王芳:《破坏选举罪中“贿选”若干法律问题探讨》,《中国刑事法杂志》2014 年第 6 期。

王贵松:《论法律的法规创造力》,《中国法学》2017 年第 1 期。

王桂五:《检察制度的理论基础和基础理论的关系》,《检察理论研究》1991 年第 2 期。

王国文:《公务员义务本位辨析》,《广东行政学院学报》2012 年第 3 期。

王建国:《列宁一般监督理论的制度实践与借鉴价值》,《法学评论》2013 年第 2 期。

王锴:《我国备案审查制度的若干缺陷及其完善——兼与法国的事先审查

制相比较》,《政法论丛》2006 年第 2 期。

王锴、王心阳:《如何监督监督者——兼谈对监察委员会的诉讼监督问题》,《浙江社会科学》2017 年第 8 期。

王旭:《国家监察机构设置的宪法学思考》,《中国政法大学学报》2017 年第 5 期。

万毅:《检察机关内设机构改革的基本理论问题》,《政法论坛》2018 年第 5 期。

王迎龙:《司法责任语境下法官责任制的完善》,《政法论坛》2016 年第 5 期。

吴建雄:《论国家监察体制改革的价值基础与制度构建》,《中共中央党校学报》2017 年第 2 期。

吴建雄、王友武:《监察与司法衔接的价值基础、核心要素与规则构建》,《国家行政学院学报》2018 年第 4 期。

吴建雄:《监察体制改革试点视域下监察委员会职权的配置与运行规范》,《新疆师范大学学报(哲学社会科学版)》2018 年第 5 期。

夏金莱:《论监察体制改革背景下的监察权与检察权》,《政治与法律》2017 年第 8 期。

夏伟、刘艳红:《程序正义视野下监察证据规则的审查》,《南京师大学报(社会科学版)》2019 年第 1 期。

谢登科:《监察证据在刑事诉讼中的使用——兼论〈监察法〉第 33 条的理解与适用》,《中共中央党校学报》2018 年第 5 期。

熊秋红:《监察体制改革中职务犯罪侦查权比较研究》,《环球法律评论》2017 年第 2 期。

徐汉明:《国家监察权的属性探究》,《法学评论》2018 年第 1 期。
许国璋:《语言符号的任意性问题——语言哲学探索之一》,《外语教学与研究》1988 年第 3 期。
徐继敏:《监察委员会政务处分行为探究》,《河南社会科学》2018 年第 10 期。
杨光斌、乔哲青:《论作为“中国模式”的民主集中制政体》,《政治学研究》2015 年第 6 期。
杨红:《被监察者的权利及其保障研究》,《行政法学研究》2017 年第 6 期。
阳平:《论我国香港地区廉政公署调查权的法律控制——兼评〈中华人民共和国监察法(草案)〉》,《政治与法律》2018 年第 1 期。
杨解君:《全面深化改革背景下的国家公权力监督体系重构》,《武汉大学学报(哲学社会科学版)》2017 年第 3 期。
杨晓楠:《国家机构现代化视角下之监察体制改革——以香港廉政公署为借鉴》,《浙江社会科学》2017 年第 8 期。
姚岳绒:《监察体制改革中检察院宪法地位之审视》,《中国政法大学学报》2018 年第 1 期。
姚莉:《监察案件的立案转化与“法法衔接”》,《法商研究》2019 年第 1 期。
叶爱英、张奇:《偏离与回归:审判中心视角下法院内设机构改革路径研究——以诉讼时间轴与内部权力的四元划分为基础》,《中国应用法学》2017 年第 6 期。
叶必丰:《论公务员的廉洁义务》,《东方法学》2018 年第 1 期。

叶海波:《国家监察体制改革的宪法约束》,《武汉大学学报(哲学社会科学版)》2017年第3期。

叶青、王小光:《域外监察制度发展评述》,《法律科学》2017年第6期。

叶青:《监察机关调查犯罪程序的流转与衔接》,《华东政法大学学报》2018年第3期。

尹飞:《体系化视角下的意定代理权来源》,《法学研究》2016年第6期。

应松年:《完善行政诉讼制度——行政诉讼法修改核心问题探讨》,《广东社会科学》2013年第1期。

余哲西:《监督、调查、处置一体推进——保证监察全覆盖的质量和效果》,《中国纪检监察》2018年第13期。

曾哲、杨庆:《大陆法系国家之监察法权立法言说》,《河北法学》2019年第3期。

翟志勇:《论监察权的宪法性质——兼论八二宪法的分权体系》,《中国法律评论》2018年第1期。

詹建红:《我国法官惩戒制度的困境与出路》,《法学评论》2016年第2期。

张红:《监察赔偿论要》,《行政法学研究》2018年第6期。

张建伟:《监察至上还是三察鼎立——新监察权在国家权力体系中的配置分析》,《中国政法大学学报》2018年第1期。

张建伟:《审判中心主义的实质内涵与实现途径》,《中外法学》2015年第4期。

张杰:《〈监察法〉适用中的重要问题》,《法学》2018 年第 6 期。

张晋藩:《中国古代的治国之要——监察机构体系与监察法》,《中共中央党校学报》2018 年第 5 期。

张梦星:《公安机关刑事执法办案责任制体系研究》,《中国政法大学学报》2018 年第 3 期。

张涛:《检察官办案责任制改革情况及其完善路径》,《人民检察》2018 年第 8 期。

张文显:《论法学的范畴意识、范畴体系与基石范畴》,《法学研究》1991 年第 3 期。

张翔、赖伟能:《基本权利作为国家权力配置的消极规范——以监察制度改革试点中的留置措施为例》,《法律科学(西北政法大学学报)》2017 年第 6 期。

张翔:《我国国家权力配置原则的功能主义解释》,《中外法学》2018 年第 2 期。

张翔:《国家权力配置的功能适当原则——以德国法为中心》,《比较法研究》2018 年第 3 期。

张瑜:《国家监察体制改革背景下高校监察制度模式设计探索》,《国家教育行政学院学报》2018 年第 6 期。

张峰振:《论宪法保留》,《政法论坛》2018 年第 4 期。

张志铭:《法律解释原理》(上),《国家检察官学院学报》2007 年第 6 期。

张志胜:《行政化:开发区与行政区体制融合的逻辑归宿》,《现代城市研究》2011 年第 5 期。

张中:《论监察案件的证据标准——以刑事诉讼证据为参照》,《比较法研究》2019 年第 1 期。

赵心:《香港反腐制度设计对内地国家监察体制改革的借鉴研究》,《理论月刊》2017 年第 8 期。

赵宬斐:《民主集中制:过去、现在与未来》,《学术月刊》2011 年第 2 期。

赵永红:《论检察权在直辖市分院的配置》,《法学杂志》2008 年第 6 期。

郑磊:《国家监察体制改革的修宪论纲》,《环球法律评论》2017 年第 2 期。

郑曦:《监察委员会的权力二元属性及其协调》,《暨南学报(哲学社会科学版)》2017 年第 11 期。

郑贤君:《试论监察委员会之调查权》,《中国法律评论》2017 年第 4 期。

钟纪言:《赋予监察委员会宪法地位　健全党和国家监督体系》,《中国人大》2018 年第 5 期。

周长军:《司法责任制改革中的法官问责——兼评〈关于完善人民法院司法责任制的若干意见〉》,《法学家》2016 年第 3 期。

周长军:《监察委员会调查职务犯罪的程序构造研究》,《法学论坛》2018 年第 2 期。

周乐军:《"对人监察"抑或"对事监察"——论我国监察委员会监察权的边界》,《时代法学》2018 年第 4 期。

周磊:《中国监察官制度的构建及路径研究》,《国家行政学院学报》

2018 年第 4 期。
周伟:《保护人身自由条款比较研究——兼论宪法第 37 条之修改》,《法学评论》2000 年第 4 期。
钟纪轩:《深化国家监察体制改革　健全党和国家监督体系》,《求是》2018 年第 9 期。
朱超然、王杰:《对香港特区廉政公署制度设计的思考与借鉴》,《河南社会科学》2018 年第 3 期。
朱程斌、李龙:《新时代的国家监察委：通过党内法规的政治机关法治化路径初探》,《广西社会科学》2018 年第 3 期。
朱福惠:《国家监察体制之宪法史观察——兼论监察委员会制度的时代特征》,《武汉大学学报（哲学社会科学版）》2017 年第 3 期。
朱福惠:《论检察机关对监察机关职务犯罪调查的制约》,《法学评论》2018 年第 3 期。
朱孝清:《国家监察体制改革后检察制度的巩固与发展》,《法学研究》2018 年第 4 期。
朱孝清:《修改后刑诉法与监察法的衔接》,《法治研究》2019 年第 1 期。
朱新力:《行政合同的基本特性》,《浙江大学学报（人文社会科学版）》2002 年第 2 期。
庄会彬、刘振前:《汉语合成复合词的构词机制与韵律制约》,《世界汉语教学》2011 年第 4 期。
纵博:《监察委员会调查权运行法治化的若干问题探讨》,《宁夏社会科学》2018 年第 3 期。

邹奕:《检视开发区管理机构的法律性质——基于规范分析的视角》,《中南大学学报(社会科学版)》2017 年第 4 期。

左卫民、冯军:《以监督权为视角:最高法院与全国人大关系的若干思考》,《社会科学研究》2005 年第 4 期。

左卫民:《健全分工负责、互相配合、互相制约原则的思考》,《法制与社会发展》2016 年第 2 期。

左卫民、安琪:《监察委员会调查权:性质、行使与规制的审思》,《武汉大学学报(哲学社会科学版)》2018 年第 1 期。

左卫民、唐清宇:《制约模式:监察机关与检察机关的关系模式思考》,《现代法学》2018 年第 4 期。

新闻报道

本报记者:《国家监察体制改革试点取得实效——国家监察体制改革试点工作综述》,《人民日报》2017 年 11 月 6 日第 1 版。

陈岿:《出现什么问题解决什么问题》,《中国纪检监察报》2018 年 1 月 7 日第 3 版。

陈东升:《开展监察法学研究　破解反腐法律难题》,《法制日报》2018 年 6 月 15 日第 5 版。

迟方旭:《对界定监察委员会法律性质的思考》,《中国社会科学报》2018 年 1 月 16 日第 8 版。

《法院纪律规范的集大成者——最高人民法院纪检监察部门负责人答记者问》,《人民法院报》2010 年 1 月 27 日第 2 版。

高鑫:《北京“留置首案”释放哪些反腐新动向?》,《京华时报》2017年6月5日第3版。
《海南省人民代表大会常务委员会任免海南省监察委员会副主任、委员暂行办法》,《海南日报》2018年1月22日第A2版。
郝铁川:《循序渐进完善人大代表制度》,《法制日报》2015年10月13日第7版。
郭相宏:《对留置措施的使用,批准权和执行权应分离》,《南方都市报》2017年6月15日第A15版。
敬大力:《制定检察监督法 完善法治监督体系》,《法制日报》2015年3月14日第5版。
江必新:《关于法官审判责任追究若干问题的探讨》,《法制日报》2015年10月28日第9版。
姜洁:《以宪法为遵循健全党和国家监督体系——中央纪委副书记肖培就宪法增写监察委员会有关内容答记者问》,《人民日报》2018年3月11日第8版。
雷磊:《什么是我们所认同的法教义学》,《光明日报》2014年8月13日第16版。
李兵、赵艳群:《北京探索执纪执法“一程序两报告”》,《中国纪检监察报》2018年3月20日第5版。
刘子阳:《全面落实从严治党责任确保公正廉洁司法——周强在全国法院党风廉政建设和反腐败工作会议上强调》,《法制日报》2017年2月23日第1版。
卢波:《实现纪法有效贯通衔接需要准确把握三个问题》,《人民公安报》

2018年5月25日第3版。
罗书臻:《全面落实从严治党责任　深入推进人民法院党风廉政建设和反腐败斗争》,《人民法院报》2017年2月22日第1版。
吕玥、颜新文、吴有亮:《打造群众家门口的“监委”》,《浙江日报》2018年8月15日第2版。
马怀德:《全面从严治党亟待改革国家监察体制》,《光明日报》2016年11月12日第3版。
孟亚旭:《留置24小时内应通知单位家属》,《北京青年报》2017年12月23日第A3版。
秦前红:《实现监察体制改革与人民监督员制度改革的衔接》,《法制日报》2017年9月27日第9版。
沈思:《国家监察体制改革中法治保障初步思考》,《中国纪检监察报》2017年2月15日第8版。
谭畅、郑可书、阚纯裕:《监察之道:要规范行使,受有效制约》,《南方周末》2017年11月2日第2版。
王丹:《聚焦监察法草案　党性和人民性的高度统一》,《中国纪检监察报》2018年3月10日第2版。
王汉斌:《关于修改“人民法院组织法”、“人民检察院组织法”的决定和“关于严惩严重危害社会治安的犯罪分子的决定”等几个法律案的说明》,《中华人民共和国全国人民代表大会常务委员会公报》1983年第4期。
王玄玮:《挑战与机遇:“监察委员会”时代的检察机关》,《民主与法制时报》2017年1月5日第7版。

肖培:《推进党的纪律检查体制和国家监察体制改革》,《人民日报》2018 年 3 月 18 日第 10 版。

肖扬:《在全国法院纪检监察工作会议上的讲话(2004 年 4 月 7 日)》,《人民法院报》2004 年 4 月 9 日第 2 版。

姚文胜:《准确把握监察对象的两个维度》,《中国纪检监察报》2018 年 8 月 1 日第 8 版。

于海瑞:《法院纪检监察部门在落实司法责任制中的职能发挥》,《人民法院报》2015 年 3 月 4 日第 8 版。

张闽生、窦凯:《用好留置措施,打开行贿人这个突破》,《中国纪检监察》2018 年第 13 期。

赵煜:《处分司法机关有关人员的程序》,《中国纪检监察报》2012 年 6 月 29 日第 7 版。

钟纪晟:《监委成立后由原监察机关作出的行政处分期满后如何解除处分》,《中国纪检监察报》2018 年 5 月 30 日第 8 版。

外文文献

Andrew Hindmoor, Phil Larkin, Andrew Kennon, "Assessing the Influence of Select Committees in the UK: The Education and Skills Committee, 1997–2005", *Legislative Studies*, Vol. 15, 2009.

Philip Norton, "Nascent Institutionalization: Committees in the British Parliament", *Legislative Studies*, Vol. 4, 1998.

David Monk, "A Framework for Evaluating the Performance of

Committees in Westminster Parliaments", *Legislative Studies*, Vol. 16, 2010.

Shirley A.Wiegand, "A Just and Lasting Peace: Supplanting Mediation with the Ombuds Model", *Ohio State Journal on Dispute Resolution*, Vol. 12, 1996.

Anita Blagojević, "The First Ombudsman in the World: The Swedish Justitie Ombudsman", *Pravni Vjesnik*, Vol. 2, 2008.

Peter Tyndall, *A Case for Administrative Simplification: The Proliferation and Complexity of Ombudsman Schemes in the UK*, 2012.

Buck, T., Kirkham, R. and Thompson, B., *The Ombudsman Enterprise and Administrative Justice*, Farnham: Ashgate, 2011.

Cabinet Office, *A Public Service Ombudsman: Government Response to Consultation*, London: Stationery Office, 2015.

Philip Collcutt and Mary Hourihan, *Review of the Public Sector Ombudsmen in England*, Cabinet Office, 2000.

Gordon, R., *Better to Serve the Public: Proposals to Restructure, Reform, Renew and Reinvigorate Public Services Ombudsmen*, London: Stationery Office, 2014.

H. C. Kuan, *The Parliamentary Commissioner for Administration in Britain*, Public Affairs Research Center, The Chinese University of Hong Kong, 1980.

Jeff Huther, Anwar Shah, *Anti-corruption Policies and Programs: A Framework for Evaluation,* Washington, DC: World Bank, Operations

Evaluation Department, Country Evaluation and Regional Relations Division, 2000.

Friedrich von Hayek, *The Constitution of Library*, Routledge, 2006.

后　记

监察体制改革既是一场突如其来、关涉全局的重大政治改革，又是一场实践走在理论前面的创制性改革。政治家的改革决断形塑了新的理论研究热点，理论家们也希望积极回应并引领这场改革。但改革本身的高政治性、不完全开放性，注定了理论和实践之间相互纠缠，欲说还休。

自监察体制改革肇启以来，我和我的研究团队便对这场改革投入了巨大的热情和精力来加以研究。从改革的合宪性到监察法的规范构造，从监察法实施重点难点再到监察法学的基本原理，这些都纳入了我们的研究视域。但在制度尚未定型的情况下，所有的理论都是力量有限并且需要验证的，监察理论的成熟和精致化可欲可期，但也必定长路漫漫。

本书收录了我们近一年多来有关监察法治的理论审思，其中诸多议题不乏强烈的现实观照，但研究进路、研究结论却难免粗疏稚嫩，甚至可能出现错谬之处。但学者的智识性贡献不完全在于表达真理，而在于以独立理性的立场去追求真理。唯愿我们的努力能够激发更多的同仁投身于监察法治的研究，而终以众人之力、之智促成中国政治文明的进步。

衷心感谢译林出版社编辑王笑红、黄洁、王心悦女士为本书选题申报、编辑出版所付出的卓越劳动！感谢刘怡达、石泽华、王天鸿、陈地苏等作者的倾力合作！感谢我的博士生周航为本书书稿的整理、校对所付出的辛苦！

秦前红

2019 年 4 月 23 日于珞珈山